RENDEZ-VOUS

FRANÇAIS • 1er cycle du secondaire

Carole Tremblay

Avec la collaboration de Sophie Trudeau

MANUEL B

GRAFICOR

CHENELIÈRE ÉDUCATION

RENDEZ-VOUS
Français, 1er cycle du secondaire

Manuel B

Carole Tremblay
Avec la collaboration de Sophie Trudeau

© 2006 Les Éditions de la Chenelière inc.

Direction de la collection : Ginette Lambert
Édition : Ginette Létourneau
Coordination : Monique Daigle et Marie-Josée Farley
Révision linguistique : Monique Daigle et
   Marie-Josée Farley (module 6)
Correction d'épreuves : Renée Bédard et Ginette Duphily
Conception graphique : Cyril Berthou et Valérie Deltour
Infographie et direction artistique : Valérie Deltour
Recherche iconographique et demande de droits : Marie-Chantal
   Laforge assistée de Christine Guilledroit
Consultation en grammaire : Louise Guénette, Université Laval
Impression : Imprimeries Transcontinental

L'Éditeur tient à remercier Jacqueline Fortin et François Morin
pour leur apport à la collection.

GRAFICOR

CHENELIÈRE ÉDUCATION

7001, boul. Saint-Laurent
Montréal (Québec)
Canada H2S 3E3
Téléphone : (514) 273-1066
Télécopieur : (514) 276-0324
info@cheneliere.ca

ISBN 978-2-89242-996-1

Dépôt légal : 2e trimestre 2006
Bibliothèque et Archives nationales du Québec
Bibliothèque et Archives Canada

Imprimé au Canada

3 4 5 6 ITIB 10 09 08 07

Nous reconnaissons l'aide financière du gouvernement du Canada
par l'entremise du Programme d'aide au développement de l'industrie
de l'édition (PADIÉ) pour nos activités d'édition.

Gouvernement du Québec – Programme de crédit d'impôt pour
l'édition de livres – Gestion SODEC.

Remerciements

L'Éditeur tient à remercier chaleureusement les ensei-
gnants et les enseignantes qui, à titre de consultants et de
consultantes, ont examiné et commenté l'un ou l'autre
aspect de ce *Manuel.* Leurs commentaires judicieux ont
été des plus appréciés.

Françoise Assaad, Villa Sainte-Marcelline ;
Francine Beaulieu, CS des Découvreurs ;
Annie Bédard, CS de l'Énergie ;
Claudia Feliciello, Collège Letendre ;
Isabelle Guertin, CS de Saint-Hyacinthe ;
Josée Lemay, CS de la Côte-du-Sud ;
Jérôme Poisson, CS des Navigateurs ;
Louise Rousseau, CS de la Riveraine ;
Marie Vaillancourt, Externat Saint-Jean-Eudes.

Illustrations

Christine Battuz : p. 97.
Stéphane Bourrelle : p. 37 à 40, 82 (cartes).
Roselyne Cazazian : p. 215, 216, 218.
Christine Delezenne : p. 20 (livre), 59 à 61 (livres),
   98-99 (fond), 112, 125, 126, 151, 152, 167 à 170, 172,
   174, 192, 194, 195, 220 à 223 (fond), 222, 228-229
   (bande), 246 à 249, 263 à 267 (fond), 276 à 278.
Frefon : p. 48, 49, 55, 56, 89, 207, 288, 291, 298, 300,
   303, 307, 309, 313, 318 (bas), 321, 326, 328, 331,
   335, 336, 343, 346, 349, 350, 352, 354, 358, 360,
   365, 370, 373, 377, 380, 382, 387, 388, 390, 393,
   396, 398, 405, 407, 413, 417, 422, 431, 434, 438,
   444, 447, 449, 451, 455, 459, 462, 466, 469, 471,
   474, 477, 482, 484.
Vincent Gagnon : couverture (aigle), p. 13, 29, 32, 74,
   78-79, 163, 182, 204, 250 à 254, 292, 294, 295, 299,
   301, 305, 311, 314, 317, 323, 327, 333, 334, 339, 342,
   347, 351, 353, 363, 364, 372, 376, 379, 394, 395,
   397, 400, 403, 411, 414, 421, 428, 432, 450, 453,
   464, 470, 476, 480.
Philippe Germain : p. 27, 41, 42, 44, 58, 67, 114, 118,
   184, 263 à 268, 282.
Stéphane Jorisch : p. 109, 111, 205, 271 à 275.
Dany Lavoie : p. 20, 33, 34, 36,101.
Gabriel Morrissette : p. 242, 243, 245.
Ninon Pelletier : p. 200, 201.
Perubros : p. 121, 122, 124, 219 à 221, 223, 225, 226.
Bruce Roberts : p. 214.
Éric Thériault : p. 21, 22,107, 108, 241.
Jean-François Vachon : couverture (requin), p. 14 à 18,
   45-46, 63, 73, 86, 129 à 136, 147, 148, 175 à 179,
   181, 227, 229, 230, 290, 296, 302, 308, 315,
   318 (haut), 325, 330, 341, 345, 348, 355, 356, 361,
   362, 366, 368, 375, 381, 385, 386, 402, 409, 410,
   416, 419, 424, 430, 433, 437, 440, 442, 445, 448,
   452, 456, 460, 467, 468, 473, 479.
Anne Villeneuve : p. 196, 197, 199, 209.

ABRÉVIATIONS, SIGNES ET SYMBOLES

LES ABRÉVIATIONS

Adj.	adjectif
Adv.	adverbe
Attr.	attribut
Aux.	auxiliaire
Dét.	déterminant
f.	féminin
impers.	impersonnel
m.	masculin
Modif.	modificateur
pers.	personne grammaticale
pl.	pluriel
Prép.	préposition
Pron.	pronom
s.	singulier
Sub.	subordonnée
Sub. circ.	subordonnée circonstancielle
Sub. compl.	subordonnée complétive
Sub. rel.	subordonnée relative

LES SYMBOLES

C	complément
C de P	complément de phrase
C du N	complément du nom
CD du V	complément direct du verbe
CI du V	complément indirect du verbe
GAdj	groupe adjectival
GAdv	groupe adverbial
GN	groupe nominal
GInf	groupe infinitif
GPart	groupe participial
GPrép	groupe prépositionnel
GV	groupe verbal
N	nom
P	phrase
S	sujet
V	verbe
VAttr	verbe attributif

LES SIGNES

=	a le même sens que…
⊘	forme incorrecte ou emploi non approprié
+	addition, ajout
✂	effacement, soustraction
⟺	déplacement
⇓	remplacement
✕	Élément fautif

Sujet de P

Prédicat de P

C de P

TABLE DES MATIÈRES

*Votre Manuel comprend **trois parties** et **un index**.*

Mode d'emploi

PARTIE 1 : Les situations d'apprentissage

Six modules de deux séquences chacun

▶ La double page d'ouverture présente le thème et donne un aperçu des deux séquences du module.

Sommaire

Annonce les textes à lire et à apprécier.

Renvoie au *Recueil de textes*, où sont proposés d'autres textes liés au thème. Les titres des textes sont mentionnés dans la rubrique **D'autres rendez-vous**.

La page **Séquence** présente le thème de la séquence et les apprentissages que vous ferez.

▼

Connaissances et stratégies

Énumère les **connaissances** à acquérir ou à approfondir et les **stratégies** à utiliser. Renvoie aux parties 2 et 3 du *Manuel*.

Les compétences que vous développerez en relevant le défi sont notées en plus gros caractères.

Défi

Présente le défi à relever.

LES PICTOGRAMMES

Activité à faire oralement.

Minisituation d'écriture.

Question nécessitant une réflexion ou une recherche plus poussée.

Document qu'on vous remettra.

Le déroulement d'une séquence

En marche

Une étape au cours de laquelle vous ferez l'acquisition de connaissances et développerez vos compétences en lecture, en écriture et en communication orale. Vous apprendrez à utiliser des stratégies utiles, notamment pour relever le défi proposé.

▼

Au départ

Une étape au cours de laquelle vous ferez part de ce que vous savez sur le thème et sur les connaissances abordées dans la séquence.

▼

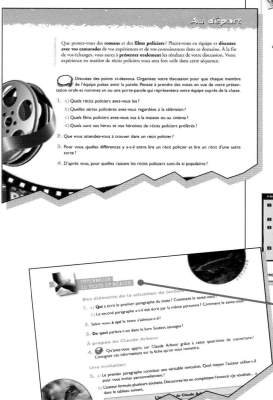

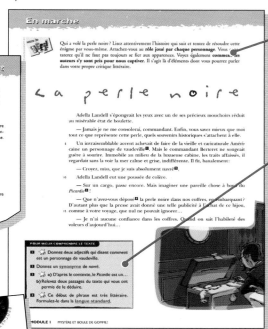

Vers le défi

Un court préambule introduit chaque texte, précise l'intention de lecture et indique comment la lecture du texte vous aidera à relever le défi.

Pour mieux comprendre le texte

Des questions pour vous aider à mieux comprendre certains mots et expressions du texte.

Au fil d'arrivée

Une étape au cours de laquelle vous réaliserez une production orale ou écrite (le défi).

▼

Interroger le texte et réagir

Des questions et des activités qui vous amènent à comprendre, à interpréter et à apprécier le texte. Ces activités vous aideront aussi à acquérir des connaissances et à développer des stratégies utiles pour relever le défi proposé.

En plus

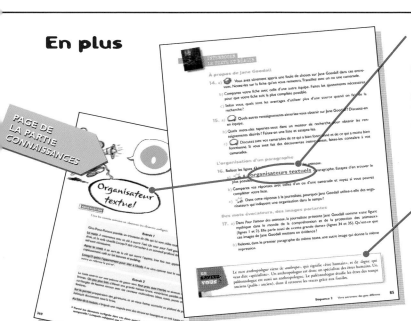

Hyperliens

Des hyperliens renvoient aux notions de la partie **Connaissances** et aux savoir-faire de la partie **Stratégies**. L'index vous permettra de trouver une notion ou une définition.

Le saviez-vous ?

Des capsules qui vous informent sur une réalité d'ordre culturel.

Rendez-vous avec...

Des capsules qui vous font connaître des écrivains et des écrivaines et vous donnent des repères culturels.

Temps d'arrêt

Des exercices qui vous permettent
de poursuivre le travail sur des connaissances
abordées et des stratégies utilisées
dans la séquence.

▼

D'autres rendez-vous...

Renvoie à des textes du *Recueil
de textes*, groupés sous le même
thème. La lecture de ces textes
vous aidera à relever le défi.

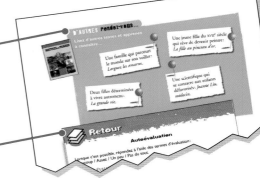

Retour

Des questions pour faire
un bilan de vos apprentissages.

PARTIE 2: Les connaissances

Cette partie présente les notions au programme.
C'est un outil d'apprentissage et une ressource à consulter chaque fois que vous en avez besoin.

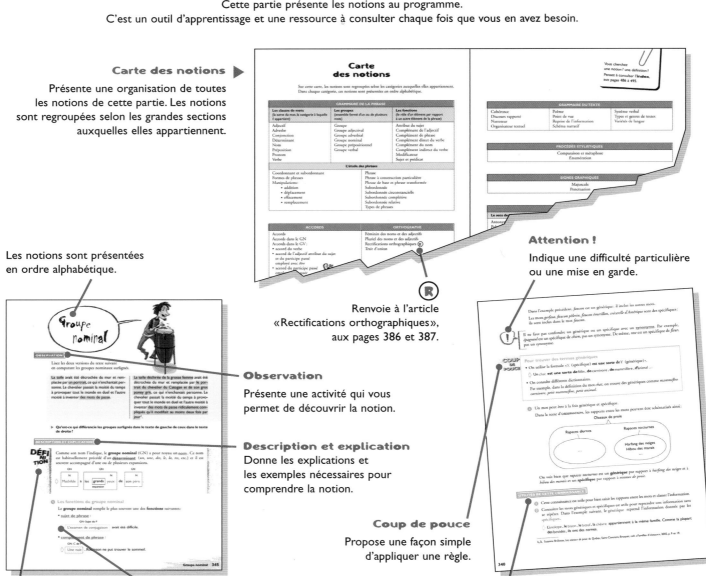

Carte des notions ▶

Présente une organisation de toutes
les notions de cette partie. Les notions
sont regroupées selon les grandes sections
auxquelles elles appartiennent.

Les notions sont présentées
en ordre alphabétique.

Renvoie à l'article
«Rectifications orthographiques»,
aux pages 386 et 387.

Observation

Présente une activité qui vous
permet de découvrir la notion.

Description et explication
Donne les explications et
les exemples nécessaires pour
comprendre la notion.

Attention !

Indique une difficulté particulière
ou une mise en garde.

Coup de pouce

Propose une façon simple
d'appliquer une règle.

Définition

Donne, en termes simples,
la définition de la notion.

Une flèche indique les exemples
qui accompagnent les explications.

Utilité de cette connaissance

Montre l'utilité de la notion pour mieux
lire, écrire ou communiquer oralement.

PARTIE 3 : Les stratégies

Cette partie présente les stratégies à utiliser dans vos productions.
C'est un outil d'apprentissage et une ressource à consulter chaque fois que vous en avez besoin.

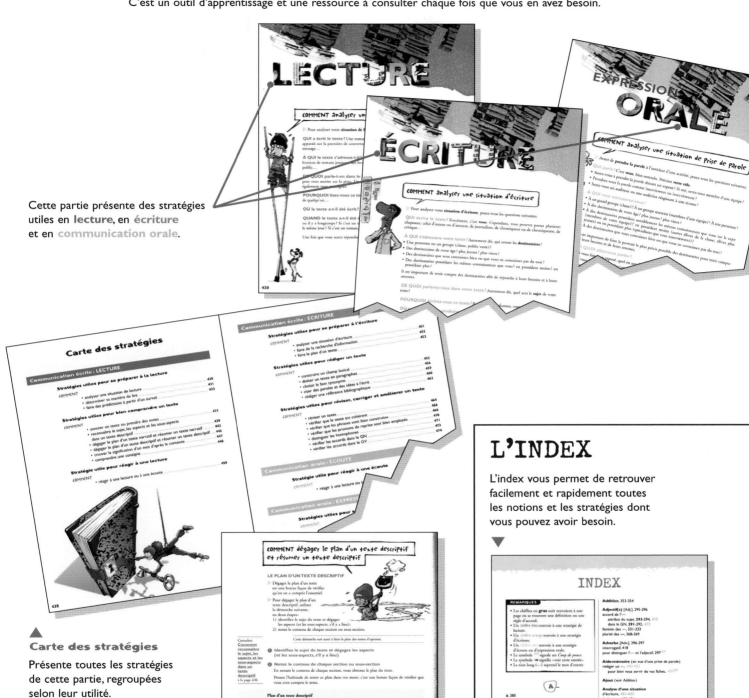

Cette partie présente des stratégies utiles en **lecture**, en **écriture** et en **communication orale**.

Carte des stratégies

Présente toutes les stratégies de cette partie, regroupées selon leur utilité.

Les exemples qui illustrent un savoir-faire sont présentés sur un fond de couleur.

L'INDEX

L'index vous permet de retrouver facilement et rapidement toutes les notions et les stratégies dont vous pouvez avoir besoin.

MYSTÈRE ET BOULE

Là-bas, une porte entrouverte...
Derrière cette porte, il y a...
une énigme à résoudre
avec indices et fausses pistes.
Comment y arriver ?
Élémentaire, mon cher Watson !

Là-bas, une porte entrouverte...
Derrière cette porte, il y a...
une information à trouver,
des secrets à percer.
Comment s'y prendre ?
Ouvrez l'œil !

DE GOMME !

RECUEIL DE TEXTES

Des textes de toutes sortes pour explorer davantage le thème du module.

Élémentaire, mon cher Watson !

Romans, nouvelles littéraires, bandes dessinées, séries télévisées, films, pièces de théâtre, jeux vidéo, jeux de société : tout se prête aux énigmes policières. Saviez-vous que les récits policiers, les fameux «polars», sont parmi les œuvres qui plaisent le plus au public ?

Dans cette séquence, vous nagerez en plein mystère ! D'abord, vous voyagerez à bord du *Picardie* où la perle noire d'Adella Landell a disparu. Vous assisterez ensuite à l'angoisse d'Adrian Masters qui cherche à démasquer son propre assassin. Les activités qui accompagnent ces textes vous feront voir, entre autres, **des éléments sur lesquels fonder une appréciation littéraire.**

Vous lirez également deux critiques de récits policiers qui pourront vous servir de **modèles** quand **viendra votre tour d'écrire une critique.** Vous cernerez l'**organisation** de ces textes et verrez l'utilité des **organisateurs textuels** pour **lier les idées.**

DÉFI !

Au terme de la séquence, vous aurez l'occasion d'exercer votre jugement critique en vous transformant en critique littéraire. Après avoir résumé un récit à énigme, vous livrerez par écrit ce que vous en avez pensé. Vous pourrez publier votre critique sur le site Web de votre école ou la mettre à la disposition des lecteurs et lectrices de la bibliothèque.

Que pensez-vous des **romans** et des **films policiers**? Placez-vous en équipe et **discutez avec vos camarades** de vos expériences et de vos connaissances dans ce domaine. Vous aurez ensuite à **présenter oralement** les résultats de votre discussion. Votre expérience en matière de récits policiers vous sera fort utile dans cette séquence.

Discutez des points ci-dessous. Organisez votre discussion pour que chaque membre de l'équipe puisse avoir la parole. Pensez à prendre des notes en vue de votre présentation orale et nommez un ou une porte-parole qui représentera votre équipe auprès de la classe.

1. a) Quels récits policiers avez-vous lus?

   b) Quelles séries policières avez-vous regardées à la télévision?

   c) Quels films policiers avez-vous vus à la maison ou au cinéma?

   d) Quels sont vos héros et vos héroïnes de récits policiers préférés?

2. Que vous attendez-vous à trouver dans un récit policier?

3. Pour vous, quelles différences y a-t-il entre lire un récit policier et lire un récit d'une autre sorte?

4. D'après vous, pour quelles raisons les récits policiers sont-ils si populaires?

Qui a volé la perle noire? Lisez attentivement l'histoire qui suit et tentez de résoudre cette énigme par vous-même. Attachez-vous au **rôle joué par chaque personnage**. Vous constaterez qu'il ne faut pas toujours se fier aux apparences. Voyez également **comment les auteurs s'y sont pris pour nous captiver**. Il s'agit là d'éléments dont vous pourrez parler dans votre propre critique littéraire.

La perle noire

Adella Landell s'épongeait les yeux avec un de ses précieux mouchoirs réduit au misérable état de boulette.

— Jamais je ne me consolerai, commandant. Enfin, vous savez mieux que moi tout ce que représente cette perle, quels souvenirs historiques s'attachent à elle.

5 Un invraisemblable accent achevait de faire de la vieille et caricaturale Américaine un personnage de vaudeville**❶**. Mais le commandant Berteret ne songeait guère à sourire. Immobile au milieu de la luxueuse cabine, les traits affaissés, il regardait sans la voir la mer calme et grise, indifférente. Il fit, banalement:

— Croyez, miss, que je suis absolument navré**❷**.

10 Adella Landell eut une poussée de colère.

— Sur un cargo, passe encore. Mais imaginer une pareille chose à bord du *Picardie***❸** !

— Que n'avez-vous déposé**❹** la perle noire dans nos coffres, en embarquant? D'autant plus que la presse avait donné une telle publicité à l'achat de ce bijou, 15 comme à votre voyage, que nul ne pouvait ignorer…

— Je n'ai aucune confiance dans les coffres. Quand on sait l'habileté des voleurs d'aujourd'hui…

POUR MIEUX COMPRENDRE LE TEXTE

❶ ☆ Donnez deux adjectifs qui disent comment est un personnage de vaudeville.

❷ Donnez un **synonyme** de *navré*.

❸ ☆ a) D'après le contexte, le *Picardie* est un…
b) Relevez deux passages du texte qui vous ont permis de le déduire.

❹ ☆ Ce début de phrase est très littéraire. Formulez-le dans la **langue standard**.

L'officier écarta les bras en une expressive mimique qui se pouvait traduire par l'apostrophe familière : «Vous êtes bien avancée, maintenant !»

20   Patrice, le détective du bord, allait, lui, de droite et de gauche à travers les bagages jonchant le sol, courbé en deux, évoquant irrésistiblement l'image d'un chien de chasse.

— Inutile de vous demander si vous êtes bien certaine de l'endroit où…

— Cette question ! Je vous répète que la perle noire était dans cette malle, sous 25 mes combinaisons. Je l'avais glissée dans un bas.

— Très ingénieux. Et qui connaissait la cachette ?

— Personne, vous pensez bien ! Enfin, quand je dis personne… Ma femme de chambre, Alice, et ma sœur, Mrs Hanagan, étaient au courant. Mais vous n'allez pas soupçonner…

30   Patrice faisait jouer la serrure de la malle. Il se redressa lentement.

— Cette Alice est depuis combien de temps à votre service ?

— Combien de temps ? Attendez… Oui, c'est cela, dix-sept ans. Je l'ai engagée juste à mon retour du Tibet.

— Dix-sept ans ! C'est, en effet, une référence.

35   — *Yes*, référence… Si Alice avait dû me voler un jour, elle n'aurait pas attendu dix-sept ans.

C'était là l'évidence et le détective s'inclina.

— Vous avez également nommé votre sœur, reprit-il après un instant, et non sans gêne.

40 Cette fois, la vieille demoiselle éclata d'un rire nerveux.

— Oui, ma sœur, Mrs Hanagan. Peut-être ignorez-vous qu'elle vient d'épouser le roi du papier peint. Sa fortune doit se chiffrer par deux zéros de plus que la mienne.

— Mais je ne soupçonne personne, miss. Je cherche seulement à m'expliquer
45 comment votre voleur a si facilement découvert…

Adella l'interrompit :

— Enfin, en ce qui me concerne, je vous précise que je n'ai pas encore assuré la perle noire… Pas eu le temps, d'abord. Il y a à peine huit jours que j'en suis pos-sesseur… Et puis, ce n'est pas la petite fortune que représente ce bijou qui compte
50 pour moi. C'est… C'est…

Sa voix s'étrangla et elle se remit à s'essuyer les yeux. Un silence régna, que l'impatient Patrice ne laissa pas se prolonger.

— Vous êtes demeurée combien de temps absente de votre cabine ?

— Une demi-heure au plus. J'étais au bar, avec ma sœur.

55 — Et où était Alice, durant ce temps ?

— À la lingerie.

Le détective hocha la tête.

— Évidemment, notre inconnu a eu tout le loisir… Mais comment savait-il ? Comment ? Comment ?

60 Il désigna d'un geste circulaire les bagages épars[5] autour de lui.

— Car ne vous y trompez pas, mon commandant. Ce n'est pas là le désordre laissé par quelqu'un qui cherche, mais grossière mise en scène destinée à donner le change[6]. Je parierais que le voleur est allé droit au but… et qu'il avait déjà la perle noire en poche quand il s'est amusé à fracturer — et avec quelle mala-
65 dresse — toutes ces autres malles.

— Maladresse ou non !…

Lorsque, une heure plus tard, les deux hommes se retirèrent, après avoir longuement interrogé la sœur, puis la domestique de la victime, leur enquête en était au même point. Tout de suite, ils purent se convaincre que la nouvelle du vol

70 s'était déjà répandue de la proue à la poupe du navire. Partout, sur leur passage, le silence se faisait dans les groupes, et ils devinaient les regards curieux et inquiets attachés à leurs dos.

À pas rapides, ils gagnèrent le bureau du commandant, où ils se laissèrent lourdement tomber dans des fauteuils.

75 — Enfin, Patrice, vous êtes de mon avis. C'est… invraisemblable, cette histoire-là.

— Invraisemblable est le mot exact. Car, enfin, il ne peut y avoir que trois coupables.

— … et tous trois sont, de toute évidence, innocents. La fortune de Mrs Hana-
80 gan la met au-dessus de tout soupçon. Alice est la fidélité même. Quant à miss Landell…

— Elle n'est pas assurée. Par conséquent…

— Vous repoussez, naturellement, l'hypothèse d'une parole imprudente lâchée par une des trois personnes intéressées ?

85 Patrice haussa les épaules.

— Vous les avez entendues comme moi. Mrs Hanagan et Alice sont suffisamment douées de bon sens pour ne pas s'être laissées aller à une telle confidence. Aussi bien, nous l'eussent-elles avoué. Quant à miss Landell, qui vivait dans les transes depuis qu'elle a acquis ce maudit bijou, elle était la dernière à aller
90 raconter où elle l'avait caché.

— Autrement dit, nous en revenons toujours à notre conclusion : trois personnes seulement… et toutes trois incapables…

[…]

— Savez-vous à quoi notre affaire me
95 fait penser ?… À ces exaspérants problèmes policiers, en apparence insolubles, que posent certains magazines, et dont la dernière page apporte, en une ligne, au lecteur confus, la solution enfantine.

100 — Je donnerais gros pour avoir cette dernière page, soupira comiquement Patrice.

POUR MIEUX COMPRENDRE LE TEXTE

5 Si des bagages sont *épars*, comment sont-ils ?

6 D'après le contexte, que signifie *donner le change* ?

7 Que sont la *proue* et la *poupe* d'un navire ?

8 Qu'éprouve-t-on quand on vit *dans les transes* ?

9 a) À l'aide de quel **préfixe** *insolubles* est-il formé ?
b) Expliquez le sens de ce mot en vous servant de sa construction.

Adella Landell se tenait assise au milieu de ses malles. Ses yeux étaient secs depuis longtemps, aussi est-ce d'un mouvement purement machinal que, pour la 105 dernière fois, elle y porta son mouchoir réduit en boule. Après quoi, elle déplia avec précaution la fine étoffe et laissa couler dans sa paume un petit objet ayant la forme et la grosseur d'une noisette et la couleur du charbon.

Amoureusement, la vieille demoiselle contempla la perle, la porta à ses lèvres, murmura :

110 — Maintenant, ma beauté noire, les voleurs te chercheront partout, excepté ici… Enfin, je vais dormir en paix !

Boileau-Narcejac, *Quarante ans de suspense*,
Paris, Robert Laffont, coll. «Bouquins», 1990, tome V, p. 93 à 96.

Boileau-Narcejac, les auteurs de la nouvelle *La perle noire*
Sous ce nom se cachent deux auteurs français: Pierre Boileau (1906-1988) et Thomas Narcejac (1908-1998). Pour ces deux auteurs, le mystère est au cœur même du roman policier. Énigme, sueurs froides, atmosphère presque surnaturelle, voilà l'univers dans lequel leurs personnages évoluent. En 1971, le célèbre duo a créé le personnage de François Robion, dit Sans Atout, le héros d'une dizaine de romans pour les jeunes.

INTERROGER LE TEXTE ET RÉAGIR

Les éléments du récit policier

1. *La perle noire* comporte certains éléments qu'on s'attend à trouver dans un récit policier. Pour chacun d'eux, fournissez les précisions demandées.

   a) Un **crime** semble avoir été commis. Lequel ?

   b) Une **enquête** a lieu. Qui s'en charge ? Que font ces personnes durant l'enquête ?

   c) Il y a trois **suspects**. Qui ? Quels motifs innocentent chacun d'eux ?

   d) Une **conclusion** s'impose aux enquêteurs. Laquelle ?

Le personnage d'Adella Landell

2. a) Au début du texte, Adella Landell semble plutôt sotte. Donnez trois exemples qui renforcent cette impression.

   b) À la fin de l'histoire, la vraie Adella Landell se révèle enfin. Quel adjectif utiliseriez-vous pour la décrire alors ?

Un brin d'humour

3. 💬 Qu'est-ce qui vous a fait sourire dans ce texte? Au besoin, relisez-le et relevez trois passages humoristiques.

L'accord des adjectifs

4. Pour chacun des 11 adjectifs ci-dessous:

   a) trouvez le nom ou le pronom donneur d'accord;

   b) donnez le genre et le nombre de ce donneur.

> Suivez la démarche proposée dans la stratégie **Comment vérifier les accords dans le GN**, à la page 473.

1) Immobile au milieu de la luxueuse cabine, les traits affaissés, il regardait la mer calme et grise, indifférente.

2) Mais imaginer une pareille chose à bord du *Picardie*!

3) La presse avait donné une telle publicité à l'achat de ce bijou.

4) Ils devinaient les regards curieux et inquiets attachés à leurs dos.

L'accord des participes passés avec *avoir*

5. a) Expliquez l'accord des participes passés employés avec *avoir* dans les phrases suivantes.

   1) La presse avait donné une telle publicité à l'achat de ce bijou.

   2) Je vous précise que je n'ai pas encore assuré la perle noire…

   b) 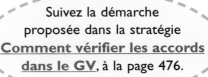 Continuez cet exercice sur le document qu'on vous remettra.

> Suivez la démarche proposée dans la stratégie **Comment vérifier les accords dans le GV**, à la page 476.

LE SAVIEZ-VOUS?

Alibi, empreintes digitales, suspect, mobile… Certains mots reviennent couramment dans les énigmes policières, que ce soit dans les jeux, les romans, les films, les bandes dessinées ou ailleurs.

Voici un petit lexique pour vous y retrouver.

ALIBI Preuve qu'on était absent du lieu où un crime a été commis.

MOBILE DU CRIME Cause pour laquelle un crime est commis.

SUSPECT Personne qu'on soupçonne d'avoir pu commettre une infraction.

OBJET CONTONDANT Objet qui blesse sans couper.

EMPREINTES DIGITALES Traces laissées sur les objets par les sillons de la pulpe des doigts.

AUTOPSIE Examen d'un cadavre pour déterminer les causes du décès.

MÉDECIN LÉGISTE Médecin qui pratique les autopsies.

Vous allez maintenant **entendre la nouvelle littéraire** *La mort en chambre close*, de l'auteur américain John Lutz. Tentez, cette fois-ci, de résoudre une sombre histoire de meurtre et demandez-vous qui a organisé l'assassinat d'Adrian Masters. Tout au long de la lecture, prêtez une **attention particulière aux éléments qui vous font apprécier** ou non cette histoire. Vous pourrez vous inspirer de ces éléments dans votre propre critique.

LA MORT EN CHAMBRE CLOSE

Derrière le haut mur de brique hérissé de tessons, au-delà des immenses peupliers qui se balançaient dans la nuit, à l'extrémité d'une longue et vaste pelouse en pente douce, la résidence Masters avec ses tourelles, ses mansardes en avancée, ses pignons semblait braver les rafales de pluie qui la giflaient. C'était une nuit idéale et un décor idéal pour un meurtre tout simple — et donc parfait.

Adrian Masters était seul dans la maison, et dans une maison de dix-huit pièces distribuées sur deux étages, on se sent vraiment très seul. Margaret, la vieille femme de charge, était en permission de nuit et tous les autres occupants de la maison vaquaient ici et là à leurs affaires. Encore que Masters ne se souciât aucunement d'être abandonné à lui-même, à ce détail près qu'il n'y avait personne pour s'occuper de lui.

[...]

John Lutz, *Les contes de l'Amère Loi*, traduit par Michel Deutsch, © John Lutz, 1988, Paris, © Éditions Gallimard, coll. «Série noire», 1989, pour la traduction française, p. 173.

6. a) Vous venez de lire le début de la nouvelle. Avant de l'écouter au complet, interrogez-vous sur l'atmosphère décrite.

En quoi la nuit et le décor sont-ils idéals pour un meurtre parfait ?

b) Après l'écoute de la nouvelle, vous aurez à en bâtir le schéma narratif et à donner votre appréciation. Pour vous préparer mentalement à ces activités, lisez les questions **7** à **9** ci-après.

c) Lisez aussi la stratégie **Comment réagir à une lecture ou à une écoute**, à la page 450.

MAINTENANT, INSTALLEZ-VOUS
ET PRÊTEZ L'OREILLE !

ÉCOUTER, COMPRENDRE ET APPRÉCIER LE TEXTE

Premier arrêt : la situation initiale et l'élément déclencheur

Suivez la démarche proposée à la page 443.

7. a) Pour vérifier votre compréhension, reconstituez oralement les deux premières étapes du schéma narratif de l'extrait que vous venez d'écouter. Travaillez en équipe pour comparer vos idées.

b) Remplissez le tableau qu'on vous remettra en vous servant de ce que vous avez trouvé au cours de votre discussion. Cela vous permettra de vérifier vos réponses et de faire des ajustements.

Les arrêts suivants : le déroulement, le dénouement et la situation finale

8. 💬 Examinez avec les membres de votre équipe la suite des évènements et notez vos réponses.

a) Après le deuxième arrêt : reconstituez les trois premières péripéties du déroulement.

b) Après le troisième arrêt : reconstituez les trois dernières péripéties du déroulement et le dénouement.

c) Après le quatrième arrêt : discutez de la situation finale.

Votre appréciation

9. a) 📚 Revenez sur l'ensemble de la nouvelle et répondez aux questions qu'on vous remettra.

b) 💬 Recommanderiez-vous la lecture de cette nouvelle à vos proches ? Fondez votre appréciation sur trois éléments différents.

> Servez-vous du schéma narratif et de vos pistes de réflexion pour participer à cette discussion.

Un résumé qui donne le goût d'en savoir plus

10. ✉️ À partir du schéma narratif que vous avez fait, résumez le début de cette histoire dans un texte de 50 à 80 mots. Pour y arriver, suivez ces consignes :

- résumez la situation initiale et l'élément déclencheur en 35 mots au maximum ;
- résumez la première et la deuxième péripétie en 35 mots au maximum ;
- ajoutez une phrase qui piquera la curiosité de vos lecteurs et lectrices et les incitera à lire la nouvelle en entier.

> Cet exercice vous prépare au résumé que vous ferez dans votre critique.

Vous avez déjà lu ou entendu une **critique** de livre ou de film ? **Comment ce genre de texte est-il organisé ?** Avez-vous une bonne idée de ce qu'on doit y trouver ? Les deux critiques qui suivent vous mettront sur la piste et pourront vous servir de modèles quand viendra votre tour de rédiger une critique. Lisez-les une première fois et essayez de trouver les points communs entre elles.

La perle noire, Boileau-Narcejac

★★★★★☆

UN BIJOU !
Chloé Montcalm

Résumé

À bord du *Picardie*, une perle noire disparaît de la cabine d'Adella Landell, une riche passagère américaine. Le commandant et le détective du bord enquêtent, mais l'énigme leur semble insoluble. Où donc est passée la fameuse perle ?

5 ## Appréciation

Ce court récit m'a plu pour toutes sortes de raisons. D'abord, il y a dans ce texte des touches d'humour que j'ai trouvées particulièrement réussies. Les répliques d'Adella Landell sont savoureuses. Quand la vieille dame explique qu'elle a préféré ranger sa précieuse perle dans un bas plutôt que dans un coffre-
10 fort, je n'ai pas pu m'empêcher de sourire.

Ensuite, j'ai apprécié la façon dont les auteurs présentent les personnages. La description de Patrice, le détective du bord, qui fouille la cabine comme un chien de chasse, est assez drôle. Je l'imagine d'ici qui tourne en rond parmi les vêtements éparpillés. Le portrait d'Adella Landell en vieille riche est, lui aussi, bien fait.

15 Finalement, cette nouvelle est originale, car les enquêteurs n'arrivent pas à résoudre l'énigme. Ils se font complètement manipuler. De plus, les auteurs nous réservent une formidable surprise : la fin est un amusant coup de théâtre**■**.

POUR MIEUX COMPRENDRE LE TEXTE

■ Qu'est-ce qu'un coup de théâtre ?

Titre: *Rouge poison*

Auteure: Michèle Marineau

Appréciation: 5/5

RÉSUMÉ

Sabine Ross a 12 ans et croit qu'elle va passer des vacances de Pâques paisibles avec son père. Mais Pierre Ross est occupé; il enquête sur les morts suspectes de trois jeunes dans le quartier. Sabine décide de mener l'enquête à sa façon. Aidée
5 de ses copains Xavier et Jérôme, elle se lance sur les traces des victimes. Malgré les nombreux obstacles, le trio de jeunes détectives ne se décourage pas. Sabine voudrait tellement réussir pour gagner l'affection de son père.

CE QUE J'AI AIMÉ

Rouge poison est une véritable réussite. Ce roman est captivant du début à la
10 fin. Il n'y a pas de temps mort, et les nombreux rebondissements**❶** m'ont tenu en haleine**❷** tout au long. Même le titre a piqué ma curiosité. Dès que je l'ai lu, je me suis demandé ce qu'il voulait dire.

J'ai aussi beaucoup aimé les personnages. Sabine est très déterminée, elle sait ce qu'elle veut. C'est le genre de fille qui va au bout de ses idées. En plus, comme
15 les personnages principaux ont entre 10 et 14 ans, je me suis senti proche d'eux. C'est facile de se reconnaître en eux.

La troisième chose que j'ai appréciée, c'est la description des lieux. L'histoire se passe à Montréal. On sent que l'auteure a fait des recherches pour bien présenter les lieux et faire vrai.

20 ## CE QUE J'AI MOINS AIMÉ

Je pense que les plus jeunes peuvent trouver le roman un peu long avec ses 338 pages. Moi, ça ne m'a pas dérangé, mais il faut dire que je suis un grand lecteur.

Élie T.

POUR MIEUX COMPRENDRE LE TEXTE

❶ Qu'est-ce qu'un rebondissement?

❷ ⭐ Que veut dire *tenir en haleine*?

INTERROGER LE TEXTE ET RÉAGIR

Des ressemblances et des différences

11. a) Dites si les parties énumérées dans la colonne de gauche sont présentes dans les deux critiques. Inscrivez vos réponses (*oui* ou *non*) dans les colonnes appropriées d'un tableau comme celui ci-dessous.

b) Notez, dans les autres colonnes de votre tableau, l'information donnée sur les six premières parties de chaque critique.

Parties de la critique	Critique de *La perle noire*		Critique de *Rouge poison*	
	Élément présent dans la critique	Information donnée dans la critique	Élément présent dans la critique	Information donnée dans la critique
1. Titre de l'œuvre critiquée	Oui	▬	▬	*Rouge poison*
2. Auteur ou auteure de l'œuvre critiquée	▬	▬	▬	▬
3. Nom du ou de la critique	▬	▬	▬	▬
4. Cote d'appréciation	▬	5 étoiles sur 6	▬	▬
5. Titre de la critique	▬	▬	▬	▬
6. Intertitres	Oui	Résumé Appréciation	▬	▬
7. Résumé	▬	——	▬	——
8. Appréciation	▬	——	▬	——

c) Le titre est souvent utile, même s'il n'est pas obligatoire. Expliquez pourquoi.

d) Proposez un titre qui coifferait bien la critique de *Rouge poison*.

L'organisation d'une critique

12. a) Dans la partie «Résumé», surlignez en bleu la phrase qui incite à lire la suite de l'histoire.

b) Où cette phrase est-elle située: au début, au milieu ou à la fin de la partie «Résumé»?

> Pour les questions **12** à **14**, utilisez les copies à marquer qu'on vous remettra.

13. a) Dans la partie «Appréciation» de chacune des critiques, surlignez en bleu la phrase qui résume le point de vue de la personne qui a rédigé la critique.

b) Où cette phrase est-elle située: au début, au milieu ou à la fin de la partie «Appréciation»?

14. ⭐ Reconstituez l'organisation de la partie «Appréciation».

    a) Soulignez de deux traits les éléments sur lesquels chaque critique fonde son appréciation.

    b) Soulignez d'un trait les explications et les exemples dont les critiques se servent pour illustrer leurs propos.

    c) Surlignez en vert les **organisateurs textuels**.

    d) En plus des organisateurs textuels, qu'est-ce qui aide à cerner l'organisation de la partie «Appréciation»? Expliquez votre réponse.

> Le tableau qui suit chaque critique sur les copies à marquer vous aidera à repérer les parties à souligner.

Le point de vue

15. Dans les deux critiques, le **point de vue** est-il objectif ou subjectif? Donnez deux raisons pour expliquer votre réponse.

Les mots pour le dire

16. **a)** Relevez les mots par lesquels chaque critique exprime son appréciation. Faites-en une liste.

    b) Trouvez, en équipe, d'autres mots et ajoutez-les à votre liste.

> Conservez cette liste dans votre *Journal culturel*. Elle vous servira chaque fois que vous aurez à faire une critique.

Les accords dans le GV

17. Expliquez l'accord de chaque verbe en couleur dans les phrases suivantes. Utilisez la démarche expliquée à la page 474, s'il y a lieu.

    1) J'ai apprécié la façon dont les auteurs présentent les personnages.

    2) De plus, les auteurs nous réservent une formidable surprise.

    3) Le commandant et le détective enquêtent, mais l'énigme leur semble insoluble.

    4) Sabine et ses deux amis se lancent sur les traces des victimes.

    5) Sabine, aidée de ses amis Jérôme et Xavier, décide de mener l'enquête à sa façon.

    6) Leur enquête les entraîne d'abord sur une fausse piste.

    7) Malgré les nombreux obstacles, le trio de jeunes détectives ne se décourage pas.

18. ⭐ Expliquez l'accord de chaque participe passé en couleur dans les phrases suivantes. Voyez la démarche expliquée à la page 476, s'il y a lieu.

    1) Ce court récit m'a plu pour toutes sortes de raisons.

    2) Ensuite, j'ai apprécié la façon dont les auteurs présentent les personnages.

    3) J'ai aussi beaucoup aimé les personnages.

    4) La troisième chose que j'ai appréciée, c'est la description des lieux.

    5) Les personnages que j'ai préférés sont Sabine et Jérôme.

DÉFI!

Rédiger la critique d'un roman policier ou d'une nouvelle policière.

Grâce aux lectures et aux activités que vous avez faites dans cette séquence, vous avez ce qu'il faut pour écrire la critique d'un roman policier ou d'une nouvelle policière. Mettez-vous à l'œuvre.

Vous trouverez dans votre *Recueil de textes* des récits policiers que vous pouvez choisir pour votre critique.

Le choix d'un roman ou d'une nouvelle

1. Choisissez un roman policier (ou une nouvelle policière) que vous avez lu récemment et que vous avez particulièrement aimé.

La rédaction

2. Rédigez une critique de 200 à 225 mots s'adressant à des destinataires de votre âge. Adoptez un **point de vue subjectif** et employez des mots expressifs pour donner votre appréciation.

3. Votre texte devra contenir les éléments suivants :
   - un titre ;
   - un résumé de 50 à 80 mots se terminant par une phrase qui incite à lire l'œuvre critiquée ;
   - une appréciation de 150 à 175 mots ;

     Attention ! Vous devrez fonder votre appréciation sur trois éléments. Vous donnerez au moins un exemple ou une explication pour illustrer chaque élément.

     > Si vous mentionnez un élément que vous avez moins apprécié, ne lui donnez pas trop d'importance. N'oubliez pas que vous critiquez une œuvre que vous avez aimée.

   - les parties qu'on trouve habituellement dans une critique littéraire ;
   - des intertitres, des changements de paragraphes et des organisateurs textuels signalant l'organisation du texte.

4. Vous devrez utiliser trois participes passés employés avec l'auxiliaire *avoir*.

 ## La révision et l'amélioration de votre critique

5. Révisez votre critique au fur et à mesure que vous rédigez. Consultez la stratégie <u>Comment réviser un texte</u>, aux pages 464 et 465, pour voir comment faire.

6. Avant de mettre votre copie au propre, révisez-la attentivement au moyen des stratégies utiles pour réviser, corriger et améliorer un texte (p. 464 à 476).

D'AUTRES rendez-vous...

Découvrez d'autres récits à énigme qui sauront vous inspirer lorsque vous vous transformerez en critique littéraire...

Une jeune fille qui mène une enquête de main de maître : *Janie intervient.*

Une vieille dame dotée d'un sens de la déduction étonnant : *Miss Marple au club du mardi.*

Un personnage mystérieux qui surgit dans la nuit : *Doigt de poussière.*

Trois jeunes qui n'ont pas froid aux yeux : *Rouge poison.*

Retour

Autoévaluation

Lorsque c'est possible, répondez à l'aide des termes d'évaluation :
Beaucoup / Assez / Un peu / Pas du tout.

POINTS À ÉVALUER

1. Après avoir travaillé dans cette séquence, je suis plus en mesure :
   a) de trouver des éléments sur lesquels fonder mon appréciation d'un récit ;
   b) d'utiliser des mots expressifs pour faire part de mon appréciation ;
   c) de faire des liens entre les paragraphes au moyen d'organisateurs textuels ;
   d) d'accorder les participes passés employés avec *avoir*.

2. a) J'ai été capable de comprendre les textes que j'ai lus, même les passages plus difficiles.
   b) Voici comment j'ai procédé pour comprendre un passage difficile : ▨.

3. Pour comprendre et apprécier le texte *La mort en chambre close* que j'ai écouté, les éléments suivants m'ont été utiles :
   a) les illustrations du *Manuel* ;
   b) le schéma narratif ;
   c) les discussions en équipe et avec toute la classe ;
   d) les pistes d'appréciation que j'ai notées après l'écoute du texte ;
   e) la façon dont le texte a été lu. Précisez ce qui a été le plus utile (l'intonation, le débit, les regards, les mimiques, etc.) : ▨.

4. Dans la critique que j'ai écrite :
   a) j'ai réussi à résumer l'histoire de façon à inciter mes lecteurs et lectrices à lire la suite ;
   b) j'ai fondé mon appréciation sur des éléments intéressants.

5. Voici le titre du prochain récit policier que je me propose de lire ou de regarder à la télévision ou au cinéma : ▨.

L'accord de l'adjectif

1. Les phrases suivantes contiennent toutes un ou des adjectifs mal accordés. Corrigez-les comme dans l'exemple ci-après.

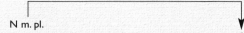

N m. pl.

Exemple : Dans ce roman policier, il y a des personnages complètement déséquilibré[s].

1) ⊘ Voici la liste des romans policiers les plus marquant des cinquante dernières années et des détectives les plus apprécié du grand public.

2) ⊘ Dans les romans policiers, les armes du crime sont aussi diversifiées et originales qu'efficace !

3) ⊘ C'est toujours d'une façon un peu théâtral que Poirot dévoile l'identité du coupable.

4) ⊘ Dans ce roman, la victime (un homme de 40 ans) est dérangée à toute heure du jour et de la nuit par des coups de téléphone aussi mystérieux que terrifiant.

5) ⊘ J'ai adoré cette histoire d'un crime commis dans la cabine bondé d'un téléphérique immobilisé au milieu de son ascension.

6) ⊘ Agatha Christie est une des auteures de littérature policière les plus réputé.

7) ⊘ Peu d'auteurs inventent des histoires aussi complexes, aussi rempli de sombres complots, de vrais et de faux indices, de vrais et de fausses pistes.

L'accord du participe passé employé avec *avoir*

2. a) Dans les phrases ci-après, trouvez le participe passé du verbe entre parenthèses et ajoutez-le dans la phrase à l'endroit indiqué par le numéro.

b) Accordez le participe passé.

c) Assurez-vous que l'accord est bien fait en suivant la démarche expliquée à la page 476.

1) **(éteindre)** Il alluma le gaz, posa la bouilloire sur le brûleur et, après avoir **1** la lumière, il gagna son bureau.

2) **(faire)** Le gros berger n'était encore qu'un jeune chiot quand il en avait **2** l'acquisition.

3) **(accumuler)** En l'espace d'un demi-siècle, il avait **3** une fortune enviable qui venait s'ajouter à un héritage déjà substantiel.

4) **(connaître)** C'était la première fois que Masters cédait à la panique ; jamais il n'avait **4** pareil effroi.

5) **(prendre)** Il regrettait à présent de ne pas avoir **5** la peine de faire installer l'électricité dans la chambre forte.

6) **(conduire)** Sa femme était à New York. Deux jours auparavant, il l'avait **6** à l'aéroport.

7) **(perdre, élever)** Les deux frères avaient **7a** leurs parents. Leur tante les avait donc **7b** .

8) **(téléphoner)** Sa femme lui avait ▨8 le matin même.

9) **(atteindre)** Il s'approcha de la paroi et, une fois qu'il l'eut ▨9, il y colla l'oreille.

10) **(résoudre)** Maintenant qu'il avait ▨10 l'énigme, il éprouvait une intense satisfaction.

Les organisateurs textuels

3. Ajoutez les organisateurs textuels fournis dans chacune des appréciations. Vous n'avez pas à recopier les phrases. Vous pouvez écrire seulement l'organisateur et le début de la phrase.

> N'oubliez pas d'isoler chaque organisateur textuel par une virgule.

1) Bref | D'abord | Ensuite | Finalement

J'ai toujours raffolé des aventures de Biff Dynamite en bandes dessinées, mais je déteste les jeux vidéo qu'on en a tirés. La qualité des images est médiocre. Je trouve cela inacceptable. Le degré de difficulté des obstacles à franchir d'un tableau à l'autre est mal dosé : le premier tableau est trop facile tandis que le suivant est quasi impossible à réussir. Certains tableaux sont hyper-violents. Ce troisième produit m'a semblé aussi mauvais que les deux premiers.

2) Pour tout dire

L'infernale trahison est un excellent film à suspense. L'intelligence du scénario, l'époustouflant jeu des comédiens principaux (Penelope Ramirez et Hidalgo Mendez), la beauté des images, la qualité des effets spéciaux, tout est excellent. Ce troisième long métrage de la réalisatrice Jasmine Latulipe est le meilleur film de la saison.

3) Cependant | Deuxièmement | En effet | Premièrement | Troisièmement

L'Électropuce est une réussite à plusieurs points de vue. Ses boutons de navigation sont bien placés et faciles d'accès, un tour de force malgré la petite taille de l'appareil. Il est plus facile de lire les caractères sur cet écran que sur celui du MégaMuzik 300 testé le mois dernier. La qualité sonore des écouteurs dépasse celle des autres baladeurs de cette catégorie. L'Électropuce fonctionne parfaitement dans l'autobus, le métro et l'auto.

L'appareil nous a semblé très fragile. Le plastique du boîtier s'abîme facilement. Si vous combinez baladeur et course à pied, optez plutôt pour le MégaMuzik 300, un appareil plus robuste.

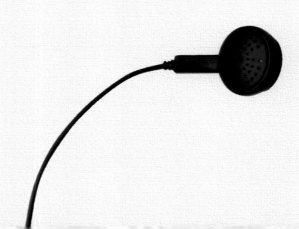

Ouvrez l'œil !

Histoires d'espionnage et enquêtes rocambolesques forment la trame de bien des récits policiers. Chaque fois, les détectives posent des questions, se livrent à une observation minutieuse sur le terrain, examinent attentivement les indices. Un brin d'indiscrétion et une bonne dose d'audace leur permettent souvent d'arriver à leurs fins. Savez-vous que ces **méthodes** ne sont pas uniquement employées pour résoudre des **affaires d'espionnage**? Elles s'apparentent à celles qu'on utilise en **publicité** pour vous atteindre, **en savoir davantage** sur vous et **influencer vos habitudes de consommation**!

Dans cette séquence, vous rencontrerez d'abord Alex Rider, quatorze ans, espion malgré lui, puis vous découvrirez la panoplie parfaite pour mener à bien une mission secrète. Ces lectures vous donneront sûrement des idées pour créer un gadget d'espionnage étonnant. Un dernier texte vous dévoilera des stratégies publicitaires dignes des meilleurs romans ou films d'espionnage.

Au fil des textes et des activités, vous verrez, entre autres, comment **décrire votre invention** et la **présenter de façon attrayante.**

DÉFI!

Vous aurez à concevoir et à rédiger une publicité pour faire connaître à des jeunes de votre âge un gadget d'espionnage que vous aurez imaginé. En relevant ce défi, vous mettrez en œuvre votre pensée créatrice.

Quels éléments trouve-t-on dans les romans ou les films d'espionnage? Repérez-en quelques-uns dans cet extrait de bande dessinée. Puis, discutez de vos observations avec vos camarades. Cela vous permettra de faire un premier **tour d'horizon** de l'**univers des récits d'espionnage**.

 Lisez cet extrait de bande dessinée et répondez ensuite aux questions.

En cette froide soirée, près de la villa, une activité inhabituelle se déroule.

La scène ne passe pas inaperçue aux yeux de tous.

Non, mais, regardez! Même l'ambassadrice est là.

Les informations ramenées par nos agents de renseignements étaient donc vraies...

Allons voir ce qui se trame derrière ces murs!

Ma caméra de nuit nous sera utile.

1. Pour commencer, tenez compte des images seulement.

   a) Quel est le premier signe qui montre que nous sommes dans l'univers de l'espionnage?

   b) Relevez tous les autres signes qui le confirment.

2. Tenez compte maintenant du texte qui accompagne les images.

   a) Quels sont les mots ou quelles sont les phrases qui renvoient explicitement au récit d'espionnage? Expliquez vos réponses.

   b) Y a-t-il d'autres mots ou d'autres phrases qui renvoient au récit d'espionnage, même si c'est de façon moins explicite? Expliquez vos réponses.

Alex, le héros de l'extrait suivant, est à la veille de partir pour une mission d'espionnage. Mais il ne partira pas les mains vides, comme vous le constaterez. Découvrez ce qu'on lui propose. Ces objets pourront **vous aider à imaginer un gadget d'espionnage** dernier cri.

L'équipement d'Alex

«Je vous apporte des jouets qui vous amuseront peut-être.

— Les jouets ne sont plus de mon âge.

— Ceux-là, si.»

5 Elle fit un signe et un homme apparut, sortant de la pénombre❶. Il posa sur la table un plateau contenant divers objets. […] Il était chauve, avec une moustache noire et toute une série de doubles mentons qui s'emboîtaient les 10 uns dans les autres avant de se fondre dans son cou et ses épaules. Il était vêtu d'un complet rayé qui nécessitait autant de tissu que pour faire une tente.

«Smithers, s'annonça-t-il avec un signe 15 de tête à Alex. Ravi de vous rencontrer, mon vieux.

— Qu'avez-vous pour lui, Smithers? demanda Mme Jones.

— Nous avons manqué de temps, malheu-20 reusement, madame J. Il nous a fallu imaginer ce que pouvait posséder un garçon de quatorze ans, et l'adapter.»

Il prit le premier objet sur le plateau. Un yo-yo, un peu plus grand que la normale, en 25 plastique noir.

«Commençons par ceci», dit Smithers.

Alex secoua la tête, incrédule❷.

«Ne me dites pas que c'est une arme secrète!

30 — Pas exactement. On m'a dit que vous ne pouviez pas être armé. Vous êtes trop jeune.

— Alors ce n'est pas une grenade à main? Du genre "je tire la ficelle et je file en courant"?

— Absolument pas. C'est un yo-yo.»

35 Smithers saisit la ficelle entre son pouce et son index boudinés❸, et tira.

«En réalité, la ficelle est un fil de nylon spécial. Très performant. Il mesure trente mètres et peut soulever un poids de cent kilos. Le 40 yo-yo lui-même est motorisé et s'accroche à la ceinture. Très utile pour l'escalade.

— Amusant, dit Alex, guère impressionné.

— Et puis ceci, poursuivit Smithers en présentant un petit tube sur lequel était écrit: 45 "Crème dermatologique contre l'acné". Ne vous vexez❹ pas, mais nous avons pensé que c'est ce que pourrait utiliser un garçon de votre âge. C'est tout à fait remarquable.»

POUR MIEUX COMPRENDRE LE TEXTE

❶ Qu'est-ce que la pénombre?

❷ Trouvez un **synonyme** d'*incrédule* qui convient dans le contexte.

❸ Un index *boudiné* est en forme de…

❹ Donnez un synonyme de *se vexer*.

Smithers ouvrit le tube, le pressa, et fit sortir
50 un peu de crème sur son doigt.

«Parfaitement inoffensif au contact de la
peau. Mais sur le métal, c'est une autre
histoire.»

Il frotta son doigt sur la table. D'abord, rien
55 ne se produisit. Puis une volute de fumée
âcre**5** s'éleva, le métal de la table grésilla**6** et
un trou apparut.

«Ça marche sur n'importe quel métal,
expliqua Smithers. Très utile quand on veut
60 forcer une serrure.»

Il sortit un mouchoir et s'essuya le doigt.

«Autre chose? demanda Mme Jones.

— Oh oui, madame J. Voici notre plat de
résistance**7**, pourrait-on dire.»

65 Il prit une boîte aux couleurs vives, qu'Alex
reconnut comme un coffret de jeu vidéo.

«Quel adolescent n'a pas ça? dit Smithers.
Celui-ci possède quatre jeux. La beauté de la
chose est que chacun transforme la console en
70 un outil tout à fait différent.»

Il montra le premier jeu à Alex.

«Avec cette cartouche, la console devient
un photocopieur-fax, qui vous met en contact
direct avec nous, et vice versa. Le deuxième jeu

75 transforme l'ordinateur en appareil à rayons X.
Il a aussi une fonction audio. Les écouteurs
permettent d'écouter aux portes. Il n'est pas
aussi puissant que je le souhaiterais, mais nous
y travaillons. Le troisième jeu est un détecteur
80 de micros cachés. Je vous suggère de l'utiliser
dès que vous entrerez dans votre chambre. Et
enfin… le Bombardier.

— Je suis obligé de m'en servir? demanda
Alex.

85 — Vous pouvez vous servir des quatre. Mais,
comme le nom le suggère, celui-ci est une
bombe fumigène**8**. Vous laissez la cartouche
de jeu dans une pièce et vous appuyez trois fois
sur le bouton "Démarrer" de la console. Ça
90 déclenche la bombe. Un camouflage très pratique si l'on doit déguerpir en vitesse.

— Merci, Smithers, dit Mme Jones.

— C'était un véritable plaisir pour moi,
madame J.»

95 Smithers se leva péniblement. Ses jambes
faisaient un effort considérable pour supporter
son poids.

«J'espère vous revoir, Alex, ajouta-t-il. Je
n'avais encore jamais équipé un agent de votre
100 âge. Je suis sûr que je pourrais inventer bien
d'autres gadgets amusants.»

Il s'en alla d'une démarche pesante et disparut derrière une porte qui claqua derrière
lui.

Anthony Horowitz, *Stormbreaker*, *Alex Rider, quatorze ans,
espion malgré lui*, traduit de l'anglais par Annik Le Goyat,
Paris, Hachette Livre, 2001, p. 81 à 84.

POUR MIEUX COMPRENDRE LE TEXTE

5 Que veut dire *âcre*?

6 Parmi les sens du verbe *grésiller* donnés dans
le dictionnaire, lequel convient ici?

7 ☆ a) Qu'est-ce qu'un plat de résistance?
b) Cette expression est-elle employée au
sens propre ou dans un sens figuré?
Expliquez votre réponse.

8 Que produit une bombe *fumigène*?

Anthony Horowitz, l'auteur du roman *Stormbreaker, Alex Rider, quatorze ans, espion malgré lui*

(écrivain anglais, né en 1957)

À huit ans, Anthony Horowitz sait déjà qu'il veut devenir écrivain. Pour son anniversaire, il demande donc une machine à écrire, du papier et des crayons. Aujourd'hui, Anthony Horowitz est un auteur connu, qui écrit des romans et des pièces de théâtre. Il signe aussi des scénarios pour des séries télévisées et pour le cinéma. Parmi la quinzaine de romans pour les jeunes qu'il a à son actif, signalons *L'île du crâne*, *Satanée grand-mère* et *Le faucon malté*, une parodie du célèbre *Faucon maltais*, de Dashiell Hammett.

INTERROGER
LE TEXTE ET RÉAGIR

Des personnages à identifier

1. a) L'extrait s'ouvre par un dialogue. Qui prend part à ce dialogue ? Comment le savez-vous ?

b) Qui prononce la première réplique ? Et la deuxième ?

c) Comment le savez-vous ?

2. a) Relevez les deux passages qui nous renseignent sur l'âge précis ou approximatif d'Alex.

b) Vous auriez pu découvrir l'âge d'Alex en survolant le texte. Précisez où exactement vous auriez pu trouver cette information.

> Si vous ne comprenez pas certaines consignes, consultez la stratégie **Comment comprendre une consigne**, à la page 448.

Des objets exclusifs

3. a) Smithers présente trois gadgets spécialement conçus pour Alex. Décrivez brièvement ces gadgets et expliquez dans quel objet chacun est camouflé.

b) Si ces gadgets étaient camouflés dans des objets conçus pour des adultes, dans quoi seraient-ils dissimulés ? Choisissez un objet et répondez à la question.

4. Rédigez une partie des aventures d'Alex. En une dizaine de lignes, montrez-le en train d'utiliser un des gadgets mis à sa disposition. Vous n'avez pas à imaginer toute une aventure, mais seulement le moment précis où le jeune espion se sert d'un gadget.

Les réactions d'Alex

5. Comment Alex réagit-il devant les objets qu'on lui présente ? Expliquez sa réaction devant chaque objet.

La formation des mots

Consultez l'article **Formation des mots**, à la page 334.

6. **a)** Les mots ci-dessous sont tirés du texte. Analysez-les dans des tableaux comme les suivants.

Mot	Sorte de mot	Préfixe	Sens du préfixe
Incrédule	▬	▬	▬
Transforme	▬	▬	▬

Mot	Sorte de mot	Suffixe
Remarquable	▬	▬
Considérable	▬	▬

Mot	Sorte de mot	Racines	Sens de chaque racine
Fumigène	▬	• fumi- • ▬	• fumée • ▬
Dermatologique	▬	• ▬ • -logique	• ▬ • qui se rapporte à la science

b) Que signifie *photo-* dans le mot *photocopieur*? Où exactement avez-vous trouvé la réponse?

c) Retracez l'origine du mot *vidéo*. Comment avez-vous trouvé la réponse?

Le trait d'union

7. Dites à quoi servent les **traits d'union** dans les phrases suivantes.

1) Ceux-là, si. (Ligne 4.)
2) Smithers, s'annonça-t-il avec un signe de tête à Alex. (Lignes 14 et 15.)
3) Le yo-yo lui-même est motorisé et s'accroche à la ceinture. (Lignes 39 à 41.)
4) Voici notre plat de résistance, pourrait-on dire. (Lignes 63 et 64.)
5) Celui-ci possède quatre jeux. (Ligne 68.)

Les pronoms dans la phrase impérative

8. **a)** Relevez deux **phrases impératives** négatives et soulignez les pronoms compléments du verbe. Cherchez les phrases entre les lignes 23 et 34, et 42 et 50.

b) Mettez le début des phrases relevées en **a** à la **forme** positive et soulignez les pronoms compléments du verbe.

c) Que remarquez-vous? Relevez au moins deux différences entre la phrase impérative positive et la phrase impérative négative.

Des liens avec d'autres œuvres

9. À quelles autres aventures cet extrait vous fait-il penser? Notez celles qui vous semblent intéressantes dans votre *Journal culturel*.

Vous croyez peut-être que des objets comme ceux d'Alex n'existent que dans les romans d'espionnage. Détrompez-vous! En voici d'autres, et vrais, cette fois-ci! **Familiarisez-vous avec ce monde d'objets ingénieux pour stimuler votre créativité.**

Commencez par **survoler le texte** pour avoir une bonne **idée de son contenu**. Lisez, au besoin, le point **❶** de la stratégie <u>Comment faire des prédictions à partir d'un survol</u>, à la page 432.

LA PARFAITE PANOPLIE POUR ESPIONNER

De la caméra miniature au micro laser,
revue du matériel qui existe aujourd'hui
pour obtenir des informations en toute discrétion...

DES LUNETTES DE VISION NOCTURNE

Pour des missions se déroulant de nuit, l'espion
5 chausse des lunettes**❶** lui permettant de voir comme en plein jour. Il dispose de deux modes de vision diffé-rents qu'il choisit en fonction
10 de la situation. S'il veut repé-rer des individus, il opte pour le mode thermique**❷**. Les lu-nettes deviennent sensibles au rayonnement infrarouge**❸**
15 (invisible) associé à l'émission de chaleur. L'espion voit alors le monde selon de «fausses couleurs» variant du rouge (corps chauds) au bleu (corps
20 froids). S'il n'y a aucune source de chaleur dans les environs, notre espion de-vient aveugle. Il passe alors en mode amplificateur de lu-
25 mière. Pour cela, les lunettes disposent de capteurs de

photons**❹** (les «petits grains» de lumière) ultrasensibles au moindre éclairage. Chaque
30 photon capté est copié en milliers d'exemplaires grâce à

un courant électrique. C'est ainsi qu'un très fin croissant de lune peut éclairer une
35 scène comme en plein jour, ou presque.

POUR MIEUX COMPRENDRE LE TEXTE

❶ Dites autrement «l'espion chausse des lunettes». L'espion...

❷ ☆ À quoi fonctionne le mode thermique?

❸ Quelle définition le texte donne-t-il du mot *infrarouge*?

❹ D'après le texte, que sont les photons?

BALLE-CAMÉRA

MICROPHONE LASER

SYSTÈME GPS

UNE BALLE-CAMÉRA

[...] Cette caméra se fixe sur n'importe quelle paroi et
40 envoie des images par radio depuis son point de vue imprenable. Pur délire ? Pas tant que ça ! L'objet n'existe pas encore, mais un proto-
45 type[5] semblable a été testé avec succès aux États-Unis l'été dernier. Il s'agit d'une boule de 1,7 cm de diamètre recouverte d'une substance
50 adhésive[6]. Elle contient une pile, un émetteur radio, mais pas encore de caméra. [...]

UN MICROPHONE LASER

55 Le microphone laser permet de surprendre n'importe quelle conversation dans une pièce sans y mettre les pieds ! Il suffit de braquer[7] sur une
60 fenêtre le faisceau laser de ce supermicro. Comment ça marche ? C'est une histoire de vibrations. Lorsque vous parlez, vous émettez une onde
65 sonore qui correspond à une vibration de l'air. Lorsqu'elle atteint une fenêtre, cette vibration se transmet à la vitre et la fait vibrer à son tour. Le
70 faisceau laser, qui rebondit contre la vitre et repart vers le micro, voit son trajet légèrement allongé ou raccourci selon les déformations de la
75 paroi de verre. Un logiciel analyse ces variations puis restitue[8] l'onde sonore qui en est la cause. Il ne reste plus qu'à écouter la conversation
80 dans une oreillette ! Inconvénient de ce dispositif: il faut être pile en face de la fenêtre pour recueillir le faisceau laser réfléchi. Donc pas

85 question, par exemple, d'écouter une conversation au quinzième étage depuis le rez-de-chaussée.

UN SYSTÈME GPS

90

Sur son petit écran de poche, l'espion peut se repérer à tout instant, et à quelques mètres près, grâce au
95 GPS. C'est le même système, en plus précis, qui équipe les voitures. En gros, l'espion porte un petit récepteur qui capte les signaux émis par
100 quelques-uns des 27 satellites qui quadrillent le globe en permanence depuis leur orbite à 19 300 km de la Terre. Le récepteur GPS évalue la
105 distance qui sépare l'espion des satellites et en déduit sa position en fonction de ceux-ci.

UN BROUILLEUR DE CAMÉRA

110

Les caméras de surveillance sont la plaie des espions, qui n'ont aucune envie de laisser une trace de leur

115 passage sur une cassette. Pour rester incognito, ils utilisent des brouilleurs. Ces petits boîtiers électroniques émettent à quelques mètres
120 à la ronde des ondes électromagnétiques (de même nature que celles émises par un téléphone portable). Or, les images prises par une
125 caméra sont justement transportées dans les câbles sous forme d'ondes électromagnétiques. La somme des ondes parasites et des ondes trans-
130 mises par la caméra forme un message électronique complètement brouillé. L'image qui s'affiche sur l'écran de contrôle ressemble alors à
135 celle d'une télé déréglée.

GPS EST LE SIGLE DE *GLOBAL POSITIONING SYSTEM*. EN FRANÇAIS, ON UTILISE, ENTRE AUTRES, «SYSTÈME GPS».

LUNETTES DE VISION NOCTURNE

CRYPTEUR DE MESSAGES

BROUILLEUR DE CAMÉRA

UN CRYPTEUR DE MESSAGES

Un ordinateur bourré d'informations confidentielles [140] peut vite se révéler le talon d'Achille🟦 d'un espion s'il est capturé. Mieux vaut stocker ses données sur un petit boîtier de cryptage🔟 qui [145] transforme n'importe quel fichier (traitement de texte, courriers électroniques…) en une série de signes cabalistiques🟦 inutilisables pour qui [150] ne dispose pas de la méthode de cryptage. Pour récupérer les données, il faut non seulement entrer plusieurs codes, mais également introduire [155] une clé dans l'appareil. Et si on tente de forcer le boîtier, il efface automatiquement toutes les infos qu'il contient.

UNE MINICAMÉRA

[160] La taille des plus petites caméras ne dépasse pas quelques millimètres. Autant dire que l'on peut en mettre un peu partout. Un espion peut [165] en dissimuler une derrière un bouton de veste ou bien dans ses lunettes, et filmer sans être vu. Fixée au bout d'une fibre optique, une mini-[170]caméra peut être glissée sous une porte. Elle permet ainsi d'observer ce qui se passe derrière en toute discrétion…

Fabrice Nicot,
«La panoplie du parfait espion»,
Science & Vie Junior, n° 187,
avril 2005, p. 58 et 59.

POUR MIEUX COMPRENDRE LE TEXTE

🟦 Qu'est-ce que le talon d'Achille de quelqu'un ?

🔟 ⭐ Un message *crypté* est donc un message…

🟦 ⭐ Donnez un **antonyme** de *cabalistiques*.

INTERROGER LE TEXTE ET RÉAGIR

Des indices qui donnent de bonnes informations

10. 💬 Parmi les indices répertoriés au point ❶ de la stratégie **Comment faire des prédictions à partir d'un survol** (p. 432), lesquels vous ont été les plus utiles pour vous faire une bonne idée du contenu de cet article ? Expliquez vos réponses.

11. a) ⭐ L'auteur décrit chaque gadget et précise à quoi il sert. Pour chaque gadget, relevez le groupe de mots qui renseigne le mieux sur son utilité.

Remarque : Dans tous les cas sauf deux, la réponse sera un **groupe verbal**.

b) 📚 Entraînez-vous à reconnaître les GV en faisant l'exercice qu'on vous remettra.

La formation des mots

12. Repérez les **mots dérivés** dans les passages indiqués.

a) Entre les lignes 10 et 36, deux mots formés d'un préfixe et d'un mot.

b) Entre les lignes 53 et 63, un mot formé d'un préfixe et d'un mot.

c) Entre les lignes 159 et 164, deux mots formés d'un préfixe et d'un mot.

vers le **DÉFI!**

Pouvez-vous imaginer qu'on vous a, vous, à l'œil? Peut-être l'ignorez-vous, mais les publicitaires dépensent des millions de dollars pour tout savoir sur vous. **Informez-vous** sur les **stratégies employées en publicité** en lisant le texte ci-dessous. Quand vous rédigerez la page de publicité de votre gadget, vous pourrez avoir recours à certaines de ces stratégies.

Survolez le texte avant de le lire, vous aurez ainsi un bon **aperçu de son contenu**.

Sur la piste des ados

COMMENT SE RENSEIGNER SUR VOS HABITUDES DE CONSOMMATION?
COMMENT VOUS ATTEINDRE, VOUS, LES JEUNES CONSOMMATEURS ET CONSOMMATRICES?
VOILÀ DEUX QUESTIONS AUXQUELLES LES PUBLICITAIRES
ONT TROUVÉ DES RÉPONSES.

LES ESPIONS SONT PARMI VOUS !

Pour arriver à vous cerner, les publicitaires recourent, entre autres, à des techniques d'espion-
5 nage. Le terme est-il trop fort? Jugez-en par vous-même.

DES ESPIONS SOUS VOTRE LIT

Avez-vous déjà participé à un concours où l'on vous demandait
10 d'envoyer une photo de votre chambre? Vous a-t-on déjà offert de l'argent pour que vous filmiez

votre chambre dans ses moindres recoins? Vous a-t-on un jour demandé de filmer vos rencontres avec vos camarades? Si vous avez répondu *oui* à une de ces ques-
15 tions, vous avez alimenté, peut-être à votre insu ■, une agence de publicité qui cherchait à se renseigner sur l'environnement, le vocabulaire, le style vestimentaire et les comportements des jeunes de votre âge.

DES ESPIONS DANS VOTRE BANDE D'AMIS ET D'AMIES

Avez-vous déjà entendu parler des «espions culturels»,
20 ces jeunes qui s'infiltrent ■ dans des bandes d'ados afin d'étudier les tendances les plus récentes? Leur mission consiste à remarquer tout ce qui semble très branché aux yeux des jeunes et à transmettre cette information aux agences de publicité.

POUR MIEUX COMPRENDRE LE TEXTE

■ Remplacez «à votre insu» par un **groupe prépositionnel** ayant le même sens.

■ Donnez un synonyme de *s'infiltrer*.

25 DES ESPIONS DANS VOTRE ORDINATEUR

C'est bien connu, Internet est une mine[3] de renseignements pour tous ceux et celles qui cherchent à vous connaître. Saviez-vous que de «faux ados» à la solde[4] des publicitaires participent à des groupes de dis-
30 cussion ou à des sessions de clavardage? Ces gens maîtrisent l'art de faire dévier la discussion sur ce qui plaît ou pas aux jeunes.

Sur Internet, il y a aussi des logiciels espions, ou espiogiciels. Ce sont des logiciels qui s'installent sur
35 votre ordinateur et qui, sans que vous le sachiez, communiquent à des agences toutes sortes de renseignements sur vous: les sites Web que vous visitez, ce que vous achetez en ligne, les groupes de discussion auxquels vous participez, vos coordonnées, etc.

TOUS LES CHEMINS MÈNENT À VOUS

40 Ce n'est pas tout de détenir de précieux renseignements à votre sujet. Encore faut-il pouvoir vous joindre. Les publicitaires savent où vous trouver. Voyez les moyens qu'ils prennent pour le faire.

ON PASSE PAR VOTRE RUE

Comme son nom le dit, le marketing viral se propage comme un virus. Comment
45 cela fonctionne-t-il? On aborde quelques jeunes très populaires qu'on «infecte» en leur donnant, par exemple, une paire d'espadrilles nouveau genre. On espère ensuite que ces jeunes branchés «infecteront» les ados qui les entourent en leur montrant leurs nouvelles espadrilles. Les ados ainsi «infectés» parleront à leur tour de ces espadrilles et en achèteront peut-être. La bonne nouvelle se répandra aussi
50 efficacement qu'un bon rhume!

ON PASSE PAR VOS JEUX

Si vous jouez aux jeux vidéo, vous avez probablement remarqué qu'il y a de plus en plus de publicité dans votre champ visuel. On y intègre davantage de produits, de logos et de messages. Ces éléments faisant partie du décor, il est impossible de
55 ne pas les voir.

ON PASSE PAR VOS IDOLES

Croyez-vous que les vedettes qui annoncent un produit consomment vraiment ce produit? Non, et les publicitaires l'ont compris. C'est pour cela qu'ils ont inventé le porte-
60 parole furtif. Le porte-parole furtif est une vedette payée pour arborer[5] le logo du produit annoncé (sur une casquette ou un t-shirt, par exemple) ou pour porter le produit (des espadrilles, par exemple). Elle n'apparaît pas dans les publicités classiques du produit. Vous comprenez maintenant pourquoi
65 certaines de vos idoles exhibent[6] des logos sur scène ou dans leurs clips.

Vous le savez maintenant, les publicitaires dépensent des fortunes et déploient des trésors d'imagination pour vous atteindre. Comment garderez-vous votre sens critique devant tout cela? Renseignez-vous davantage sur la publicité qui vous est
70 destinée. Les gens avertis résistent mieux aux beaux discours.

Sophie Trudeau, Prose inc.

POUR MIEUX COMPRENDRE LE TEXTE

3 **a)** Qu'est-ce qu'une mine dans ce contexte? Au besoin, voyez la stratégie __Comment trouver la signification d'un mot d'après le contexte__, à la page 447.

    b) Le mot est-il employé au sens propre ou au sens figuré?

4 ☆ Remplacez *à la solde de* par un groupe de mots ayant le même sens.

5 Donnez un synonyme du verbe *arborer*.

6 Par quel autre verbe du texte pourriez-vous remplacer *exhibent*?

INTERROGER
LE TEXTE ET RÉAGIR

L'organisation du texte

13. **a)** Quel est le **sujet** de ce texte?

    b) Le **titre** fournit souvent des indices sur le sujet. Est-ce le cas ici? Expliquez votre réponse.

14. ▨ Dégagez le plan de ce texte descriptif pour vous assurer que vous le comprenez bien.

    a) Tracez une accolade dans la marge de gauche et inscrivez «Introduction» devant l'**introduction**.

    Inscrivez «Question 1» à côté de la première question et «Question 2» à côté de la deuxième.

> Pour les questions **14** à **17**, travaillez sur la copie à marquer qu'on vous remettra.

    b) Tracez une accolade dans la marge de gauche et inscrivez «Conclusion» devant la **conclusion**.

15. ☆ **a)** Soulignez la phrase de l'introduction qui annonce que le texte est divisé en deux grandes parties.

> Vous dégagez ainsi les __aspects__ du texte.

    b) Repérez les **intertitres** qui signalent que le développement est divisé en deux grandes parties. Inscrivez «Réponse à la question 1» vis-à-vis du premier intertitre et «Réponse à la question 2» vis-à-vis du deuxième.

    c) Reformulez ces intertitres pour qu'ils révèlent plus explicitement le contenu de chaque partie. Utilisez pour cela des __GN__. Écrivez vos intertitres à côté de ceux du texte.

    d) Surlignez en jaune les mots du texte qui vous ont servi pour formuler vos deux intertitres.

16. a) Combien de techniques d'espionnage l'auteure énumère-t-elle dans la première partie du texte ? Inscrivez « 1ʳᵉ technique d'espionnage », « 2ᵉ technique d'espionnage », etc., devant l'intertitre correspondant à chaque technique.

> Vous dégagez ainsi les **sous-aspects** de chacune des parties du texte.

b) Précisez de quoi il est question dans les paragraphes situés entre les lignes 7 et 38. Répondez chaque fois par un GN et notez votre réponse dans la marge de gauche.

> Une réponse est déjà inscrite sur votre copie.

c) Surlignez en vert les mots du texte qui vous ont été utiles pour formuler vos réponses.

17. a) Combien de moyens l'auteure énumère-t-elle dans la deuxième partie du texte ? Inscrivez « 1ᵉʳ moyen », etc., devant l'intertitre correspondant à chaque moyen.

b) Précisez de quoi il est question dans les paragraphes situés entre les lignes 43 et 66. Répondez chaque fois par un GN et notez votre réponse dans la marge de gauche.

c) Surlignez en vert les mots du texte qui vous ont été utiles pour formuler vos réponses.

La formation des mots

18. Trouvez les deux **mots-valises** situés entre les lignes 25 et 38. Expliquez comment chacun de ces mots est formé.

Des procédés pour atteindre les lecteurs et lectrices

19. a) L'auteure s'adresse continuellement à vous dans ce texte. Nommez deux moyens qu'elle utilise pour vous atteindre.

b) Quel effet cela a-t-il sur vous ?

Des techniques de « contre-espionnage »

20. De quels moyens disposez-vous pour contourner chacune des techniques d'espionnage présentées dans la première partie du texte ?

Réagir aux informations

21. a) Dans ce texte, quelles informations sont nouvelles pour vous ?

b) À vos yeux, quelle information du texte est la plus surprenante ? Pourquoi ?

DÉFI!

Rédiger une page publicitaire pour faire connaître un gadget d'espionnage.

Montrez vos talents et rédigez une page de publicité pour faire connaître votre gadget d'espionnage dans une revue destinée aux jeunes. Vous utiliserez des formules et des procédés propres au monde de la publicité.

Pensez à lire les textes de votre *Recueil de textes*. Vous y trouverez des idées de gadgets qui sauront vous inspirer.

La création du gadget d'espionnage

1. Imaginez un gadget d'espionnage. Ce peut être quelque chose d'amusant ou, au contraire, de très sérieux. Usez de toute l'inventivité, de toute l'originalité et de toute la fantaisie dont vous êtes capable. Tenez compte de ce qui suit pour créer votre gadget.

> Servez-vous du document qu'on vous remettra pour décrire votre invention et la dessiner.

1) Votre gadget est destiné à des personnes de votre âge. Par exemple:
   - les élèves de votre classe;
   - vos copains et copines;
   - un espion ou une espionne qui, comme Alex Rider, a votre âge.

2) Votre invention ne doit pas être une arme de combat (donc, pas de bâton de rouge à lèvres pistolet, de planche à roulettes équipée d'un poignard ou de parapluie épée…).

La rédaction du message publicitaire

2. La partie écrite de votre page publicitaire comprend deux éléments: un titre et un texte.

> N'oubliez pas que vos destinataires sont des jeunes de votre âge. Pensez à les attirer à l'aide d'une mise en situation qui les touchera.

1) Le **titre** doit piquer la curiosité.
   - Pensez à utiliser des mots qui font allusion à la nouveauté (*amélioration*, *révolutionnaire*, *découverte*, etc.) ou qui promettent quelque chose (la popularité, la liberté, le succès, etc.).
   - Votre titre peut être un GN, un GV ou même une phrase. Souvenez-vous que les phrases interrogatives et impératives vont chercher les destinataires.

2) Le **texte** doit décrire le gadget en 75 mots environ. On y trouvera:
   - le nom du gadget, sous la forme d'un mot savant;
   - son utilité, sous la forme d'un GV;
   - ses caractéristiques;
   - la mention de ses utilisateurs et utilisatrices.

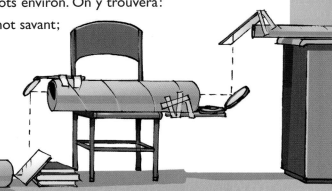

Le **texte** doit aussi retenir l'attention des destinataires. Pour cela, utilisez :

- des pronoms et des déterminants de la 2e personne ;
- des phrases impératives ;
- des phrases interrogatives ;
- des préfixes qui marquent l'intensité (archi-, extra-, hyper-, super-, ultra-).

 La révision et l'amélioration du message

3. Assurez-vous que votre texte est exempt de toute faute avant de le mettre au propre. Faites particulièrement attention aux accords. Les stratégies **Comment vérifier les accords dans le GN**, à la page 473, et **Comment vérifier les accords dans le GV**, aux pages 474 à 476, vous seront utiles.

La préparation de l'illustration

4. Pensez maintenant à l'illustration de votre message. Voici quelques suggestions :

- si, dans le message, vous avez mis l'accent sur le côté scientifique, l'illustration peut être un plan détaillé du gadget ;
- si vous avez mis l'accent sur l'humour, vous pouvez montrer ce qui arrive quand on n'utilise pas le gadget, ou faire voir la différence entre « avant » et « après » l'utilisation du gadget ;
- l'illustration peut mettre en scène une vedette ou un personnage célèbre ;
- etc.

La mise en pages

5. Vous devez maintenant disposer le titre, le texte et l'illustration sur une page de format lettre. Pour un effet visuel intéressant, tirez profit de la division en tiers : un tiers pour le texte et deux tiers pour l'illustration, ou le contraire. Le titre peut aller dans l'une des deux zones ou chevaucher les deux. Les modèles suivants vous guideront.

> Si vous avez accès à un ordinateur, servez-vous des logiciels appropriés pour mettre en pages votre message et illustrer votre page publicitaire.

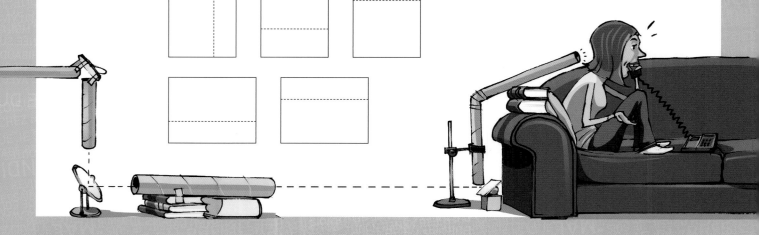

Découvrez d'autres gadgets et instruments utiles dans les enquêtes...

Une mallette, des objets et des vêtements particuliers : *Sur les lieux du crime.*

Un aperçu des méthodes du célèbre Sherlock Holmes : *Le lit attaché.*

Des caméras et des détecteurs : *Les missions de surveillance.*

Des logiciels surprenants : *Fausse identité.*

Retour

Autoévaluation

Lorsque c'est possible, répondez à l'aide des termes d'évaluation :
Beaucoup / Assez / Un peu / Pas du tout.

POINTS À ÉVALUER

1. Après avoir travaillé dans cette séquence, je sais mieux :
   a) reconnaître les pronoms compléments et les utiliser correctement dans les phrases impératives ;
   b) placer les traits d'union où ils sont requis ;
   c) reconnaître les groupes nominaux et les groupes verbaux ;
   d) trouver comment les mots sont formés.

2. a) Les textes que j'ai lus dans la séquence m'ont permis de m'informer.
   b) Voici les informations que j'ai trouvées particulièrement intéressantes : ▮.
   c) Ces textes m'ont également servi pour imaginer un objet et le décrire.

3. Les discussions en classe m'ont permis de faire part de mes idées et de prendre connaissance de celles de mes camarades.

4. a) Je trouve que ma page publicitaire est réussie.
   b) Voici pourquoi : ▮.
   c) Dans une prochaine production écrite, j'aimerais améliorer l'aspect suivant : ▮.

5. Le défi à relever m'a permis de faire preuve de créativité.

6. a) Voici les deux publicités qui m'ont plu parmi celles de mes camarades : ▮.
   b) Je les ai appréciées pour les raisons suivantes : ▮.

Les phrases impératives

1. a) Transformez les phrases déclaratives suivantes en phrases impératives positives.

1) Tu analyses des techniques publicitaires.
2) Tu regardes cette nouvelle stratégie.
3) Tu examines le problème.
4) Tu as des idées.
5) Tu vas à l'agence.
6) Tu discutes de tes idées.
7) Tu parles de tes idées à tes camarades.
8) Tu me donnes des arguments valables.

b) Complétez les phrases suivantes:

1) La terminaison des verbes en **-er** (sauf *aller*) est ■■ à la 2e personne du présent de l'indicatif.
2) La terminaison des verbes en **-er** (sauf *aller*) est ■■ à la 2e personne du présent de l'impératif.

2. Dans les phrases obtenues en **1**, soulignez les expansions des verbes à l'impératif.

3. a) Récrivez les phrases obtenues au numéro **2** en remplaçant les expansions soulignées par des pronoms.

b) Complétez les phrases suivantes:

1) Dans les phrases impératives positives, les pronoms compléments du verbe se placent ■■ le verbe.
2) Dans les phrases impératives positives, les pronoms compléments du verbe sont unis au verbe par ■■.
3) À la 2e personne du singulier de l'impératif présent, on ajoute un ■■ à la terminaison des verbes en *-er* et du verbe *avoir* quand ils sont immédiatement suivis des pronoms compléments ■■ et ■■.

4. a) Écrivez les phrases impératives suivantes à la forme négative.

1) Parles-en au responsable.
2) Plaçons-la près des autres outils.
3) Regarde-le.
4) Tiens-en compte.
5) Attendez-vous à une surprise.
6) Donnez-lui ces renseignements.
7) Disons-nous adieu.
8) Transmettons-leur cette information.

b) Complétez la phrase suivante :

Dans les phrases impératives négatives, les pronoms compléments du verbe se placent  le verbe.

Le groupe nominal

5. Dans les phrases ci-après, repérez tous les GN étendus et analysez-les dans un tableau comme le suivant :

GN étendus	Noyau	Expansions	Sorte de l'expansion
1) ▇	▇	▇	▇
...	▇	▇	▇

1) Je marche prudemment vers la tombe du pharaon.
2) Je contourne le tronc d'un palmier et bute contre un gros rocher.
3) Cette mission secrète en Égypte est plus périlleuse que je ne le croyais.
4) Le précieux talisman est là, sous mes yeux ébahis.
5) La peur qui s'insinue en moi me rend sensible à l'atmosphère étrange qui règne en ces lieux.
6) Avec, sur le nez, mes lunettes qui me permettent de m'orienter dans le noir, je descends dans le puits qui mène à la chambre souterraine.

Le trait d'union

6. Récrivez les phrases suivantes en ajoutant les traits d'union qui manquent.

1) ⊘ Pour participer à notre concours, remplissez ce coupon ci, puis déposez le dans cette boîte là.
2) ⊘ Là dedans, il y a tous les dépliants que j'ai commandés, n'est ce pas ?
3) ⊘ Cette publicité là vous convient elle ? Donnez nous en des nouvelles, s'il vous plaît.
4) ⊘ « Le bureau de l'agence est par là », dit il.
5) ⊘ La directrice artistique elle même viendra ces jours ci pour discuter des travaux.
6) ⊘ Qu'est ce que tu penses de ces idées là ?
7) ⊘ Êtes vous critiques à l'égard de la publicité ?

7. a) Dans le texte *Sur la piste des ados*, relevez cinq phrases où un trait d'union unit le pronom sujet au verbe ou à l'auxiliaire.

b) Dans le même texte, relevez deux phrases où le trait d'union unit au verbe un pronom qui reprend le sujet.

SORTIR
DES

SENTIERS BATTUS

Dans leur laboratoire ou dans leur cuisine,
des gens cherchent, se posent
des questions, veulent savoir.
Des inventions naissent de leurs essais
et de leurs erreurs.
Des découvertes se font grâce à leur désir
de comprendre.

Dans le tourbillon de la vie, des gens empruntent
d'autres voies, suivent d'autres chemins.
Des projets magnifiques naissent de leurs rêves.
Des vies différentes se tissent
grâce à leur passion.

Partout, des gens sortent des sentiers battus
pour penser autrement et vivre autrement.

SOMMAIRE

SÉQUENCE 1

Penser autrement: des idées de génie

Des textes pour s'informer
sur des inventions et des
découvertes et sur les gens
qui en sont à l'origine...

SÉQUENCE 2

Vivre autrement: des gens différents

Des textes pour rencontrer
des personnes qui ont choisi
de vivre autrement et susciter
une réflexion sur vos choix
de vie...

RECUEIL DE TEXTES

Des textes de toutes sortes
pour explorer davantage
le thème du module.

Penser autrement : des idées de génie

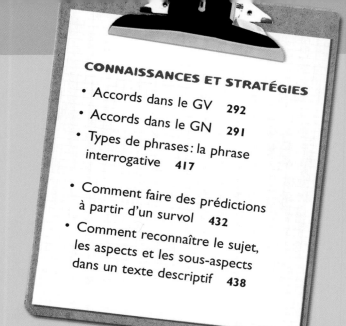

CONNAISSANCES ET STRATÉGIES

- Accords dans le GV   **292**
- Accords dans le GN   **291**
- Types de phrases : la phrase interrogative   **417**
- Comment faire des prédictions à partir d'un survol   **432**
- Comment reconnaître le sujet, les aspects et les sous-aspects dans un texte descriptif   **438**

Derrière la plupart des inventions, il y a des gens passionnés, persévérants et créatifs, des gens qui pensent autrement. Sans leurs inventions, petites et grandes, votre quotidien n'aurait pas la même saveur. Sans elles, impossible d'écouter votre musique préférée sur le chemin de l'école, de parcourir de longues distances en un rien de temps, de vous détendre pendant que des machines lavent vos vêtements et la vaisselle de votre dernier repas.

Dans la présente séquence, vous aurez accès à des **informations sur diverses découvertes et inventions, sur des chercheurs et des chercheuses, sur des inventeurs et des inventrices.** C'est ainsi que vous entendrez parler du **savon insubmersible**, de la **célèbre main de Mᵐᵉ Röntgen**, d'une **secrétaire astucieuse**, de **croustilles** et de bien d'autres choses encore. Mais surtout, vos apprentissages vous feront voir l'**importance de bien se documenter.** Vous apprendrez à **sélectionner les informations pertinentes** en vue de préparer un jeu-questionnaire.

DÉFI !

Vos nouveaux **savoir-faire vous serviront à** créer les cartes d'un jeu-questionnaire sur les inventions et les découvertes **auquel toute la classe sera invitée à participer.** En relevant ce défi, vous développerez votre habileté à exploiter l'information et à travailler en équipe.

Depuis 500 ans, l'être humain est demeuré physiquement le même. Toutefois, son esprit inventif a profondément modifié son quotidien. On estime, en effet, qu'environ 25 millions d'inventions et de découvertes nous séparent des gens qui vivaient en 1500. **Parcourez la liste suivante** pour avoir un **aperçu du sujet** et **en discuter en équipe**.

Pour participer à la discussion suivante, placez-vous en équipe. Comme vous aurez à présenter le résultat de votre discussion à l'ensemble de la classe, nommez une personne qui parlera au nom de votre équipe.

1. Assurez-vous que vous connaissez, dans votre équipe, les inventions et découvertes de la liste ci-dessous.

2. À l'aide de cette liste, dressez le palmarès des 10 inventions ou découvertes qui, selon vous, ont été les plus marquantes pour l'humanité. Justifiez vos choix.

• Inventions et découvertes •

Avant 1700	Entre 1700 et 1899	Entre 1900 et 1949	Entre 1950 et 1990
Harpon	Piano	Aspirateur électrique	Carte de crédit
Navire à voile	Paratonnerre	Avion	Échographie
Charrue	Patins à roulettes	Réfrigérateur électrique	Magnétoscope
Roue	Vaccin	Fermeture à glissière	Stimulateur cardiaque
Boulier	Pile électrique	Télévision	Satellite spatial
Savon	Locomotive à vapeur	Grille-pain	Puce électronique
Calendrier	Stéthoscope	Antibiotique	Laser
Pièces de monnaie	Moteur électrique	Rasoir électrique	Planche à roulettes
Poudre à canon	Photographie	Microscope électronique	Couche jetable
Lunettes	Anesthésique	Photocopie	Ordinateur individuel
Presse à imprimer	Machine à écrire	Crème solaire	Baladeur
Brosse à dents	Téléphone	Stylo à bille	Navette spatiale
Montre	Phonographe	Radar	Cœur artificiel
Fusil	Ampoule électrique	Ordinateur	Disque compact
Crayon	Automobile	Bombe atomique	Bistouri au laser
Thermomètre			

Qu'est-ce qui pousse certaines personnes à **consacrer leur énergie à une invention** ? Quelles sont les caractéristiques de ces personnes ? Pour le savoir, lisez le texte suivant. Vous découvrirez peut-être que vous avez un **esprit inventif**.

Commencez par survoler le texte pour vous faire une idée des informations qu'il contient. Pour savoir à quoi accorder de l'importance, lisez le point **❶** de la stratégie **Comment faire des prédictions à partir d'un survol**, à la page 432.

GÉNIE INVENTIF

À QUOI SERT UNE INVENTION ?

«La nécessité est la mère de l'invention», dit le proverbe. Et c'est vrai ! À peu près toutes les inventions visent la satisfaction d'un besoin.

De nombreuses inventions satisfont des besoins humains. C'est par besoin de sécurité qu'on a inventé les serrures et les systèmes anti-vol. C'est pour des questions d'hygiène qu'on a mis au point l'aspirateur. Le besoin d'améliorer le confort des maisons a conduit aux appareils de chauffage. L'Américain Evinrude aurait inventé un moteur hors-bord pour son bateau parce qu'il voulait se reposer au lieu de ramer ! Melitta Benz, quant à elle, fatiguée de boire son café avec le marc **❶** que laissait passer le traditionnel filtre en porcelaine, décida un bon matin de 1908 de résoudre son problème. Cette mère de famille allemande découpa un cornet de papier dans le cahier d'écolier de son fils, y

La première chaîne de montage créée par Ford en 1913.

déposa son café, puis versa l'eau bouillante. Mme Benz put enfin boire un café sans résidus dans sa tasse grâce au filtre en papier qu'elle venait d'inventer. L'invention d'Allison Hood et de Melanie Plewes répond aussi à un besoin humain. Ces deux jeunes filles de la Saskatchewan s'étaient bien rendu compte que les moufles **❷**

conservent mieux la chaleur que les gants, mais elles les **❸** trouvaient peu pratiques quand on a à se servir de ses doigts. Elles eurent la brillante idée de combiner la moufle et le gant: elles créèrent une moufle qui, grâce à une fermeture à glissière et à du velcro, s'ouvre et se replie pour laisser apparaître un gant.

LE SAC-BAIGNOIRE

Pour prendre un bain quand on n'a pas de baignoire, rien de mieux que cet ingénieux sac-baignoire. On le remplit avant d'y entrer, ou après, à l'aide d'un bec conçu à cet effet. Pour se frotter, on s'accroupit et on se relève, à moins qu'on ne préfère se rouler par terre.

D'autres inventions comblent plutôt des besoins
60 économiques. Pour augmenter leurs profits, les grandes entreprises développent sans cesse des moyens d'améliorer leur productivité et de dimi-
65 nuer leurs coûts de production. Par exemple, Ford a inventé la chaîne de montage[4] qu'on trouve, sous différentes formes, dans une
70 multitude d'usines. Aujourd'hui, grâce à des innovations technologiques, des robots remplacent progressivement les humains travaillant sur ces
75 chaînes.

Quant aux inventions comme le radar, la bombe atomique, le char d'assaut et le moteur à réaction, elles
80 répondaient d'abord à des besoins militaires. Avec le temps, certaines de ces inventions ont trouvé des applications autres que militaires.

85 ## COMMENT UNE INVENTION NAÎT-ELLE ?

Pour Thomas Alva Edison, le célèbre inventeur de l'am-
90 poule électrique et du phonographe, «le génie est fait d'un pour cent d'inspiration et de quatre-vingt-dix-neuf pour cent de transpiration». Et le
95 hasard dans tout cela?

Certes, des inventions sont nées du hasard, de la chance ou d'une erreur. Par exemple, une erreur de fabrication
100 serait à l'origine du savon flottant, inventé en 1878. Un ouvrier parti dîner avait oublié d'arrêter le mélangeur d'une cuve de savon blanc. Consé-
105 quence: le savon mélangé trop longtemps contenait trop d'air. Quand ce produit «défectueux» s'est retrouvé sur le marché, les consomma-
110 teurs ont été ravis de découvrir un savon insubmersible[5], qu'ils ont tout de suite adopté.

Toutefois, la plupart des inventions résultent d'un tra-
115 vail long, acharné, méthodique et coûteux. C'est le cas de la fermeture à glissière dont le parcours s'échelonne sur près de 30 ans. Son his-
120 toire commence en 1891. Whitcomb Judson, un ingénieur de Chicago, inventa alors une fermeture composée de deux rangées de
125 crochets et d'une glissière. Au début, elle servait à fermer des chaussures. Une dizaine d'années plus tard, Judson avait adapté son invention
130 pour les vêtements. Malheureusement, ces premières fermetures à glissière avaient

---

POUR MIEUX COMPRENDRE LE TEXTE

1 **a)** Qu'est-ce que le marc de café?

b) ⭐ Comment ce mot se prononce-t-il?

2 Donnez la définition de *moufles*.

3 Qu'est-ce que le pronom *les* reprend?

4 ⭐ Expliquez ce qu'est une chaîne de montage.

5 Expliquez le sens du mot *insubmersible* en vous servant de sa construction.

tendance à s'ouvrir inopiné-ment[6]. En 1906, Gideon
135 Sundback, un ingénieur qui travaillait pour Judson, créa une nouvelle fermeture à glis-sière composée de dents métalliques et d'une glissière.
140 Sept ans plus tard, il fabriqua une machine qui lui servirait à produire les nouvelles ferme-tures. En 1918, la fermeture à glissière était enfin au point;
145 l'armée américaine en acheta des milliers pour ses combi-naisons d'aviateurs.

Certaines inventions nais-sent presque parfaites et
150 changent peu au fil des ans. C'est le cas du timbre-poste. D'autres, au contraire, évo-luent considérablement au gré des innovations. Le téléphone
155 d'aujourd'hui n'a plus rien à voir avec celui d'il y a 100 ans.

QU'EST-CE QUI CARACTÉRISE L'ESPRIT INVENTIF?

160 On s'en doute, un esprit inventif est un savant mé-lange de curiosité, de persé-vérance[7], d'imagination et de passion. Ce dont on se
165 doute moins, c'est que l'es-prit inventif fait aussi preuve de courage et d'humilité[8]. De tout temps, les inventeurs ont été plus familiers avec

UN INVENTEUR PROLIFIQUE

En quinze ans, de 1962 à 1977, Arthur Pedrick a fait breveter 162 inventions! Le prolifique[9] Anglais a même inventé un système pour irriguer[10] le désert australien. Il n'y a pas d'eau dans le sol australien? Peu importe, l'invention est alimentée par des balles de neige provenant de l'Antarctique!

170 l'échec qu'avec la réussite. Les esprits inventifs trop en avance sur leur temps se sont souvent heurtés au mépris et à l'incompréhension.

175 De nos jours, les inven-teurs et les inventrices travail-lent rarement en solo. Il est plus courant de les retrouver au sein de grandes équipes de chercheurs. En conséquence,
180 ils doivent développer au maximum leur capacité à co-opérer pour atteindre leur but.

POUR MIEUX COMPRENDRE LE TEXTE

[6] Quel désavantage présente une fermeture qui s'ouvre inopi-nément?

[7] Donnez un **synonyme** de *persévérance*.

[8] ☆ Donnez un **antonyme** du mot *humilité*.

[9] Pourquoi dit-on de cet inventeur qu'il est prolifique?

[10] Donnez un synonyme d'*irriguer*.

LE SAVIEZ-VOUS?

Au Québec et en Suisse, on dit *mitaine* plutôt que *moufle*.

Le mot *moufle* appartient au français général ou international. En effet, il est employé de manière générale dans les pays où l'on parle français.

Le mot *mitaine* est un régionalisme puisqu'il s'emploie seulement dans une partie de la francophonie.

INTERROGER LE TEXTE ET RÉAGIR

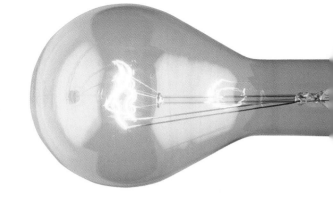

Repérer l'information pertinente

1. a) Quel est le sujet abordé dans ce texte ? Répondez par un **groupe nominal**.

b) Vous a-t-il fallu lire tout le texte pour répondre à cette question ? Pourquoi ?

2. a) Quels sont les trois aspects abordés dans ce texte ? Répondez chaque fois par un GN.

b) Qu'est-ce qui annonce ces trois aspects ?

3. Examinez attentivement le premier aspect.

a) ☆ Quelle est la phrase, dans cette partie, qui répond à la question du premier intertitre ?

b) Quels sont les trois sous-aspects abordés dans cette partie ? Répondez dans un tableau semblable au suivant. Inscrivez dans la colonne de droite les inventions associées à chaque sous-aspect.

Sous-aspects	Exemples d'inventions
1. ▬	▬
2. ▬	▬
3. ▬	▬

c) Qu'est-ce qui vous a été le plus utile pour dégager ces trois sous-aspects ?

4. Examinez maintenant le deuxième aspect du texte. Quels sont les deux sous-aspects abordés dans cette partie ? Choisissez parmi les intitulés suivants.

1) Le rôle d'Edison comme inventeur / Les inventions d'Edison

2) L'importance du hasard dans la naissance d'une invention / L'importance du travail dans la naissance d'une invention

3) La naissance du savon insubmersible / La naissance de la fermeture à glissière

Le rôle des capsules informatives

5. Même si elles donnent des informations sur l'invention du sac-baignoire et sur l'inventeur Arthur Pedrick, les capsules informatives pourraient être supprimées sans que cela nuise à la compréhension du texte. Quel est donc le rôle de ces capsules ?

La phrase interrogative

6. a) Les trois intertitres sont des phrases de **type interrogatif**. Relevez-y les marques interrogatives.

b) Récrivez la question suivante en y ajoutant un verbe. Assurez-vous aussi d'y ajouter les marques interrogatives nécessaires. Proposez au moins deux solutions.

Et le hasard dans tout cela ? (Lignes 94 et 95.)

La personne qui met au point une invention ou qui fait une découverte lui laisse parfois son nom. Par exemple, Louis Braille a inventé l'écriture braille et les frères Montgolfier, la montgolfière.

D'autres fois, l'usage a plutôt retenu le nom de la personne qui a fait connaître une invention. Ainsi, la poubelle doit son nom à Eugène-René Poubelle, qui obligea ses concitoyens à déposer leurs ordures dans des récipients à couvercle. Le sandwich a été nommé d'après le comte de Sandwich. Le comte popularisa en effet ce mets qui lui permettait de se nourrir sans quitter sa table de jeu.

Un débat éclair

7. Discutez des conséquences positives et négatives de trois inventions au choix.

   a) En grand groupe, choisissez les trois inventions qui feront l'objet d'un débat éclair.

   b) Formez six groupes d'élèves, soit deux groupes par invention (un groupe *pour*, un groupe *contre*).

   c) Préparez trois arguments pour soutenir votre position.

Un jeu

8. Quel nom propre est à l'origine des inventions et des découvertes suivantes ?

   1) L'ampère   5) Le macadam
   2) La clémentine   6) Le morse
   3) Le colt   7) La rustine
   4) Le diesel   8) Le volt

> Vous aurez besoin de votre dictionnaire pour participer à ce jeu. Profitez-en pour chercher la définition des mots que vous ne connaissez pas.

L'esprit inventif

9. Croyez-vous avoir une âme d'inventeur ou d'inventrice ? Pourquoi ?

L'accord dans le GN

10. a) Dites quel est le **donneur d'accord** des mots en couleur dans les phrases suivantes.

    b) Donnez le genre et le nombre du donneur.

    1) De nombreuses inventions satisfont des besoins humains.
    2) Melitta Benz, quant à elle, fatiguée de boire son café avec le marc, décida un bon matin de 1908 de résoudre son problème.
    3) Ces deux jeunes filles de la Saskatchewan s'étaient bien rendu compte que les moufles conservent mieux la chaleur que les gants.
    4) D'autres inventions comblent plutôt des besoins économiques.
    5) Il est plus courant de les retrouver au sein de grandes équipes de chercheurs.

Voici une série de très courts textes. Commencez par **survoler l'ensemble** pour **avoir une idée du sujet traité**. Puis, lisez les textes. Vous verrez qu'il est **nécessaire de consulter diverses sources pour avoir une information complète**. Cet exercice s'apparente en tous points à ce que vous ferez dans l'activité finale.

Texte 1

LES RAYONS X

1895

Du stéthoscope**❶** de Laennec à la découverte des rayons X par Wilhelm Röntgen, plus de quatre-vingts ans se sont écoulés. Pendant toute cette période, la photographie est lentement mise au point, l'électricité a révélé ses étonnantes propriétés et la médecine
5   progresse à pas de géant. Toutes les nouvelles techniques qui en découlent permettent au physicien allemand**❷**, en 1895, de mettre en évidence un nouveau type de rayons lumineux. Ils sont capables de traverser des corps opaques**❸** et d'impressionner les plaques photographiques. Le savant**❹** réalise la première radiographie, qui
10 représente le squelette de la main de sa femme. Cette découverte capitale**❺** correspond à un tournant décisif dans l'exploration de l'intérieur du corps humain. Très vite mise au service de la médecine, elle donne naissance à la radiologie. Elle permet d'établir le diagnostic de fractures ou d'affections* localisées sur les os. Elle sert
15 aussi à dépister la tuberculose du poumon.

Au début du XXe siècle, la radiothérapie**❻** apparaît. On découvre alors que les rayons X peuvent enrayer l'évolution de certaines maladies graves, comme les cancers.

20 Pendant tout le siècle, les moyens d'exploration médicale se sont beaucoup développés, servis par une technologie sophistiquée**❼** comme le scanner, fondé sur l'usage des rayons X.
25 Ils ne cessent de reculer les limites de la connaissance de notre corps.

Dominique Joly, *Les grandes inventions*,
Paris, Hachette Livre, 1997, p. 237.

---

* En médecine, une affection est une détérioration de l'état de santé, une maladie.

POUR MIEUX COMPRENDRE LE TEXTE

❶ Expliquez en vos mots à quoi sert un stéthoscope.

❷ Quel est le nom de ce physicien allemand?

❸ Donnez un antonyme de l'adjectif *opaques*.

❹ Ce GN est une <u>reprise d'information</u>. Quel autre GN reprend-il?

❺ Donnez un synonyme de l'adjectif *capitale*.

❻ a) Quel est le sens de *-thérapie* dans *radiothérapie*?
    b) Que signifie alors *radiothérapie*?

❼ Dans ce contexte, que veut dire *sophistiquée*?

Röntgen (Wilhelm Konrad **von**), 1845-1923, né à Lennep, physicien allemand. Il découvrit, en 1895, les rayons X (ou rayons Röntgen) et reçut le premier prix Nobel de physique, en 1901.

Encyclopédie Bordas, Paris, SGED, 1994, p. 4445.

Texte 3

LA RADIOGRAPHIE

L'Allemand Wilhelm Röntgen découvrit les rayons X en 1895. En 1972, Godfrey Hounsfield inventa le scanner, qui utilise des rayons X de faible intensité, et donc moins dangereux, pour avoir une image permettant le diagnostic.

Inventions, Paris, © Gallimard Jeunesse, 2004, p. 85.
© Hachette Livre, 1995, pour la traduction française.

Texte 4

Rayons X

Le physicien Wilhelm Conrad Röntgen découvrit les rayons X en 1895. Bien qu'invisibles, ces rayonnements pouvaient passer à travers le corps et former une image sur une plaque photographique se trouvant de l'autre côté. S'ils traversent aisément les organes mous comme la peau et les muscles, les rayons X traversent moins facilement la matière plus dense comme les os, laissant des traces blanches sur les photographies à l'emplacement de ceux-ci. Quelques mois après la découverte de Röntgen, de nombreux médecins utilisaient les mystérieux rayons[8] pour diagnostiquer les fractures. En 1901, le physicien allemand reçut le prix Nobel pour sa découverte.

Mon album des découvertes et des inventions (par professeur Génius),
Montréal, Québec Amérique Jeunesse, 2004, p. 36.

RÖNTGEN (Wilhelm Conrad) ◆ Physicien allemand (Lennep, Rhénanie, 1845-Munich, 1923). Étudiant les rayons cathodiques, il découvrit en 1895 des rayons invisibles de nature inconnue, qu'il appela rayons X **9**. Il remarqua qu'ils provoquent la luminescence d'un écran fluorescent, impressionnent la plaque photographique et ionisent l'air, mais surtout qu'ils pénètrent à travers des épaisseurs relativement importantes de certains corps, ce qui lui permit de réaliser les premières radiographies des os à l'intérieur d'un être vivant. La découverte de Röntgen, qui ouvrait la voie à la radiologie, est aussi à l'origine de la découverte de la radioactivité. Son nom fut donné à l'unité d'exposition aux rayonnements. [Prix Nobel de physique 1901]

Le Petit Robert des noms propres, Édition revue, corrigée et mise à jour en avril 2001, Paris, Dictionnaires Le Robert, 1994, p. 1794.

La découverte des rayons X

Wilhelm Conrad Röntgen était un universitaire peu connu jusqu'à ce qu'il découvrit par hasard les rayons X en 1895. Son expérience la plus célèbre a consisté à placer la main de sa femme entre la source de rayons X et une plaque photographique: ce fut la première radiographie du corps humain. La capacité des rayons X à révéler certaines structures internes d'un organisme vivant a excité l'imagination du public et a popularisé le nom de Röntgen. Ce chercheur allemand a reçu, pour sa découverte, le premier prix Nobel de physique, en 1901.

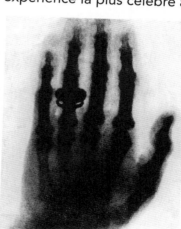

Journal des inventions et découvertes de 1900 à nos jours, Paris, Larousse/VUEF, 2002, p. 14. © Larousse 2002 pour l'édition française.

POUR MIEUX COMPRENDRE LE TEXTE

8 Quels sont les mystérieux rayons en question ?

9 ⭐ Que signifie le «X» de *rayons X* ? Déduisez cette information du texte.

INTERROGER LE TEXTE ET RÉAGIR

Le survol d'un ensemble de textes

11. Survolez d'abord les textes des pages 59 à 61. Vérifiez ensuite ce que vous avez retenu de votre survol en répondant aux questions suivantes sans retourner voir les textes.

    a) Quel est le sujet abordé dans ces textes ? Répondez par un GN.

    b) Qu'est-ce que ce rapide coup d'œil vous a permis d'apprendre sur ce sujet ?

    c) Nommez un **type de textes** qu'on trouve dans ce dossier.

    d) Nommez un **genre de textes** présent dans le dossier.

L'examen des sources de renseignements

12. Les textes de ce dossier sont tirés de six ouvrages différents publiés chez autant d'éditeurs. Regardez la **note de référence** de chaque ouvrage.

    a) À première vue, les sources d'où les textes sont tirés sont-elles fiables ? Qu'est-ce qui vous permet de faire cette réponse ?

    b) Si ces textes provenaient d'Internet, comment feriez-vous pour vous assurer que les sites consultés sont sérieux ?

La collecte des renseignements sur les rayons X

13. Inscrivez les renseignements que vous avez sur les rayons X dans le tableau qu'on vous remettra. Ce type de tableau permet de voir en un coup d'œil si l'information est complète.

La comparaison et la synthèse des renseignements

14. Observez votre tableau.

    a) Quels renseignements apparaissent dans tous les textes ou dans plus de la moitié d'entre eux ?

    b) Que pouvez-vous conclure quant à la valeur de ces renseignements ?

15. Que pouvez-vous dire de l'endroit où la découverte des rayons X a eu lieu ?

Des informations claires

16. Pour vous, lequel des textes décrit le plus clairement le fonctionnement des rayons X ? Citez une ou deux phrases qui expliquent votre choix.

17. Lisez le texte suivant sur l'invention des croustilles et voyez la carte de jeu qu'on en a tiré.

SACRÉE COLÈRE !

C'est en voulant se venger que George Crum, le chef cuisinier d'un restaurant à Saratoga Springs, dans l'État de New York, créa une nouvelle spécialité culinaire. Furieux contre un client qui, un jour de 1853, se plaignit de frites trop épaisses et trop grasses, Crum décida de lui préparer une nouveauté : des rondelles de pomme de terre très fines, bien dorées et copieusement salées.

Le dîneur mécontent en goûta une, retrouva le sourire et les mangea finalement toutes, inaugurant ainsi ce qui allait devenir un des plats nationaux américains. Bientôt, la spécialité inventée par hasard par Crum reçut le nom de «chips» («copeaux», en anglais).

Le génie inventif, Amsterdam, Éditions Time-Life, 1991, p. 49.

QUE SUIS-JE ?

■ **Premier indice** (pour 5 points)
Je suis une spécialité culinaire née aux États-Unis en 1853.

■ **Deuxième indice** (pour 3 points)
Un chef cuisiner m'a inventée pour se venger d'un client mécontent. Ce dernier prétendait que les frites qu'on lui avait servies étaient trop épaisses et trop grasses.

■ **Troisième indice** (pour 1 point)
En anglais, mon nom signifie «copeaux».

RÉPONSE : Une croustille.

a) D'après le titre «QUE SUIS-JE ?», cherche-t-on à se renseigner sur une personne ou sur une chose ? Expliquez votre réponse.

b) En combien de parties cette carte est-elle divisée ? Que remarquez-vous à propos de l'ordre des parties ?

c) Les indices sont formulés en une ou deux phrases. Dites quel est le **type** de ces phrases.

18. a) À partir de ce que vous savez maintenant sur la découverte des rayons X, fabriquez une carte de type «QUE SUIS-JE ?».

b) En équipe, examinez vos cartes et voyez ce que vous pourriez améliorer dans chacune.

L'accord du verbe avec le sujet

19. a) Expliquez l'accord des verbes en couleur dans la phrase suivante :

Les frites qu'on lui avait servies étaient trop épaisses.

b) Continuez cet exercice sur le document qu'on vous remettra.

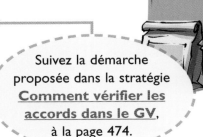

TROP ÉPAISSES HEIN ?...

TCHAK TCHAK

Suivez la démarche proposée dans la stratégie **Comment vérifier les accords dans le GV**, à la page 474.

Lisez maintenant des textes sur l'invention du liquide correcteur. En jetant un **œil critique sur les informations** qu'ils contiennent, vous constaterez que, d'un texte à l'autre, il y a parfois des contradictions. Cela vous sensibilisera à la nécessité de **choisir des sources fiables** quand vous ferez de la recherche pour concevoir vos cartes.

Texte 1

Bette Nesmith Graham inventa le correcteur liquide. Elle était secrétaire, mais elle ne tapait pas très bien à la machine. En dehors de son travail, elle faisait de la peinture et avait remarqué que les artistes n'effacent jamais leurs erreurs mais peignent par-dessus. Alors, elle utilisa de la peinture blanche pour couvrir ses fautes
5 de frappe. Lorsque toutes ses collègues se mirent à emprunter sa peinture, elle décida de créer un produit de meilleure qualité et de le vendre.

Pendant plusieurs années, elle travailla sur son invention dans sa cuisine et son garage. Lorsqu'elle réussit à obtenir une peinture qui sèche rapidement et qui soit en harmonie avec le blanc du papier, elle la mit en bouteille et la vendit avec l'aide
10 de son fils. Elle offrit son produit à un grand fabricant de matériel de bureau, mais il n'était pas intéressé. À n'en pas douter, il dut le regretter par la suite.

À sa mort, elle laissa une fortune de 50 millions de dollars. La moitié alla à son fils, tandis que l'autre fut répartie entre diverses œuvres de bienfaisance qu'elle avait soutenues toute sa vie durant.

«Sciences humaines : Guide d'activités pour la 4e année, La Saskatchewan», [en ligne].
[Site du ministère de l'Éducation de la Saskatchewan] (Juin 1996)

Texte 2

UNE GOMME À EFFACER LIQUIDE

En 1951, Bette Nesmith Graham venait d'être embauchée comme secrétaire de direction dans une banque à Dallas. Or, quand elle essayait d'effacer des fautes de frappe à l'aide d'une gomme, les caractères imprimés au ruban carboné des machines électriques laissaient sur le papier une trace sombre. Mettant à profit
5 une technique de correction qu'elle avait utilisée en tant que peintre d'enseignes, Bette Graham prépara un peu de détrempe❶ blanche, dont elle se servit dès lors pour camoufler les erreurs.

Bette Graham garda le secret de son correcteur liquide pendant cinq ans. Puis, peu à peu, ses collègues commencèrent à lui emprunter son petit flacon et son
10 pinceau. En 1956, elle avait créé une petite industrie à domicile et fournissait à ses collègues le précieux correcteur concocté❷ dans sa cuisine. Quand une importante compagnie refusa de commercialiser son invention, Bette Graham décida de s'atteler elle-même à la tâche. À sa mort, en 1980, l'entreprise qu'elle avait fondée était en plein essor❸. La moitié de sa fortune,
15 estimée à 50 millions de dollars, revint à son fils né d'un premier mariage, Michael Nesmith (l'un des membres du groupe de rock «les Monkees»). Le reste fut versé à des œuvres de bienfaisance.

Le génie inventif, Amsterdam, Éditions Time-Life, 1991, p. 73.
Texte remanié à des fins pédagogiques.

POUR MIEUX COMPRENDRE LE TEXTE

❶ Donnez la définition du nom *détrempe*.

❷ Donnez un synonyme de *concocté*.

❸ Qu'est-ce qu'une entreprise en plein essor ?

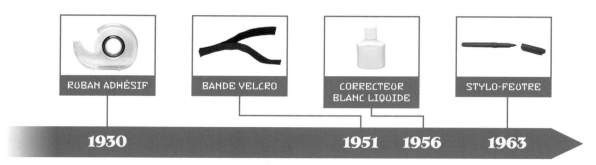

| RUBAN ADHÉSIF | BANDE VELCRO | CORRECTEUR BLANC LIQUIDE | STYLO-FEUTRE |

1930 — 1951 — 1956 — 1963

Mon album des découvertes et des inventions (par professeur Génius),
Montréal, Québec Amérique Jeunesse, 2004, p. 30 et 31.

Texte 4

Titre : LIQUIDE CORRECTEUR   **Date :** 1951
Inventrice : Bette Nesmith Graham   **Lieu :** New York

Description : Autrefois, que faisaient les gens lorsqu'ils commettaient une erreur à la fin d'un travail entièrement fait à l'encre ? Ils recommençaient. Depuis 1951, le problème est résolu grâce à une secrétaire de New York qui en avait assez de recommencer. Bette Nesmith Graham inventa le liquide correcteur, mieux connu sous le nom de «liquid paper». Cinq ans plus tard, soit en 1956, elle fonda sa compagnie qu'elle vendit par la suite à une grosse compagnie pour la somme de 47 millions et demi de dollars. Belle réussite, n'est-ce pas ?

Éric Champagne, «Liquide correcteur»,
Portail des inventeurs — inventions, [en ligne].
[Site Web Bottin des inventeurs] (2004)
Texte remanié à des fins pédagogiques.

Texte 5

Le correcteur
L'Américaine Betty Graham invente le correcteur en 1959.

Les grandes inventions, adapté par Gilles Vaugeois, Paris, Nathan/VUEF,
coll. «Les clés de la connaissance», 2003, p. 16.

La collecte des renseignements sur le liquide correcteur

20. Comme vous l'avez fait précédemment, remplissez un tableau dans lequel vous noterez les renseignements fournis dans les textes que vous venez de lire.

La comparaison des renseignements

21. Observez attentivement votre tableau.

a) Quels renseignements apparaissent dans tous les textes ou dans plus de la moitié d'entre eux ?

b) Que pouvez-vous conclure quant à la valeur de ces renseignements ?

22. a) D'après les textes du dossier, en quelle année le liquide correcteur a-t-il été inventé ?

b) Que remarquez-vous au sujet de l'information donnée à ce sujet dans les différents textes ?

c) De tout cela, que pouvez-vous conclure quant au moment où le liquide correcteur a été inventé ?

23. a) À partir des informations fournies dans les textes du dossier, qu'apprend-on sur le lieu de l'invention du liquide correcteur ?

b) Que pouvez-vous conclure sur l'endroit où le liquide correcteur a été inventé ?

La création d'une carte de jeu

24. Examinez la carte de jeu ci-contre.

a) Quel renseignement le titre donne-t-il ?

b) Cette carte compte trois questions. Relevez les marques interrogatives utilisées dans chacune.

25. a) À partir de ce que vous savez au sujet du liquide correcteur, fabriquez une carte de jeu du type «TESTEZ VOS CONNAISSANCES».

b) En équipe, examinez vos cartes. Comparez vos questions et voyez comment les améliorer.

• TESTEZ VOS CONNAISSANCES •

L'invention des croustilles

◆ **Question 1** (2 points)
Dans quel pays les croustilles ont-elles été inventées ?
RÉPONSE : Aux États-Unis.

◆ **Question 2** (2 points)
Quel était le métier de l'inventeur des croustilles ?
RÉPONSE : Chef cuisinier.

◆ **Question 3** (2 points)
Que signifie le nom «chips» en français ?
RÉPONSE : Copeaux.

Assurez-vous que vos **phrases interrogatives** sont correctement construites.

Rédiger des cartes pour un jeu-questionnaire sur les inventions et les découvertes.

Concevez quelques cartes de jeu en vue de participer à un jeu-questionnaire sur les inventions et les découvertes. Pour vous aider à choisir des inventions et des découvertes intéressantes, lisez les textes proposés dans votre *Recueil de textes*. Pour mener à bien cette activité, suivez les étapes ci-dessous.

Le choix des découvertes et des inventions

1. Choisissez trois découvertes ou inventions sur lesquelles vous aimeriez en savoir davantage et poser des questions. Assurez-vous que vos choix ne sont pas les mêmes que ceux de vos camarades de classe.

La constitution d'un dossier

2. Pour chaque invention ou découverte, constituez un minidossier de trois courts textes. Que vous fassiez de la recherche à la bibliothèque ou sur Internet, assurez-vous que vos sources sont fiables.

La collecte et la comparaison des renseignements

3. Faites un « Tableau de renseignements » sur chaque invention ou découverte à partir de vos minidossiers. N'oubliez pas de fournir la référence de chaque source consultée.

4. Comparez et analysez les informations de votre tableau. Déterminez celles qui vous semblent les plus fiables.

La création des cartes de jeu

5. Créez trois cartes de jeu à partir de vos tableaux de renseignements. Une de vos cartes sera faite sur le modèle « **TESTEZ VOS CONNAISSANCES** » (comme à la page 66) et les deux autres sur le modèle « QUI SUIS-JE ? » ou « QUE SUIS-JE ? » (comme à la page 63).

La révision et l'amélioration des cartes

6. Formez une équipe de quatre et testez vos cartes entre vous. Voyez si les indices sont pertinents, s'ils ne sont pas trop difficiles ou trop faciles pour les élèves de votre classe. Améliorez tout ce qui peut l'être.

7. Vérifiez aussi la qualité de la langue. Assurez-vous que les phrases interrogatives sont bien construites et trouvez ensemble les moyens d'éliminer toutes les fautes. Les stratégies **Comment vérifier les accords dans le GN**, à la page 473, et **Comment vérifier les accords dans le GV**, à la page 474, vous seront particulièrement utiles. Quand vos cartes seront parfaites, mettez-les au propre sur une fiche de 10 sur 15 cm.

Le jeu

8. Au jour dit, chaque équipe de quatre élèves en affrontera amicalement une autre dans un combat testant les connaissances sur les découvertes et les inventions.

Règles à respecter

Un meneur ou une meneuse de jeu veille au bon déroulement de la partie. Voici quel est son rôle.

- Déterminer quelle équipe commencera en premier.

- Lire une carte à chaque concurrent ou concurrente de chaque équipe à tour de rôle :

  – s'il s'agit d'une carte de type «**TESTEZ VOS CONNAISSANCES**», lire les trois questions à l'élève;

  – s'il s'agit d'une carte de type «QUI SUIS-JE?», lire le premier indice;

si l'élève ne peut pas répondre, lire le deuxième indice, puis le troisième.

- Mentionner chaque fois le nombre de points alloués à la question ou à l'indice.

- Retirer la carte du jeu si le concurrent ou la concurrente a bien répondu :

  – s'il s'agit d'une carte de type «**TESTEZ VOS CONNAISSANCES**», la carte est retirée du jeu seulement si l'élève a bien répondu aux trois questions;

  – s'il s'agit d'une carte de type «QUI SUIS-JE?», la carte est retirée du

jeu dès que l'élève a donné la bonne réponse, peu importe le nombre d'indices donnés.

- Remettre la carte sous la pile si le concurrent ou la concurrente n'a pas bien répondu.

- Signaler la fin de la partie après la lecture de 24 cartes.

Deux élèves sont responsables de compter les points accumulés et de donner le total des points de chaque équipe à la fin de la partie.

9. Que vous soyez le meneur ou la meneuse de jeu, un concurrent ou une concurrente, une des personnes responsables du comptage des points, pensez à vous exprimer clairement pour que toute la classe puisse suivre la partie avec intérêt.

Renseignez-vous sur des découvertes et des inventions et sur les personnes qui sont à l'origine de celles-ci...

Des inventions canadiennes : *Inventions*.

Un jeune garçon qui invente une écriture pour les aveugles : *Louis Braille, un inventeur précoce*.

Un scientifique qui a conçu un monstre : *Frankenstein*.

Un savant universel : *Léonard, le génie*.

Retour

Autoévaluation

Lorsque c'est possible, répondez à l'aide des termes d'évaluation :
Beaucoup / Assez / Un peu / Pas du tout.

POINTS À ÉVALUER

1. Après le travail effectué dans cette séquence, je sais mieux :
   a) repérer les renseignements utiles dans un texte et les noter ;
   b) comparer les renseignements présentés d'un texte à l'autre sur le même sujet ;
   c) construire des phrases de type interrogatif.

2. Après avoir fait les activités de cette séquence, je suis plus en mesure de :
   a) prédire le contenu de certains textes en effectuant un survol ;
   b) trouver de la documentation contenant des renseignements utiles ;
   c) discerner les informations fiables.

3. J'ai exprimé clairement mes opinions ou mes choix lors du débat sur les conséquences positives et négatives de quelques inventions.

4. a) Je considère que mes cartes étaient bien rédigées.
   b) Voici pourquoi : ▮.

5. a) J'ai trouvé intéressant de faire une révision en équipe.
   b) Voici une difficulté vécue par l'équipe : ▮.
   c) Voici un élément qui a fait le succès de la collaboration : ▮.

6. a) Les textes que j'ai lus dans cette séquence m'ont donné le goût d'en apprendre davantage sur des inventions et des découvertes.
   b) Les inventions et les découvertes sur lesquelles je veux m'informer sont les suivantes : ▮.

Temps d'arrêt

1. Lisez le texte suivant sur l'invention du nylon.

Les tissus

Les premières fibres synthétiques étaient exclusivement utilisées pour confectionner des franges et des pompons décoratifs. En 1898, les Britanniques Cross et Stearn mirent au point la rayonne, première fibre synthétique susceptible d'être tissée. Cette soie artificielle entra dans la composition de nombreux vêtements
5 (dont les premiers bas en fibres synthétiques en 1910), mais son emploi ne devait se généraliser qu'au lendemain de la Seconde Guerre mondiale, avec l'invention du nylon, par la firme américaine DuPont; obtenu au moyen de réactions sur des sous-produits du goudron, ce super polyamide avait la capacité de former des fils élastiques très solides, résistants aux agents atmosphériques et imputrescibles. Utilisé
10 dès 1938 pour la fabrication des poils de brosses à dents, le nylon devait bientôt révolutionner l'industrie des bas.

C'était nouveau: Innovations et découvertes du monde moderne, Paris, Octopus / Hachette Livre, 2004, p. 102.
© Cassell Illustrated, *The Book of Firsts*, Ian Harrison.

> Servez-vous des marques interrogatives que vous trouverez à l'article **Types de phrases**.

a) Rédigez trois questions qui sont des interrogations totales, c'est-à-dire des questions pour lesquelles la réponse est *oui* ou *non*.

b) Rédigez quatre questions qui sont des interrogations partielles, c'est-à-dire des questions auxquelles on doit répondre autrement que par *oui* ou *non*.

c) Vérifiez si vos phrases sont bien construites en les examinant avec un ou une camarade. Faites les corrections nécessaires sur chacune de vos copies.

d) Répondez aux questions de votre camarade.

2. Lisez d'abord les phrases interrogatives suivantes à haute voix. Elles contiennent toutes une erreur de construction. Récrivez maintenant chaque phrase en corrigeant l'erreur.

1) ⊘ C'est qui qui a inventé l'ampoule électrique?

2) ⊘ Quand c'est que le ruban adhésif a été inventé?

3) ⊘ Où que tu as trouvé cette information?

4) ⊘ Quand le boulier a été inventé?

5) ⊘ À quoi que servent les rayons X?

6) ⊘ Autour de quelle année le liquide correcteur a été inventé?

7) ⊘ Qui c'est qui a pensé à utiliser un filtre en papier plutôt qu'un filtre en porcelaine?

L'accord du verbe avec le sujet

3. Écrivez à l'imparfait de l'indicatif les verbes et les auxiliaires entre parenthèses dans les phrases suivantes. Vérifiez si chaque verbe est bien accordé avec son sujet en suivant la démarche proposée dans la stratégie **Comment vérifier les accords dans le GV**, à la page 474.

3ᵉ pers. pl.

Exemple: Les Chinois, des siècles avant notre ère, **(fabriquer)** fabriquaient du papier pour leurs éventails et leurs lanternes.

1) Les matières qu'ils **(utiliser)** 1a pour faire du papier **(être)** 1b très variées: soie, paille, bambou.

2) Mais ils ne **(pouvoir)** 2 écrire sur ce papier.

3) Le chanvre et l'écorce de mûrier **(être)** 3 les matières utilisées dans la fabrication du premier vrai papier.

4) On les **(faire)** 4a tremper de longues heures, puis on les **(malaxer)** 4b pour obtenir une pâte.

5) Cette pâte végétale sur laquelle on **(aller)** 5a tracer des signes **(être)** 5b mise à sécher sur des cadres qui **(avoir)** 5c le format de la feuille désirée.

6) C'est seulement des siècles plus tard que la formidable invention des Chinois nous **(parvenir)** 6 .

4. Relevez, dans le texte suivant, tous les verbes conjugués et les auxiliaires (quand le verbe est à un temps composé). Remplissez un tableau comme celui ci-après pour corriger les verbes mal accordés.

Lisez, au besoin, l'article **Accords dans le GV**, à la page 292.

L'invention du papier

⊘ Avant l'invention du papier, les êtres humains gravait des signes sur la pierre ou sur l'os. On employait aussi le bois, le métal et l'argile. Les Égyptiens, les premiers, utilisèrent le rouleau de papyrus.

Le papyrus a progressivement cédé la place au parchemin. Ce nouveau support
5 d'écriture, fabriqué à partir de peaux de veau et de chèvre, permettaient d'écrire des deux côtés. On assemblait ensuite les feuilles en «codex», première forme du livre.

L'invention du papier par les Chinois remonteraient à l'an 105. Tsaï-Lun, alors ministre de l'Agriculture, aurait fabriqué une pâte qui donnait une feuille d'un blanc éclatant. De vieux chiffons et des morceaux d'écorce servait à la fabrication
10 de la pâte.

Verbe conjugué ou auxiliaire (receveur d'accord)	Noyau du GN sujet ou pronom sujet (donneur d'accord)	Personne et nombre du donneur d'accord	Correction, s'il y a lieu
1) ▬	▬	▬	▬
...	▬	▬	▬

Vivre autrement : des gens différents

Des êtres passionnés qui suivent leur cœur ou leur instinct, des êtres qui surmontent les obstacles pour réaliser leurs rêves, des êtres qui osent vivre autrement vous attendent ici.

Dans les pages qui suivent, vous rencontrerez deux esprits farouchement libres et indépendants qui ont choisi de **vivre hors des sentiers battus.** Vous croiserez d'abord **Claude Arbour**, **un naturaliste québécois**, loin, loin dans sa forêt. Vous pénétrerez ensuite dans la jungle tanzanienne sur les traces de **Jane Goodall**, **la célèbre primatologue anglaise**.

Vous apprendrez au fil de la séquence à **repérer l'information pertinente** dans un texte. Vous observerez également comment les auteurs et auteures **structurent leurs écrits** à l'aide des **organisateurs textuels**. Finalement, vous verrez que les **mots** et les **images** peuvent **captiver et retenir l'attention.**

DÉFI!

Vous **choisirez** une personne dont le parcours sort de l'ordinaire et **vous vous documenterez** sur elle. Puis, vous la présenterez en la personnifiant. Devant **votre public**, vous serez cette personne et retracerez les **grandes étapes** de **votre vie**, vous expliquerez **vos motivations**, vous décrirez **vos réalisations**. Cette expérience vous aidera, entre autres, à développer votre **habileté à communiquer de façon appropriée.**

Vous avez peut-être vu des reportages ou lu des articles sur des **personnes au parcours de vie original**. Ce sont, par exemple, des personnes qui, un jour, changent radicalement de métier, qui choisissent de vivre mieux avec moins, qui vendent tout pour faire le tour du monde, qui poursuivent un rêve envers et contre tous, qui connaissent enfin le succès après des années de travail acharné. **Faites part de vos connaissances sur le sujet** à vos camarades de classe et réagissez à leurs propos. Cette discussion vous aidera à **mieux comprendre ce que signifie «vivre autrement»**.

Pour participer à la discussion suivante, placez-vous en équipe. Faites en sorte que chaque membre de l'équipe puisse participer à la discussion et l'enrichir. Comme vous aurez à présenter le résultat de votre discussion à l'ensemble de la classe, nommez un ou une porte-parole qui représentera votre équipe.

1. Qui sont ces personnes qui vous surprennent ou vous inspirent par leur parcours de vie original ? Vous pouvez choisir des personnes très connues ou des gens de votre entourage. Expliquez vos choix.

> Chaque membre de l'équipe doit nommer au moins une personne.

2. En équipe, choisissez deux personnes parmi celles qui ont été nommées.

3. Si vous deviez présenter ces deux personnes, quelle époque de leur vie ou quels aspects de leur vie vous sembleraient les plus intéressants à aborder ? Discutez-en en équipe.

4. Présentez brièvement les deux personnes que vous avez choisies à la classe.

5. Notez le nom de toutes les personnes qui seront présentées. Vous pourrez consulter cette liste quand viendra le temps de choisir une personne pour votre présentation à la fin de la séquence.

En marche

Lisez le texte de cette quatrième de couverture, qui vous invite à entrer dans l'univers d'un homme hors du commun. Cet homme a quitté la ville et a choisi de vivre au cœur de la nature. Voyez comment, **en peu de mots**, **on peut en dire beaucoup sur quelqu'un** et **le dire de façon à captiver ses destinataires**. Vous aurez à faire de même dans votre présentation.

SENTIERS SAUVAGES

«Je voudrais vous emmener, en pensée du moins, dans les sous-bois (avec les mouches noires!) découvrir une nou-
5 velle espèce de plante sauvage; observer avec vous au bord du lac un corbeau et un balbuzard se dis-putant un corégone**❶** aux écailles d'argent; vous raconter, près d'un feu, ce que je sais de la vie quo-tidienne des êtres dont je partage l'habitat: ratons
10 laveurs, gélinottes**❷**, loutres, brochets… Je voudrais insuffler**❸** dans votre vie de tous les jours le calme et la beauté de cette nature que j'habite, vous faire partager mon amour pour elle et la joie qu'elle me donne. Et peut-être, vous entraîner à
15 ma suite.»

*Du creux de la forêt où il vit à longueur d'année avec sa famille, Claude Arbour témoigne. Ornithologue**❹** pas-sionné depuis l'enfance, naturaliste**❺** au service de l'éco-logie, il raconte l'évolution des forêts et des lacs qui sont*
20 *les nôtres, et ses rencontres avec les merveilles de la nature sauvage qu'il protège et qu'il aime.*

Claude Arbour, *Sentiers sauvages*, Waterloo (Québec), Éditions Michel Quintin, 2000, 4e de couverture.

RATON LAVEUR

POUR MIEUX COMPRENDRE LE TEXTE

❶ Le corégone est un poisson. Quel passage du texte vous le révèle?

❷ ☆ À quel autre oiseau la gélinotte ressemble-t-elle?

❸ ☆ **a)** Que veut dire *insuffler* dans ce contexte?

b) À quelle <u>famille de mots</u> le verbe *insuffler* appartient-il?

❹ Qu'est-ce que les ornithologues étudient?

❺ Qu'est-ce qu'un naturaliste?

INTERROGER
LE TEXTE ET RÉAGIR

Des éléments de la situation de lecture

1. a) **Qui** a écrit le premier paragraphe du texte ? Comment le savez-vous ?

   b) Le second paragraphe a-t-il été écrit par la même personne ? Comment le savez-vous ?

2. Selon vous, **à qui** le texte s'adresse-t-il ?

3. **De quoi** parlera-t-on dans le livre *Sentiers sauvages* ?

À propos de Claude Arbour

4. Qu'avez-vous appris sur Claude Arbour grâce à cette quatrième de couverture ? Consignez ces informations sur la fiche qu'on vous remettra.

Une invitation

5. a) Le premier paragraphe constitue une véritable invitation. Quel moyen l'auteur utilise-t-il pour vous inviter personnellement ?

   b) L'auteur formule plusieurs souhaits. Découvrez-les en complétant l'énoncé «Je voudrais…» dans le tableau suivant.

L'invitation de Claude Arbour	
L'énoncé de départ	**Les divers souhaits**
Je voudrais…	1° ▇▇ pour vous faire découvrir de nouvelles choses. 2° ▇▇ les luttes entre les animaux. 3° ▇▇ tout ce que je sais. 4° vous faire connaître ▇▇. 5° ▇▇ les sentiments que j'éprouve. 6° ▇▇ à ma suite.

La promesse d'une lecture captivante

6. L'auteur a recours à divers moyens pour nous intéresser. Donnez des exemples, pris dans le premier paragraphe, pour chacun des moyens ci-dessous.

   a) Une touche d'humour.

   b) La promesse d'une nouvelle expérience.

   c) Au moins deux noms qui piquent la curiosité.

   d) Des <u>verbes</u> pleins de promesses :
   • deux verbes de parole ou de communication ;
   • deux verbes de perception ;
   • deux verbes de mouvement.

   e) Des mots à <u>connotation</u> positive.

7. Que suscitent en vous les propos de l'auteur ? Avez-vous le goût de répondre à son invitation et de lire *Sentiers sauvages* ? Pourquoi ?

Entrez plus avant dans l'univers de Claude Arbour. Au fil de votre lecture, voyez ce que cet autre texte apporte à votre compréhension du personnage. Cet exercice vous permettra de voir **quels renseignements aller chercher** dans un texte **pour faire connaître une personne**.

Sirius

Le 15 juin, après 25 km en bateau et 65 km en camion, j'arrivai à Saint-Michel-des-Saints et je retrouvai le médecin des rapaces[1], Guy Fitzgerald. En entrant à la brasserie, je remar-
5 quai dans la pénombre une boîte faite de contreplaqué: notre nouveau patient. On doit transporter les oiseaux de proie dans de petites caisses complètement fermées, mis à part quelques trous d'aération. Ainsi, ils perdent
10 l'usage de leur sens principal, la vue, et subissent moins de stress lors du transport. Guy m'invita à sa table que garnissaient une bière, un café, des médicaments et une longue liste de recommandations. Un balbuzard dans une
15 brasserie: c'était inusité[2] ! Le silence se fit aux autres tables occupées par les bûcherons et les travailleurs du coin, tandis que Guy me racontait les mésaventures subies par l'oiseau. Des agents de la conservation de la faune l'avaient
20 trouvé près d'une petite rivière à Saint-Jean-sur-Richelieu. Emmené à la clinique des oiseaux de proie, l'aigle avait été examiné: trois fractures au carpométacarpe[3] de l'aile gauche (l'équivalent de notre main) et un
25 plomb de fusil dans l'abdomen. Le patient avait reçu, entre autres, des vitamines et un antidote[4] contre le plomb. Ses plaies avaient été désinfectées et bandées, et son aile, immobilisée.

Le naturaliste Claude Arbour devant la volière. C'est ici que les oiseaux blessés peuvent retrouver leur forme physique avant d'être relâchés dans la nature.

POUR MIEUX COMPRENDRE LE TEXTE

[1] Qu'est-ce qu'un rapace ?

[2] ☆ Donnez un **synonyme** d'*inusité*.

[3] À quoi correspond, chez l'humain, le carpo-métacarpe de l'aile d'un oiseau ?

[4] Donnez un synonyme du nom *antidote*.

[5] Quel organe est atteint par un arrêt cardiaque ?

[6] ☆ Qu'est-ce que cette contention que l'oiseau risque de ne plus supporter ?

[7] ☆ Qui est cette congénère ?

L'oiseau se portait bien malgré deux problèmes. D'abord, seulement deux des trois fractures de son aile étaient guéries. La dernière fracture était si rapprochée de l'articulation qu'il se pouvait que la soudure de l'os englobe l'articulation, auquel cas l'oiseau ne pourrait plus voler. Le second problème était qu'il ne voulait absolument pas se nourrir... ou plutôt, elle ne voulait pas. D'après son poids (1,75 kg), Guy estimait qu'il s'agissait d'une femelle adulte. Il faudrait donc la nourrir de force en insérant des bouts de poisson profondément dans sa gorge. D'un repas à l'autre, elle subirait un stress de plus en plus intense qui pouvait finir par causer un arrêt cardiaque[5]. Il était aussi possible qu'une fois dans l'enclos, l'oiseau ne puisse tout simplement plus supporter la contention[6]. C'était un risque à courir. Guy me fit ses recommandations, notamment arranger les perchoirs de sorte que notre patiente puisse y grimper et construire une petite clôture pour qu'elle ne puisse pas sauter à l'eau du haut du perchoir (risque de noyade). Le bandage qui immobilisait l'aile de l'oiseau devait lui être retiré dans dix jours s'il acceptait de manger. Sinon, je devais défaire le pansement au bout de deux jours pour que l'aigle se sente plus libre, au risque que la fracture soit mal guérie... Guy me dit aussi que si l'aigle mourait, il faudrait le congeler et le lui faire parvenir pour autopsie. Cette dernière éventualité me parut inacceptable. Guy m'expliqua que, cette fois, les chances de réussite étaient minces et qu'il ne faudrait pas que je me sente trop coupable si l'oiseau...

— Elle ne mourra pas! Peut-être restera-t-elle captive, peut-être deviendra-t-elle un *starter**, mais elle ne mourra pas.

J'ajoutai que l'enclos était encore plus beau qu'avant, qu'il couvrait une plus grande surface d'eau, que j'avais plus d'expérience, que les balbuzards libres viendraient voir et rassurer leur congénère[7] et, surtout, qu'elle ne pourrait pas vouloir mourir dans un endroit aussi agréable...

Guy repartit vers son hôpital et l'aigle et moi, vers le lac Villiers. Je jetais périodiquement un coup d'œil à l'aigle: vivrait-elle au moins jusqu'au chalet? Après 65 km de route et une heure de bateau, elle prit enfin place dans l'enclos: son premier geste fut de se jeter à l'eau, malgré la barrière que j'avais installée suivant le conseil de Guy. Elle se baigna, but beaucoup, s'assécha et se baigna encore. Ses yeux retrouvaient leur éclat d'heure en heure, sans doute à force de regarder la forêt, les nuages, la pluie, les éclairs, le jour et la nuit. Elle était si belle que je décidai de la baptiser Sirius, du nom de la plus belle étoile de notre ciel, plutôt que *numéro 2*!

Après trois jours, je lui enlevai son bandage. À ma grande joie, elle déplia son aile et en peu de temps, elle put s'élever d'environ un mètre dans les airs. Cela tenait du miracle, l'aile était parfaitement guérie! Guy avait encore une fois réparé l'erreur d'un tireur inconscient (pour être poli)...

---

* Un *starter* est un oiseau qui ne peut retourner à l'état sauvage. Il reste dans l'enclos où il tient compagnie aux oiseaux blessés, le temps de leur réhabilitation.

Mais Sirius ne mangeait pas. Elle devait bien se rendre compte que je tenais à elle… Je lui expliquais que 100 personnes me soutenaient financièrement pendant que je me consacrais à elle, que Guy n'avait pas du tout envie de se livrer à une autopsie sur elle. Chaque jour, j'allais la voir, lui offrais calmement des morceaux de poisson qu'elle refusait tous. Devant elle, dans l'eau, se pressaient des dizaines de poissons vivants que j'avais capturés pour elle. Sirius ne mangeait toujours pas. Chaque soir, avec mon neveu Pascal venu m'aider, je devais m'imposer l'ignoble tâche de la forcer à manger. Nous nous laissions stoïquement[8] labourer les mains par ses puissantes serres: la moindre réaction de peur ou de panique de notre part déclencherait la même réaction chez elle, ce qui pouvait lui être fatal. Jour après jour, les gavages[9] devenaient plus pénibles pour elle: l'adrénaline[10] faisait son effet. Un soir, pendant un autre repas forcé, les yeux de Sirius devinrent mats[11]. Son cœur trépidait à 120, 150 battements à la minute. Une fois reposée sur le sol, elle resta un instant sur le dos: elle était en état de choc.

Le sort en était jeté: nous ne pourrions plus la nourrir de force, elle devait manger toute seule. Nous venions de la gaver: elle avait donc 48 heures pour décider de manger, de vivre, sans quoi elle mourrait d'inanition[12].

Les heures passèrent. Appuyé sur le mur de l'enclos, je l'implorais[13] d'accepter de manger. L'oiseau ne se posait plus qu'à trois endroits: deux perchoirs et une pierre sur le sol. Je l'imaginais en train de mourir à chacun de ces endroits. Je voyais déjà ses yeux clos à travers le sac de plastique, le congélateur, la tristesse de tous ceux qui avaient participé à cette «opération balbuzard».

Le vent gonflait ses plumes, elle était belle, son œil argenté luisait froidement. Je sentis sourdre[14] en moi la révolte. Je la traitai de lâche, de peureuse, d'indésirable. «Crève donc si tu ne veux pas vivre! Des lâches comme toi, la planète n'en a pas besoin… elle est elle-même si mal en point de toute façon! Jeûne, ma vieille, si tu le désires. Je m'en fous, Guy s'en fout, tout le monde s'en fout…» Soudain,

je me ressaisis et lui dis: «Ta petite grève de la faim ne sera pas aussi facile que tu le crois!» J'entrai dans l'enclos avec un rouleau de ficelle, je ramassai des poissons et j'en attachai partout, sur chaque pierre, sur chaque perchoir. Puis, soulagé, je retournai à mon poste d'observation.

165 Je n'eus pas à attendre si longtemps : quelques heures plus tard, Sirius prenait son premier repas ! Le mal était réparé, il suffisait d'attendre. Les jours suivants, je n'eus qu'à lui fournir du poisson et à la laisser tranquille tan-
170 dis qu'elle faisait ses petits exercices de physio-thérapie. Elle voletait dans l'enclos et arriva graduellement à en faire une fois et demie le tour, à se poser lentement à la verticale et même à freiner en vol. Elle se servait avec
175 aisance de son aile gauche et ne semblait pas souffrir de ses blessures passées. Dès lors, elle était prête à partir.

Je pris l'habitude de déposer des restes de poissons sur une pierre près de l'enclos. Des
180 goélands acceptèrent volontiers mon cadeau et vinrent se nourrir près de Sirius. Après trois jours de ce manège, un de ces goélands qu'on accuse de fouiller dans les ordures, de salir les tables des chic restaurants McDonald, un de
185 ces goélands argentés qu'on empoisonne par milliers près des Grands Lacs est venu manger avec Sirius et, en repartant, l'a emmenée avec lui.

Aujourd'hui, le ciel est clair, quelques
190 nuages le décorent et là-haut, tout là-haut dans l'azur, plane un balbuzard de plus.

Claude Arbour, *Sentiers sauvages*,
Waterloo (Québec), Éditions Michel Quintin,
2000, p. 75 à 80.

"Voilà, ma vieille gréviste. Tu veux vrai-ment mourir de faim ? Eh bien ! Tu mourras
155 perchée sur ta nourriture." Je la regardai quelques instants, juste assez pour constater que ma vengeance l'importunait[15], pour la voir mal à l'aise devant toute cette nourriture. Elle tentait de se percher à côté des poissons :
160 impossible, j'en avais mis partout. Elle me regardait, regardait un poisson, se perchait dessus, descendait, essayait ailleurs. Je quittai mon poste. Il ne lui restait plus que 12 heures pour réfléchir, après quoi il serait trop tard.

POUR MIEUX COMPRENDRE LE TEXTE

8 ☆ Par quel autre **adverbe** pourriez-vous remplacer *stoïquement* ?

9 Que signifie le nom *gavages* ?

10 ☆ Dans quelle circonstance le corps produit-il de l'adrénaline ?

11 Donnez un synonyme de l'adjectif *mats*.

12 Mourir d'inanition, c'est mourir de…

13 Donnez un synonyme du verbe *implorer*.

14 Donnez un synonyme du verbe *sourdre*.

15 Donnez deux synonymes du verbe *importuner*.

Du nouveau sur Claude Arbour

8. **a)** Qu'avez-vous appris de neuf sur Claude Arbour dans ce texte ? Consignez ces nouvelles informations sur la fiche qu'on vous a déjà remise au numéro **4**.

b) Quel principal avantage y a-t-il à avoir des informations provenant de plus d'une source ?

Votre réaction

9. Si votre famille s'installait en pleine forêt pour y vivre comme la famille Arbour, comment réagiriez-vous ? Aimeriez-vous tenter cette expérience ? Expliquez votre réponse en quelques lignes.

> Conservez cette production dans votre *Journal culturel*. Vous pourrez la comparer à d'autres productions semblables.

Le narrateur

10. **a)** Qui est le **narrateur** de ce récit autobiographique ?

b) S'agit-il d'un narrateur personnage ou d'un narrateur omniscient ? Qu'est-ce qui vous le fait dire ?

Les discours rapportés

11. Relisez les lignes 58 à 75.

> Consultez l'article **Discours rapporté**, à la page 325, s'il y a lieu.

a) Relevez les propos rapportés **directement** dans cet extrait.

b) Qui prononce ces paroles ?

c) Relevez les propos rapportés **indirectement** dans cet extrait.

d) Relevez les verbes de parole qui annoncent les propos rapportés indirectement.

e) Dites qui émet les propos rapportés indirectement.

La subordonnée complétive

12. Les propos rapportés indirectement prennent souvent la forme de **subordonnées complétives** en *que*. Montrez que c'est le cas ici. Faites cet exercice sur le document qu'on vous remettra.

Pour situer dans le temps

13. Tout au long de son récit, le narrateur utilise des organisateurs textuels qui indiquent une organisation dans le temps.

a) Relevez l'organisateur temporel qui sert à marquer le début de l'aventure de Sirius.

b) Relevez, entre les lignes 165 et 191, les cinq organisateurs temporels qui marquent la fin du jeûne de Sirius.

c) Selon vous, pourquoi est-ce important d'utiliser des organisateurs temporels dans cette histoire ?

Connaissez-vous Jane Goodall, la célèbre Britannique qui s'est exilée des dizaines d'années dans la forêt africaine ? Si oui, vous prendrez sûrement plaisir à **approfondir vos connaissances** sur cette scientifique réputée **dans les deux entrevues qui suivent**. Si vous ne la connaissez pas déjà, découvrez cette femme exceptionnelle. Dans un cas comme dans l'autre, la lecture de ces entrevues vous rendra encore plus habile à **tirer parti de plusieurs sources d'information différentes** pour vous représenter une personne.

JANE GOODALL,
une voix pour les singes

Un projet fou

Le temps ne semble avoir aucune prise sur Jane Goodall. En dépit de sa longue chevelure blanche rappelant ses 70 ans, son allure est restée juvénile[1].
5 Voilà déjà 47 ans que la jeune Anglaise — laissant tout derrière elle — est partie en quête de son rêve: vivre en Afrique au contact de la faune sauvage. Entre la petite fille qui souhaitait «devenir la Jane de Tarzan» et la dame d'aujourd'hui, peu de différence: même grâce naturelle,
10 même force de caractère sous une apparente fragilité, mais surtout, même passion.

C'est cette alliance de sensibilité et de détermination[2] qui, dès le départ, séduit Louis Leakey, en 1957. Anthropologue éminent, il lui confie un projet d'avant-garde: observer le com-
15 portement des chimpanzés sauvages dans leur habitat naturel. «Tout le monde a cru que Leakey était devenu fou, se remémore-t-elle. Je n'avais qu'un diplôme de secrétaire, et les autorités[3] britanniques étaient réfractaires à l'idée de m'envoyer seule en pleine forêt tanzanienne.» Finalement, Louis Leakey obtient le budget pour financer une mission de six mois et Jane l'autorisation de partir
20 à la condition d'être accompagnée… Et c'est avec sa mère, son alliée de toujours, qu'elle débarque en juillet 1960 au cœur du Gombe Stream National Park.

Cependant, approcher une communauté de singes ne s'improvise pas. Au début, l'apprentie naturaliste fait déguerpir tout le monde ! C'est un vieux chimpanzé, David Grey Beard, qui sera le premier à lui tendre la main: «Je lui dois
25 ma réussite, explique-t-elle. Grâce à lui, j'ai été progressivement acceptée par le reste de la colonie et j'ai découvert assez de choses en six mois pour poursuivre mon étude plus longtemps que prévu.» Octobre 1960, stupéfaction ! Elle
30 surprend David et sa bande utilisant des brindilles pour chercher des termites dans un nid.

OMPRENDRE LE TEXTE

n synonyme de *juvénile*.

qu'une personne déterminée ?

sont ces autorités ?

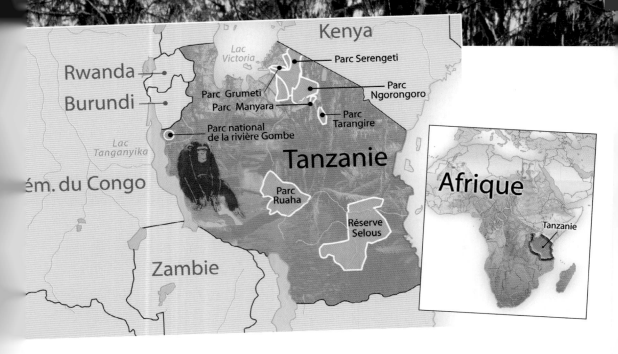

À une époque où les hommes se croient les seuls à se servir d'outils, cette découverte révolutionnaire fait déclarer à Louis Leakey: «Maintenant, nous devons redéfinir l'outil, redéfinir l'homme, ou accepter les chimpanzés comme
35 des humains.»

[...]

Jamais résignée [4]

Profondément attachée à ces individus exceptionnels, Jane aurait bien passé le reste de son existence à leurs côtés. Mais en 1986, alarmée par la disparition
40 de leurs congénères (ils étaient un million il y a un siècle et ils ne sont que 150 000 à présent), elle a dû laisser derrière elle Fifi, Frodo, Gremlin et leurs frères... «On doit parfois quitter ceux qu'on aime, confie-t-elle. Si j'étais restée dans la forêt, je n'aurais pas pu les aider.» Tandis que d'autres scientifiques assurent la relève au sein de son centre de recherche de Gombe, la missionnaire
45 traîne sa petite valise autour du globe pour rappeler l'importance de la conservation de la faune et de la flore [5]. En effet, l'amour de cette femme pour le vivant ne se limite pas aux chimpanzés. «La frontière entre l'humain et les êtres non humains est devenue floue. Il nous faut développer un nouveau respect pour tous les autres animaux étonnants avec qui nous partageons la planète.»
50 Convaincue qu'il suffit aux êtres humains «d'utiliser leur cerveau et de joindre leurs mains pour vivre en harmonie avec la nature», la formidable idéaliste [6] est porteuse d'une parole d'espoir: «Je ne voyagerais pas 300 jours par an si je ne pensais pas que nous sommes en mesure de changer le monde. Bien sûr, la situation est dramatique, bien sûr, la Terre ago-
55 nise, mais renoncer à se battre est encore pire. Si de plus en plus de gens se mobilisent, alors nous aurons la chance de sauver ce qui peut l'être encore.»

Marie-Sophie Bazin, «Jane Goodall, une voix pour les singes», *30 millions d'amis*, n° 207, mai 2004, p. 14 à 16.

OMPRENDRE LE TEXTE

ce qu'est une personne résignée.

la faune et la flore?

est-ce qu'une personne idéaliste?

Pour l'amour des animaux

UNE ENTREVUE AVEC JANE GOODALL, GRANDE DÉFENDERESSE DE LA NATURE

Jane Goodall est une figure mythique dans le monde
de la compréhension et de la protection des animaux.
Elle a non seulement révolutionné les méthodes d'observation
des grands singes, elle a aussi ébranlé nos convictions
5 concernant la supériorité de notre espèce.

En 1960, à l'âge de 26 ans, la
Britannique Jane Goodall était
invitée par le paléontologue Louis
Leakey à entreprendre une observa-
10 tion sans précédent des chimpanzés
dans la forêt de Gombe, en Tanzanie.
En découvrant des ressemblances
profondes entre les chimpanzés et
l'humain, elle a révolutionné la vision
15 élitiste* que nous avions de notre
espèce et a été reconnue comme
l'une des grandes scientifiques de
notre époque. De son expérience
sont nés plusieurs livres, dont *Le cri
20 de l'espoir*, une autobiographie spirituelle.

Constatant la menace d'extinction
des chimpanzés et la destruction
écologique à l'échelle planétaire,
25 Jane Goodall a quitté sa vie en forêt
pour venir livrer un message environ-
nemental et humanitaire partout sur
la planète. Fondatrice d'un institut
international portant son nom et dont
30 le siège social canadien se trouve à
Montréal, elle voyage maintenant
300 jours par an. Malgré un horaire
chargé, la transparence et la simpli-
cité se dégagent de cette grande
35 dame, de même qu'un profond respect de la vie, qu'elle tâche maintenant de communiquer aux enfants.
Elle a accepté de partager avec nous
son cheminement, son engagement
40 et sa vision de la vie.

**Jane Goodall, d'où vous vient
votre vocation ?**

Enfant, j'étais fascinée par les animaux. Alors que j'avais un an et
45 demi, ma mère avait trouvé des vers
de terre dans mon lit. À quatre ans,
je voulais savoir comment les poules

---

* Une vision élitiste de l'être humain est
une vision selon laquelle l'être humain est
supérieur aux animaux. Jane Goodall a
montré que cette vision ne reposait sur
rien.

pondaient leurs œufs et je m'étais cachée, sans bouger pendant des
50 heures, dans le poulailler. Ma mère a toujours encouragé ma passion pour les animaux. Cela a fait une grande différence dans ma vie. À dix ans, j'ai découvert Tarzan dans les livres et
55 suis tombée amoureuse de lui. Je rêvais d'aller en Afrique et de vivre avec les animaux. Ma mère m'a dit : «Quand on veut vraiment quelque chose et qu'on travaille fort pour
60 l'obtenir, on réussit toujours.» Plus tard, après avoir été serveuse dans un restaurant pendant un certain temps, j'ai acheté un billet de bateau pour l'Afrique. C'est alors que j'ai
65 entendu parler de Louis Leakey et

que je suis allée le rencontrer. Il m'a offert d'aller observer les chimpanzés dans la forêt. […]

**Vous avez une relation particulière
70 avec les chimpanzés que vous observez. Vous en êtes très proche et avez même donné un nom à chacun d'eux, mais vous êtes aussi une scientifique. Comment intégrez-vous
75 ces deux aspects en vous ?**

Au début, je n'étais pas une scientifique, je me considérais plutôt comme une naturaliste. J'ai obtenu un doctorat parce que Louis Leakey
80 m'y a encouragée. J'en suis contente, entre autres parce que je peux maintenant rencontrer tous ces «sarraus blancs**1**» dans leur laboratoire sans me sentir intimidée. Je n'ai jamais eu
85 cette notion stupide de détachement par rapport aux sujets étudiés. On peut très bien regarder un animal avec empathie**2** et, en même temps, consigner le résultat de ses observa-
90 tions de façon objective. […]

Quel est le sens de la vie pour vous ?

Je ne connais pas la raison de l'évolution et de l'univers. Il est plus facile de dire pourquoi je suis ici, en
95 tant qu'individu : je suis ici pour répandre un message avec toute la passion dont je suis capable. Chacun de nous peut faire une différence pour la planète, mais nous n'avons
100 plus beaucoup de temps. Nous avons horriblement abusé de la nature et nous continuons de le faire. Nous abusons aussi d'autres humains, même au cœur de ce que nous appelons
105 la civilisation occidentale. Certains vivent sous le seuil de la pauvreté, d'autres souffrent de discrimination. Cela est très triste.

Marie-Andrée Michaud, «Pour l'amour
des animaux», *Guide ressources*, vol. 18, n° 3,
novembre 2002, p. 11 à 13.

À propos de Jane Goodall

14. a) Vous avez sûrement appris une foule de choses sur Jane Goodall dans ces entrevues. Notez-les sur la fiche qu'on vous remettra. Travaillez avec un ou une camarade.

b) Comparez votre fiche avec celle d'une autre équipe. Faites les ajustements nécessaires pour que votre fiche soit la plus complète possible.

c) Selon vous, quels sont les avantages d'utiliser plus d'une source quand on fait de la recherche?

15. a) Quels autres renseignements aimeriez-vous obtenir sur Jane Goodall? Discutez-en en équipe.

b) Quels mots-clés taperiez-vous dans un moteur de recherche pour obtenir les renseignements désirés? Faites-en une liste et essayez-les.

c) Discutez avec vos camarades de ce qui a bien fonctionné et de ce qui a moins bien fonctionné. Si vous avez fait des découvertes intéressantes, faites-les connaître à vos camarades.

L'organisation d'un paragraphe

16. Relisez les lignes 43 à 68 du texte *Pour l'amour des animaux*.

a) Il y a sept <u>organisateurs textuels</u> dans ce paragraphe. Essayez d'en trouver le plus possible.

b) Comparez vos réponses avec celles d'un ou d'une camarade et voyez si vous pouvez compléter votre liste.

c) Dans cette réponse à la journaliste, pourquoi Jane Goodall utilise-t-elle des organisateurs qui indiquent une organisation dans le temps?

Des mots évocateurs, des images parlantes

17. a) Dans *Pour l'amour des animaux*, la journaliste présente Jane Goodall comme «une figure mythique dans le monde de la compréhension et de la protection des animaux» (lignes 1 et 2). Elle parle aussi de «cette grande dame» (lignes 34 et 35). Qu'est-ce que ces images de Jane Goodall mettent en évidence?

b) Relevez, dans le premier paragraphe du même texte, une autre image qui donne la même impression.

LE SAVIEZ-VOUS?

Le mot *anthropologue* vient de *anthropo-*, qui signifie «être humain», et de *-logue*, qui veut dire «spécialiste». Un anthropologue est donc un spécialiste des êtres humains. Un paléontologue est aussi un anthropologue. Le paléontologue étudie les êtres des temps anciens (*paléo-*: ancien), dont il retrouve les traces grâce aux fossiles.

18. Dans *Jane Goodall, une voix pour les singes,* la journaliste utilise des images différentes. Relevez-en quelques-unes.

    a) Une image, entre les lignes 7 et 11, qui montre que Jane Goodall avait des projets d'avenir.

    b) Une image, entre les lignes 22 et 29, qui montre que Jane Goodall n'a pas toujours été une figure mythique.

    c) Une image, entre les lignes 38 et 46, qui montre que Jane Goodall est dévouée.

19. Parmi ces images de Jane Goodall, laquelle vous touche le plus ? Expliquez votre choix.

20. Les images que vous avez relevées prennent la forme de **groupes nominaux**. Analysez ces GN sur le document qu'on vous remettra.

21. a) Relevez, entre les lignes 1 et 15 du **TEXTE 1**, deux GN qui montrent que le projet de Leakey était innovateur et dangereux.

    b) Analysez ces GN dans un tableau comme celui ci-dessous.

GN	Noyau	Expansion	Sorte de l'expansion
1. ▇	▇	▇	▇
2. ▇	▇	▇	▇

Une question d'engagement

22. Dans *Pour l'amour des animaux,* le passage des lignes 95 à 100 illustre bien que Jane Goodall a donné un sens à sa vie. Comment son choix de vie et son engagement vous inspirent-ils ? Répondez en une dizaine de lignes.

Présenter oralement une personne au parcours de vie original.

Découvrez une personne exceptionnelle et faites-la connaître à vos camarades. Pour y arriver, vous devrez jouer son rôle le temps d'une courte présentation orale. Vous avez vu, au fil de cette séquence, des moyens pour rendre votre présentation intéressante. Pensez à les utiliser.

Il vous reste maintenant à trouver qui vous incarnerez. Les récits et les portraits proposés dans votre *Recueil de textes* sauront sûrement vous mettre sur de bonnes pistes. N'hésitez pas à les lire.

Le choix de la personne au parcours de vie original

1. Choisissez une personne dont le parcours de vie est original. Cette personne peut venir de n'importe quel domaine: arts, sports, scène, médecine, sciences, enseignement, politique, journalisme, environnement, etc. Elle peut être connue ou pas. Ce peut aussi être une personne proche de vous.

La recherche et la sélection de l'information

2. Recueillez de l'information pertinente sur la personne choisie. Intéressez-vous aux aspects importants de sa vie: enfance, famille, adolescence, réalisations, études, passions, échecs, réussites, etc.

➡ Pour commencer votre recherche du bon pied, lisez les stratégies **Comment faire de la recherche d'information**, aux pages 452 et 453, et **Comment annoter un texte ou prendre des notes**, aux pages 433 à 438.

Les rôles à jouer

3. Durant quelques minutes, vous jouerez, pour vos camarades, le rôle de la personne exceptionnelle que vous avez choisie. Un ou une camarade vous accompagnera pour vous présenter. Voici des précisions à ce sujet.

VOTRE RÔLE

Vous incarnerez la personne que vous avez choisie et expliquerez son parcours en mettant en évidence les aspects de sa vie les plus intéressants à connaître. Vous devrez donc vous exprimer au *je* puisque vous deviendrez cette personne.

LE RÔLE DE VOTRE CAMARADE

Votre camarade jouera le rôle d'un présentateur ou d'une présentatrice accueillant la personne exceptionnelle sur un plateau de télévision, dans une salle de conférence ou dans la classe.

Remarque: Chaque élève de la classe devra donc jouer le rôle d'un présentateur ou d'une présentatrice pour un ou une camarade.

4. Votre communication sera divisée en trois parties.

- **1ʳᵉ partie** (15 s environ): Le présentateur ou la présentatrice accueille la personne exceptionnelle, la présente au public de façon à susciter l'intérêt et l'invite à prendre la parole.

- **2ᵉ partie** (3 min environ): La personne exceptionnelle explique son parcours.

- **3ᵉ partie** (10 s environ): Le présentateur ou la présentatrice remercie la personne exceptionnelle.

Modèle pour la 2ᵉ partie
CONFÉRENCIÈRE INVITÉE: JANE GOODALL

Une courte introduction
(Vous pouvez ajouter une petite touche d'humour si cela s'y prête.)

Bonjour à tous et à toutes. Je suis enchantée de me retrouver parmi vous cet après-midi, même si je me sens un peu loin de mes amis les singes. Comme vous le savez peut-être, j'ai longtemps vécu dans la forêt africaine et c'est de cette formidable expérience que je voudrais vous parler aujourd'hui.

Un développement

■ Quelques mots sur l'enfance:

J'ai commencé à m'intéresser aux animaux dès mon plus jeune âge…

■ Un passage plus long sur la vie professionnelle dans la forêt, les réalisations, les réussites, les difficultés, etc.:

C'est ainsi qu'à 26 ans, je me suis retrouvée chargée d'une mission tout à fait inusitée: observer une colonie de grands singes en vivant parmi eux…

■ Un passage sur la vie professionnelle actuelle:

En 1986, j'ai pris une grande décision…

Une courte conclusion et des remerciements

Je suis persuadée qu'il n'est pas trop tard pour agir. C'est le message que j'aimerais que vous reteniez.

Je vous remercie infiniment de votre accueil chaleureux et de l'intérêt que vous m'avez manifesté.

La préparation de votre communication orale

5. Organisez l'information que vous avez en main. Pour intéresser votre public et lui permettre de vous suivre, utilisez:

- un vocabulaire évocateur, des images parlantes;
- une touche d'humour, si cela s'y prête;
- les propos d'au moins une personne que vous rapporterez indirectement;
- des verbes de parole;
- au moins quatre organisateurs temporels pour marquer les étapes de la vie de la personne que vous incarnerez.

6. a) Rédigez la fiche de présentation de votre présentateur ou présentatrice. Pour susciter l'intérêt du public, utilisez:

- un vocabulaire évocateur, des images parlantes;
- un GN avec une expansion pour désigner la personne exceptionnelle;
- une touche d'humour, si cela s'y prête.

b) Soumettez la fiche de présentation à votre présentateur ou présentatrice. Ensemble, voyez si vous pouvez l'améliorer.

7. Préparez un aide-mémoire pour votre partie de la communication.

> Voyez la stratégie **Comment rédiger un aide-mémoire en vue d'une prise de parole**, à la page 480.

8. Avant le jour J, exercez-vous! Essayez de vous passer le plus possible de votre aide-mémoire et de faire vivre votre personnage.

> Voyez la stratégie **Comment répéter en vue d'une présentation orale**, à la page 484.

La présentation

9. Le jour de votre présentation, arrivez en classe dans la peau de votre personnage. Vous pouvez porter un vêtement approprié ou avoir quelques accessoires bien choisis. À vous de voir comment intéresser votre public.

10. Pour dynamiser votre présentation, ne gardez pas les yeux sur votre aide-mémoire. Servez-vous-en, mais discrètement.

D'AUTRES rendez-vous...

Lisez d'autres textes et apprenez à connaître...

Une famille qui parcourt le monde sur son voilier: *Larguez les amarres.*

Une jeune fille du XVIIe siècle qui rêve de devenir peintre: *La fille au pinceau d'or.*

Deux filles déterminées à vivre autrement: *La grande vie.*

Une scientifique qui se consacre aux enfants défavorisés: *Joanne Liu, médecin.*

Retour

Autoévaluation

Lorsque c'est possible, répondez à l'aide des termes d'évaluation: Beaucoup / Assez / Un peu / Pas du tout.

POINTS À ÉVALUER

1. Après le travail effectué dans cette séquence, je sais mieux:

   a) repérer et utiliser les organisateurs textuels;

   b) repérer les discours rapportés;

   c) analyser les subordonnées complétives;

   d) analyser les groupes nominaux;

   e) repérer les mots connotés.

2. Les textes que j'ai lus m'ont permis d'enrichir mes connaissances.

3. a) Je trouve que ma présentation s'est bien déroulée pour les raisons suivantes:

   • ma communication était bien structurée;

   • j'ai respecté la durée demandée;

   • ma voix portait bien et ma prononciation était nette;

   • j'ai gardé un contact visuel avec mon public.

   b) La prochaine fois, j'aimerais améliorer l'aspect suivant: ▬.

4. Après avoir fait de la recherche pour préparer ma communication, je sais mieux:

   a) trouver de la documentation pertinente;

   b) repérer l'information utile dans un texte.

5. Les présentations de mes camarades m'ont donné le goût d'en apprendre davantage sur les personnes qui ont un parcours de vie original.

Le discours rapporté

1. Lisez les extraits suivants.

1) Un journaliste a écrit qu'il a rencontré une chasseuse d'orages.

2) Martine Leclerc lui a dit: «Un jour, j'ai vu une tornade et j'ai été éblouie.»

3) «Tout le monde se mettait à l'abri, raconte-t-elle, mais moi je restais à la fenêtre.»

4) «Le spectacle était aussi féerique que terrifiant», se rappelle Martine, le sourire aux lèvres.

5) «Ne reste pas là!» hurlait sa mère en la voyant le nez collé à la fenêtre.

6) L'intrépide jeune femme ajoute: «Je chasse les orages depuis ce jour-là.

— Vous arrive-t-il parfois d'avoir peur? lui demande le journaliste.

— Bien sûr! La nature a un tel pouvoir de destruction…»

a) Un seul de ces extraits rapporte des propos indirectement. Lequel? À quelles caractéristiques l'avez-vous reconnu?

b) Les autres extraits rapportent des propos directement. Quelles caractéristiques vous l'indiquent?

c) Relevez les quatre phrases incises contenues dans les extraits.

d) Que remarquez-vous au sujet de la ponctuation qui précède l'incise?

e) Relevez le sujet de chacune des incises trouvées en **c**. Que remarquez-vous quant à la position de ces sujets?

f) Lequel des extraits contient un dialogue? À quoi avez-vous reconnu ce dialogue?

2. Dans le passage suivant, transformez les propos rapportés indirectement en propos rapportés directement.

> Martine précise que, pour chasser les orages, elle se tient au courant des conditions météorologiques. Elle doit parfois parcourir des centaines de kilomètres. Elle ajoute que, dans sa voiture, elle a un système de radio de bande publique, un appareil photo et une caméra vidéo.

La subordonnée complétive

3. a) Relevez, dans chacune des phrases suivantes, la subordonnée complétive.

b) Dites quel subordonnant introduit chacune de ces subordonnées.

c) Donnez le type de chaque subordonnant.

Attention! Ne confondez pas subordonnée complétive et subordonnée relative.

1) En discutant avec d'autres scientifiques, la primatologue constate que la situation est critique.

2) Les jeunes lui ont demandé pourquoi elle avait quitté la forêt.

3) Après la conférence, les jeunes se sont demandé s'ils pouvaient faire quelque chose pour les chimpanzés de Gombe.

4) Madame Goodall n'a pas dit que les chimpanzés étaient hors de danger.

5) Elle précise que l'aventure est sans cesse nouvelle pour elle.

6) La dame, qui a plus de soixante-dix ans, ignore où son aventure la mènera.

7) Elle ne sait pas quand elle pourra retourner dans la forêt tanzanienne.

8) De plus en plus de scientifiques nous font remarquer que le gaspillage des ressources naturelles a des conséquences graves.

9) Nous avons appris que la planète ne peut supporter une telle exploitation, que nos comportements mettent en péril de nombreuses espèces.

   Remarque: Il y a ici deux subordonnées à trouver.

Notez vos réponses dans un tableau comme celui-ci:

Subordonnée complétive	Subordonnant	Type du subordonnant
1) ▆	▆	▆
…	▆	▆

4. **a)** Relevez, dans chacune des phrases suivantes, la subordonnée complétive.

b) Indiquez quel verbe ou quel adjectif la subordonnée complète.

c) Donnez la fonction de chaque subordonnée complétive.

1) L'ornithologue raconte qu'il a sauvé un balbuzard.

2) Il souhaite que le balbuzard supporte le voyage.

3) Il veille à ce que le balbuzard ait de la nourriture dans son enclos.

4) Il pense que l'aigle pourra voler de nouveau.

5) Le vétérinaire est heureux que l'aigle s'en soit tiré.

6) Claude Arbour se souvient que l'oiseau a fait la grève de la faim.

7) Monsieur Arbour rappelle que les oiseaux de proie sont aussi victimes de la pollution.

8) Il est furieux qu'on ne protège pas les goélands.

9) Les deux confrères se sont plaints qu'on n'accorde pas beaucoup d'importance à la survie des aigles pêcheurs.

10) Il craint cependant que d'autres oiseaux périssent.

Notez vos réponses dans un tableau semblable à celui ci-dessous.

Exemple: Le spécialiste est content que nous participions à la sauvegarde des aigles pêcheurs.

Subordonnée complétive	Verbe ou adjectif complété	Fonction de la subordonnée complétive
que nous participions à la sauvegarde des aigles pêcheurs	content	C de l'adj. *content*
…	▆	▆

Le mode du verbe dans la subordonnée complétive

5. **a)** Dans les phrases suivantes, repérez le verbe ou l'adjectif complété par la subordonnée complétive.

b) Dites si ce verbe ou cet adjectif exprime ou non un sentiment ou une volonté.

Exemple : Jane Goodall a montré que cette vision ne reposait sur rien.

La subordonnée complète *a montré*, verbe qui n'exprime pas un sentiment ou une volonté.

1) Nous sommes enchantés que Jane Goodall nous parle de sa vie.
2) Je préfère que tu lui poses tes questions après la conférence.
3) Je ne sais pas si tous l'écoutent avec attention.
4) La conférencière craint que certaines personnes ne voient pas bien les diapositives.
5) Elles sont contentes que tout le monde participe d'aussi bon cœur !
6) Jane Goodall voudrait que les braconniers cessent de chasser les chimpanzés.
7) Touchés par ses propos, les élèves lui ont écrit qu'ils voulaient contribuer à sauver la planète.
8) Elle aimerait que la situation s'améliore.

6. Dans les phrases suivantes, conjuguez les verbes entre parenthèses au mode qui convient. Tenez compte du sens du mot dont la subordonnée est le complément pour faire votre choix.

1) **(avoir)** Nous sommes enchantés que Jane Goodall ▇ du temps pour nous rencontrer.
2) **(poser)** Je préfère que vous lui ▇ vos questions après la conférence.
3) **(avoir)** Je ne sais pas si elle ▇ le temps de nous rencontrer.
4) **(pouvoir)** La conférencière craint que certaines personnes ne ▇ pas voir les diapositives.
5) **(faire)** Elles sont contentes que tout le monde ▇ autant d'efforts !
6) **(comprendre)** Jane Goodall voudrait que tout le monde ▇ la valeur de la vie.
7) **(vouloir)** Touché par ses propos, un élève lui a écrit qu'il ▇ contribuer à sauver la planète.
8) **(aller)** Elle aimerait que la situation ▇ en s'améliorant.

AUX QUATRE COINS

Glaciers bleutés ou sables brûlants,
îles d'une beauté sauvage
ou cours d'eau impétueux...
Villes aux rues trépidantes ou bidonvilles
aux couleurs criardes, quartiers historiques
ou sites touristiques...

Lieux exotiques, endroits mystérieux,
espaces lointains, lieux animés,
endroits dangereux, espaces familiers...
Lieux qui ouvrent
sur des aventures rocambolesques,
des découvertes impressionnantes,
des rencontres surprenantes...

Aux quatre coins du monde :
des lieux à découvrir, des lieux à explorer,
des lieux où vivre des aventures palpitantes,
des lieux où faire des expériences exaltantes.

DU MONDE

SOMMAIRE

RECUEIL DE TEXTES

B

**Des textes de toutes sortes
pour explorer davantage
le thème du module.**

Un tour de Terre

Partez pour **un voyage** qui vous mènera **aux quatre coins du monde.** Vous commencerez par suivre le Yangzi jiang, le fleuve Bleu aux gorges traîtresses, puis vous vous embarquerez pour l'Alaska, le temps d'admirer un iceberg dérivant sur une mer de glace. Après cela, vous repartirez pour le désert et ses sables brûlants. Finalement, vous vous attarderez dans les rues grouillantes d'activités de San Cristóbal avant de faire un saut dans le Vieux-Québec. **Ce périple imaginaire** vous permettra de découvrir les caractéristiques de différents milieux et de réfléchir sur **les relations qu'entretiennent les êtres humains avec leur environnement.**

Vous découvrirez tous ces lieux dans des **descriptions littéraires.** Les activités de cette séquence vous feront voir, entre autres, comment **structurer une description,** comment **suggérer diverses impressions grâce aux mots et aux images** et comment enrichir la description à l'aide des **expansions du nom.**

DÉFI!

En fin de parcours, **vous vous servirez de la documentation** que vous avez sur un lieu pour le décrire de façon à suggérer une atmosphère particulière. Vous exercerez ainsi votre habileté à exploiter l'information pour la rendre attrayante. Votre description et celles de vos camarades seront rassemblées dans un carnet de voyage que toute la classe pourra lire.

En lisant le poème *Îles*, **laissez-vous emporter par les mots**. Notez ce qu'ils évoquent pour vous, ce qu'ils vous suggèrent. Cette activité est la première d'une série d'**observations que vous ferez sur des descriptions de lieux**.

Îles

Îles
Îles
Îles où l'on ne prendra jamais terre
Îles où l'on ne descendra jamais
5 Îles couvertes de végétation
Îles tapies comme des jaguars
Îles muettes
Îles immobiles
Îles inoubliables et sans nom
10 Je lance mes chaussures par-dessus bord
car je voudrais
bien aller jusqu'à vous

Blaise Cendrars, *La Formose*, Paris, © Denoël, 1947,
dans *La poésie française à travers ses succès: du Moyen Âge à nos jours*,
Paris, Larousse, 2004, p. 122.

1. Choisissez un vers de ce poème dans lequel on décrit les îles. Explorez le pouvoir d'évocation des mots en répondant aux questions qu'on vous posera sur ce vers. Sentez-vous libre de mettre par écrit ou de dessiner tout ce que votre imagination vous dictera.

   a) Si cette île que vous avez choisie avait une couleur, quelle serait cette couleur?

   b) Si cette île avait une odeur, que sentirait-elle?

   c) Si cette île avait une texture, quelle serait-elle?

   d) Si cette île avait un goût, quel serait-il?

   e) Si cette île avait un son, qu'est-ce que ce serait?

   f) Si cette île existait, à quoi ressemblerait-elle?

2. Faites part de ce que vous avez noté ou dessiné à vos camarades de classe.

3. Classez vos réponses dans votre *Journal culturel* sous le titre «Impressions suggérées par un lieu».

En marche

En lisant la lettre que le jeune Fu écrit à son grand-père resté en Chine, vous aurez l'occasion de faire un voyage sur le Yangzi jiang, le plus long fleuve de Chine. Le texte descriptif qui suit cette lettre vous permettra de **saisir la différence entre une description littéraire et une description documentaire**. Vous verrez également comment **inclure de l'information dans un texte littéraire d'une façon intéressante**. Cela vous servira dans votre production finale.

Un voyage sur le Yangzi jiang

TEXTE 1

3 octobre

Cher grand-père,

Je ne me suis pas encore fait beaucoup d'amis à l'école. [...]

Mais j'apprends vite en classe.

5 Au début, c'était difficile, mais il y a plein de choses à découvrir.

Heureusement, quelques semaines après la rentrée, une jeune Vietnamienne est arrivée dans ma classe. Elle a un air un peu sauvage, avec ses longs cheveux très noirs et ses yeux toujours cachés derrière sa frange. De toute façon, elle les baisse presque toujours ! Mais dès qu'elle les lève... Par contre, elle ne parle pas beaucoup !

10 Elle s'appelle Liên et elle vit en France avec ses parents, ses grands-parents et ses trois frères et sœurs. Elle est assise pas très loin de moi. Même si on s'est à peine adressé la parole, je ne sais pas pourquoi, je suis bien quand elle est là. Son visage est comme une eau calme — aussi lisse que la surface du bassin ! Ses lèvres sourient rarement, mais parfois, dans ses yeux, je surprends un éclair malicieux. Elle se
15 trouble et baisse vite la tête...

Le moment que je préfère, c'est le cours de géographie. La maîtresse accroche des cartes avec deux gros œillets métalliques sur le tableau noir. Parfois, je m'imagine que je suis un grand oiseau qui franchit les montagnes et je m'en vais loin, très loin...

20 Une fois, j'ai fait un très grand voyage en regardant la carte d'Asie, accrochée au tableau.

J'ai suivi le cours du Yangzi jiang, notre fleuve Bleu; ici, ils disent le Yang-tseu-kiang ou parfois le Chang jiang, le long fleuve.

Je pose mon doigt sur un coin de la carte — enfin, dans ma tête — et je m'en
25 vais... Tout ce que tu m'as raconté quand je regardais des atlas sur tes genoux me revient. Je me souviens même des mots que tu me disais, que je ne comprenais pas toujours, mais qui chantaient à mon oreille...

D'abord, je pars dans les neiges du plateau du Tibet, là où le Yangzi jiang prend
sa source. Au début, je suis le mince ruisseau limpide courant parmi les fleurs des
30 marécages, dans les hautes vallées. Le ruisseau s'élargit, rencontre d'autres cours
d'eau. Ses eaux se gonflent. Il devient turbulent**❶**, traversant une profonde vallée
creusée dans les plis des chaînes de montagnes tibétaines. Ses flots, bleus comme
la turquoise, forment un petit ruban lumineux qui s'écoule en boucles et méandres**❷** tout au fond des falaises qui l'enserrent. À certains endroits, il est à plus de
35 1000 mètres en dessous des falaises.

Ensuite, il pique vers le Nord, se frayant un chemin**❸** chaotique**❹** à travers des
gorges sinueuses. Il bouillonne d'écume**❺** entre les rochers.

Puis il franchit un canyon vertigineux, descendant de plus de 3000 mètres, que
l'on appelle le Saut du tigre... Certains paysans prétendent même l'avoir vu sauter,
40 ce tigre ! Ensuite, il s'assagit un peu. On l'appelle alors le fleuve des Sables d'or,
parce qu'on trouve de l'or dans ses galets**❻**.

En pénétrant dans le bassin Rouge du Sichuan, il dessine une vaste toile d'arai-
gnée, formée par une multitude de petits canaux aménagés.

Un peu plus loin, il traverse à nouveau un paysage grandiose qu'il a sculpté
45 dans le calcaire**❼**. D'abord large et tranquille, il se couvre de vagues, puis se met à
rugir ; bien des bateaux ont disparu dans ses tourbillons, écrasés contre les rochers,
surtout dans le défilé**❽** des Trois Gorges.

Arrivé dans la plaine de la Chine centrale, formée par ses alluvions**❾**, il s'étale
à nouveau paisiblement, entouré d'un lacis**❿** de lacs, de rivières et de canaux. Il
50 est si large que d'une rive, on n'aperçoit pas l'autre : on dirait la mer... cette mer
qu'il rejoint bientôt près de Shanghai, la «ville bâtie sur la mer».

Tu vois, je m'en souviens bien !

Je t'embrasse,

ton Fu !

Milena, *Le chagrin de la Chine*,
Paris, © Éditions du Seuil, 2003, p. 26 à 29.

POUR MIEUX COMPRENDRE LE TEXTE

❶ Donnez un <u>antonyme</u> de *turbulent*.

❷ Qu'est-ce que des méandres ?

❸ Que veut dire *se frayer un chemin* ?

❹ ☆ Si le chemin est *chaotique*, dans quel sens va-t-il ?

❺ Pourquoi y a-t-il de l'écume à cet endroit ?

❻ Qu'est-ce qu'un galet ?

❼ Le calcaire est une sorte de...

❽ Parmi les définitions que le dictionnaire donne au mot *défilé*, laquelle est la bonne dans le contexte ?

❾ Qu'est-ce que des alluvions ?

❿ Donnez un <u>synonyme</u> de *lacis*.

Survolez le texte qui suit pour vous faire une idée des renseignements qu'il contient. Pour savoir à quoi accorder de l'importance, lisez le point **1** de la stratégie **Comment faire des prédictions à partir d'un survol**, à la page 432.

à la page 432.

TEXTE 2

Chang jiang, Yangzi jiang ou **Yang-tseu-kiang** n. m. ◆ Le plus long fl. de Chine (6300 km), également connu sous le nom de «fleuve Bleu». Né dans le Kunlun shan, il se jette dans la mer de Chine près de Jiangying; son bassin de drainage s'étend sur 1 808 500 km²; 300 millions de personnes y vivent et fournissent 70 % de la production nationale de riz. Ses principaux affluents sont le Min jiang et le Jialing jiang. À Wuhan et à Nankin, il est franchi par deux ponts routiers et ferroviaires**1**. S'étendant**2** sur 189 km entre Fencheng et Yichang, les «Trois Gorges du long fleuve» sont célèbres pour leur encaissement et leurs rapides. [...]

Le Petit Robert des noms propres, Édition revue, corrigée et mise à jour en avril 2001, Paris, Dictionnaires Le Robert, 1994, p. 421.

POUR MIEUX COMPRENDRE LE TEXTE

1 Expliquez la différence entre un pont routier et un pont ferroviaire.

2 ☆ Qu'est-ce qui s'étend sur 189 km?

INTERROGER LE TEXTE ET RÉAGIR

Lire une description documentaire

1. L'article de dictionnaire qui suit la lettre de Fu contient une foule de renseignements. Assurez-vous que vous avez bien compris ce texte.

a) Qu'avez-vous trouvé difficile à comprendre dans cet article?

b) Quels sont, selon vous, les renseignements à retenir de ce texte?

2.  a) Relevez les abréviations contenues dans cet article et écrivez les mots correspondants au long.

Consultez la stratégie **Comment annoter un texte ou prendre des notes**, à la page 437. Vous y trouverez une liste d'abréviations.

b) Vérifiez votre connaissance du vocabulaire employé dans cet article. Pour cela, associez chaque mot de la colonne de gauche à sa définition dans la colonne de droite.

Mots	Définitions
1) Affluent 2) Bassin de drainage 3) Encaissement 4) Gorge 5) Rapide	a) Territoire arrosé par un fleuve et ses affluents. b) Partie d'un cours d'eau où le courant est rapide, agité et tourbillonnant. c) Cours d'eau qui se jette dans un autre. d) Fait d'être resserré entre les versants abrupts des montagnes. e) Vallée étroite et resserrée entre des montagnes.

Exploiter l'information

3. Pour écrire *Un voyage sur le Yangzi jiang*, l'auteure s'est renseignée sur le sujet. Son texte contient, en effet, à peu près les mêmes renseignements qu'un texte encyclopédique comme l'article du dictionnaire. Ces renseignements sont cependant donnés de façon beaucoup plus imagée. Relevez-en quelques exemples.

a) Deux images, entre les lignes 28 et 35, qui montrent que le Yangzi jiang est alimenté par des affluents.

b) Deux images, entre les lignes 28 et 37, qui montrent la présence de rapides.

c) Une image, entre les lignes 38 et 41, qui montre qu'il y a moins de courant.

d) Une image, entre les lignes 38 et 43, qui montre que le Yangzi jiang se sépare en de nombreux canaux.

e) Une image, entre les lignes 44 et 47, qui montre la présence d'autres rapides.

f) Une **périphrase**, entre les lignes 48 et 51. Qu'est-ce qui est désigné par cette périphrase ?

4. La façon dont les choses sont dites est plus parlante dans le texte littéraire. Pourquoi, selon vous ?

Le voyage de Fu

5. a) Dans *Un voyage sur le Yangzi jiang*, Fu écrit, à la ligne 20, qu'il a fait «un très grand voyage». Quels sont les trois verbes employés dans la suite du texte qui indiquent que Fu se déplace ?

b) Ce voyage est-il réel ou imaginaire ? Qu'est-ce qui vous permet de le dire ?

c) À la ligne 18, Fu se compare à un grand oiseau. Quel est le principal point de ressemblance entre lui et cet oiseau ?

6. Le voyage de Fu s'effectue en quelques étapes. Examinez les **organisateurs textuels** qui signalent ces étapes.

    a) Quels sont les organisateurs situés entre les lignes 28 et 41 ?

    b) S'agit-il d'organisateurs temporels, spatiaux ou logiques ?

    c) Quelle sorte d'organisateurs y a-t-il au début des paragraphes entre les lignes 42 et 51 ?

La reprise de l'information

7. a) Dans l'extrait suivant, repérez les **reprises** du GN en couleur.

> Au début, je suis le mince ruisseau limpide courant parmi les fleurs des marécages, dans les hautes vallées. Le ruisseau s'élargit, rencontre d'autres cours d'eau. Ses eaux se gonflent. Il devient turbulent. (Lignes 29 à 31.)

    b) Précisez, dans chaque cas, le procédé de reprise utilisé.

8. a) Entre les lignes 38 et 41, quels sont les mots qui reprennent le nom *Yangzi jiang* ? Trouvez les reprises suivantes :

- deux reprises par un **pronom** différent ;
- une reprise par une périphrase ;
- une reprise par un déterminant possessif.

    b) Dans la phrase suivante, précisez ce qui est repris par les mots en couleur.

> Puis il franchit un canyon vertigineux, descendant de plus de 3000 mètres, que l'on appelle le Saut du tigre... (Lignes 38 et 39.)

Des GN évocateurs

9. Pour rendre la beauté du paysage, l'auteure utilise des noms accompagnés d'expansions. Dans un tableau comme celui qui est présenté ci-après, analysez les GN qui suivent.

    1) ... le mince ruisseau limpide courant parmi les fleurs des marécages. (Lignes 29 et 30.)

    2) Ses flots, bleus comme la turquoise... (Lignes 32 et 33.)

    3) ... un petit ruban lumineux qui s'écoule en boucles et méandres. (Lignes 33 et 34.)

    4) ... un paysage grandiose qu'il a sculpté dans le calcaire. (Lignes 44 et 45.)

GN	Noyau	Expansions	Sorte de chaque expansion
1) ▬	▬	▬	▬
...	▬	▬	▬

Vos impressions

10. a) Qu'avez-vous appris de nouveau dans ces deux textes ?

    b) Relevez des mots ou des phrases qui vous ont plu dans ces textes et notez-les dans votre *Journal culturel* sous le titre «Mots et passages intéressants». Vous pourrez les utiliser dans votre description.

Voici deux textes qui, chacun à leur façon, **décrivent un coin du monde**. Le premier nous entraîne dans le Grand Nord; le deuxième, dans le désert. En les lisant, **prêtez attention aux mots choisis** et aux **impressions que ces textes font naître en vous**. Vos observations vous serviront dans votre description.

Texte 1

VOYAGE AU PAYS DES GLACES

S'il existe une limite au pouvoir des mots, c'est dans le fjord❶ de Tracy Arms, long de quarante-cinq kilomètres, que nous l'éprouvons en ce 1er juillet. Comment décrire, sans la réduire, l'émotion que suscite la somptuosité de ce paysage? Immobilisé momentanément par les glaces qui se sont refermées sur
5 lui, le *Mouton Noir*❷ est entouré d'icebergs bleus. Ils se sont détachés du glacier énorme auquel nous faisons face, bleu lui aussi, d'un bleu qui ne se compare à rien. À trois reprises au cours de la dernière heure, un bruit d'explosion a retenti et un pan❸ de glacier a glissé dans l'eau. La vague que soulève une telle chute peut être extrêmement dangereuse.

10 Prudents, nous avons stoppé notre avancée❹ à une centaine de mètres du glacier, et nous admirons en toute sécurité le travail de la nature. Travail d'artiste, à la fois sculpteur et peintre, qui a donné à chaque iceberg une forme et une teinte différentes. De son côté, le soleil règle les éclairages. Qu'il traverse telle crête❺ en dentelle et elle tourne presque au blanc. Qu'il se cache derrière
15 un nuage et le bleu redouble d'intensité.

Dans cet univers que l'on imaginerait figé par le froid, tout bouge. Au cœur des icebergs vivent des vers microscopiques et, sur les grandes plaques de glace qui les entourent, une colonie
20 de phoques. […]

Le *Mouton Noir* enfin libéré de sa prison de glace par les courants de marée, nous repartons en direction de la pleine mer. Et juste à l'entrée de Taku Harbor, la baie où nous passerons la nuit,
25 un grand remous❻ se dessine. Une baleine à bosse, longue d'une bonne quinzaine de mètres, progresse avec lenteur vers l'obscurité.

Marie-Danielle Croteau, *Les carnets du Mouton Noir*, Waterloo, Éd. Michel Quintin, coll. «Grande Nature», 1999, tome 1: *L'hiver en été*, p. 71 à 73.

POUR MIEUX COMPRENDRE LE TEXTE

❶ Qu'est-ce qu'un fjord?

❷ **a)** D'après le contexte, qu'est-ce que le *Mouton Noir*?

b) Quels indices vous permettent de donner cette réponse?

❸ ⭐ Par quel mot pourriez-vous remplacer *pan* dans la phrase?

❹ Donnez un synonyme du nom *avancée* dans le contexte.

❺ ⭐ Dans ce contexte, qu'est-ce qu'une crête?

❻ **a)** Qu'est-ce qu'un remous?

b) Par quoi ce remous est-il causé?

L'héritier du désert

Il n'y avait plus le moindre souffle de vent, et l'air devenait étouffant. Depuis longtemps, la nuit était tombée, mais les quatre chameaux marchaient toujours. Les nuits ressemblaient aux nuits et les jours aux jours, les unes lourdes et irrespirables, les autres**❶** brûlants et desséchants.

5   La plaine s'étirait de sable en cailloux, de dunes en maigres buissons. Ils avaient cuit dans un trou des pains de farine et de poudre de sauterelles, mangé des lézards qui sentaient le poisson, réparé leurs sandales usées par les arêtes vives**❷** des pierres. Les bêtes étaient si fatiguées que les deux hommes évitaient maintenant de les monter. Cela faisait six jours qu'elles n'avaient
10   pas bu.

Depuis longtemps, Ousmane n'avait plus regardé au loin. Son bras qui tenait la bride**❸** du chameau le faisait souffrir, à la fois ankylosé**❹** d'être toujours dans la même position et malmené par le mouvement perpétuel**❺** de la tête de l'animal. Ses pieds douloureux l'obligeaient à surveiller le sol sans
15   arrêt. Tout caillou lui était souffrance. Il ne croyait plus ses jambes capables de franchir le moindre obstacle, et s'appliquait à contourner chaque bosse de terrain.

Neuf jours qu'ils marchaient.

À l'heure la plus chaude, ils devaient encore, pour l'étape, nettoyer le ter-
20   rain de toutes les pierres, pour que les bêtes ne se blessent pas en se couchant. Ils ne disaient pas la prière, ils ne l'avaient jamais dite depuis leur départ d'Araouan, mais cela ne l'inquiétait plus**❻**. Que Bounkan ne soit pas un bon musulman, il le comprenait aujourd'hui: Bounkan n'avait pour dieu que le désert**❼**. Il marchait sans rien dire. Il ne semblait pas souffrir. Ce n'était pas un
25   homme de chair et de sang, mais de roche et de sable.

Évelyne Brisou-Pellen, *L'héritier du désert*,
Paris, Hachette Livre, 2003, p. 61 et 62.

POUR MIEUX COMPRENDRE LE TEXTE

❶ a) Quels mots les <u>pronoms</u> *les unes* et *les autres* reprennent-ils?

   b) De quelle sorte sont ces deux pronoms?

❷ ☆ Expliquez ce qu'est une arête vive.

❸ Expliquez ce qu'est une bride.

❹ a) Donnez un synonyme d'*ankylosé*.

   b) Par quoi cet état est-il provoqué?

❺ Trouvez un synonyme de l'adjectif *perpétuel*.

❻ ☆ Cela n'inquiétait plus qui?

❼ ☆ Expliquez cette image.

Atmosphère et sensations

11. Les textes que vous venez de lire présentent deux univers radicalement opposés. Constatez-le en examinant les <u>champs lexicaux</u> dans chacun d'eux. Notez vos réponses sur le document qu'on vous remettra.

a) Relevez, dans *Voyage au pays des glaces*, huit mots ou expressions appartenant au **champ lexical** de la **mer**.

b) Relevez, toujours dans *Voyage au pays des glaces*, cinq mots ou expressions appartenant au **champ lexical** de la **glace**.

c) Dans *L'héritier du désert*, relevez six mots ou expressions appartenant au **champ lexical** du **désert**.

d) Dans *L'héritier du désert*, relevez quatre mots ou expressions appartenant au **champ lexical** de la **chaleur**.

Une impression de beauté

12. Chaque lieu dégage une impression différente. Dans *Voyage au pays des glaces*, la glace, la mer et le froid sont associés à la beauté.

> Les numéros **12** à **14** portent sur le texte 1, *Voyage au pays des glaces*.

a) À quoi le travail de la nature est-il comparé dans ce texte ? Expliquez pourquoi cette comparaison est possible.

b) Expliquez en vos mots le rôle du soleil.

Un lieu dangereux

13. Ce lieu, malgré sa beauté, comporte des dangers. Quels sont les deux dangers qui guettent le *Mouton Noir* ?

14. a) Qu'est-ce qui est comparé à une prison aux lignes 21 et 22 ?

b) Analysez cette image dans un tableau comme le suivant :

Ce qui est comparé	Outil de comparaison	Ce à quoi on compare	Points de ressemblance
▬	▬	Une prison de glace	– ▬ – ▬

c) Compte tenu de l'analyse que vous venez de faire, diriez-vous que cette image est une <u>comparaison</u> ou une <u>métaphore</u> ? Expliquez votre réponse.

LE SAVIEZ-VOUS ?

Les mots *fjord* et *iceberg* nous viennent du norvégien, une langue scandinave parlée par les Vikings. Ces mots qu'on peut prononcer [fjɔʀ] ou [fjɔʀd] et [isbɛʀg] ou [ajsbɛʀg] conservent une allure étrangère, comme d'ailleurs *rorqual, ski, slalom*. Ce n'est pas le cas de *banquise, guichet, joli, narval* et *renne*, empruntés, eux aussi, au scandinave.

Une impression de difficulté

Les numéros **15** à **17** portent sur le texte 2, *L'héritier du désert*.

15. 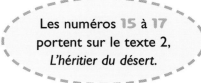 Dans *L'héritier du désert*, le désert est le lieu du **manque**. Répondez aux questions suivantes sur le document qu'on vous remettra.

   a) Relevez, dans le premier paragraphe, les mots ou les passages qui expriment le **manque d'air**.

   b) Quel fait, rapporté dans le deuxième paragraphe, illustre le **manque d'eau** ?

   c) Qu'est-ce qui, selon vous, illustre le **manque de confort** ?

16. La difficulté de la marche entreprise par Ousmane et Bounkan est rappelée tout au long de cet extrait.

> Servez-vous du même document qu'au numéro précédent pour noter vos réponses.

   a) Relevez, entre les lignes 11 et 17, cinq mots ou expressions appartenant au **champ lexical** de la **douleur**.

   b) Relevez, entre les lignes 19 et 25, deux autres mots ou expressions appartenant au même champ lexical.

17. **a)** Aux yeux d'Ousmane, son compagnon de marche n'est pas un homme de chair et de sang. À quoi Ousmane compare-t-il Bounkan ?

   b) Quelle impression se dégage de cette image ? Comment percevez-vous Bounkan ?

   c) À l'aide de ce que vous avez trouvé en **a** et **b**, remplissez un tableau comme le suivant :

Ce qui est comparé	Outil de comparaison	Ce à quoi on compare	Points de ressemblance
Bounkan	Aucun	▆	– ▆ – ▆

Vos impressions

18. **a)** Choisissez un des deux sujets ci-dessous. Pour vous aider à répondre aux questions, servez-vous des pistes que vous trouverez dans la stratégie **Comment réagir à une lecture ou à une écoute**, à la page 450.

> Aimeriez-vous pouvoir admirer un iceberg de près ? Pourquoi ? Que ressentiriez-vous ? Auriez-vous peur ? Livrez vos impressions en quelques lignes. Pour vous mettre dans l'atmosphère, vous pouvez imaginer que vous êtes à bord du *Mouton Noir*.

> Le désert est-il un endroit qui vous attire ? Pourquoi ? Que représente ce lieu à vos yeux ? Que ressentiriez-vous dans un tel endroit ? Livrez vos impressions en quelques lignes.

   b) Dans votre *Journal culturel*, notez, sous le titre «Mots et passages intéressants», les mots ou les passages qui vous ont plu dans ces textes et que vous aimeriez réutiliser.

En lisant les deux extraits de romans suivants, vous verrez **se dessiner sous vos yeux les rues de deux villes très différentes**. Observez **comment les descriptions sont organisées**. Vous pourrez utiliser une de ces façons de faire dans votre description d'un lieu.

TEXTE 1

San Cristóbal

San Cristóbal n'avait vraiment pas l'air d'une ville digne de ce nom. Quelques rues commerçantes à l'asphalte criblé de nids-de-poule❶ étaient bordées de minuscules échoppes❷, peintes en couleurs vives, où l'animation battait son plein en cette fin d'après-midi. Entre les voies principales s'étalaient d'informes quartiers
5 de bidonvilles dont les maisons, si on pouvait appeler cela ainsi, étaient faites de bric et de broc❸. Quelques planches en guise de murs et une plaque de tôle ondulée pour le toit, dans le meilleur des cas. Chats et chiens faméliques❹, petits cochons noirs, coqs chamarrés❺ et volailles pullulaient partout, cherchant leur pitance❻ sur le sol de terre battue des ruelles.

10 La désolation des lieux s'accompagnait d'une débauche de végétation : arbres magnifiques où des colonies d'oiseaux se donnaient rendez-vous, buissons aux fleurs tapageuses, jardinets et légumes, tout semblait vouloir pousser à profu-
15 sion❼ sur cette île de misère et compensait la tristesse des minuscules baraques aux murs croches, prêtes à s'envoler à la moindre tempête.

POUR MIEUX COMPRENDRE LE TEXTE

❶ Expliquez ce qu'est un nid-de-poule.

❷ Qu'est-ce qu'une échoppe ?

❸ Comment une maison faite de bric et de broc est-elle construite ?

❹ a) Que veut dire *faméliques* ?

b) ✩ Trouvez trois mots appartenant à la même **famille de mots** que *famélique*.

❺ Dans ce contexte, que veut dire *chamarrés* ?

❻ Donnez un synonyme de *pitance*.

❼ Donnez un synonyme de *à profusion*.

Sur le front de mer, devant les plages de sable blanc, le décor changeait radicalement. Les rues s'élargissaient, ombragées par des arbres dont les frondaisons[8] se rejoignaient en berceaux de verdure. Des parterres de fleurs bien entretenus jetaient leurs couleurs joyeuses à tous les coins de rue. De chaque côté, des boutiques luxueuses proposaient aux touristes toute une variété de marchandises allant de l'artisanat local — paniers, sculptures, bijoux, tissages, peintures — aux denrées[9] les plus chères et les plus rares des boutiques hors taxes.

Les terrasses des cafés étaient bondées de vacanciers bronzés, en sandales et vêtements clairs, qui tuaient le temps de cette fin de journée en sirotant l'apéro local.

Angèle Delaunois, *Soledad du soleil*, Saint-Laurent, Éditions Pierre Tisseyre, coll. «Conquêtes», 2003, p. 23 et 24.

POUR MIEUX COMPRENDRE LE TEXTE

8 Parmi les définitions que le dictionnaire donne au mot *frondaison*, laquelle est la bonne dans le contexte?

9 Qu'est-ce qu'une denrée?

RENDEZ-VOUS Avec...

Angèle Delaunois, l'auteure du roman *Soledad du soleil*
(née en France en 1946)

Angèle Delaunois s'est établie au Québec à l'âge de 22 ans. Après avoir étudié et enseigné les arts plastiques à Trois-Rivières, elle se lance, en 1989, dans la rédaction de textes documentaires destinés au jeune public. Puis, elle explore d'autres formes d'écriture, dont la nouvelle, le conte, le roman et la poésie.

Le Quartier latin

La place D'Youville trépidait[1] d'une activité heureuse. Les autobus multicolores, si nerveux d'habitude, semblaient ce soir s'échanger leurs passagers dans un flirt mécanique que soulignaient les phares clignotants, que coloraient les robes et les habits clairs et qu'orchestraient les conversations joyeuses. Les autos, les piétons
5 semblaient venir déposer leur provision de bruit dans cette place, pour aller ensuite, quelque direction qu'ils prissent[2], jouir dans le silence d'un des premiers soirs d'été. Tout près, c'était la porte Saint-Jean qui découpait, dans la brunante, son arc crénelé[3]; à gauche, le théâtre Capitole dont les affiches lumineuses arrêtaient les
10 badauds[4]; à droite, le palais Montcalm et, plus loin dans le ciel, des clochers et des nuages. Derrière les fortifications, le Vieux-Québec, tout en angles, en toits penchés, faisait chanter sa poésie colorée d'ombres et de demi-teintes, et condes-
15 cendait[5] à laisser emporter par la rue Saint-Jean vers l'ouest de la ville, au-delà des grandes portes, un peu du parfum et du charme du Quartier latin. C'est une bouffée d'air printanier, venue du fleuve, qui, avec la nostalgie du Quartier latin,
20 s'engouffrait dans le canal tortueux de la rue Saint-Jean et venait caresser le visage de Pierre, immobile et médusé[6] devant la place D'Youville.

Roger Lemelin, *Pierre le magnifique*, dans *Des écrivains dans la ville*, Québec, Éditions de L'instant même et Musée du Québec, 1995, p. 162.

POUR MIEUX COMPRENDRE LE TEXTE

[1] Que signifie *trépider*?

[2] De quel verbe s'agit-il?

[3] a) ☆ À quelle famille de mots l'adjectif *crénelé* appartient-il?

b) Que veut dire *crénelé*?

[4] a) Qu'est-ce qu'un *badaud*? Donnez un synonyme de ce nom.

b) Le dictionnaire signale une particularité concernant ce mot. Laquelle?

[5] Donnez un synonyme de *condescendre*.

[6] Expliquez ce que signifie *médusé*.

Situer la ville

19. a) Où la ville de San Cristóbal est-elle située ? Recherchez des indices dans le texte qui vous permettent de la localiser le plus précisément possible.

b) Où le Quartier latin est-il situé ? Quels indices du texte vous le font dire ?

La description des deux villes

20. a) Commencez par examiner la description de San Cristóbal. Pour cela, dégagez le plan de l'extrait que vous avez lu.

b) En vous servant du plan que vous avez dégagé, dites comment cette description est structurée. Choisissez parmi les réponses suivantes :

1) La description présente deux lieux en les opposant.
2) La description va du plus proche au plus lointain.
3) La description présente les lieux un peu au hasard.

21. Examinez maintenant la description du Vieux-Québec.

a) Par quel lieu cette description commence-t-elle ?

b) Relevez les quatre autres lieux mentionnés dans cette description, dans l'ordre où ils apparaissent.

22. Le regard de Pierre se promène d'un lieu à l'autre comme s'il examinait une carte postale.

a) De quel lieu exactement Pierre est-il le plus près ? Citez le passage qui le confirme.

b) Comment la description des lieux vus par Pierre est-elle structurée ? Choisissez parmi les réponses suivantes :

1) De gauche à droite.
2) De droite à gauche.
3) Un peu au hasard.
4) De l'élément le plus proche de lui à l'élément le plus lointain.
5) De l'élément le plus éloigné de lui à l'élément le plus près.

c) Quels sont les deux organisateurs spatiaux qui vous ont permis de trouver cette réponse ?

Une question d'atmosphère

23. a) Quels mots vous viennent spontanément à l'esprit pour qualifier la ville de San Cristóbal telle qu'elle est décrite dans le texte 1 ?

b) Lesquels vous viennent à l'idée quand vous pensez au Vieux-Québec tel qu'il est décrit dans le texte 2 ?

> Notez ces mots dans votre *Journal culturel*, sous le titre «Impressions suggérées par un lieu».

Vos impressions sur San Cristóbal

24. a) À la lecture de la description de San Cristóbal et après avoir dégagé le plan de cet extrait, avez-vous l'impression d'un monde bien ordonné ou d'un univers chaotique? Expliquez votre réponse.

b) Selon vous, dans quel quartier se trouve la beauté à San Cristóbal? Expliquez votre réponse.

Vos impressions sur le Vieux-Québec

25. Connaissez-vous le Vieux-Québec? Si oui, expliquez à vos camarades comment vous avez découvert ce lieu et ce que vous avez ressenti en le visitant. Si le Vieux-Québec fait partie de votre environnement, discutez avec vos camarades des endroits que vous aimez, des lieux que vous fréquentez, de ce que vous y appréciez.

Une aventure à San Cristóbal ou dans le Vieux-Québec

26. Si vous aviez à imaginer une aventure palpitante, dans quel lieu la situeriez-vous: à San Cristóbal ou dans le Vieux-Québec?

• Si vous choisissez San Cristóbal, lisez le point a ci-dessous.

• Si vous choisissez le Vieux-Québec, lisez le point b.

a) L'extrait que vous avez lu pourrait être la **situation initiale** d'une aventure palpitante. Imaginez la suite de cette histoire. Une touriste attablée à une terrasse sirote un apéro. Soudain, elle lève les yeux. Que voit-elle qui vient briser l'impression d'ordre et de beauté de ce lieu paradisiaque?

b) L'extrait que vous avez lu pourrait être la **situation initiale** d'une aventure palpitante. Imaginez la suite de cette histoire. Pierre s'arrête, médusé par ce qu'il voit. Qu'est-ce qui vient troubler ce beau début de soirée printanière?

Des mots évocateurs

27. Dans votre *Journal culturel*, notez des mots ou des passages qui vous ont plu dans ces deux extraits et que vous aimeriez réutiliser dans votre production écrite.

RENDEZ-VOUS AVEC...

Roger Lemelin, l'auteur du roman *Pierre le magnifique*
(écrivain québécois, 1919-1992)

Roger Lemelin est né à Québec, dans le quartier Saint-Sauveur. En raison de la crise économique, il doit interrompre ses études très tôt et travailler. Il exerce donc une série de petits métiers avant de publier un premier roman, salué par la critique, *Au pied de la pente douce*. Son deuxième roman, *Les Plouffe*, remporte un succès considérable. Il sera adapté pour la radio, puis pour la télévision et, finalement, pour le cinéma. Entretemps, Roger Lemelin est devenu journaliste pour *Time* et *Life*. À partir de 1961, il poursuit, parallèlement à sa carrière d'homme de lettres, une carrière d'homme d'affaires. Roger Lemelin est un des grands écrivains québécois.

28. Les expansions ajoutées à un nom permettent d'enrichir la description. Vérifiez-le : récrivez les extraits suivants en retirant les expansions des noms en couleur.

> **Remarque :** Le nombre d'expansions à retirer est inscrit entre parenthèses à la fin de la phrase.

1) San Cristóbal n'avait vraiment pas l'air d'une ville digne de ce nom. **(1)**

2) Quelques rues commerçantes à l'asphalte criblé de nids-de-poule étaient bordées de minuscules échoppes, peintes en couleurs vives, où l'animation battait son plein en cette fin d'après-midi. **(5)**

3) Chats et chiens faméliques, petits cochons noirs, coqs chamarrés et volailles pullulaient partout. **(4)**

4) … arbres magnifiques où des colonies d'oiseaux se donnaient rendez-vous, buissons aux fleurs tapageuses, jardinets et légumes, tout semblait vouloir pousser à profusion. **(3)**

5) Les terrasses des cafés étaient bondées de vacanciers bronzés, en sandales et vêtements clairs, qui tuaient le temps de cette fin de journée en sirotant l'apéro local. **(3)**

Une cascade de mots

29. Pour faire voir les éléments décrits, on utilise souvent l'**énumération**, comme dans les phrases ci-dessous.

1) Chats et chiens faméliques, petits cochons noirs, coqs chamarrés et volailles pullulaient partout.

2) La désolation des lieux s'accompagnait d'une débauche de végétation : arbres magnifiques où des colonies d'oiseaux se donnaient rendez-vous, buissons aux fleurs tapageuses, jardinets et légumes, tout semblait vouloir pousser à profusion.

3) Les autos, les piétons semblaient venir déposer leur provision de bruit dans cette place.

a) Retranscrivez ces phrases et soulignez les éléments énumérés.

b) Encerclez les virgules qui séparent les éléments de l'énumération. Encerclez aussi le **coordonnant** qui joint le dernier élément aux autres, s'il y a lieu.

c) Surlignez le signe de ponctuation qui annonce l'énumération, s'il y a lieu.

d) Surlignez, dans la même couleur, le terme **générique** qui donne son nom à l'ensemble, s'il y a lieu.

e) Surlignez, dans une autre couleur, les déterminants qui introduisent chacun des éléments de l'énumération, s'il y a lieu.

DÉfi!

Décrire un lieu de façon littéraire.

Vous voilà en mesure de **décrire un lieu de façon littéraire**. Votre description et celles de vos camarades seront rassemblées dans un **carnet de voyage illustré** que toute la classe pourra lire. Au fil des pages de ce carnet, vous découvrirez des lieux aux atmosphères bien différentes.

Prenez le temps de lire les textes rattachés à ce thème dans votre *Recueil de textes*, vous y trouverez des idées intéressantes.

La sélection du lieu et la recherche d'information

1. Cherchez un lieu qui vous inspire et où pourrait se dérouler une aventure. Ce peut être un lieu naturel (désert, mer, forêt, caverne, île, plage, etc.) ou un lieu aménagé par les humains (musée, château, maison, labyrinthe, souterrain, immeuble, etc.).

2. Faites une courte recherche sur ce lieu. Consultez un ou deux articles encyclopédiques de façon à pouvoir alimenter votre description. Vous n'avez pas à recueillir une documentation imposante, seulement quelques informations qui vous seront utiles.

> Consultez la stratégie **Comment faire de la recherche d'information**, à la page 452.

La planification de la description

3. Pensez à l'impression que vous voulez créer: beauté, danger, difficulté, tristesse, animation, gaieté, mystère, paix, etc. Aidez-vous de ce que vous avez ressenti à la lecture des textes de cette séquence et des mots que vous avez notés dans votre *Journal culturel*, sous le titre «Impressions suggérées par un lieu», pour cerner cette impression.

4. Pensez à la façon dont vous allez organiser votre description. Allez-vous faire voir ce lieu:
   - en suivant les étapes du déplacement, comme dans **Un voyage sur le Yangzi jiang**?
   - par le regard d'un narrateur ou celui d'un personnage, comme dans Le Quartier latin?
   - en opposant des caractéristiques, comme dans **San Cristóbal**?

La rédaction

5. Votre description comptera environ 200 mots. Voici ce qu'on y trouvera:
   - un champ lexical d'au moins huit mots;
   - des expansions du nom qui viendront enrichir la description;
   - une énumération;
   - soit une comparaison, soit une métaphore ou une périphrase;
   - des organisateurs textuels et un changement de paragraphe, pour montrer l'organisation de la description. Les stratégies **Comment faire le plan d'un texte**, à la page 453, et **Comment diviser un texte en paragraphes**, à la page 456, vous seront utiles à ce sujet.

> Consultez la stratégie **Comment construire un champ lexical**, à la page 455.

6. Vous pouvez choisir la sorte de narrateur que vous voulez et rédiger votre description au présent ou à l'imparfait. Vous pouvez réutiliser des façons de dire qui vous ont plu et que vous avez notées dans votre *Journal culturel*.

 ### La révision et l'amélioration de votre description

7. En révisant votre texte, prêtez une attention particulière aux reprises de l'information. Assurez-vous qu'elles sont variées et que les pronoms de reprise sont les bons.

Consultez à ce sujet la stratégie **Comment vérifier que les pronoms de reprise sont bien employés**, à la page 470.

8. Révisez votre texte avant de le mettre au propre à l'aide des stratégies utiles pour réviser, corriger et améliorer un texte, aux pages 464 à 476.

La préparation du carnet de voyage

9. Cherchez une image (dessin ou photo) pour illustrer votre description et joignez-la à votre texte. Pensez à signer votre texte.

10. En classe, rassemblez vos textes illustrés pour en faire un carnet de voyage. Décidez ensemble des points suivants :

- le titre du carnet;
- l'illustration de la page couverture;
- l'ordre de présentation des textes.

Partez à l'aventure et découvrez d'autres lieux...

Une île mystérieuse au milieu de nulle part: *Seul parmi les gibbons.*

Un paysage enchanteur à sauvegarder: *Le tour de l'Île.*

Montréal vue par un poète: *Je reviendrai à Montréal.*

Un pays plein de surprises: *Bienvenue en Thaïlande!*

Retour

Autoévaluation

Lorsque c'est possible, répondez à l'aide des termes d'évaluation:
Beaucoup / Assez / Un peu / Pas du tout.

POINTS À ÉVALUER

1. Au terme de cette séquence, je sais mieux:
   a) repérer les mots et les expressions d'un champ lexical;
   b) enrichir mes phrases avec des expansions;
   c) utiliser les procédés de reprise de l'information dans un texte;
   d) repérer les organisateurs textuels qui structurent une description.

2. a) Les textes que j'ai lus dans cette séquence m'ont permis de voir différentes façons de décrire un lieu.
   b) Le fait de noter des mots et des passages intéressants m'a permis de mieux apprécier ces textes.

3. a) Je trouve que ma description est réussie.
   b) Voici pourquoi: ■.
   c) Voici les ressources qui m'ont été utiles pour cette production: ■.

4. Les discussions en classe m'ont permis d'enrichir ma compréhension des textes.

5. a) Les textes de la séquence m'ont donné le goût de connaître la suite des histoires et de savoir ce qui s'est passé dans ces lieux.
   b) Parmi les extraits de la séquence, voici celui ou ceux dont j'aimerais lire la suite: ■.

Le groupe nominal

1. **a)** Repérez les noms dans les phrases suivantes.

b) Enrichissez chaque nom que vous avez trouvé en y ajoutant au moins une expansion.

c) Soulignez chacune des expansions que vous avez ajoutées.

> Variez vos expansions. N'utilisez pas toujours des GAdj.

                                                N   N

Exemple : Le fleuve franchit alors un canyon.

Le fleuve <u>qui rugit de plus belle</u> franchit alors un canyon <u>vertigineux</u>.

1) Un bruit a retenti dans la montagne.

2) Devant la mer, le décor changeait radicalement.

3) Nous avons traversé un paysage parsemé de roches.

4) Je n'avais pas encore senti la chaleur du soleil.

5) Une bande de sable s'étendait des deux côtés.

6) Une colline apparaissait à l'autre bout.

7) La beauté de cet endroit avait tout pour séduire.

8) Les touristes se dirigeaient lentement vers la plage.

9) Une musique se faisait entendre au loin.

10) Une surprise m'attendait : le sentier ne menait nulle part.

2. Analysez les groupes nominaux que vous avez formés au numéro **1** dans un tableau comme celui-ci.

GN	Noyau	Expansion	Sorte de l'expansion
Le fleuve qui rugit de plus belle	fleuve	qui rugit de plus belle	Sub. rel.
un canyon vertigineux	canyon	vertigineux	GAdj
...	▬	▬	▬

3. Choisissez dix groupes nominaux parmi ceux que vous avez formés au numéro **1**.

a) Remplacez, dans chacun de ces GN, l'expansion que vous avez ajoutée par une autre qui ne sera pas de la même sorte.

b) Récrivez la phrase avec la nouvelle expansion, puis soulignez celle-ci.

c) Analysez ces nouveaux GN comme vous l'avez fait au numéro **2**.

Exemple : Le fleuve qui rugit de plus belle franchit alors un canyon vertigineux.

GN choisi : Le fleuve qui rugit de plus belle

Nouveau GN : L'impétueux fleuve

Nouvelle phrase : L'<u>impétueux</u> fleuve franchit alors un canyon vertigineux.

GN	Noyau	Expansion	Sorte de l'expansion
L'impétueux fleuve	fleuve	impétueux	GAdj

Le champ lexical

4. Relisez le passage suivant tiré du texte *San Cristóbal* (lignes 1 à 6).

> San Cristóbal n'avait vraiment pas l'air d'une ville digne de ce nom. Quelques rues commerçantes à l'asphalte criblé de nids-de-poule étaient bordées de minuscules échoppes, peintes en couleurs vives, où l'animation battait son plein en cette fin d'après-midi. Entre les voies principales s'étalaient d'informes quartiers de bidonvilles dont les maisons, si on pouvait appeler cela ainsi, étaient faites de bric et de broc.

a) Relevez quatre mots ou expressions appartenant au champ lexical de la rue.

b) Relevez quatre mots ou expressions appartenant au champ lexical de la ville.

c) Enrichissez le champ lexical de la rue que vous avez trouvé en y ajoutant au moins six mots ou expressions.

d) Enrichissez le champ lexical de la ville que vous avez trouvé en y ajoutant au moins six mots ou expressions.

Les pronoms de reprise

5. a) Dites quel est l'antécédent de chacun des pronoms de reprise en couleur dans les extraits suivants*.

b) Précisez la fonction de chacun des pronoms en couleur: sujet, complément direct du verbe, complément indirect du verbe.

1) Déjà son père avait soulevé la tête du chameau, et la maintenait solidement contre sa poitrine. Il glissa le bout de l'entonnoir dans la narine gauche.

2) L'animal sembla étouffer un moment, avant de réussir à avaler le liquide, mais au moins il ingurgitait tout, ce qui n'aurait pas été le cas si on le lui avait versé dans la bouche.

3) Ousmane caressa le chameau entre les deux oreilles. Depuis que celui-ci avait failli être mangé par les Touaregs, il lui paraissait plus beau et plus attachant.

c) L'extrait suivant contient six pronoms de reprise. Relevez-les et dites ce que chacun reprend.

> Depuis longtemps, Ousmane n'avait plus regardé au loin. Son bras qui tenait la bride du chameau le faisait souffrir, à la fois ankylosé d'être toujours dans la même position et malmené par le mouvement perpétuel de la tête de l'animal. Ses pieds douloureux l'obligeaient à surveiller le sol sans arrêt. Tout caillou lui était souffrance. Il ne croyait plus ses jambes capables de franchir le moindre obstacle, et s'appliquait à contourner chaque bosse de terrain.

---

* Les passages du numéro 5 sont tirés de: *L'héritier du désert*, par Évelyne Brisou-Pellen, Paris, Hachette Livre, 2003, p. 62, 64 et 70.

d) Dans les phrases suivantes, remplacez les mots en couleur par un pronom personnel, un pronom démonstratif ou un pronom possessif.

> **Exemple :** Tu trouveras sur la droite un sentier. Prends ce sentier et ne t'éloigne pas de ce sentier.
>
> Tu trouveras sur la droite un sentier. Prends-le et ne t'en éloigne pas.

1) Devant moi, un petit parc se dessine. Je reconnais ce parc sans peine, grâce au plan que j'ai vu de ce parc.

2) Dans la plaine, les eaux se séparent en deux. Les eaux qui vont vers l'est s'étalent en un lac limpide ; les eaux qui se dirigent vers le sud se déversent dans une chute impressionnante.

3) Les klaxons hurlent, mais les piétons traversent sans trop se soucier des voitures qui coupent la route aux piétons.

4) Les touristes se précipitent vers les bouteilles d'eau. Chacun veut sa bouteille d'eau.

5) À la fin de la journée, les petits pêcheurs rentrent au port. Ce sont les petits pêcheurs qui, souvent, font vivre leur famille.

6) J'arrive dans une vaste pièce aux murs blanchis par la chaux. Des tissus colorés pendent aux murs.

Les organisateurs textuels

6. a) Repérez, dans le texte suivant, les organisateurs textuels.

b) Précisez, pour chacun, s'il s'agit d'un organisateur temporel, spatial ou logique.

> Du haut de la terrasse, le spectacle était à couper le souffle. Sous mes yeux, le fleuve s'étirait de toute sa longueur. À gauche, on apercevait le pont de l'île d'Orléans, fin comme de la dentelle. À droite, c'était le pont de Québec et le pont Pierre-Laporte, tous deux plus massifs. Derrière moi, le château Frontenac semblait protéger la haute-ville. Plus bas, on voyait les touristes déambuler à la place Royale.

SÉQUENCE 2

Des aventures à n'en plus finir

CONNAISSANCES ET STRATÉGIES

- Schéma narratif **390**
- Cohérence **303**
- Système verbal **411**
- Reprise de l'information **388**
- Champ lexical **301**

- Comment vérifier que le texte est cohérent **466**
- Comment dégager le plan d'un texte narratif et résumer un texte narratif **442**

Qui n'a pas rêvé de partir à l'aventure, de visiter des lieux extraordinaires, de rencontrer des gens différents? Qui n'a pas rêvé de vivre des **expériences** palpitantes **qui font grandir et changent la perception de la vie**?

Lisez, dans les pages qui suivent, **les aventures bien différentes** que s'apprêtent à vivre divers personnages. Imaginez ce qui pourrait arriver à Andréa et à son fils Nicolas dans le cadre luxueux d'un hôtel au bord de la mer. **Voyez les réactions d'un jeune Québécois** qui se promène dans les allées du marché public de Djenné, une ville d'Afrique occidentale. Observez les émotions de jeunes plongeurs novices qui explorent les fonds marins des Antilles.

Les activités que vous ferez dans cette séquence vous permettront de voir, entre autres, comment **insérer la description d'un lieu dans un récit** et comment **reprendre de l'information** pour éviter les répétitions. Vous verrez aussi de quelle façon **introduire une définition** dans une description.

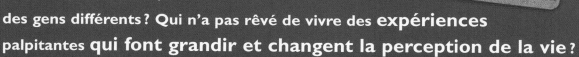

DÉFI! Rédigez un début de récit d'aventures dans lequel vous déploierez votre créativité. Placez un ou des personnages dans un lieu qui vous inspire et imaginez ce qui pourrait arriver. Mais ne racontez pas tout! Mettez **vos camarades de classe** en appétit et donnez-leur seulement la situation initiale et l'élément déclencheur!

Dans les **récits d'aventures qui se déroulent aux quatre coins du monde**, le dépaysement et l'évasion sont au rendez-vous. **Imaginez les aventures qui attendent les personnages des romans présentés ci-dessous** et discutez-en en équipe. Notez les idées qui sortiront de vos discussions ; vous pourrez les utiliser pour relever le défi.

Lisez ces extraits de quatrième de couverture, puis répondez aux questions qui les accompagnent. Veillez, tout au long de la discussion, à ce que chaque membre de l'équipe participe à cet échange d'idées.

EXTRAIT 1

Cédric, un Québécois de seize ans, se rend en Thaïlande où, avec sa mère, il vient rencontrer sa filleule, Sukanya, qu'il parraine depuis quelques années par l'entremise d'un organisme international. Le séjour tourne vite au drame lorsque la meilleure amie de la jeune fille ainsi que deux autres fillettes disparaissent.

Camille Bouchard, *Les crocodiles de Bangkok*, Montréal, Hurtubise HMH, 2005.

EXTRAIT 2

Le 10 septembre 1987, Michael embarque avec ses parents et leur chienne, Stella, sur un voilier pour faire le tour du monde. Ils s'arrêtent, parfois, pour de fabuleuses escales, Afrique, Amérique, Australie, jusqu'au jour où survient un terrible accident.

Michael Morpurgo, *Le royaume de Kensuké*, traduit de l'anglais par Diane Ménard, Paris, © Gallimard Jeunesse, coll. «Folio Junior», 2000.

EXTRAIT 3

En cette année 1921, l'expédition de Sir Cambell arrive au Népal. Son but officiel? Approcher les hautes pentes de l'Everest pour y étudier la faune et la flore. [...] Ouni, à 14 ans à peine, participe à l'expédition, et c'est la première fois qu'une fille sherpa part vers les sommets au côté de son père…

Florence Reynaud, *Le sourire d'Ouni*, Paris, Hachette Jeunesse, 2004.

1. Relevez chaque lieu mentionné dans ces extraits. Faites part de ce que vous savez sur chacun de ces lieux. Vous pouvez, par exemple, parler de la faune, de la flore, des constructions importantes, des particularités géographiques, des croyances, etc.

2. Choisissez un des trois personnages présentés et imaginez l'aventure vécue par ce personnage. Tenez compte des renseignements fournis et de ce que vous savez sur le lieu où se déroule l'aventure. Pour le reste, laissez libre cours à votre imagination.

Vous avez lu, dans la séquence précédente, la description de la ville de San Cristóbal. Voici la suite de ce texte. Découvrez-y l'hôtel de la place et voyez apparaître quelques personnages. Cette lecture vous permettra de **saisir l'importance des lieux** dans certaines histoires.

L'hôtel Sol y Mar

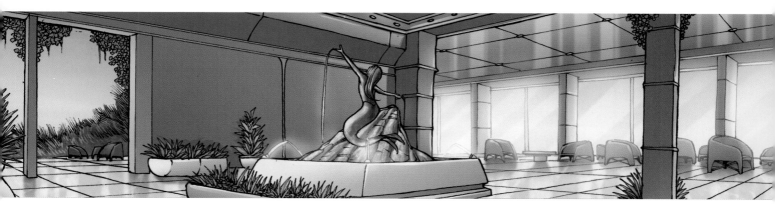

L'hôtel portait un nom qui n'avait pas peur du ridicule : *Sol y Mar.* Construit au bord de la mer, face au soleil couchant, c'était l'évidence même. Pour y accéder, il fallait passer devant la guérite **1** d'un gardien de sécurité et s'engager ensuite dans une allée asphaltée bordée de palmiers, de pelouses et de buissons d'hibiscus.

5   Le hall d'entrée, très haut, était largement ouvert sur l'extérieur, permettant aux jardins de poursuivre leur route de verdure dans de larges bacs de céramique. Au centre de cet espace, une spectaculaire fontaine, surmontée d'une sirène en bronze, glougloutait **2** dans un bassin recouvert de nénuphars. Le sol en grosses dalles de marbre blanc miroitait, impeccable. Disposés un peu partout dans un

10 ordre faussement improvisé, de larges fauteuils en rotin et des petites tables proposaient des îlots de repos. D'immenses bouquets de fleurs multicolores contrastaient joliment avec le bleu azur des murs et des accessoires, car, dans cet hôtel, tout était bleu.

Dès leur descente du car, la nouvelle fournée de visages pâles **3** fut gentiment

15 poussée vers la réception de l'hôtel. Emilio se précipita pour être le premier, slalomant **4** entre les bagages que les employés s'activaient à aligner dans le hall dans un joyeux désordre.

« Plutôt pénible dans son genre, ce type ! C'est quoi

20 *l'intérêt de se démener ainsi ? »*

Nicolas haussa les épaules. Andréa se réfugia dans un fauteuil avec une petite grimace de fatigue. Son grand fils prit place dans la file, loin derrière l'Italo qui faisait de l'œil à l'hôtesse de

25 l'accueil qui en avait vu bien d'autres.

L'attribution des chambres et des bungalows se fit relativement vite. Quand ce fut le tour de Nicolas, il se permit de rappeler les termes de la réservation à la jeune femme souriante qui lui faisait face.

— On a réservé un bungalow à deux lits, très calme, si possible. Tout près de la
30 mer, si possible… C'est à cause de ma mère qui est en convalescence…

— Bien sûr, *señor* Fromont. Vous êtes dans le bungalow dix-sept, à côté de la plage… Très calme, comme vous l'avez demandé, dans le jardin, avec les oiseaux et les fleurs.

Sur le chemisier de la jeune femme, une broche indiquait son nom: «Maria-
35 Lucia». Encouragé par son sourire, Nicolas osa sortir ses trois mots d'espagnol.

— *Muchas gracias, señora* Maria-Lucia.

Le bungalow dix-sept était charmant, tout simple, avec des rideaux bleus, bien sûr, et des dessus de lits tissés. On y accédait par un trottoir de briques qui ondulait dans les jardins. Entourée de fleurs et blottie sous les arbres, sa vaste terrasse
40 faisait face à la mer. La plage se trouvait à une vingtaine de mètres, au plus, et le bruit des vagues était omniprésent et apaisant. Plantés le long de la rive, une rangée de palmiers montaient la garde. Andréa se laissa tomber dans un grand fauteuil et s'émerveilla du coucher de soleil qui marbrait les nuages d'or et de turquoise.

45 Nicolas, quant à lui, se dépêcha de suspendre leurs vêtements, de poser les trousses de toilette dans la salle de bains et d'entasser tout le bazar qu'il avait emporté dans le fond d'une garde-robe. Puis, troquant ses jeans contre un maillot de bain, il courut à la rencontre de la grande bleue et sauta comme un enfant dans les vagues frangées d'écume qui s'échouaient
50 sur le sable.

D'un crawl puissant, il s'éloigna du rivage jusqu'à ne plus sentir ses bras. Étendu sur le dos, flottant comme un bouchon sur l'eau tiède, il reprit son souffle en regardant le ballet des goé-
55 lands, loin au-dessus de sa tête. Que demander de plus à la vie?

Angèle Delaunois, *Soledad du soleil*, Saint-Laurent,
Éditions Pierre Tisseyre, coll. «Conquêtes», 2003, p. 25 à 28.

POUR MIEUX COMPRENDRE LE TEXTE

5 a) Expliquez ce qu'est un bungalow.

b) Cherchez ce mot dans le dictionnaire. Aviez-vous vu juste?

6 a) Quel est l'infinitif de ce verbe?

b) Dans le contexte, que veut dire ce mot?

7 Qu'est-ce qui est désigné par cette image?

Consultez l'article
Schéma narratif,
à la page 390,
au besoin.

La situation initiale

1. Vous venez de lire la situation initiale du roman. Relevez-y les principaux renseignements donnés. Pour cela, répondez aux questions du tableau ci-dessous.

La situation initiale	Dans *L'hôtel Sol y Mar*
Qui sont les personnages ? Distinguez le personnage principal des personnages secondaires.	▬
Que font-ils ?	▬
Où sont-ils ?	▬
Quand cela a-t-il lieu ?	▬

La description des lieux

2. Trois lieux sont décrits dans cet extrait. Retracez les passages contenant ces descriptions.

Notez la première et la dernière phrase de chaque passage descriptif dans un tableau comme le suivant:

Conservez ce document, il vous sera utile plus loin.

Les lieux décrits		À partir de…	Jusqu'à…
L'hôtel	Lignes ▬ à ▬	▬	▬
Le bungalow	Lignes ▬ à ▬	▬	▬
La plage	Lignes ▬ à ▬	▬	▬

Les impressions suggérées par les lieux

3. Chacun des passages descriptifs a son utilité dans ce texte. Vérifiez-le en les examinant l'un après l'autre.

   a) Une atmosphère particulière se dégage de la description de l'hôtel. Expliquez dans vos mots en quoi cet hôtel est un lieu:

   - sûr;
   - où règne la beauté;
   - propice au repos et à la détente.

   b) Examinez maintenant la description du bungalow. L'atmosphère de ce lieu est-elle la même que celle de l'hôtel ? Expliquez votre réponse.

   c) Dans la description de la plage, relevez un court passage qui montre que la plage est un endroit:

   - propice au repos;
   - qui donne l'impression d'être à l'abri de tout danger.

4. 💬 Rappelez-vous un lieu que vous connaissez où règnent la beauté et le calme. Présentez-le à vos camarades et expliquez pourquoi vous vous sentez bien dans cet endroit.

5. Cet extrait se termine sur l'image de Nicolas flottant dans la mer. Expliquez en quoi cette image correspond à l'impression générale qui se dégage de l'extrait.

L'élément déclencheur

6. a) Qu'est-ce qui pourrait bouleverser le monde enchanteur dans lequel Nicolas se trouve ? Rédigez la première phrase de l'élément déclencheur qui pourrait se greffer sur la situation initiale.

Consultez l'article **Schéma narratif**, à la page 390, au besoin.

Pensez à signaler cet élément déclencheur à l'aide de marques textuelles.

b) Comparez votre phrase avec celles de vos camarades d'équipe et voyez lesquelles sont les plus intéressantes.

Insérer une description dans un récit

7. ⭐ a) Quel est le temps employé dans ce récit pour montrer la suite des actions ? Si vous avez de la difficulté à reconnaître ce temps, consultez l'article **Système verbal**, à la page 411.

b) Relevez les sept premiers verbes conjugués à ce temps.

Remarque : Le verbe *fut poussée*, aux lignes 14 et 15, est au passé antérieur.

c) Compte tenu de vos observations, dites dans quel système verbal ce récit a été écrit.

8. 📑 a) Soulignez les verbes dans les phrases que vous avez transcrites au numéro 2.

b) Dans un tableau comme celui présenté ci-dessous, notez les autres verbes conjugués qui se trouvent dans les passages descriptifs que vous avez déjà retracés.

Faites cet exercice sur le document qu'on vous a remis au numéro 2.

Les lieux décrits	Les verbes conjugués
L'hôtel	▬
Le bungalow	▬
La plage	▬

c) Examinez les verbes que vous avez soulignés et ceux que vous avez notés. À quel temps ces verbes sont-ils conjugués ?

d) Qu'est-ce que ce temps signale dans un récit écrit au passé ?

Suivez maintenant Quentin, un jeune Québécois nouvellement arrivé au Mali qui, en compagnie de son ami Seydou, déambule dans Djenné, **une ville comme il n'en a jamais vu.** **Observez ses réactions** au fur et à mesure qu'il découvre cet **endroit fascinant.** Vous pourrez, vous aussi, **vous servir des réactions d'un personnage pour présenter un lieu** dans votre production finale.

UN ÉCHANGE AU MARCHÉ DE DJENNÉ

Arrivant par les ruelles qui longent les murs de la grande mosquée, nous débouchons soudain sur la grande place. L'atmosphère y est frénétique. Aujourd'hui, comme chaque lundi, les gens s'y installent par milliers sous des abris de fortune pour y vendre leur camelote**❶**. Véritable festival de froufrous où les femmes
5 rivalisent d'élégance et de couleurs pour se pavaner au milieu des étals**❷**, la scène est hallucinante. Parmi elles, tout aussi bigarrés**❸**, les hommes circulent en faisant virevolter leur boubou, la tête coiffée d'un chèche, cette espèce de turban, qui leur permet aussi, parfois, de masquer leur visage. Des enfants courent en riant, des ânes braient**❹**, des chèvres bêlent, composant une symphonie confuse et fasci-
10 nante. Une poussière rêche, soulevée par l'harmattan de janvier — un vent persistant venu du désert —, déploie un voilage ocre qui dilue les échoppes les plus distantes en une silhouette floue. En toile de fond, imposant édifice qui a vu se succéder les siècles, la grande mosquée de Djenné lance vers le ciel la pointe arrondie de ses minarets**❺**. Classé et protégé par l'Unesco comme monument appartenant
15 au patrimoine mondial de l'humanité, le bâtiment est la plus grande construction de pierre séchée au monde.

Même si je me refuse à l'admettre au départ, cette scène, irréelle pour un Québécois, me séduit. Malgré le bruit, la poussière, la foule qui se presse, qui nous presse, malgré la chaleur, la saleté… Le mar-
20 ché crée autour de nous une aura**❻** magique de monde hors du monde. Hors du temps. Tissus, chaussures, viandes, épices, légumes, masques, gilets, breloques, fruits… Les marchandises les plus disparates s'entremê-
25 lent et me surprennent à chaque étal.

— Toubabou! Tu veux des chaussures? J'ai ce qu'il te faut. Choisis celles qui te plaisent.

— Toubabou! Des oranges?
30 Des mangues?

POUR MIEUX COMPRENDRE LE TEXTE

❶ En vous aidant du contexte, dites ce qu'est la camelote.

❷ a) Expliquez, en vos mots, ce qu'est un étal.

b) Cherchez le mot *étal* dans le dictionnaire. Aviez-vous vu juste?

❸ a) Que veut dire *bigarrés*?

b) ☆ Donnez un synonyme de cet adjectif.

❹ Donnez l'infinitif de ce verbe.

❺ Qu'est-ce qu'un minaret?

❻ ☆ Donnez un synonyme d'*aura* qui convient dans le contexte.

— Toubab, regarde ! Regarde les beaux colliers. Dis ton prix. Tu vas voir, je fais pas cher.

— Pour le plaisir des yeux, Toubab.

— Un t-shirt, Toubabou ?

35   Je ne m'arrête pour personne ; je marche simplement entre les échoppes et les tapis sur la terre battue. Pris au jeu, je finis par éclater de rire de me trouver ainsi au centre d'un tel capharnaüm **7**. Je suis bien. Pour la première fois depuis mon arrivée, je me sens bien. J'ai fui les cours de monsieur Atoï, j'ai fait un pied de nez **8** à mon père — et indirectement à ma mère et à Tobin —, c'est comme si je 40 dominais l'univers. Je ris de plus belle.

— Ah ! Comme voilà un Toubab heureux ! Tu as une jolie chemise. Tu me la donnes ?

    Je m'arrête devant celui qui vient de s'adresser à moi de la sorte. Il s'agit d'un petit vendeur qui se tient sous une bâche improvisée faite d'un bout de drap et 45 qui expose aux clients éventuels sa camelote de bijoux divers. Il paraît avoir la mi-vingtaine, arbore une moustache noire et quelques dents qui ne le sont guère moins. Une tignasse hirsute qui n'a pas connu de peigne depuis des lustres encadre son visage barbouillé de poussière. […]

— Tu donnes ta chemise au bon Amadou ?

50   Il porte un chandail de laine qui me paraît trop chaud pour le climat, mais comme celui-ci est criblé de trous, je suppose que le bon Amadou reste au frais.

— Et je fais quoi, moi, après ? dis-je. Je me 55 promène la bedaine à l'air ?

    Je porte une chemise safari de couleur olive, une des horreurs que maman a placées dans mon bagage.

— Attends, me dit Amadou en se penchant 60 sous la planche qui lui sert d'étal. J'ai quelque chose que je peux te donner en échange.

Camille Bouchard, *La caravane des 102 lunes*, Montréal,
Les éditions du Boréal, coll. «Inter», 2003, p. 26 à 29.

POUR MIEUX COMPRENDRE LE TEXTE

7 Que veut dire *capharnaüm* ?

8 ⭐ **a)** Quelle définition le dictionnaire donne-t-il à *pied de nez* ?

b) D'après ce que vous avez lu, l'expression est-elle employée au <u>sens propre</u> ou au <u>sens figuré</u> ici ? Expliquez votre réponse.

INTERROGER LE TEXTE ET RÉAGIR

La situation initiale et l'élément déclencheur

9. Ce début de récit contient les deux premières étapes du schéma narratif.

a) Pour montrer votre compréhension de la situation initiale, résumez-la en 30 mots environ.

b) Comparez votre résumé avec ceux des membres de votre équipe. Vérifiez si chaque résumé répond aux questions *Qui ? Quoi ? Où ?* et *Quand ?* En équipe, faites les ajustements nécessaires de façon que chacun des résumés respecte les consignes.

c) Expliquez pourquoi la dernière réplique d'Amadou constitue l'élément déclencheur.

Se déplacer pour mieux voir

10. a) Le narrateur découvre le marché de Djenné en se promenant. Relevez les trois verbes de déplacement qui s'appliquent au narrateur dans cet extrait.

b) Voici une liste de ce que le narrateur voit au cours de sa promenade sur la grande place. Placez ces éléments dans l'ordre où ils lui apparaissent.

Amadou, le vendeur
La grande mosquée de Djenné
Les animaux

Les diverses marchandises
Les gens

Un véritable capharnaüm

11. Observez à votre tour la foule de détails que le narrateur remarque au cours de sa promenade. Lisez les points a et b ci-dessous. Ensuite, prenez le temps de relire les passages concernés et d'organiser vos observations pour mieux en discuter avec vos camarades.

a) Le marché de Djenné donne l'impression d'être rempli à pleine capacité. Relevez, entre les lignes 1 et 25, tout ce qui semble être en quantité importante dans ce lieu.

b) Le marché de Djenné est aussi un lieu où règne le désordre le plus total. Montrez-le à l'aide d'exemples choisis entre les lignes 1 et 37.

RENDEZ-VOUS AVEC...

Camille Bouchard, l'auteur de *La caravane des 102 lunes*
(écrivain québécois, né en 1955)

Grand amateur d'aventures et passionné de voyages, Camille Bouchard parcourt le monde : il a traversé des déserts, marché dans des jungles, escaladé des volcans, navigué sur le Nil, le Gange, le Mékong, visité des pays d'Afrique, d'Asie du Sud-Est, d'Amérique du Sud… De ses voyages, l'écrivain globe-trotter rapporte des témoignages bouleversants qui nourrissent les romans qu'il écrit et dans lesquels il fait connaître le sort des enfants défavorisés et exploités. Camille Bouchard est l'auteur de *L'intouchable aux yeux verts* et du *Ricanement des hyènes*, entre autres.

La grande mosquée de Djenné.

12. Quelles sont les émotions qui habitent le narrateur tout au long de sa promenade? Expliquez-les dans vos propres mots.

13. Comment vous sentiriez-vous si vous arriviez dans un endroit semblable sans aucune préparation? Seriez-vous sous le choc? Auriez-vous peur? Auriez-vous une réaction de dédain devant la promiscuité et la saleté, ou vous laisseriez-vous charmer? Expliquez votre réponse.

Décrire pour faire connaître

14. La description permet de créer une atmosphère. Elle sert aussi à informer, à faire connaître.

   a) Quel monument est décrit dans cet extrait?

   b) Qu'avez-vous appris sur ce lieu grâce à cette description? Répondez à cette question sans revenir au texte. Dites seulement ce que vous avez retenu.

Des définitions pour mieux comprendre

15. Quand on décrit une personne, un objet ou un lieu, il est souvent nécessaire de définir certains termes pour aider les lecteurs et lectrices à comprendre.

   a) Quels sont les deux termes qui sont définis entre les lignes 1 et 12?

   b) Citez le passage où chacun de ces termes est défini.

   c) Choisissez, dans ce texte, trois passages contenant chacun un mot dont vous ignorez le sens et rédigez une courte définition de chacun de ces mots.

   Assurez-vous que vos définitions sont claires pour des destinataires de votre âge et qu'elles s'intègrent bien dans le texte.

LE SAVIEZ-VOUS?

Toubabou, ou *Toubab*, est le nom que les Maliens donnent aux Blancs. *Toubab* viendrait de *toubib*, un mot arabe qui signifie «médecin».

vers le DÉFi!

Explorer un lieu, c'est souvent **aller de surprise en surprise**. Voyez celles qui attendent les personnages dans le texte suivant. Le **contraste entre la beauté** des fonds sous-marins **et le danger** qui rôde pourra vous inspirer dans votre début de récit.

Une aventure SOUS-MARINE

De jeunes plongeurs, deux garçons, Kaz et Dante, et deux filles, Star et Adriana, pas tous très expérimentés, ont été choisis pour explorer les fonds marins des Antilles françaises. Leur guide est un jeune Antillais surnommé l'Anglais.

À mesure que le récif ■ se dessine, les détails de la formation de coraux ■ deviennent visibles : c'est spectaculaire. Les couleurs sont incroyables, presque irréelles, comme si elles sortaient d'un laboratoire hollywoodien d'effets spéciaux. Les
5 formes sont tout à fait extraterrestres : d'immenses panaches de coraux en laitue, des pointes branchues ■ de coraux en corne de cerf, des monticules de corail-cerveau de la taille d'un camion à ordures, tous empilés les uns sur les autres pour former une montagne, dont le sommet est à environ trois mètres de la surface étincelante.

10 Kaz vérifie le profondimètre ■ de sa montre de plongée et s'aperçoit, un peu surpris, qu'ils sont descendus à près de quinze mètres, une profondeur à laquelle il ne s'est jamais aventuré.

Adriana allonge le bras pour toucher le corail. En un clin d'œil, la main de Star s'avance et saisit son poignet. La plongeuse expérimentée agite un index
15 réprobateur ■.

POUR MIEUX COMPRENDRE LE TEXTE

■ ☆ Expliquez ce qu'est un récif corallien.

■ Que sont les coraux ?

■ Que veut dire *branchues* ?

■ a) Comment le mot *profondimètre* a-t-il été formé ? Consultez l'article **Formation des mots**, à la page 334.

b) ☆ Proposez une définition de ce mot à partir de la réponse que vous avez fournie précédemment.

■ Un index réprobateur approuve-t-il ou condamne-t-il un comportement ?

Je savais ça, moi, se dit Kaz. Le récif est un organisme vivant, composé de millions d'animaux minuscules, appelés polypes. Même en le touchant légèrement, on tue la première couche de créatures et on endommage le récif.
20 Sans oublier que les polypes, ça pique.

L'Anglais fait un signe de la main pour leur indiquer qu'ils vont descendre et les guide à près de vingt mètres de profondeur, à la base de l'édifice de corail. Kaz ajuste son gilet à flottabilité nulle, afin d'arrêter la descente. *Je*
25 *pourrais devenir un bon plongeur*, se dit-il, heureux de développer un talent qui n'a rien à voir avec les patins et les lancers.

Ici, les formations de coraux font place à une flore **6** maritime diversifiée, qui pousse à même un fond sablon-
30 neux et ferme — les hauts-fonds **7** cachés proprement dits. Il y a de la vie partout bien qu'il n'y ait pas autant de couleurs que plus haut sur le récif. À cette profondeur, les rayons du soleil ne peuvent pas complètement pénétrer l'eau. C'est une zone crépusculaire **8**.

35 [...]

Il y a maintenant une demi-heure que l'équipe est sous l'eau. L'Anglais les entraîne vers une autre partie du récif, une pente qui remonte graduellement, où ils pourront être plus près de la surface quand la réserve d'air commencera à s'épuiser. Il est important de remonter lentement, afin d'éviter le mal de décompression. Si un
40 plongeur remonte trop vite à la surface, la soudaine chute de pression d'eau produit la même réaction que lorsqu'on ouvre une canette de boisson gazeuse. L'azote gazeux dans le sang peut mousser comme une boisson. Ce n'est pas une blague: les bends* peuvent rendre invalide à jamais ou tuer.

Tandis qu'il observe la surface ensoleillée qui approche de plus en plus, Kaz se
45 sent aussi de plus en plus à l'aise. Avec chaque minute qui passe, il s'aperçoit que la technique et la mécanique sont de plus en plus automatiques; il peut ainsi apprécier le récif et ses nombreux habitants. *Si ça continue*, se dit-il, presque amusé, *je pourrais me mettre à aimer la plongée*.

---

* Le terme anglais *bend* se traduit par «crampe». Chez les plongeurs, des crampes dans les articulations sont le signal d'un accident de décompression, le fameux mal des caissons. Quand les plongeurs remontent à la surface trop rapidement, l'azote qu'ils ont respiré n'a pas le temps d'être évacué par les poumons et passe dans les tissus et le sang, causant des problèmes graves (lésions de la moelle épinière, dommages au cerveau, etc.) qui peuvent aller jusqu'à la mort.

Au moment même où cette pensée le quitte, il aperçoit la silhouette. Étrangère,
50 mais pourtant familière, elle arrive droit devant — la nageoire dorsale triangulaire,
les yeux noirs impassibles[9], le museau pointu.

Un requin.

Gordon Korman, *Sous la mer*, traduit de l'anglais par Claude Cossette,
© Gordon Korman, 2003 ; © Éditions Scholastic, 2004, pour l'édition française,
vol. I : *L'épave*, p. 23-24 et 26-27.

POUR MIEUX COMPRENDRE LE TEXTE

6 Qu'est-ce que la flore ?

7 ⭐ Qu'est-ce qu'un haut-fond ?

8 ⭐ Expliquez, dans vos mots, ce qu'est une zone crépusculaire.

9 Que veut dire le mot *impassibles* ?

INTERROGER LE TEXTE ET RÉAGIR

Insérer une description dans un récit

16. **a)** Quelle partie de la première phrase montre que les plongeurs s'approchent des coraux ?

b) Avec lequel de leurs sens les personnages découvrent-ils les coraux ? Citez un passage du texte pour appuyer votre réponse.

c) Par quel signe de ponctuation la description du récif est-elle annoncée ?

d) À quel temps verbal la description est-elle écrite ?

e) Compte tenu de vos observations, dites dans quel <u>système verbal</u> ce récit a été écrit.

Un monde fantastique

17. Au fur et à mesure qu'ils descendent dans la mer, les personnages voient se déployer un monde fantastique. Examinez plus attentivement la description de la formation corallienne, entre les lignes 1 et 9.

a) Sur quels aspects des coraux cette description vous renseigne-t-elle ? Nommez-en trois.

b) Quelles impressions se dégagent de cette description ? Servez-vous de passages du texte pour illustrer votre réponse.

Décrire pour renseigner

18. Deux définitions sont incluses dans la phrase suivante. Analysez-les dans un tableau comme celui présenté ci-dessous. Vous verrez que ces définitions aident à mieux comprendre ce dont on parle.

Le récif est un organisme vivant, composé de millions d'animaux minuscules, appelés polypes.

Mot défini	Définition	Mot qui introduit le mot défini ou la définition
Récif	▦	▦
Polypes	▦	▦

Des renseignements nouveaux

19. Cet extrait contient beaucoup d'informations. Qu'avez-vous appris de nouveau? Tenez compte des éléments suivants pour organiser votre réponse:

- la plongée sous-marine;
- les fonds sous-marins.

S'il y a des éléments que vous connaissiez déjà, précisez à quelle occasion vous avez pu vous renseigner sur ces sujets.

De nouvelles expériences

20. a) Kaz en est à ses premières expériences de plongée en mer. Diriez-vous qu'il apprécie le milieu qu'il découvre? Expliquez votre réponse.

b) Avez-vous, comme Kaz, déjà fait une expérience dans un milieu naturel que vous ne connaissiez pas? Si oui, racontez à vos camarades ce que cette expérience vous a apporté.

21. Selon vous, Kaz est-il un plongeur prudent? Servez-vous de trois faits pour appuyer votre réponse.

La suite

22. a) Quel **organisateur textuel** annonce l'élément déclencheur?

b) Remplacez cet organisateur par un autre de votre choix.

c) Imaginez une suite à cette aventure et résumez-la dans un texte de 50 à 80 mots. Votre histoire doit bien se terminer. Pour vous assurer que votre histoire est cohérente, tenez compte:

- de ce que vous savez sur Kaz;
- du fait que Kaz n'est pas seul.

Avant de vous mettre à l'œuvre, lisez le point ② de l'article **Cohérence**, à la page 304.

Vous connaissez les quatre jeunes qui explorent les fonds marins des Antilles. Suivez maintenant Star, la plongeuse la plus expérimentée du groupe. Prêtez attention, cette fois-ci, à **la façon dont l'héroïne découvre le lieu**. Vous pourrez vous inspirer de cette façon de faire quand viendra votre tour de raconter un début d'aventure.

L'ÉPAVE

— Regardez !

C'est encore Dante. S'il n'arrête pas de crier sous l'eau, il va avaler assez de sel pour faire de l'hypertension.

Il gesticule en pointant du doigt; probablement un autre
5 terrier de lapin qu'il prend pour une caverne. Mais quand Star le rejoint à la nage, il est en train de regarder au loin, là où le récif descend dans des eaux plus profondes.

Elle plisse les yeux pour essayer de faire un zoom **1** avant sur l'objet qui a attiré son attention **2**. La lumière, et donc la
10 visibilité, diminue avec la profondeur. Elle hausse les épaules de manière exagérée. Comme les plongeurs ont besoin de communiquer sans paroles, ils amplifient souvent leurs gestes, comme des acteurs sur scène jouant pour la rangée d'en arrière.

15 Dante dégonfle son gilet de stabilisation et descend dans la zone sombre. Star le suit. Un coup sec à la ceinture lui indique que le cordon de sécurité s'est tendu et qu'ils remorquent maintenant le compresseur derrière eux. Elle jette un coup d'œil
20 par-dessus son épaule et voit que les autres ont aussi remarqué ce qui se passe. Kaz et Adriana battent des palmes à leur suite.

Qu'est-ce que Dante croit avoir vu ? Il existe quelque chose qu'on appelle un mirage sous-marin.
25 Ses yeux grossis derrière son masque lui donnent un air dérangé. C'est facile de croire qu'il hallucine.

Et puis, elle l'aperçoit, elle aussi.

POUR MIEUX COMPRENDRE LE TEXTE

1 ☆ Dans ce contexte, que signifie *faire un zoom* ?

2 De l'attention de qui est-il question ?

Au milieu de cet environnement des plus naturels, c'est déconcertant de voir quelque chose de si artificiel, fabriqué par l'homme. L'avion englouti repose dans le
30 sable, son fuselage recouvert en partie de corail et d'organismes vivants. Une aile s'est brisée lors de l'impact avec l'eau. Elle est tout près, cachée par des algues.

Le cœur de Star commence à battre si fort qu'elle a peur qu'il fasse éclater sa combinaison. C'est le plus grand prix pour un plongeur. Une épave ! Elle a lu des articles sur cette expérience dans des magazines de plongée. Mais l'excitation à la
35 vue d'une véritable épave dépasse largement tout ce qu'elle aurait pu imaginer.

Elle approche lentement, avec respect, s'attendant presque à ce que l'avion disparaisse au moment où elle va le toucher. Elle n'aurait jamais cru que ça pourrait lui arriver, et encore moins avec une équipe de marins d'eau douce ! Les autres restent en arrière et l'observent d'un air un peu inquiet.

40 Quand elle aperçoit l'insigne sur le côté, un hoquet lui échappe, une grosse bulle parmi une multitude de plus petites. La marque est partiellement dissimulée par des anémones, mais il est impossible de se tromper. Une croix gammée. C'est un avion de guerre allemand de la Seconde Guerre mondiale !

Elle s'approche à la nage et jette un coup d'œil dans le cockpit en se deman-
45 dant si elle verra un squelette aux commandes. Mais non. Le gros bombardier est désert. Le pare-brise a éclaté, ce qui offre une entrée étroite dans l'avion.

Star hésite. Nager dans une épave peut être dangereux.

Mais c'est une occasion qui ne se présente qu'une fois dans une vie !

Elle pénètre dans le cockpit, puis se glisse entre les sièges du pilote et du copilote
50 pour se rendre dans le corps de l'avion. L'espace est minuscule; difficile de croire que toute une équipe d'adultes a volé à bord de cette boîte de cigares. Elle avance

d'un mètre environ dans le fuselage et se retrouve dans une obscurité totale. La seule lumière provient des deux tourelles avec vitrage pare-balles. De chacune pointe une mitrailleuse pivotante[6], sans danger maintenant, enveloppée d'une couche de coraux. C'est un rappel lugubre que cette coque de métal silencieuse a déjà été un instrument de guerre, un véhicule de mort.

Elle avance en rampant vers la queue du bombardier. Ici, la noirceur est totale et les murs se referment jusqu'à ce qu'elle atteigne le plus étroit des tunnels.

Au moment où Star rebrousse chemin, sa palme se coince au plafond bas et s'enlève. Elle réagit vivement et réussit à la coincer entre ses jambes. L'enfiler de nouveau dans cet espace réduit constitue tout un tour de force. Star est surprise de constater à quel point l'opération l'a épuisée. Ses bulles, prises sous le plafond de l'appareil, convergent[7] pour former une petite poche d'air.

Je ferais mieux de sortir d'ici.

Mais pas sans emporter un souvenir, une sorte de preuve qu'elle est bien venue ici. Des *artéfacts*, c'est comme ça que les plongeurs d'épave les appellent. La vaisselle et l'argenterie provenant d'épaves de bateau sont particulièrement prisées. Mais que prendre dans un avion ? Elle ne peut pas vraiment arracher une hélice de cent cinquante kilos.

Ses yeux se posent encore une fois sur la mitrailleuse. Une pleine courroie de munitions pend de la carabine en ondulant légèrement dans le courant.

POUR MIEUX COMPRENDRE LE TEXTE

3 Qu'est-ce que le fuselage d'un avion ?

4 À quoi cette croix fait-elle référence ?

5 Dans un avion, qu'est-ce que le cockpit ?

6 Faites une **manipulation syntaxique** qui facilitera la compréhension de cette phrase.

7 a) Que signifie le verbe *convergent* ?

  b) ☆ Donnez un **antonyme** de *converger*.

Elle s'approche en rampant plus qu'en nageant, les mains agrippées au plancher de la cabine. Dégager les cartouches est plus facile qu'elle ne s'y attendait: la vieille
80 bande se défait au contact et les balles tombent dans son gant. L'excitation qu'elle ressent à les toucher est presque tangible **8**.

La Seconde Guerre mondiale dans la paume de ta main, se dit-elle. *Hé…*

85 En manipulant l'arme, elle a remué la couche de limon qui recouvre l'avion. Une tempête de particules brunes tourbillonnantes envahit la tourelle. Les balles lui glissent des mains.

Chercher son prix est instinctif. N'importe quel plongeur ferait la même chose.
90 Elle baisse la tête dans le nuage, comme si elle essayait d'attraper des pommes flottant dans une bassine d'eau. C'est alors qu'elle s'aperçoit qu'il n'y a pas de pression d'air comprimé dans le détendeur qu'elle tient entre ses dents.

Il n'y a plus d'air.

Gordon Korman, *Sous la mer*, traduit de l'anglais par Claude Cossette,
© Gordon Korman, 2003; © Éditions Scholastic, 2004, pour l'édition française,
vol. I: *L'épave*, p. 61 à 65.

POUR MIEUX COMPRENDRE LE TEXTE

8 Une chose tangible est une chose qu'on peut…

INTERROGER LE TEXTE ET RÉAGIR

Insérer une description dans un récit

23. Observez la façon dont la description de l'avion est introduite.

a) Relevez les mots et les expressions appartenant au <u>champ lexical</u> de la vue.

- Relevez dix mots ou expressions entre les lignes 1 et 26.
- Relevez cinq mots ou expressions entre les lignes 28 et 46.

b) ☆ Au début, Star ne voit pas l'épave. Que doit-elle faire pour enfin l'apercevoir? Citez un passage pour appuyer votre réponse.

c) Relevez, entre les lignes 36 et 68, huit verbes qui indiquent que Star se déplace.

Remarque: Un de ces verbes est une locution verbale, c'est-à-dire un verbe suivi d'un nom et qui forme une expression.

d) Compte tenu de vos observations, dites quelles sortes de verbes sont les plus utiles pour insérer une description dans un récit.

Les marques de lieu

24. Dans cet extrait, l'avion est décrit comme un lieu. Voyez comment les marques de lieu permettent de situer Star dans l'espace de l'avion. Faites cet exercice sur le document qu'on vous remettra.

Nommer le lieu

25. Le lieu que visite Star, l'avion, est nommé de différentes manières. Vérifiez-le en faisant l'exercice sur le document qu'on vous remettra.

Les caractéristiques de l'héroïne

26. Star vous semble-t-elle prudente ou pas? Discutez-en avec vos camarades.

La suite

27. a) Quel organisateur textuel signale l'élément déclencheur?

b) Remplacez cet organisateur textuel par un autre de votre choix.

c) Quels moyens l'auteur utilise-t-il pour créer du suspense dans cette partie du texte?

d) Imaginez une suite sans conséquence grave à cette aventure. Pour vous assurer que votre histoire sera cohérente, tenez compte de tout ce que vous avez appris sur la plongée sous-marine dans cette séquence.

Une comparaison

28. Les textes *Un échange au marché de Djenné*, *Une aventure sous-marine* et *L'épave* se terminent par l'élément déclencheur. Comparez la façon dont cet élément est présenté dans chacun des textes. Quel élément déclencheur vous a semblé constituer un déclic particulièrement efficace?

Des mots et des passages intéressants

29. Revenez sur l'ensemble des textes de la séquence. Relevez-y des mots ou des phrases qui vous ont plu et notez-les dans votre *Journal culturel*, sous le titre «Mots et passages intéressants». Vous pourrez les utiliser dans votre description.

Écrire le début d'un récit d'aventures contenant la description d'un lieu.

Faites vivre une expérience de lecture palpitante à vos lecteurs et lectrices. Racontez-leur un début de récit d'aventures se déroulant dans un lieu qui réservera bien des surprises à vos personnages. Pour des idées d'aventures prenantes et des descriptions de lieux intéressantes, lisez les récits proposés dans votre *Recueil de textes*.

La préparation

1. Déterminez les éléments de la situation initiale. Précisez aussi quel sera l'élément déclencheur. Servez-vous pour cela du document qu'on vous remettra.

   Remarque : Vous pouvez utiliser la description de lieu que vous avez faite à la séquence précédente, en la retravaillant au besoin, ou choisir un autre lieu.

2. Pensez à la façon d'insérer la description du lieu dans le récit.
   - Allez-vous présenter ce lieu en vous servant de verbes de déplacement et de perception, comme dans **L'ÉPAVE** ?
   - Préférez-vous utiliser les réactions d'un personnage, comme dans **UN ÉCHANGE AU MARCHÉ DE DJENNÉ** ?

La rédaction

3. Votre début de récit comptera 250 mots environ et se terminera par l'élément déclencheur. On y trouvera les mêmes éléments que ceux notés au point **5** de la page 113. À ces éléments s'ajoutent les suivants :
   - au moins trois procédés de reprise différents pour parler d'un élément déjà mentionné ;
   - au moins une définition ;
   - des marques de lieu ;
   - des marques textuelles appropriées pour signaler l'élément déclencheur.

4. Vous pouvez choisir un narrateur omniscient ou un narrateur personnage. Votre récit peut être écrit dans le système verbal de votre choix.

   Si vous utilisez la description que vous avez faite à la séquence précédente, assurez-vous qu'elle s'intègre bien dans votre récit. Voyez les points à vérifier dans la stratégie **Comment vérifier que le texte est cohérent**, aux pages 466 et 467.

5. Vous pouvez réutiliser des façons de dire qui vous ont plu et que vous avez notées dans votre *Journal culturel*.

 La révision et l'amélioration de votre récit

6. Avant de le mettre au propre, révisez votre texte à l'aide des stratégies utiles pour réviser, corriger et améliorer un texte, aux pages 464 à 476.

Lisez d'autres aventures captivantes vécues dans divers lieux...

RECUEIL DE TEXTES

Des explorateurs qui se lancent à la conquête d'un territoire hostile: *Au péril de nos vies* et *La conquête du pôle Nord: Peary contre Cook.*

La découverte des dangers de la ville: *Le Rat de ville et le Rat des champs.*

Une rencontre menaçante dans un coin paisible: *L'attaque.*

Une expédition en plein cœur de l'Himalaya: *Le sourire d'Ouni.*

Retour

Autoévaluation

Lorsque c'est possible, répondez à l'aide des termes d'évaluation:
Beaucoup / Assez / Un peu / Pas du tout.

POINTS À ÉVALUER

1. Au terme de cette séquence, je sais mieux:
   a) délimiter la situation initiale et l'élément déclencheur dans un récit;
   b) délimiter les passages descriptifs dans un récit;
   c) voir l'importance des organisateurs textuels;
   d) repérer les marques de lieu dans un récit;
   e) repérer les définitions.

2. Le fait de noter des mots ou des passages intéressants m'a permis de mieux apprécier les textes que j'ai lus dans cette séquence.

3. Dans mon récit d'aventures, je considère que j'ai réussi à:
   a) insérer de façon cohérente la description des lieux dans la situation initiale;
   b) signaler de façon adéquate l'élément déclencheur;
   c) écrire un début de récit intéressant.

4. a) Les discussions en classe m'ont permis de mieux comprendre les textes de la séquence.
   b) Ces discussions m'ont aussi permis de me préparer à relever le défi.
   c) Voici comment: ▅.

5. a) Les textes de la séquence m'ont donné le goût de lire des récits d'aventures se déroulant ailleurs.
   b) Voici pourquoi: ▅.

Temps d'arrêt

La définition

1. Les phrases suivantes contiennent des mots qui sont définis.

   a) Relevez le mot défini dans chacune des phrases.

   b) Citez la définition qui est donnée de ce mot.

   c) Dites par quel moyen on a introduit le mot défini ou la définition.

Inscrivez vos réponses dans un tableau comme le suivant:

Mot défini	Définition	Moyen qui introduit le mot défini ou la définition
▬	▬	▬

   1) Le matériau de construction est un mélange de terre séchée et de paille, appelé banco.

   2) La calebasse est un fruit qui, une fois évidé et séché, sert de récipient.

   3) Pour les voyageurs assoiffés, ces cours d'eau temporaires, qu'on appelle oueds, sont des cadeaux du désert.

   4) Le marabout, autrement dit le guérisseur, était réputé pour la sagesse de ses conseils.

   5) Dressés pour la course, les méharis, ou dromadaires, avançaient à longues foulées.

La reprise de l'information

2. Les extraits* suivants contiennent des chaînes de reprises dont la première mention est surlignée. Trouvez les reprises de chacune des réalités mentionnées.

   Remarque: Le nombre de reprises à trouver est inscrit entre parenthèses à la fin de chaque extrait.

   1) Les maisons de la ville sont toutes construites en banco ou en briques crues, et rares sont celles de plus de trois étages. Généralement, il s'agit d'habitations simples, sans peinture, sans couleurs, au toit plat, entourées de murs qui bordent une cour intérieure. **(2)**

   2) La chambre qu'on m'a attribuée est un vulgaire réduit sans fenêtre, aux murs et au plancher de terre séchée où les lézards s'en donnent à cœur joie. J'ai refusé de partager mon espace vital avec ces dinosaures lilliputiens.

     — On les appelle des margouillats, dit mon père. S'il s'en trouve dans ta chambre, tu n'auras pas de cafards.

     — De cafards?

     — Des coquerelles. **(6)**

   3) J'ai donc fait la connaissance de Monsieur Atoï, un sévère professeur engagé pour me donner des cours privés […]. Il y a Aïssata, la grosse voisine qui s'occupe du ménage et des repas, Husseini, l'homme à tout faire, et Seydou, le neveu d'Husseini […]. Ce n'est pas que l'on ait tant de points communs lui et moi, mais il est de mon âge. **(6)**

---

* Les exemples des exercices 2, 3 et 4 sont tirés de: *La caravane des 102 lunes*, par Camille Bouchard, Montréal, Les éditions du Boréal, coll. «Inter», 2003.

3. **a)** Dans les passages ci-dessous, les mots en couleur sont des reprises. Dites ce qu'ils reprennent.

b) Précisez le procédé de reprise utilisé dans chaque cas.

1) Tissus, chaussures, viandes, épices, légumes, masques, gilets, breloques, fruits... Les marchandises les plus disparates s'entremêlent et me surprennent à chaque étal.

2) Afin de refroidir et d'aérer le liquide, il le verse pour le faire mousser en tenant la théière très haut au-dessus du verre. Il vide de nouveau le thé dans la bouilloire et répète l'opération à plusieurs reprises.

3) À chacun de ces mouvements, il ne peut s'empêcher d'admirer l'effet que produit sa montre toute récente attachée à son poignet. Il est assez fier de lui. Le bijou ne lui a rien coûté.

4) Seydou et Ali vont et viennent d'une pinasse à l'autre à la recherche d'une embarcation en partance pour Tombouctou.

5) Aigrettes, ibis, aigles, balbuzards, échasses, perroquets, grues, cigognes... La liste des oiseaux qui survolent le fleuve semble sans fin.

6) Je croyais que les termites seraient énormes. Je suis presque déçu lorsque je brise un pan de l'ouvrage et que je vois sortir de minuscules soldats.

Les marques de lieu

4. **a)** Repérez les marques de lieu dans les passages suivants.

b) Indiquez le nom du groupe auquel appartient chacune des marques de lieu que vous avez relevées.

Remarque: Le nombre de marques de lieu à repérer est inscrit entre parenthèses à la fin de chaque passage.

1) Comme il y a très peu de voitures à Djenné — sauf quelques tacots en ruine et, à l'occasion, le quatre-quatre d'un organisme humanitaire —, il n'y a pas d'asphalte dans les rues. Encore moins de trottoirs. À la nuit tombée, ici et là, une ampoule esseulée jettera une lumière timide sur les passants. **(4)**

2) Je m'arrête devant celui qui vient de s'adresser à moi de la sorte. Il s'agit d'un petit vendeur qui se tient sous une bâche improvisée faite d'un bout de drap et qui expose aux clients éventuels sa camelote de bijoux divers. **(1)**

3) Il y avait un vieux livre dans le fond de cette boîte, grince le Touareg en s'approchant de lui. Il ne peut pas s'être envolé comme ça. C'est toi qui as dû le mettre ailleurs. **(2)**

4) À l'heure actuelle, ils sont peut-être déjà au courant du fait que nous n'avons dormi ni chez moi ni chez Seydou. Ils ignorent que nous avons filé vers Mopti, mais ne tarderont pas à en arriver à cette conclusion. **(3)**

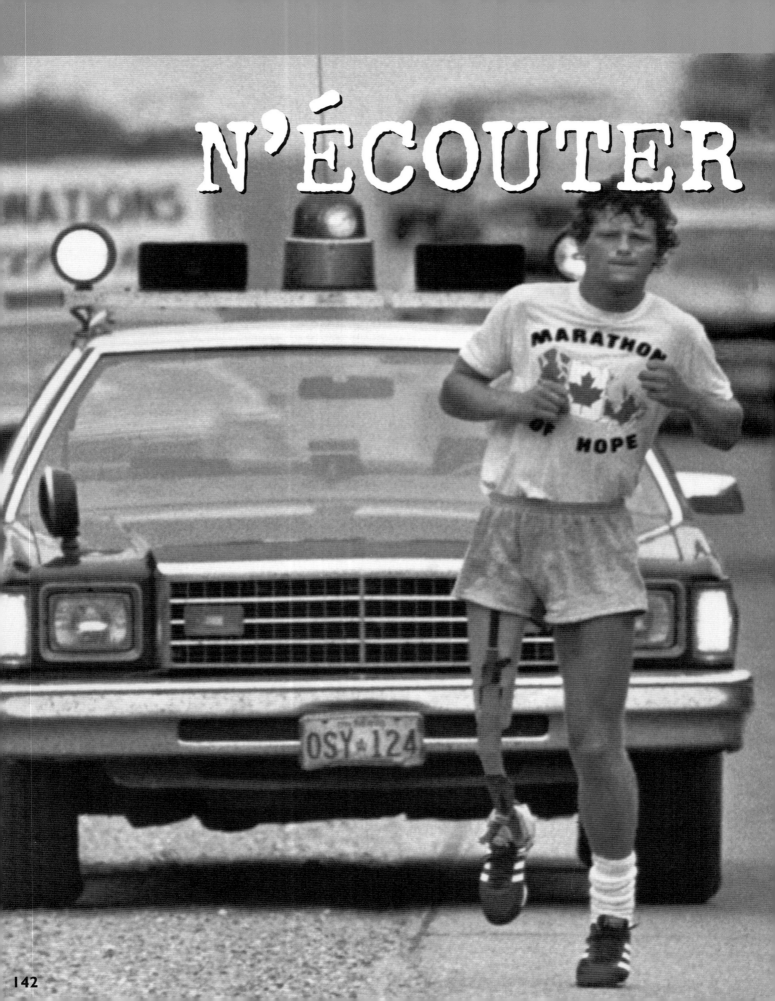

QUE SON COURAGE

N'écouter que son courage,
accomplir des exploits remarquables,
grandioses, inspirants...
Des exploits qui font appel
à toutes ses ressources :
celles du corps,
celles du cœur,
celles de l'intelligence...

Pour se dépasser,
aller au-delà de ses limites.

N'écouter que son courage,
participer à des sauvetages héroïques,
miraculeux, inspirants...
Affronter les plus grands périls,
les dangers de l'inconnu,
les pièges de la nature...

Pour sauver des vies,
se lancer à corps perdu dans le feu de l'action.

RECUEIL DE TEXTES

Des textes de toutes sortes
pour explorer davantage
le thème du module.

Au-delà des limites

Se surpasser, surmonter des obstacles, dépasser ses peurs, abolir des barrières, voilà des exploits qui nécessitent courage et persévérance.

Au fil de cette séquence, vous vous renseignerez sur des exploits variés: atteindre le sommet de l'Everest, garder le moral pendant une longue captivité, faire reculer le racisme. Ce sont tous des exploits qui ont permis de **franchir des limites** individuelles ou collectives. Chacun a **comblé des besoins humains fondamentaux.** Chacun a donné au mot **courage** une couleur particulière.

Durant votre parcours, vous approfondirez vos **connaissances sur le texte descriptif.** Les activités de la séquence vous feront voir comment **construire ce type de texte,** comment **présenter étape par étape un exploit,** comment guider les lecteurs et lectrices à l'aide des **organisateurs textuels.**

DÉFI!

Au terme de ce parcours, vous rédigerez un texte décrivant un exploit. Puis, vous le ferez lire aux élèves de votre classe. En relevant ce défi, vous apprendrez à mieux vous connaître et vous développerez votre habileté à communiquer de façon appropriée.

Les exploits sont variés: ils peuvent être individuels ou collectifs; petits, moyens ou grands; de nature sportive, artistique, sociale, scientifique, ou autre. Voici quelques situations où des gens sont allés au-delà de leurs limites. Précisez ce que vous savez sur le sujet et **discutez-en avec vos camarades**. Cela vous permettra d'**enrichir vos connaissances générales**.

Faites les activités qui suivent. Assurez-vous, dans la discussion, de toujours bien enchaîner vos propos à ceux de vos camarades.

1. Associez chaque exploit à la personne qui l'a réalisé.

d 1969 Premiers pas d'un être humain sur la Lune. «C'est un petit pas pour un homme, mais un pas de géant pour l'humanité», a dit le célèbre astronaute en réalisant cet exploit. Près d'un milliard de personnes ont suivi cet évènement à la télévision.

b 2001 Atterrissage d'urgence d'un avion privé de moteurs. Le pilote a réussi à faire planer le gros avion pendant une vingtaine de minutes et à sauver les 304 passagers, tous les membres de l'équipage ainsi que l'avion.

c 2000 Première femme au monde à faire partie d'une équipe de pilotes d'avion à réaction offrant des spectacles aériens. Cette Québécoise de Beauport a été choisie pour se joindre à l'équipe des Snowbirds.

a 2005 Record de vitesse du tour du monde à la voile en solitaire. Le bateau, un trimaran, mesurait 23 m de long sur 16 m de large. Son mât avait la hauteur d'un édifice de 10 étages! Cet exploit titanesque a été réalisé par une jeune femme en 71 jours, 14 heures, 18 minutes et 33 secondes.

e 1927 Première traversée de l'Atlantique Nord en solitaire à bord d'un avion monomoteur. Le vol dura plus de 33 heures. Parti des États-Unis, le pilote a atterri à Paris où l'attendait une foule de 300 000 personnes.

1 Neil Armstrong

4 Ellen MacArthur

3 Charles Lindbergh

2 Maryse Carmichael

5 Robert Piché

2. Parmi ces exploits, lequel vous semble le plus important? Pour quelles raisons?

3. Vous connaissez sans doute d'autres évènements de ce genre. Dressez-en une liste en grand groupe.

4. Selon vous, pour quelles raisons les gens accomplissent-ils des exploits?

Atteindre le sommet de l'Everest, c'était le **rêve d'Yves Laforest**. Il l'a réalisé. Quelles étapes l'ont mené à cette prestigieuse réussite? Pour le savoir, lisez le texte suivant. Cette lecture vous permettra aussi d'**observer une façon d'organiser un texte décrivant un exploit**.

UN QUÉBÉCOIS SUR LE TOIT DU MONDE

Pour les amoureux de la montagne, l'ascension de l'Everest représente l'ultime défi. De nombreux obstacles en rendent l'ascension difficilement réalisable à la première tentative. En 1991 pourtant, Yves Laforest, un
5 Québécois, est au pied de la plus haute montagne. Voici le compte rendu de son expédition.

Le 1er mars 1991, après cinq ans de préparation, Yves Laforest quitte Dorval pour l'aventure. Le 3 mars, 28 heures de vol et cinq escales plus tard, il arrive à
10 Katmandou, au Népal, avec les sept autres membres de l'expédition à laquelle il prend part. Leur objectif: atteindre le sommet du mont Everest, le toit du monde.

Au cours de son bref séjour à Katmandou, l'équipe règle les derniers préparatifs de l'expédition et ren-
15 contre les porteurs de haute altitude. Ce sont des hommes de la région aux capacités physiques exceptionnelles: leur corps s'est adapté aux efforts en haute altitude.

Le 8 mars, l'équipe prend l'avion pour Lukla. Le trajet est court, mais extrêmement périlleux. Quatre
20 jours plus tard, les bagages arrivent enfin et l'équipe se met en route pour le camp de base**1** de l'Everest, situé à une dizaine de jours de marche. Pour transporter tout le matériel nécessaire à l'expédition, environ 70 porteurs et autant de yacks**2** seront mis à contribution. Pendant cette longue marche vers le camp de base, Laforest et ses coéquipiers
25 prennent de l'altitude et commencent à s'acclimater**3** à la diminution de l'oxygène dans l'air.

Le 21 mars, l'équipe arrive au camp de base, situé à 5400 mètres. L'altitude incommode Laforest. Le rythme de sa respiration et de ses pulsations cardiaques augmente, il a l'impression de manquer d'air et il dort mal. Au fil des jours sui-
30 vants, l'inconfort diminue, car son corps s'adapte lentement à un environnement pauvre en oxygène: les globules rouges qui transportent l'oxygène dans son sang se multiplient.

21 MARS, CAMP DE BASE DE L'EVEREST

Au cours du mois d'avril, Laforest et ses compagnons continuent de s'acclimater à la haute altitude. Ils font des allers-retours successifs sur la montagne et,
35 avec l'aide des sherpas[4], établissent les quatre camps qui accueilleront les alpinistes lors des différentes étapes de l'ascension.

Jusqu'au début mai, les conditions météo sont très mauvaises. Tenter l'ascension dans de telles conditions serait de la folie. Presque toutes les équipes retenues au camp de base à cause de la météo abandonnent leur projet d'ascension et plient
40 bagage.

Malgré les doutes, l'attente de plus en plus pénible et les tensions entre les membres de l'équipe, Laforest n'abandonne pas. Le 9 mai, ses compagnons et lui remontent jusqu'au camp 2. Ils devront y patienter quelques jours dans des conditions extrêmement éprouvantes.

45 Au cours de la journée du 13, Laforest passe du camp 2 au camp 4, combinant ainsi deux jours d'ascension en un seul. Au camp 4, situé à 8000 mètres d'altitude, l'air ne contient plus que 35 % d'oxygène et le froid est cinglant[5]. Dans ces conditions, il devient presque impossible de respirer, de boire, de manger, de dormir et de réfléchir.

50 Autour de minuit, le 14 mai, Laforest et un de ses compagnons branchent leur bouteille d'oxygène et quittent le camp 4 en direction du sommet tant convoité. La montée est exténuante[6] malgré le
55 supplément d'oxygène. Tous les dix pas, Laforest fait une pause de quelques minutes pour reprendre son souffle. Il faudra aux deux hommes plus de huit heures pour franchir les 800 derniers
60 mètres…

POUR MIEUX COMPRENDRE LE TEXTE

1 ⭐ Expliquez, en vous servant du contexte, ce qu'est un camp de base.

2 Qu'est-ce qu'un yack ?

3 a) À quelle <u>famille de mots</u> ce verbe appartient-il ?

b) Dans ce contexte, que veut dire *s'acclimater* ?

4 Qui sont les sherpas ?

5 Qu'est-ce qu'un froid *cinglant* a de particulier ?

6 Donnez un <u>synonyme</u> d'*exténuante*.

Le 15 mai 1991, à 8 h 35, Laforest devient le premier Québécois à atteindre le mythique[7] sommet. «J'ai peine à y croire. Brusquement, on ne peut plus aller plus haut. Au-dessus de nos têtes et tout autour, c'est le ciel. De tous côtés, le paysage fuit vers le bas. […] Mes yeux ne sont pas assez grands. Mon cœur n'est pas assez
65 large. J'éprouve une joie intense, nouvelle, plus parfaite que n'importe quel plaisir connu*», confie l'alpiniste. L'endroit mesure à peine un mètre sur quatre. Laforest y plante un drapeau du Québec et prend quelques photos.

Environ 45 minutes plus tard, Laforest entreprend sa descente. Ce n'est pas tout d'atteindre le sommet de l'Everest, encore faut-il en revenir vivant! «Une
70 partie de moi quitte à contrecœur le lieu de mon renouveau. L'autre partie prend brutalement conscience de se trouver à un des endroits les plus inhospitaliers[8] de la planète. Je suis tout à coup animé d'un sentiment d'urgence qui ne me quittera véritablement que de retour au camp de base. Je sens qu'il me faut revenir au pied de la montagne le plus rapidement possible, avant de manquer de forces. Il
75 n'y a pas une seconde à perdre*.»

À midi et demi, Laforest est redescendu au camp 4. Épuisé, il entre dans une tente et s'affale[9] sur des sacs de couchage. Ses forces l'ont quitté; il peut à peine bouger. Vers 14 heures, le vent se lève et une tempête s'abat sur la montagne. La nuit sera atroce: Laforest étouffe, ses muscles le font horriblement souffrir, ses
80 jambes sont secouées de terribles convulsions[10]. Dès les premières lueurs de l'aube, il reprend sa descente. «Mes premiers pas sont hésitants. Je suis à bout. Depuis des semaines, j'ai demandé à mon système de fonctionner en état d'asphyxie constante. Je lui ai demandé de tenir au-delà de ses capacités par moments. Je rassemble mes dernières énergies pour revenir vivant des limites du monde et
85 alors seulement je pourrai me reposer*.»

15 MAI, 8 H 35, SOMMET DE L'EVEREST

15 MAI, 12 H 30, CAMP 4

15 MAI, 14 H 00, CAMP 4

Vers 10 heures, le 16 mai, Laforest arrive au camp 2. Dans la tente-cuisine, on lui prépare un chocolat chaud. «L'estomac encore crispé, j'avale difficilement. Je me force néanmoins. Il y a plus de 40 heures que je n'ai bu quelque chose de chaud. Au bord de la nausée, je n'arrive pas à manger d'aliments solides*.» Vers
90 13 heures, il quitte le camp 2 et arrive au camp de base autour de 16 heures.

Laforest a réussi à atteindre le sommet de l'Everest et, surtout, à en revenir vivant. La fête de la victoire terminée, il est impatient de rentrer. «À mon retour, j'ai retrouvé dans la poésie tout le sens de ma quête**❚❚** et de mon amour de la montagne:

95 *Je ne parlerai pas, je ne penserai rien*
Mais l'amour infini me montera dans l'âme

(RIMBAUD, *Sensation*)*.»

Sources utilisées:
«Yves Laforest sur le toit du monde»,
Les Archives de Radio-Canada, [en ligne]. [Site
Web de Radio-Canada] (22 mai 1991),
et Yves Laforest, *L'Everest m'a conquis*, Montréal,
Les éditions internationales Alain Stanké, 2004.

* Les citations sont extraites de: Yves Laforest, *L'Everest m'a conquis*, Montréal, Les éditions internationales Alain Stanké, 2004, p. 227, 231-232, 239, 241 et 249.

POUR MIEUX COMPRENDRE LE TEXTE

7 Donnez un synonyme de *mythique*.

8 a) Dans l'adjectif *inhospitaliers*, dites ce que signifie le <u>préfixe</u> «in-».

   b) Donnez un synonyme d'*hospitalier* et expliquez le sens de l'adjectif *inhospitalier*.

9 Dans ce contexte, que signifie *s'affale*?

10 Qu'est-ce qu'une *convulsion*?

11 a) Dans ce contexte, que veut dire *quête*?

   b) À quelle <u>variété de langue</u> appartient le mot *quête* dans le sens employé ici?

Le sujet du texte

1. Quel est le sujet de ce texte? Choisissez parmi les GN ci-dessous.

   1) L'ascension de l'Everest

   2) L'ascension de l'Everest par le Québécois Yves Laforest

   3) Le Québécois Yves Laforest

2. a) Le titre *Un Québécois sur le toit du monde* révèle-t-il clairement le sujet du texte? Expliquez votre réponse.

   b) Proposez un autre titre qui coifferait bien ce texte. Tenez compte pour cela du sujet du texte que vous avez trouvé au numéro 1. Votre titre peut être un GN, une phrase, une phrase infinitive, etc.

La structure du texte

3. Dégagez la structure de ce texte descriptif. Faites cet exercice sur la copie qu'on vous remettra.

   a) Commencez par repérer l'introduction, le développement et la conclusion.

   b) Repérez ensuite les grandes sections du développement.

   c) Pour mieux voir la suite des actions, surlignez les **organisateurs textuels** qui, dans le développement, indiquent un déroulement dans le temps.

> Au besoin, consultez la stratégie **Comment reconnaître le sujet, les aspects et les sous-aspects dans un texte descriptif**, à la page 438.

L'exploit au jour le jour

4. Reconstituez l'exploit sportif d'Yves Laforest au jour le jour. Dans les cases du calendrier qu'on vous remettra, notez ses principales actions du début à la fin de son aventure.

Les citations

5. a) Repérez les cinq citations d'Yves Laforest. De quelle source proviennent-elles?

   b) Selon vous, qu'est-ce que ces citations ajoutent au texte?

Une fin tout en poésie

6. Quel sentiment d'Yves Laforest l'extrait du poème de Rimbaud traduit-il?

L'exploit d'Yves Laforest

7. Gravir l'Everest est une entreprise périlleuse: plusieurs alpinistes n'en reviennent jamais. Pensez-vous qu'Yves Laforest a agi avec prudence au cours de son expédition? Expliquez votre réponse à l'aide de trois passages du texte.

8. a) Quelles sont les qualités d'un athlète comme Yves Laforest?

   b) Laquelle de ces qualités aimeriez-vous développer? Qu'en feriez-vous?

Yves Laforest a fait un lien entre une expérience qu'il a vécue et le poème *Sensation* d'Arthur Rimbaud. Ce poème aurait-il des résonances dans votre propre vie ? Pour le savoir, lisez ce qui suit. Chemin faisant, vous croiserez **un jeune poète qui a réalisé un remarquable exploit**.

Sensation

Par les soirs bleus d'été, j'irai dans les sentiers,
Picoté par les blés, fouler❶ l'herbe menue :
Rêveur, j'en sentirai la fraîcheur à mes pieds.
Je laisserai le vent baigner ma tête nue.

5 Je ne parlerai pas, je ne penserai rien :
Mais l'amour infini me montera dans l'âme,
Et j'irai loin, bien loin, comme un bohémien❷,
Par la Nature, — heureux comme avec une femme.

Arthur Rimbaud,
«Sensation» (1870), *Poésies*.

POUR MIEUX COMPRENDRE LE TEXTE

❶ Que signifie le verbe *fouler* ?

❷ Dans ce contexte, qu'est-ce qu'un bohémien ?

INTERROGER LE TEXTE ET RÉAGIR

> Au besoin, consultez l'article **Poème**, à la page 370, pour la définition de *strophe* et de *vers*.

Une affaire de sens

9. **a)** Le titre de ce poème est *Sensation*. Quel sens est le plus sollicité dans ce texte ?

b) Relevez quatre mots dans la première strophe qui confirment votre réponse.

Une invitation au voyage

10. **a)** Ce poème annonce un départ. Durant quelle saison ce départ aura-t-il lieu ? Répondez par un passage du texte.

b) Quelle répétition de mots traduit le mieux la ferme intention du poète de partir ?

c) Ce sera un voyage long, sans but précis. Relevez le vers qui l'indique.

d) Qu'est-ce que le poète espère avoir trouvé au terme de ce voyage ?

L'exploit de Rimbaud

11. À partir de ce que vous avez appris sur lui, dites quel remarquable exploit Rimbaud a réalisé.

Des liens avec Rimbaud

12. **a)** Quels champs d'intérêt semblent rapprocher Yves Laforest et Arthur Rimbaud ?

b) Quels champs d'intérêt partagez-vous avec Rimbaud ?

c) Dans quelles circonstances la lecture du poème *Sensation* vous ferait-elle du bien ?

d) Faites comme Yves Laforest et recopiez dans votre *Journal culturel* les vers qui vous inspirent le plus.

RENDEZ-VOUS AVEC...

Arthur Rimbaud, l'auteur du poème *Sensation*

(poète français, 1854-1891)

Très tôt dans la vie, Arthur Rimbaud s'est distingué par ses succès scolaires… et ses fugues ! Il fuyait une mère autoritaire et Charleville, endroit qu'il détestait. En revanche, Paris l'attirait comme un aimant. Génie précoce, Rimbaud a écrit ses chefs-d'œuvre poétiques entre 15 et 19 ans. Il a ensuite mené une vie d'errance et d'aventures au cours de laquelle il s'est complètement désintéressé de ses activités littéraires. Pourquoi ce silence ? La question demeure…

En 2005, la journaliste française Florence Aubenas a été prise en otage. Comment a-t-elle traversé cette pénible épreuve ? Vous l'apprendrez dans le texte ci-dessous, qui a été rédigé à votre intention. Tout en continuant à **observer la construction d'un texte descriptif, vous découvrirez un exploit vécu de l'intérieur**.

Florence Aubenas
a tenu le coup

Les otages Florence Aubenas, grand reporter au quotidien français *Libération*, et Hussein Hanoun, son guide irakien, ont été libérés à Bagdad, le samedi 11 juin 2005, après 157 jours de détention. Suivez les traces de la journaliste, de son enlèvement à sa libération.

⁵ L'enlèvement

Le 5 janvier 2005, Florence et Hussein menaient des interviews à l'université de Bagdad, en Irak. Lorsqu'ils sont revenus à leur voiture vers 16 heures, quatre hommes les ont braqués avec une arme de poing. Après avoir accusé Hussein de leur avoir volé de l'argent, ils ont emmené les deux 10 otages pour, prétendaient-ils, procéder à des vérifications. Au bout d'une heure, Florence et son guide ont appris qu'ils avaient été kidnappés. On les a alors séparés, puis Florence a été transférée dans une deuxième maison pour la nuit. Le lendemain, elle a été 15 conduite là où elle restera enfermée pendant plus de cinq mois.

La descente aux enfers

Une fois rendue là, Florence a enfilé le survêtement qu'elle portera durant toute sa détention. Les 20 geôliers■ l'ont ensuite fait descendre dans une cave, un endroit humide et sans lumière, mesurant 4 m de long sur 2 m de large et 1,5 m de haut. Des gouttes tombaient du plafond et il n'y avait presque pas d'aération. On lui a désigné sa place: un matelas de 25 mousse. Au cours de sa longue captivité, Florence fera tout sur ce matelas: dormir, manger, attendre... Interdiction de le quitter ou de trop bouger dessus.

Florence **AUBENAS**

disparue à Bagdad

depuis le 5 janvier 2005

| LIBÉRATION | REPORTERS SANS FRONTIÈRES |

POUR MIEUX COMPRENDRE LE TEXTE

■ Qu'est-ce qu'un geôlier ?

Au début, les conditions de détention de Florence étaient si dures qu'elle craignait pour sa vie. Journaliste expérimentée, elle savait que les otages sont habituelle-
30 ment détenus dans des conditions normales. Or, elle était détenue dans des conditions extrêmement sévères: yeux bandés, tête recouverte, ruban adhésif sur la bouche, pieds et poings liés. En plus, on l'accusait d'être une espionne. À cause de tout cela, Florence était convaincue qu'on allait l'exécuter ou la transférer à un autre endroit.

35 Après une semaine environ, on a installé un autre prisonnier dans la cave. Son nom: *Numéro 5*. Son matelas se trouvait à 90 cm de celui de Florence. Interdiction formelle**❷** de se parler. Les deux otages ont d'ailleurs été battus à deux reprises, on disait qu'ils avaient échangé quelques mots. C'était faux, évidemment.

Le quotidien réinventé

40 Au fil des premiers mois, la routine s'est établie. Florence, qui a été rebaptisée Leïla puis *Numéro 6*, sortait de la cave deux fois par jour pour aller aux toilettes et une fois par mois pour prendre une douche. On lui apportait un peu de nourriture trois fois par jour, surtout du riz, qu'elle se débrouillait pour manger les mains liées. Elle avait toujours faim ou elle était malade. Florence n'avait pas le droit de parler,
45 sauf pour répondre à ses gardiens. Quand elle bougeait un peu trop sur son matelas, on la punissait en supprimant un de ses maigres repas ou en lui ligotant les mains dans le dos (au lieu de devant), ce qui était douloureux. Une fois de temps en temps, on sortait Florence de la cave pour qu'elle tourne des vidéos, sortes de preuves de vie destinées à l'ambassade française. Elle disait le texte qu'on lui
50 imposait. Elle apparaissait fatiguée, amaigrie et demandait de l'aide.

Le temps s'écoulait lentement, mais Florence s'occupait la tête pour garder le moral. «La vie dans une cave, [...] c'est à la fois très long à vivre et très court à raconter. Ce que je faisais, c'était compter. Je comptais les jours, je comptais les minutes [...], je comptais tout*», a-t-elle déclaré lors de la conférence de presse
55 qu'elle a donnée devant ses collègues journalistes le 14 juin 2005. Elle comptait les 24 pas qu'elle faisait chaque jour pour aller aux toilettes, les 80 mots qu'elle échangeait chaque jour avec les gardiens. Pour tenir le coup, elle se disait aussi que chaque jour était son dernier
60 jour de captivité, qu'elle allait sortir de là.

La période des négociations

Début mars, le chef des ravisseurs est devenu euphorique**❸**: une vidéo de Florence passait
65 enfin sur toutes les télévisions. Pour récompenser Florence, on lui a délié les mains... Le chef lui a alors annoncé qu'elle serait libre dans une semaine.

Onze jours après cette annonce, Florence
70 attendait toujours dans la cave, oscillant entre

---

* Florence Aubenas, «La vie dans une cave, c'est très long à vivre et très court à raconter», *Libération*, [en ligne]. [Site Web de *Libération*] (14 juin 2005)

l'espoir et la déception... Les négociations avaient pris du retard, mais on continuait de lui dire que tout serait terminé dans une semaine.

À la fin mars, le chef des ravisseurs a dit à Florence qu'il devait changer de tactique et que la détention serait encore longue. «J'attendais et les jours s'égrenaient en petites choses, en température qui monte de degré en degré parce que l'été arrive. Il fait 50 °C, le type en face de moi a de plus en plus chaud et moi aussi. Ça se poursuit. Je comprends que des négociations continuent**.»

Au début du mois de juin, on a fait sortir *Numéro 6* et *Numéro 5* de la cave. Les otages ont senti un changement d'attitude. On leur a enlevé le bandeau sur les yeux. Cette fois, c'était les gardiens qui étaient masqués. À cette occasion, Florence a vu Hussein et a compris que, tout ce temps, c'était lui qui se trouvait sur l'autre matelas à 90 cm d'elle dans la cave. Les otages ont figuré dans une dernière vidéo et sont redescendus dans la cave.

La libération

Le 11 juin, Florence et Hussein sont remontés de la cave pour la dernière fois. «*Today Paris*», leur a-t-on annoncé. On leur a donné des vêtements propres, du thé, du poulet grillé. On leur a rendu leurs effets personnels; ils avaient été gardés dans un sac de plastique. Dans le sac à main de Florence, il ne manquait rien. Une vieille voiture est arrivée. On a bandé les yeux des otages. Ils sont montés dans la voiture. Au bout d'un long moment, la voiture s'est arrêtée. La portière s'est ouverte, des bras ont tiré Florence dehors et lui ont arraché son voile. C'était un officier des services français de renseignements. Il répétait à Florence que tout était fini.

Le dimanche 12 juin, Florence est de retour en France, amaigrie, mais souriante. Elle a passé la première nuit dans les locaux du ministère de la Défense où elle a raconté son épreuve aux agents des services de sécurité. Le lendemain, elle est rentrée à Paris, chez elle. Dans son appartement, tout était là, rien n'avait bougé. Elle a pu reprendre sa vie. Ce soir-là, elle est allée faire un tour à la rédaction de *Libération*. Elle a tenu à saluer ses camarades de travail comme si tout était normal...

Sources utilisées:
Libération, Les Archives du *Nouvel Observateur* et la vidéo
de la conférence de presse de Florence Aubenas, *Le Monde*, [en ligne].
[Sites Web de *Libération*, du *Nouvel Observateur* et du quotidien *Le Monde*] (14 et 15 juin 2005)

** Florence Aubenas, «J'attendais et les jours s'égrenaient en petites choses», *Libération*, [en ligne]. [Site Web de *Libération*] (14 juin 2005)

POUR MIEUX COMPRENDRE LE TEXTE

2 Qu'est-ce qu'une interdiction *formelle* a de particulier?

3 Quel sentiment une personne *euphorique* éprouve-t-elle?

Florence
Aubenas
en compagnie
de son guide,
Hussein
Hanoun.

Florence Aubenas en compagnie de son guide, Hussein Hanoun.

INTERROGER
LE TEXTE ET RÉAGIR

Une terrible agression

13. Être pris en otage, c'est subir une terrible agression. En vous appuyant sur les informations du texte, dressez la liste de ce que les preneurs d'otages ont volé à Florence pendant sa captivité.

L'exploit de Florence

14. a) Quel est l'exploit de Florence Aubenas ?

b) Quelles sont les deux stratégies qu'elle a utilisées pour y arriver ?

La structure du texte et les organisateurs textuels

15. Retracez l'organisation de ce texte sur le document qu'on vous remettra. Vous verrez se dérouler étape par étape l'épreuve de Florence Aubenas.

Les subordonnées circonstancielles

16. Pour préciser quand s'est déroulé un évènement, dans quel but et pourquoi, on peut utiliser la <u>subordonnée circonstancielle</u>. Apprenez à reconnaître les sens exprimés par cette subordonnée en faisant l'exercice qu'on vous remettra.

Votre réaction

17. Florence Aubenas et Yves Laforest ont, tous les deux, fait preuve d'un remarquable courage. Si vous deviez décerner une médaille de courage à une de ces deux personnes, laquelle choisiriez-vous ? Pourquoi ? Répondez par écrit en quelques lignes.

Une personne peut-elle **se dresser contre une injustice et déclencher de profonds changements sociaux**? Oui! Cela s'est passé aux États-Unis, il n'y a pas si longtemps. Pour lever le voile sur un exploit qui a connu un retentissement mondial, lisez le texte ci-dessous. Il vous servira de **modèle pour décrire un exploit**.

Un petit geste pour une grande cause

1   **Un jour, Rosa Parks est fatiguée. Sa journée de travail n'a pas été plus dure que d'habitude, non, ce n'est pas ça. Ce jour-là, Rosa est fatiguée de subir l'humiliation, de suivre sans protester les ordres des Blancs.**

1er décembre 1955: un geste lourd de conséquences

2   Tout a commencé le 1er décembre 1955 à Montgomery, en Alabama, aux États-Unis. Après sa journée de travail, Rosa Parks, une couturière de 42 ans, monte dans l'autobus qui la ramène chez elle. Elle s'assoit dans l'une des rangées du milieu avec d'autres Noirs. Quelques arrêts plus loin, des Blancs montent à leur tour. Quand le chauffeur ordonne à Rosa Parks de céder sa place à l'un d'eux, elle refuse.

3   Pour saisir toute la portée de ce refus, il faut savoir qu'à l'époque, dans le sud des États-Unis, une loi imposait la ségrégation raciale **1** (la séparation des Noirs et des Blancs) dans les endroits publics et dans les transports. Dans les autobus de Montgomery, par exemple, les quatre premiers rangs étaient réservés aux Blancs. Les Noirs devaient s'asseoir dans le fond. Pour ne pas traverser la zone réservée aux Blancs, les Noirs montaient payer leur passage, puis descendaient et remontaient dans l'autobus par les portes d'en arrière… Les Noirs pouvaient s'asseoir au milieu de l'autobus, à moins que des Blancs ne revendiquent **2** ces places.

4   Étant donné que le refus de Rosa Parks est illégal **3**, le chauffeur appelle la police! Rosa Parks est alors arrêtée et emprisonnée. C'est la goutte qui fait déborder le vase…

Rosa Parks en 1999. «Elle s'est assise pour que nous puissions nous tenir debout», a dit d'elle le révérend Jesse Jackson.

POUR MIEUX COMPRENDRE LE TEXTE

1 En vous servant du texte, dites ce qu'est la ségrégation raciale.

2 Donnez un synonyme de *revendiquer*.

3 a) Dans l'adjectif *illégal*, quel est le sens du préfixe «il-»?

    b) Que signifie *légal*? Que veut donc dire *illégal*?

Jusqu'en 1956, Noirs et Blancs occupent des places distinctes dans les transports en commun aux États-Unis. Cette photo, où l'on voit Rosa Parks assise à l'avant de l'autobus, a été prise à la fin de 1956.

2 décembre 1955 :
une communauté scandalisée

5   La communauté noire de Montgomery est scandalisée par l'arrestation de Rosa Parks, une digne et honnête femme. Dès le lendemain de son arrestation, des défenseurs des droits humains organisent un mouvement de protestation : ils distribuent des milliers de tracts[4] pour inviter les Noirs de Montgomery à boycotter[5] le transport en autobus le 5 décembre.

5 décembre 1955 :
une journée mouvementée

6   Le 5 décembre 1955 est une journée mémorable dans l'histoire de Montgomery. Premièrement, ce jour-là, les autobus sont presque vides parce que la communauté a largement répondu à l'appel au boycottage. Deuxièmement, Rosa Parks subit son procès. Elle est reconnue coupable d'avoir violé la loi et condamnée à payer une amende de 14 $. Troisièmement, la communauté noire de Montgomery, piquée au vif par la condamnation de Rosa Parks, fonde la Montgomery Improvement Association (MIA). Cette association sera présidée par le jeune Martin Luther King[6], alors peu connu. Finalement, la MIA propose de poursuivre le boycottage des autobus jusqu'à ce que la ségrégation dans ce moyen de transport soit interdite.

7   Le boycottage est un franc succès. À partir du 5 décembre 1955, les Noirs de Montgomery marchent, pédalent, font du covoiturage, mais ne prennent plus l'autobus. Puisque les Noirs forment 75 % de la clientèle de la compagnie de transport, cette dernière frôle la faillite. Malgré les actes d'intimidation perpétrés**7** par des Blancs (arrestations, agressions, dynamitage de maisons de leaders de la MIA, etc.), le boycottage se poursuit jusqu'au 20 décembre 1956.

13 novembre et 20 décembre 1956 : deux grandes victoires

8   La lutte de Rosa Parks et de sa communauté prend tout son sens lorsque, le 13 novembre 1956, la Cour suprême des États-Unis annule la loi imposant la ségrégation dans les transports. Le 20 décembre 1956, la même cour ordonne aux compagnies de transport de mettre ce jugement en pratique. Après 381 jours, le boycottage des autobus peut enfin cesser. Ces deux victoires seront suivies par d'autres qui mèneront, en 1964, à l'interdiction de la discrimination dans tous les lieux publics aux États-Unis.

9   Aujourd'hui, environ un demi-siècle après les évènements de Montgomery, la discrimination raciale semble avoir beaucoup reculé, mais la situation est loin d'être parfaite. La route sera-t-elle encore longue avant que tous les humains puissent vivre librement ? À qui revient-il de continuer l'œuvre de Rosa Parks ?

Sources utilisées :
Le Devoir, Édition Internet, [en ligne].
[Site Web du quotidien *Le Devoir*] (26 octobre, 29 octobre et 4 novembre 2005),
et le magazine *Time*, dossier «The Most Important People of the Century», [en ligne].
[Site Web du magazine *Time*] (Juin 1999)

POUR MIEUX COMPRENDRE LE TEXTE

4 Qu'est-ce qu'un tract ?

5 Dans le contexte, que signifie *boycotter* ?

6 Qui était Martin Luther King ? Trouvez des informations dans un dictionnaire.

7 Donnez un synonyme de *perpétrés*.

8 a) Donnez un nom de la même famille que *emblématique*.

   b) Qu'est-ce qu'une figure *emblématique* a de particulier ?

9 Que sont les *droits civiques* ?

DES HOMMAGES POUR ROSA PARKS

À cause de son geste de défi et de ce qu'il a déclenché, Rosa Parks est devenue la figure emblématique**8** de la lutte pour la défense des droits humains. Considérée comme la mère du mouvement moderne des droits civiques**9**, elle a reçu d'innombrables hommages et récompenses. On lui a notamment décerné la Médaille présidentielle de la liberté en 1996 et la Médaille d'or du Congrès en 1999. La même année, le magazine *Time* a inscrit Rosa Parks sur la liste des 100 personnalités marquantes du XXe siècle. Rosa Parks est décédée en octobre 2005.

Rosa Parks est la toute première femme ▷ dont la dépouille a été exposée dans la rotonde du Capitole à Washington.

Un exploit à cerner

18. L'exploit présenté dans le texte va bien au-delà du geste de défi de Rosa Parks.

  a) Quel est précisément cet exploit ?

  b) Qui l'a réalisé ?

  c) Quel a été le rôle de Rosa Parks dans toute cette affaire ?

19. Retracez, étape par étape, l'exploit de Rosa Parks et de la communauté noire de Montgomery sur le document qu'on vous remettra.

Des informations en plus

20. On a joint une capsule informative à ce texte (page 159). Cette capsule n'est pas absolument nécessaire à la compréhension de l'exploit de Rosa Parks. Qu'est-ce qu'elle apporte de plus au texte ?

Vos valeurs

21. a) Quelles sont les principales valeurs véhiculées dans ce texte ?

  b) Lesquelles partagez-vous ? Pourquoi ?

La subordonnée circonstancielle de temps et le mode du verbe

22. a) Trouvez, aux paragraphes 2, 6, 8 et 9, quatre phrases qui contiennent une subordonnée circonstancielle de temps et recopiez-les.

  b) Dans chacune de ces phrases, soulignez la subordonnée et encerclez le subordonnant.

  c) Avec lesquels de ces subordonnants le verbe de la subordonnée est-il au subjonctif ?

L'autobus dans lequel se serait déroulée l'arrestation de Rosa Parks se trouve aujourd'hui au musée Henry Ford de Dearborn, dans le Michigan. Il est exposé devant un portrait géant de Rosa Parks.

Écrire un texte décrivant un exploit remarquable.

Vous rédigerez un texte décrivant un exploit réalisé par une personne ou un groupe. Cela peut être un exploit sportif, artistique, scientifique, un exploit vécu de l'intérieur, etc. Inspirez-vous des textes que vous venez de lire ou de ceux qui vous sont proposés dans votre *Recueil de textes*.

La recherche d'information

1. Une fois que vous aurez choisi un exploit, documentez-vous sur celui-ci. Les stratégies **Comment faire de la recherche d'information**, à la page 452, et **Comment annoter un texte ou prendre des notes**, à la page 433, vous aideront à organiser votre travail.

La réalisation

2. Prenez le temps d'analyser soigneusement la situation d'écriture. La stratégie **Comment analyser une situation d'écriture**, à la page 451, vous rappellera comment faire.

3. Votre texte comptera entre 250 et 300 mots et il s'adressera à des jeunes de votre âge. Ce sera un texte descriptif organisé en étapes:
   - il comportera une **introduction**, un **développement** et une **conclusion**;
   - le développement sera divisé en trois grandes étapes au moins, et chacune sera annoncée par un **intertitre**;
   - des **organisateurs temporels** permettront de suivre aisément le fil des évènements (vous soulignerez ces organisateurs à la mine).

4. Votre texte contiendra aussi les éléments suivants:
   - un **titre** qui révélera clairement le sujet;
   - au moins une courte **citation**, dont vous donnerez la source en bas de page;
   - au moins deux **subordonnées circonstancielles** (vous les soulignerez en bleu);
   - une courte **capsule informative** coiffée d'un titre.

   > Consultez la stratégie **Comment citer des paroles et des idées à l'écrit**, à la page 460, pour bien intégrer la citation.

5. Après le paragraphe de conclusion, mentionnez les deux ou trois sources principales utilisées pour écrire votre texte. À ce sujet, consultez la stratégie **Comment rédiger une référence bibliographique**, à la page 462.

La révision et l'amélioration de votre texte

6. Révisez votre texte au fur et à mesure que vous rédigez. Au besoin, consultez la stratégie **Comment réviser un texte**, à la page 464. Servez-vous également des stratégies utiles pour réviser, corriger et améliorer un texte, que vous trouverez aux pages 464 à 476.

D'AUTRES rendez-vous...

Découvrez d'autres exploits remarquables...

RECUEIL DE TEXTES

Le dépassement de soi vu par un poète : « *Pendant longtemps…* »

Un facteur qui a risqué sa vie pour manifester contre le racisme : *Ballade de Bill Moore.*

Deux jeunes qui affrontent leurs peurs : *Descente dans le ventre du Grand Serpent.*

Des animaux courageux : *Héros québécois à quatre pattes.*

Retour

Autoévaluation

Lorsque c'est possible, répondez à l'aide des termes d'évaluation :
Beaucoup / Assez / Un peu / Pas du tout.

POINTS À ÉVALUER

1. Après le travail effectué dans cette séquence, je sais mieux :
   a) reconnaître un texte descriptif divisé en étapes ;
   b) suivre le développement d'un texte grâce aux organisateurs temporels ;
   c) repérer et construire des subordonnées circonstancielles ;
   d) comprendre le sens exprimé par les subordonnants.

2. Après avoir fait les activités de cette séquence, je suis plus en mesure de :
   a) trouver le sujet d'un texte ;
   b) repérer l'information importante dans un paragraphe.

3. J'ai participé activement aux discussions en classe.

4. Dans le texte descriptif que j'ai écrit, j'ai réussi…
   a) à présenter les différentes étapes de la réalisation d'un exploit ;
   b) à rendre le développement facile à suivre pour mes lecteurs et lectrices.

5. a) Le défi à relever m'a permis de mettre à profit les habiletés suivantes : ■.
   b) Voici une difficulté que j'ai éprouvée dans l'activité finale et la façon dont je l'ai surmontée : ■.

6. Les textes que j'ai lus dans cette séquence m'ont donné le goût d'en apprendre davantage sur différents exploits.

Les organisateurs temporels

1. Relevez, dans le texte suivant, les organisateurs temporels.

UNE RANDONNÉE EN MONTAGNE, ÇA SE PRÉPARE

La veille du départ, le randonneur se renseigne sur les conditions météo, prévoit son itinéraire, informe ses proches de cet itinéraire, prépare ses provisions et son sac à dos, vérifie l'état de ses chaussures de marche et choisit les vêtements qu'il portera le lendemain.

5   Avant de partir, le randonneur inspecte son matériel une dernière fois et fait quelques étirements pour assouplir les muscles de ses jambes.

Pendant la randonnée, le marcheur boit régulièrement et grignote des aliments sains et riches en énergie. Lorsqu'il en a besoin, il s'arrête quelques minutes pour se reposer et admirer le paysage. S'il aperçoit les traces d'un ours, il fait du bruit pour
10 annoncer sa présence et éviter de surprendre la bête.

Quand il revient de sa randonnée, le marcheur étire doucement les muscles de ses jambes. Il continue de bien s'hydrater et de s'alimenter sainement. S'il en a envie, il se glisse dans un bon bain chaud !

---

2. À partir des notes présentées dans l'encadré ci-dessous, rédigez un court texte décrivant la série d'exploits de Lynn Hill, l'une des femmes les plus populaires du monde de l'escalade. Prenez soin de tisser le fil des évènements en ajoutant les organisateurs temporels nécessaires. Soulignez-les dans votre texte.

1987-1992	Gagne plus de 30 compétitions.
1990	Termine la saison championne du monde *ex æquo* avec Isabelle Patissier.
1992	Met un terme à la compétition. Veut élargir ses horizons.
1994	Revient en force après un sérieux entraînement. Réussit, en moins de 24 heures, la première ascension libre du Nose, une paroi de 1000 mètres située aux États-Unis et à laquelle les meilleurs alpinistes rêvent de s'attaquer.

La subordonnée circonstancielle

3. Dans les phrases suivantes, les subordonnées circonstancielles sont en couleur.

a) Repérez les subordonnants qui les introduisent.

b) Indiquez si ces subordonnants expriment le temps, le but ou la cause.

1) Ellen MacArthur a été anoblie par la reine d'Angleterre parce qu'elle a réussi, en 2005, le tour du monde à la voile en solitaire le plus rapide de l'histoire.

2) Le parcours d'Ellen a commencé alors qu'elle n'était encore qu'une enfant.

3) La petite Ellen a dû grimper au sommet du mât de 30 mètres tandis que les vents se déchaînaient.

4) Elle avait d'abord mis le trimaran dos aux vagues pour éviter qu'il encaisse les chocs de face.

5) La navigatrice n'a jamais retardé une manœuvre parce qu'elle était trop fatiguée.

6) Quand le bateau a besoin d'elle, Ellen est toujours là pour lui.

7) La jeune navigatrice repartira dès que les conditions le permettront.

4. a) Trouvez, dans le texte suivant, les quatre subordonnées circonstancielles.

   b) Repérez les subordonnants qui les introduisent.

   c) Dites si ces subordonnants expriment le temps, le but ou la cause.

Tandis qu'il contemple l'étendue du lac Saint-Jean, Martin Bédard, citoyen de Roberval et nageur accompli, imagine un exploit sportif grandiose : une traversée à la nage des 32 km qui séparent Péribonka de Roberval. Bédard parle de son idée à plusieurs personnes. Les gens ne le prennent pas au sérieux parce qu'on croit l'exploit
5 irréalisable. Malgré les objections, Bédard tient mordicus à son idée. Lorsque sept nageurs (dont une femme) prennent le départ de la toute première traversée du lac Saint-Jean, Bédard a gagné son pari. Jacques Amyot, un nageur exceptionnel, réussira à terminer cette première traversée. Depuis qu'elle a acquis un caractère international, cette traversée, qui figure parmi les six épreuves sportives les plus difficiles
10 au monde, attire les meilleurs nageurs de longue distance de la planète.

Le mode du verbe dans la subordonnée circonstancielle

5. Dans les phrases suivantes, conjuguez les verbes entre parenthèses au mode qui convient. Tenez compte du type de subordonnée et du subordonnant pour faire votre choix.

   1) **(voir)** Pendant que l'alpiniste ▇ aux derniers préparatifs, les porteurs commencent à charger le matériel.

   2) **(voir)** Ses guides ont balisé le sentier pour qu'il le ▇ bien.

   3) **(être)** Il reste encore bien des choses à voir avant que tout ▇ prêt pour le grand départ.

   4) **(remettre)** Il ne vente pas assez pour qu'il ▇ à plus tard la montée vers le deuxième camp.

   5) **(avoir)** Les alpinistes s'arrêtent un court instant parce qu'ils ▇ du mal à marcher à cette altitude.

   6) **(avoir)** L'alpiniste en chef décide de s'arrêter pour la nuit pour que tous les membres de l'équipe ▇ le temps de s'acclimater.

   7) **(aller)** Les alpinistes font halte afin que les porteurs ▇ chercher le reste du matériel.

   8) **(aller)** Les alpinistes font halte pendant que les porteurs ▇ chercher le reste du matériel.

SÉQUENCE 2

Dans le feu de l'action

Cris. Urgence. S.O.S. Un accident est si vite arrivé ! Que faire ? Dans les romans, comme dans la vie, des gens déploient des trésors de courage, d'ingéniosité et de solidarité pour porter secours aux victimes et cela donne souvent des histoires palpitantes.

Au cours de cette séquence, vous lirez deux de ces histoires. D'abord, celle de Jeanne, une mère affolée par la disparition de son fils. Ensuite, celle de Stéphane, de Rachel et des autres, des adolescents qui voient un des leurs courir un grave danger. **N'écoutant que leur courage, ces héros et ces héroïnes tenteront l'impossible pour venir en aide aux victimes. Le travail d'équipe et l'entraide** leur seront d'un précieux secours.

Cette séquence vous donnera l'occasion de lire et d'apprécier des **récits à suspense.** Vous verrez, dans ces récits, que le **ton**, la **ponctuation expressive** et d'autres moyens peuvent **traduire les émotions des personnages, créer du suspense** et nous **donner des sueurs froides.**

DÉFI !

Au terme de **cette séquence, vous écrirez les péripéties d'une histoire de sauvetage. Vous ferez** ensuite une **lecture expressive de votre création** pour **les élèves de la classe.** En relevant ce défi, vous développerez, entre autres, votre habileté à travailler en équipe.

La journée avait pourtant bien commencé… Tout à coup, le malheur a frappé… La situation est rapidement devenue critique… Il fallait agir, et vite! Ces phrases annoncent souvent des récits de sauvetage. Pour plonger dans le feu de l'action, faites l'activité ci-après en équipe. À la fin, **vous présenterez oralement le résultat de votre échange d'idées** à la classe.

Utilisez cette photo et les questions qui l'accompagnent pour imaginer une histoire de sauvetage. Organisez votre discussion pour que chaque membre de l'équipe prenne la parole. Nommez un ou une porte-parole qui présentera à la classe l'histoire imaginée par votre équipe.

1. Observez attentivement cette scène et placez-y des personnages. Vous pouvez vous servir des questions suivantes pour vous guider.
   • Qui sont les personnages? Combien sont-ils? Que font-ils à cet endroit?

2. Pensez maintenant à un évènement qui vient tout bouleverser et qui constitue une menace pour un des personnages.

3. Imaginez la suite des évènements et une fin heureuse. Servez-vous des questions suivantes pour vous guider.
   • Comment les personnages réagissent-ils? Que font-ils pour porter secours au personnage en détresse?

À cause de leur manque d'expérience, les enfants font parfois des **actions lourdes de conséquences**. Qu'est-il arrivé à Nicolas? Jeanne le retrouvera-t-elle? Pour le savoir, lisez le texte suivant. Les **péripéties que vous observerez** pourront vous donner des idées pour votre propre récit de sauvetage.

Nicolas, où es-tu?

À l'automne 1672, Nicolas, le jeune fils de Simon de Rouville,
regarde son père et le Huron Anonkadé partir à la chasse.
Son chien Miraud et lui sont visiblement déçus de ne pas suivre les deux hommes.
Pendant ce temps, Jeanne s'affaire dans la maison.

Avec sa vigueur habituelle, la jeune femme prépare des galettes de maïs. [...] À midi, une délicieuse odeur de pâte chaude emplit la cabane. Jeanne ouvre la porte et appelle Nicolas, le gourmand, que l'heure des repas arrache toujours à ses jeux fascinants.

5 Cette fois, aucun cri ne parvient à attirer le gamin. Même le sifflement strident**❶** qui donne des ailes à Miraud ne produit aucun résultat.

Inquiète, Jeanne fait le tour de la maison, son mousquet**❷** à la main. Le cœur serré, elle s'approche de la berge. Le canot est là, mais pas 10 Nicolas. Même si le petit garçon se cachait, par dépit**❸** de ne pas avoir été invité à la chasse, son chien encore indiscipliné répondrait aux sifflements de Jeanne, qui lui réserve toujours de délicieuses surprises.

POUR MIEUX COMPRENDRE LE TEXTE

❶ Comment un son strident est-il?

❷ Qu'est-ce qu'un mousquet?

❸ Comment une personne qui éprouve du dépit se sent-elle?

15   Franchement angoissée, la jeune femme habille Isabelle, met sa cape grise et, le fusil chargé sur l'épaule, elle s'avance dans le sentier, appelant et s'arrêtant souvent pour écouter. Bientôt, elle doit prendre dans ses bras la fillette fatiguée. Ainsi encombrée, Jeanne parcourt tous les endroits familiers où Nicolas aurait pu se réfugier.

20   Au pied du gros chêne, la chercheuse❹, pleine d'espoir, dépose la petite fille endormie dans sa cape et, se rappelant les fugues de sa jeunesse, elle décide de grimper à son tour. Peut-être Nicolas a-t-il là-haut un navire ou un château, malgré son jeune âge? Elle ne voit pas comment il aurait pu atteindre la première fourche qui est hors de sa portée à elle, mais sait-on jamais? Du fils de l'ingénieux Simon,
25 on peut tout attendre.

    De son épouse aussi, car bientôt, Jeanne a appuyé une grosse branche morte sur le tronc et, retrouvant toute l'agilité de ses dix ans, elle grimpe dans l'arbre avec assurance. […] De la cime, on voit au loin le ruban brillant de la rivière qui serpente, faisant une boucle devant le domaine de Rouville. Elle doit se rendre à
30 l'évidence. Nicolas ne peut être dans le chêne.

    Déçue, Jeanne reprend ses recherches vaines. Deux fois, elle retourne à la cabane, espérant y retrouver un rescapé repentant❺. Vers cinq heures, elle croise dans le bois Gansagonas qui revient, chargée comme un mulet.

    La Huronne❻ accueille sans changement d'expression la nouvelle de la dispa-
35 rition de Nicolas. Elle dépose son fardeau, se penche sur le sentier, inspecte le sous-bois et annonce dans un grognement:

— Pas de pistes. Feuilles mortes cachent. Soir venir. Nous rentrer.

Fermement, la femme enlève des bras de Jeanne la fillette qui pleure doucement, depuis
40 des heures, consciente de la nervosité de sa mère adoptive.

Mais Jeanne, épuisée, ne peut se résoudre à abandonner Nicolas. Elle revoit la petite forme frêle[7], les yeux pâles, si semblables à ceux de
45 Simon. Une pluie fine se met à tomber, et l'idée de l'enfant, seul dans la forêt terrifiante, la remplit d'horreur.

Elle laisse dans la cabane Gansagonas et Isabelle, et glissant dans sa poche quelques galettes
50 et un morceau de viande froide, la jeune femme repart dans la nuit tombante. Inspirée soudain, elle escalade de nouveau le vieux chêne. Fermement calée sur la plus haute branche, elle prend le mousquet qui a tellement entravé[8] son avance
55 et en tire un coup en l'air. Rechargeant aussi rapidement que possible, dans sa position instable, elle tire ainsi deux autres coups, espérant que, de cette hauteur, l'écho non étouffé par les arbres portera aux chasseurs[9] son appel de détresse.

60 Avant de redescendre, elle grignote une galette, relevant son capuchon pour se protéger de la pluie tenace. Où pourrait se réfugier un petit garçon déçu d'avoir été mis au rancart[10] ? Essayant de retrouver son âme d'enfant, Jeanne réfléchit.

65 Soudain, elle pense au ravin très profond qu'ils ont longé un jour avec Simon. Celui-ci a annoncé en montrant le fond du gouffre, cent pieds plus bas :

— L'hiver, parfois, des orignaux et des che-
70 vreuils tombent dans ce trou et s'enfoncent dans la neige molle. On retrouve leurs squelettes au printemps.

Se pourrait-il que Nicolas, à qui rien n'échappe, ait décidé d'aller tout seul chercher
75 lui aussi son orignal ? Jeanne agrippe ses jupes et court entre les branches, se hâtant avant la complète noirceur. Confiante qu'elle saura s'orienter dans un bois, comme elle l'a fait tant de fois, sur les talons de son grand-père, l'imprudente ne
80 pense pas à sa propre sécurité ni aux menaces de la forêt canadienne […].

POUR MIEUX COMPRENDRE LE TEXTE

4 Le GN *la chercheuse* est une **reprise d'information**. Que reprend ce GN ?

5 a) Le GN *un rescapé repentant* est une reprise d'information. Que reprend ce GN ?

b) ☆ Que signifie *repentant* ?

6 Le GN *La Huronne* est une reprise d'information. Que reprend ce GN ?

7 ☆ Donnez un **synonyme** de *frêle*.

8 ☆ Dans ce contexte, que signifie le verbe *entraver* ?

9 De quels chasseurs est-il question ici ?

10 ☆ Prise au **sens figuré** comme ici, que signifie l'expression *mettre au rancart* ?

Emportée par son zèle, elle manque de plonger tête première dans le ravin qu'elle cherche.

Son mousquet, qui s'accroche à une branche, l'arrête, un pied dans le vide.
85 Elle entend, beaucoup plus bas, la chute des cailloux qu'elle a délogés.

Penchée sur le gouffre, elle appelle encore:

— Nicolas. Nicolas.

Sa voix claire résonne longuement dans la nuit, signalant aux Indiens, s'il y en a, la présence d'une Blanche téméraire.

90 Jeanne siffle maintenant le son modulé qui attire toujours Miraud. De très loin, un aboiement étouffé lui parvient, à peine perceptible. Attentive, la chercheuse répète son appel et perçoit la même réponse. Miraud est quelque part en bas, au fond du ravin, et Nicolas aussi probablement. Peut-être le petit garçon est-il inconscient, ou blessé, ou même mort? Avec un frisson, Jeanne voit, comme s'il était 95 devant elle, le petit corps sans vie, fracassé sur les pierres.

Les yeux de la jeune femme, maintenant habitués à l'obscurité, discernent des buissons, des roches qui parsèment ici et là la descente en pente raide. Il lui faut emprunter ce chemin hasardeux. Que faire du mousquet? S'en encombrer ou l'abandonner? Le danger, en bas, n'en est pas un auquel on fait face avec une 100 arme. C'est l'agilité qui prime maintenant.

Elle accroche le fusil à une branche et, rejetant en arrière sa cape lourde de pluie, elle se retourne, se met à quatre pattes et recule dans la pente de plus en plus à pic. Les branches mouillées s'échappent de ses doigts crispés, les pierres roulent sous ses gros souliers et cascadent sous ses genoux écorchés. Souvent, elle 105 glisse à plat ventre, cherchant désespérément à ralentir sa chute. Il semble à Jeanne que cette descente aux enfers dure depuis des heures.

Les mains en sang, la figure éraflée, les cheveux hérissés, elle se retrouve à genoux au fond du ravin, les oreilles emplies des sanglots de sa 110 respiration haletante. Péniblement redressée, elle siffle de nouveau, doucement.

La réponse étranglée lui arrive de si près qu'elle sursaute de terreur. Elle entend dans la nuit noire les battements de la queue de Miraud 115 et les efforts désespérés du chien pour la rejoindre. La corde avec laquelle Nicolas le retient dans le bois, pour l'empêcher de courir après les lièvres, doit être coincée quelque part.

POUR MIEUX COMPRENDRE LE TEXTE

11 a) Quel est l'infinitif du verbe *geint* ?

   b) Donnez un synonyme de ce verbe.

12 ⭐ Que veut dire *providentiellement* ?

13 ⭐ Si les rayons sont tamisés, alors comment l'éclairage est-il ?

14 Dans ce contexte, qu'est-ce qu'un *trousseau* ?

15 En vous aidant du contexte, expliquez à quoi sert une *attelle*.

Guidée par le bruit, la jeune femme avance, les mains étendues devant elle, 120 traînant ses pieds sur le sol. Elle trébuche sur des pierres, enjambe des troncs d'arbre renversés et fait détaler à grand bruit un petit animal nocturne aussi surpris qu'elle-même. Miraud geint**11** sans arrêt, dirigeant ses recherches aveugles.

Finalement, elle le rejoint près d'un énorme arbre mort. Comme prévu, sa corde est enroulée à une branche. La langue chaude lèche sa figure et ses mains 125 pendant que, à quatre pattes, elle tâte autour du chien en appelant doucement :

— Nicolas. Où es-tu, Nicolas ? N'aie pas peur, c'est maman. Nicolas, réponds-moi.

— Maman, murmure une petite voix tremblante.

Avec un cri de joie, Jeanne entoure de ses bras la forme frêle étendue entre deux grosses roches.

130 — Tu me fais mal, gémit le petit garçon en pleurant. Maman, je ne veux plus chasser. Ramène-moi à la maison.

Providentiellement**12**, la lune surgit à ce moment, illuminant d'un éclat vague le fond du gouffre où même ses rayons arrivent tamisés**13**. Avec des mains aussi légères que possible, la jeune mère inspecte l'enfant des pieds à la tête. Il est trempé, 135 fiévreux et, d'après ses plaintes et l'angle de son poignet, il a un bras cassé. Jeanne réalise très bien qu'il ne saurait être question de le déplacer avant le jour. Elle s'occupe donc résolument à organiser leur veille.

Encore une fois, elle met à contribution un des six grands mouchoirs de son trousseau**14**. Si Louis XIV savait comme ses cadeaux sont utiles, il s'en réjouirait, 140 pense-t-elle, en fabriquant une attelle**15** avec des branches droites et le carré de coton. Elle déchire un coin de son jupon et essuie la figure brûlante du petit qui se cramponne à elle. En écartant les branches de l'arbre mort près duquel Nicolas a roulé, elle découvre sous cet abri de fortune un endroit relativement sec. Elle y installe le blessé dans sa cape dont elle bénit maintenant l'ampleur encombrante.

145 Imitant un geste de Gansagonas, elle replie une feuille d'arbre et, patiemment, en tendant son bras dans la pluie qui augmente, elle recueille quelques gouttes d'eau qui désaltèrent l'enfant. Ils partagent la galette qui reste et la viande froide dont Miraud a une part.

Puis, Jeanne appelle le chien qui vient se serrer contre eux. Blottis tous les trois
150 dans la cape de la fille du Roy, les réfugiés transis[16] attendent le lever du jour. Nicolas délire par moments et, d'autres fois, il tremble de peur. Jeanne lui raconte à
voix basse toutes les histoires amusantes de son répertoire. Bientôt, la tête bouclée
du petit retombe lourdement sur le bras maternel qui l'enveloppe. La jeune femme
compte les heures, écoute les frémissements des ténèbres et retrouve, malgré ses
155 inquiétudes et son inconfort, la sérénité[17] qu'elle aimait tant d'une nuit en forêt.

Oubliant ses résolutions de monter une garde farouche, elle s'endort à son
tour, épuisée.

C'est devant le tableau touchant de sa femme et de son fils, sales et ensanglantés,
endormis dans les bras l'un de l'autre, que Simon se retrouve au matin. Miraud ne
160 bouge pas, conscient, semble-t-il, de son rôle calorifique[18].

Les chasseurs ont couru le bois toute la nuit, alertés par les coups de feu lointains. Les pistes que le jour levant a permis de déchiffrer et le mousquet accroché
à un arbre ont conduit les sauveteurs au fond du ravin.

Anonkadé remonte avec Nicolas attaché sur son dos. Simon tire et pousse
165 Jeanne, dont l'agilité le surprend, pour escalader la falaise abrupte. En plein jour,
prise de vertige, la jeune femme bénit la nuit noire qui lui
a caché les dangers de la descente. Son mari insiste pour
la porter dans ses bras jusqu'à la cabane et, même si elle
peut très bien faire le trajet à pied, Jeanne s'abandonne
170 contre la poitrine robuste où le cœur de son mari bat
encore à grands coups.

Suzanne Martel, *Jeanne, fille du Roy*, Montréal, Les Éditions Fides,
coll. «Grandes histoires», 1992, p. 147 à 154.

POUR MIEUX COMPRENDRE LE TEXTE

[16] Que veut dire *transis* ?

[17] Donnez un synonyme de *sérénité*.

[18] Que produit un corps calorifique ?

Le schéma narratif

1. Reconstituez les cinq étapes du <u>schéma narratif</u> de ce récit en répondant aux questions qu'on vous remettra.

L'art de créer du suspense

2. Pour créer du suspense, l'auteure multiplie les obstacles. Examinez ceux qui se dressent dans la première péripétie.

   a) Qu'est-ce qui ralentit Jeanne durant l'après-midi? Citez un passage à l'appui de votre réponse.

   b) La température favorise-t-elle les recherches? Pourquoi?

   c) Qu'est-ce qui a failli se passer à l'arrivée de Jeanne au ravin?

   d) La descente dans le ravin est-elle difficile ou facile? Citez un passage qui le montre.

3. Pour montrer la gravité de la situation dans la troisième péripétie, l'auteure décrit minutieusement tous les soins que Jeanne prodigue à son fils. Reconstituez l'enchaînement des actions de Jeanne.

   • Voici la première action: *Elle inspecte l'enfant.*

   Remarque: Toutes vos réponses seront de courtes phrases composées d'un <u>sujet</u> et d'un <u>prédicat</u>.

> Vous devriez trouver une douzaine d'actions en plus de celle qui vous est donnée.

Une héroïne avertie

4. Que fait Jeanne pour aviser Simon et Anonkadé de sa détresse?

5. En partant chercher Nicolas en pleine forêt à la tombée du jour et sous la pluie battante, Jeanne a pris des risques.

   a) Quels dangers Jeanne courait-elle?

   b) A-t-elle pris des risques inutiles ou des risques calculés? Expliquez votre réponse.

   c) En quoi Jeanne et Nicolas ont-ils montré du courage, chacun à leur manière?

Une situation vécue

6. Avez-vous déjà vécu une situation semblable à celle de Jeanne ou de Nicolas? Par exemple, avez-vous cherché désespérément une personne ou un animal, ou avez-vous fait l'objet de recherches intensives de la part de vos proches? Racontez ces recherches en quelques lignes.

> Puisque vous racontez votre histoire, faites-le à l'aide d'un <u>narrateur</u> personnage.

Si vous n'avez pas vécu une situation semblable, choisissez une de celles données en exemple et imaginez ce qui aurait pu arriver.

L'accord de l'adjectif

7. Pour décrire les sentiments de Jeanne et son état, l'auteure utilise des adjectifs. Expliquez l'accord des adjectifs en couleur dans les phrases suivantes.

Suivez la démarche proposée dans la stratégie **Comment vérifier les accords dans le GN**, à la page 473.

1) Franchement angoissée, la jeune femme habille Isabelle, met sa cape grise et, le fusil chargé sur l'épaule, elle s'avance dans le sentier, appelant et s'arrêtant souvent pour écouter. (Lignes 15 à 17.)

2) Ainsi encombrée, Jeanne parcourt tous les endroits familiers où Nicolas aurait pu se réfugier. (Lignes 18 et 19.)

3) Déçue, Jeanne reprend ses recherches vaines. (Ligne 31.)

4) Inspirée soudain, elle escalade de nouveau le vieux chêne. (Lignes 51 et 52.)

5) Fermement calée sur la plus haute branche, elle prend le mousquet. (Lignes 52 à 54.)

6) Emportée par son zèle, elle manque de plonger tête première dans le ravin qu'elle cherche. (Lignes 82 et 83.)

7) Penchée sur le gouffre, elle appelle encore. (Ligne 86.)

8) Péniblement redressée, elle siffle de nouveau, doucement. (Lignes 110 et 111.)

La virgule

8. Expliquez l'emploi des virgules surlignées dans les phrases suivantes. Au besoin, consultez le tableau portant sur la virgule dans l'article **Ponctuation**, à la page 378.

1) Elle dépose son fardeau, se penche sur le sentier, inspecte le sous-bois. (Lignes 35 et 36.)

2) Les mains en sang, la figure éraflée, les cheveux hérissés, elle se retrouve à genoux au fond du ravin. (Lignes 107 et 108.)

3) Où es-tu, Nicolas ? (Ligne 126.)

4) Maman, murmure une petite voix tremblante. (Ligne 127.)

5) Tu me fais mal, gémit le petit garçon en pleurant. (Ligne 130.)

6) Encore une fois, elle met à contribution un des six grands mouchoirs de son trousseau. (Lignes 138 et 139.)

RENDEZ-VOUS AVEC...

Suzanne Martel, l'auteure du roman *Jeanne, fille du Roy*
(auteure québécoise, née en 1924)

De son enfance, Suzanne Martel garde un goût pour le jeu et le bricolage. Adulte, c'est avec les mots qu'elle joue, et c'est dans les livres qu'elle expose ses trouvailles. Elle a écrit de nombreux romans sur toutes sortes de sujets, mais avoue un penchant pour le roman historique et la science-fiction. Elle est l'auteure, entre autres, des *Montcorbier*, une série historique dont le succès ne se dément pas auprès des jeunes.

vers le **DÉfi!**

Au cours d'une promenade, **un drame éclate** et la vie de Sim est menacée. Comment ses amis réagiront-ils? Céderont-ils à la panique? Conserveront-ils leur sang-froid? Tout au long de votre lecture, **observez les réactions des personnages devant le danger.** Voyez également **comment l'auteur s'y prend pour créer du suspense.** Vous aurez à utiliser des moyens semblables dans votre récit de sauvetage.

AU SECOURS!

En compagnie de ses amis, Sim parcourt les rives de la baie James en motoneige. Tout à la joie de la promenade, il quitte la piste et s'élance sur la surface glacée de la baie. Soudain, la glace cède et Sim disparaît.

— NOOOON!!

Stéphane entendit le hurlement avant de se rendre compte que c'était lui qui avait crié. Il arracha instinctivement son casque et se mit à courir. Mais il ne fit pas trois pas: quelqu'un le retenait par derrière.

5   — Tu vas couler toi aussi! lui criait Rachel.

C'en était trop pour Stéphane. Les cris et l'agitation. Le vent froid de la baie qui lui balayait le visage. Et le grand trou noir à l'endroit où son meilleur ami se trouvait quelques minutes plus tôt…

Il fut pris de panique et éclata en sanglots. Il sentait ses larmes lui brûler les 10   joues. Il regarda Mélanie et s'aperçut qu'elle hurlait.

Puis il vit une forme s'agiter dans l'eau. Quelque chose faisait surface. Une tête, puis un bras qui battait l'air.

Sim!

Stéphane essaya à nouveau d'avancer, mais Rachel le retenait toujours d'une main ferme. Il chercha à se dégager, mais Paul l'empoigna lui aussi.

— Pas de panique, compris? cria Paul. Autrement, on va tous couler avec lui. Il faut faire les choses de la bonne façon!

Paul avait l'air parfaitement sûr de lui. Stéphane ne l'avait jamais entendu parler sur ce ton. Il cessa de se débattre.

Sim était nu-tête; il avait dû perdre son casque en passant à travers la glace. Et il nageait! Ou du moins, il essayait… Avec sa lourde combinaison et ses grosses mitaines, il pouvait à peine bouger. Mais il réussit à atteindre la surface gelée et à s'y agripper.

— À L'AIDE! cria-t-il.

Stéphane sentit ses larmes durcir sur son visage. Elles étaient en train de geler. Le vent s'était levé et il faisait vraiment très froid.

— Dispersez-vous! ordonna Paul. Il faut se placer en éventail et marcher lentement vers lui. Si on avance en file, on va s'enfoncer!

Paul leur indiqua où se placer et ils commencèrent à avancer. Paul marchait en tête, en direction de Sim, qui s'accrochait désespérément à la glace.

— Sortez-moi d'ici! Sortez-moi d'ici!!!

Au bout d'un moment, Rachel rebroussa chemin vers le rivage. Stéphane n'osait pas la regarder. Elle devait avoir peur. Il ne pouvait pas la blâmer; il était lui-même terrifié. Mais avant même qu'ils soient à mi-chemin du trou où se trouvait Sim, elle était de retour avec les bâtons de hockey et les patins. «Mais qu'est-ce qui lui prend? se demanda Stéphane. Sim est en train de se noyer et elle veut jouer au hockey? Elle est devenue folle ou quoi?»

— Bonne idée, Rachel, dit Paul.

Stéphane n'en croyait pas ses yeux ni ses oreilles. Comment Paul pouvait-il rester aussi calme et affirmer que c'était une «bonne idée»?

— À L'AIIIIDE!! cria encore Sim.

Ils étaient suffisamment proches pour distinguer son visage, lorsque Paul leva la main pour leur faire signe de s'immobiliser. Stéphane pouvait lire la terreur dans les yeux de son ami. Il n'avait qu'à le regarder pour savoir que Sim croyait sa dernière heure venue: il allait se noyer sous leurs yeux pendant que ses amis resteraient là, impuissants, à le regarder.

La voix de Sim vibrait■ d'angoisse et de colère.

— MAIS AIDEZ-MOI DONC!!

Sim essaya de grimper sur la glace, mais elle se brisa sous son poids. Il retomba dans une gerbe d'eau glacée, puis refit surface, les cheveux collés sur la tête.

— Aide-moi, Stéphane, je t'en supplie!!

— Lâche pas, Sim! cria Paul. On va te sortir de là! Tiens bon, et n'essaie pas de grimper sur la glace. Tu la brises!

— Aidez-moi!! Je vais mourir!!!

55 Paul fit signe aux autres de ne pas le suivre, puis fit un pas en tâtant la glace du bout du pied avant d'y mettre tout son poids. Il attendit quelques secondes avant de poser l'autre pied loin à côté, avec la même lenteur prudente. Il avança doucement aussi près du trou que possible.

60 Stéphane regarda autour de lui, cherchant désespérément quelque chose à faire pour se sentir utile. Il aperçut Rachel assise sur la glace, les bâtons de hockey rassemblés devant elle. Elle délaçait un des patins aussi vite que possible.

Elle leva les yeux, calme et résolue.

— Occupez-vous des autres, ordonna-t-elle.

65 — Quoi ?

— Occupez-vous des autres patins. On a besoin des lacets.

Stéphane et Mélanie entreprirent  de délacer les autres patins à la hâte. Rachel
70 avait déjà attaché deux bâtons ensemble. Elle prit le lacet que lui tendait Stéphane et le noua à l'autre extrémité pour solidifier son assemblage. Mélanie se leva et commença à faire la même chose avec son
75 lacet. Elle semblait savoir quoi faire, tandis que Stéphane se contentait de regarder; il se sentait totalement inutile.

C'est alors que Sim lança un hurlement déchirant. C'était à vous glacer le sang dans les veines. Stéphane eut un frisson. Il se rendit compte qu'il pleurait encore. Il
80 avait les joues brûlantes et était absolument incapable de penser clairement. Son meilleur ami était en train de se noyer et il ne pouvait rien y faire.

— Tiens-moi les jambes ! lui cria Paul.

— Quoi ?

— Tiens-moi les jambes ! répéta-t-il. Il avait l'air furieux.

85 Paul s'étendit à plat ventre et rampa jusqu'à Sim. Il jeta un coup d'œil impatient derrière lui. Stéphane lui saisit les jambes et se mit à ramper avec lui.

Sim essayait encore de se hisser ❸ hors de l'eau. Mais il brisait la glace et retombait.

— Reste tranquille ! lui ordonna Paul. La glace pour-
90 rait céder jusqu'ici !

Il avait aboyé son ordre d'un ton tellement impérieux ❹ que Sim cessa enfin de se débattre.

Paul regarda Rachel. Elle était prête. Elle lui tendit les bâtons et Paul les fit glisser doucement devant lui.
95 Il lui en aurait fallu au moins un autre pour atteindre Sim.

POUR MIEUX COMPRENDRE LE TEXTE

❶ Donnez un synonyme de *vibrait*.

❷ Quel est l'infinitif du verbe *entreprirent* ? À quel temps est-il conjugué ici ?

❸ Que veut dire *se hisser* ?

❹ À l'aide du contexte, expliquez ce qu'est un ton impérieux.

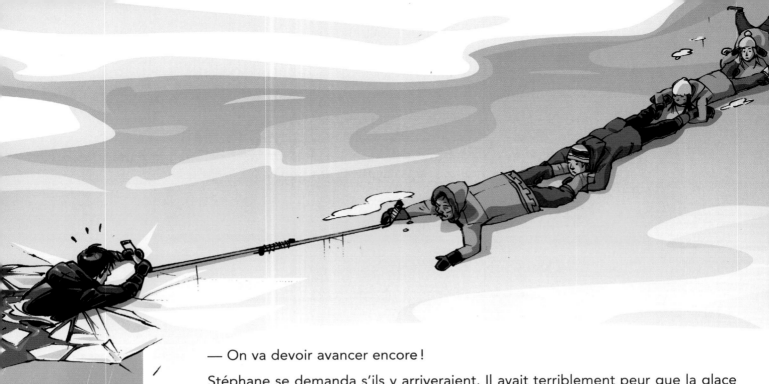

— On va devoir avancer encore !

Stéphane se demanda s'ils y arriveraient. Il avait terriblement peur que la glace ne cède. Il sentait son cœur battre tellement fort qu'il avait l'impression que tout son corps en tremblait. Il imaginait la réaction de ses parents s'ils apprenaient qu'ils avaient tous disparu dans la baie et qu'il ne restait plus rien d'eux, à part deux motoneiges et un grand trou noir. Ils ne sauraient même pas que c'était à cause de la stupidité de Sim.

Il sentit quelqu'un lui saisir les jambes. Il regarda derrière lui. C'était Rachel, dont Mélanie encerclait les jambes à son tour.

— Vas-y ! cria Rachel à Paul. On te retient !

Paul reprit sa progression à plat ventre, suivi de Stéphane et des filles. Ils avançaient doucement, glissant sur la glace comme un long serpent, et la palette du premier bâton se rapprochait peu à peu de Sim.

— Accroche-toi ! cria Paul à Sim. Mais ne tire pas ! Laisse-nous faire tout le travail ! Toi, tu te contentes de tenir le bâton solidement et de te laisser glisser hors de l'eau, d'accord ?

Sim ne criait plus. Il était terrifié. Paul était son seul espoir.

— D'ac-c-cord ! sanglota-t-il.

Il pleurait comme un bébé, mais Stéphane ne pouvait pas le blâmer : il pleurait lui aussi.

Paul avança encore un peu. Sim attrapa le bâton d'une main avec sa grosse mitaine. Il avait une bonne prise.

— Lâche la glace ! ordonna Paul.

— Je peux pas[5] ! cria Sim, d'une voix remplie de terreur.

— Il le faut !

— J'ai peur !

Tout à coup, une voix retentit derrière Stéphane.

— Lâche, Sim! cria Rachel. Ça va aller!

125 Il y eut un bref silence, puis Sim lâcha la glace et s'agrippa des deux mains au bâton.

— Tiens bon! lança Paul.

Paul se tourna vers Stéphane et les autres.

— Maintenant, tout le monde tire. Doucement!

130 Ils commencèrent à tirer tous ensemble, reculant lentement, centimètre par centimètre.

Sim prit appui sur la glace. On entendit un long craquement sinistre, et la glace céda sous son poids. Il retomba dans l'eau.

— Laisse-toi glisser! cria Paul. Sans remuer! Contente-toi de t'accrocher et de te 135 laisser glisser!

Ils recommencèrent à tirer, Sim sortit partiellement de l'eau. La glace craqua à nouveau dans un bruit terrible. Stéphane ferma les yeux… mais il ne se passa rien. La glace tenait.

Ils tirèrent encore. Sim émergea encore un peu plus. Il avait maintenant le torse 140 tout entier hors de l'eau. Il avait la bouche grande ouverte, comme s'il allait hurler, mais il n'en sortait pas un son.

— Encore un coup! ordonna Paul. Un petit coup et ça y est!

Stéphane sentit quelqu'un lui tirer violemment les jambes. Il n'en revenait pas de la force des deux filles étendues derrière lui. Il tira de toutes ses forces et sentit que 145 Paul tirait aussi.

— Il est sorti!

Paul roula sur le dos, haletant[6]. Sim était complètement hors de l'eau, étendu sur la glace. Il rampait dans leur direction, tenant toujours le bâton.

Ils le ramenèrent vers eux. Dès qu'il le put, Paul tendit le bras, saisit les mains de 150 Sim et le tira rapidement vers lui.

— Dispersez-vous de nouveau! ordonna-t-il. On pourrait s'enfoncer.

Stéphane recula rapidement. Sim essayait tant bien que mal de se relever. Il suffoquait, hoquetait et tremblait de tous ses membres. Paul, resté à ses côtés, le remit sur ses pieds. Tous s'éloignèrent lentement du trou.

155 Sim pleurait à gros sanglots. Il ne pouvait tout simplement pas s'arrêter. Il braillait comme un veau[7] et semblait incapable de reprendre son souffle. Mais il était vivant!

«Dans combien de temps est-ce qu'il va mourir 160 de froid?» se demanda Stéphane.

Roy MacGregor, *La baie de tous les dangers: Les Carcajous III*, traduit de l'anglais par Marie-Josée Brière, Montréal, Boréal, 1998, p. 71 à 78.

POUR MIEUX COMPRENDRE LE TEXTE

5 Cette phrase est dite dans la <u>langue familière</u>. Récrivez-la en langue standard.

6 Que signifie *haletant*?

7 a) Cette expression figée a été légèrement modifiée. Quelle est l'expression originale?

b) Que signifie-t-elle?

Le tour de l'histoire

9. Retracez les grandes étapes de cette histoire en répondant aux questions qui suivent.

a) L'histoire s'ouvre sur un drame. À quelle étape du schéma narratif cela correspond-il?

b) Que s'est-il passé?

c) Qui est témoin du drame?

d) Une opération de sauvetage s'organise. Quel personnage la dirige?

e) En gros, en quoi consiste la stratégie des sauveteurs?

f) Comment cette histoire se termine-t-elle…
- pour Sim?
- pour Stéphane?

10. Les sauveteurs doivent s'y prendre à trois reprises pour atteindre leur but. Pour chacune des tentatives:

a) dites en quoi consiste l'intervention; ⟵ *Donnez votre réponse sous la forme d'une **phrase infinitive**.*

b) précisez qui intervient;

c) donnez le résultat de cette intervention.

PREMIÈRE TENTATIVE:
lignes 1 à 19.

DEUXIÈME TENTATIVE:
lignes 82 à 96.

TROISIÈME TENTATIVE:
lignes 97 à 146.

Les réactions et les sentiments des personnages

11. a) Quel sentiment habite **Sim** presque jusqu'à la fin de l'extrait?

b) Relevez quatre passages qui traduisent ce sentiment de Sim.

12. a) Au début, quand il voit ce qui arrive à son meilleur ami, **Stéphane** hurle de terreur et panique. Un peu plus tard, il se sent inutile. Comment ce sentiment se nomme-t-il?

b) Relevez deux passages du texte qui traduisent ce sentiment de Stéphane.

13. a) **Paul** est le responsable de l'expédition. Quel rôle joue-t-il dans le sauvetage?

b) Entre les lignes 14 et 46, relevez trois phrases qui vous donnent raison.

c) Expliquez en quoi le comportement de Paul, entre les lignes 82 et 92, peut sembler dur.

14. a) Quel rôle **Rachel** joue-t-elle dans cette aventure?

b) Quelle idée de génie Rachel a-t-elle au cours du sauvetage?

c) Qu'a-t-elle réussi que Paul n'arrivait pas à faire?

La cohérence des actions et des réactions

15. Pour qu'un récit soit cohérent, les actions et les réactions des personnages ne doivent pas se contredire.

a) Une fois hors de danger, Sim pleure comme un gamin. Cette réaction vous semble-t-elle appropriée ? Expliquez votre réponse.

b) La dureté apparente de Paul s'accorde-t-elle avec son rôle ? Expliquez votre réponse.

Transmettre les sentiments des personnages

16. a) Pour chacune des phrases suivantes dites par Sim, précisez quelle marque graphique montre l'intensité des sentiments du personnage.

1) Aidez-moi !! Je vais mourir !!! (Ligne 54.)
2) MAIS AIDEZ-MOI DONC !! (Ligne 48.)
3) À L'AIIIIDE !! (Ligne 41.)
4) D'ac-c-cord ! (Ligne 114.)

b) Dans les phrases suivantes, dites quels moyens l'auteur utilise pour montrer l'intensité des sentiments du personnage.

> **Attention !**
> Il ne s'agit pas ici de relever des marques graphiques comme en a.

1) NOOOON !! (Ligne 1.)
2) Sortez-moi d'ici ! Sortez-moi d'ici !!! (Ligne 31.)

17. Le ton employé par les personnages sert aussi à véhiculer leurs émotions.

> Il y a trois verbes à relever.

a) Parmi les verbes de parole placés en **incise**, lesquels indiquent le ton sur lequel les paroles ont été prononcées ?

b) Quels verbes de parole reviennent le plus souvent ? Expliquez pourquoi l'auteur a privilégié ces deux verbes.

c) Relevez l'incise dans laquelle le verbe de parole a une **expansion**. Soulignez cette expansion.

d) Dites à quoi sert cette expansion.

Des échanges très brefs

18. Dans les dialogues, les répliques sont très courtes. Pourquoi ?

Le système verbal du passé

19. a) Ce récit est écrit dans le **système verbal** du passé. Relevez la première phrase qui contient un verbe au passé simple.

> Le passé simple prouve que le récit est écrit dans le système du passé.

b) Relevez les sept autres verbes utilisés à ce temps entre les lignes 1 et 10.

20. Dans les descriptions, l'auteur utilise l'imparfait. Relevez les verbes à l'imparfait dans les passages descriptifs suivants et précisez ce qui est décrit dans chacun de ces passages.

a) Passage entre les lignes 98 et 103.

b) Passage entre les lignes 139 et 141.

c) Passage entre les lignes 155 et 158.

21. a) À quels temps les verbes sont-ils conjugués entre les lignes 110 et 112 ?

b) Pourquoi ne sont-ils pas tous au passé simple ?

Vous et les personnages

22. a) Quand il voit Sim disparaître, Stéphane se précipite vers le trou dans la glace au risque de sa vie. Que pensez-vous de cette réaction ?

b) Si vous avez déjà vécu une situation difficile comme celle de Sim, racontez à vos camarades comment vous avez réagi une fois tout danger écarté. Avez-vous réagi comme Sim ou autrement ?

c) De quel personnage vous sentez-vous le plus proche ? Pourquoi ?

Votre appréciation

23. a) Cette histoire traite d'amitié. Quelle est l'autre valeur humaine dominante ?

b) Dans quelles activités quotidiennes avez-vous l'occasion de mettre en pratique cette valeur ?

De nouvelles connaissances

24. Comment la lecture de cet extrait a-t-elle enrichi vos connaissances ?

La virgule dans les échanges de paroles

25. a) Dites à quoi servent les virgules surlignées dans les deux répliques ci-dessous.

— Bonne idée, Rachel, dit Paul. (Ligne 38.)

— Occupez-vous des autres, ordonna-t-elle. (Lignes 63 et 64.)

b) Dites à quoi elles servent dans ces deux répliques.

— Bonne idée, Rachel, dit Paul. (Ligne 38.)

— Aide-moi, Stéphane, je t'en supplie !! (Ligne 51.)

LE SAVIEZ-VOUS ?

Une expression figée est une suite de mots qu'on utilise telle quelle, sans la modifier. Les expressions figées peuvent être des comparaisons (*pleurer comme un veau*), des proverbes (*Qui ne risque rien n'a rien.*), des périphrases (*la Ville éternelle* : Rome) ou des expressions employées au sens figuré (*faire d'une pierre deux coups*).

Écrire les péripéties d'une histoire de sauvetage et lire sa création devant la classe.

Imaginez une activité qui réunit des jeunes, puis une menace qui pèse sur la vie de l'un d'eux. Racontez le sauvetage de la victime, inventez des péripéties palpitantes, des sauveteurs intrépides et une fin heureuse. Inspirez-vous des histoires que vous venez de lire ou de celles que vous lirez dans votre *Recueil de textes*.

VOLET PRODUCTION ÉCRITE

La préparation

1. **a)** Formez une équipe de trois personnes. Ensemble, précisez les éléments de la situation initiale et l'élément déclencheur de votre histoire. Même si vous n'avez pas à les écrire, vous devez y réfléchir pour inventer une suite cohérente.

   b) Planifiez ensuite les réactions des personnages et les différentes péripéties du sauvetage. Pensez à créer du suspense dans chaque partie.

   > Pour mener à bien cette tâche, travaillez à partir des deux documents qu'on vous remettra.

La rédaction

2. À partir des idées trouvées à l'étape de la préparation, chaque membre de l'équipe écrit sa partie de texte. Chaque partie comptera entre 150 et 200 mots. Le texte de l'équipe comptera donc entre 450 et 600 mots.

   Remarque: Pour que le texte soit le plus cohérent possible, écrivez à tour de rôle.

3. Votre récit sera écrit dans le système verbal du passé. Le narrateur pourra être un narrateur omniscient, comme dans les récits de cette séquence, ou un narrateur personnage, comme dans le court récit que vous avez fait.

4. Le texte de l'équipe contiendra les éléments suivants:

   - au moins un court passage dialogué avec des répliques contenant une incise;
   - des interpellations;
   - des marques graphiques et divers moyens qui traduisent les sentiments des personnages, par exemple une ponctuation expressive (points de suspension, d'exclamation, d'interrogation), des mots écrits en majuscules, des répétitions, etc.

   > Pensez à varier les verbes de parole dans les incises.

La révision et l'amélioration de votre récit

5. Une fois la rédaction terminée, faites une lecture collective pour vous assurer de la cohérence de l'ensemble. Prêtez particulièrement attention aux éléments suivants :

- le système verbal : assurez-vous qu'il est le même tout au long du texte ;

- les personnages : assurez-vous que leurs réactions sont appropriées compte tenu de la situation et de leur caractère ;

- le ton des personnages : assurez-vous qu'il convient à la situation et à ce que vivent les personnages.

> Consultez la stratégie **Comment vérifier que le texte est cohérent**, à la page 466.

6. Avant la mise au propre, consultez les stratégies utiles pour réviser, corriger et améliorer un texte aux pages 464 à 476. Prenez le temps de bien vérifier les accords et soignez la ponctuation.

VOLET PRODUCTION ORALE

7. En équipe, exercez-vous à lire à haute voix votre passage. Assurez-vous de parler assez fort et à la bonne vitesse. Soulignez les passages les plus dramatiques en utilisant le ton qui convient.

8. Avant la lecture, résumez rapidement le début de votre histoire (la situation initiale et l'élément déclencheur) à vos camarades.

VOLET ÉCOUTE

9. Pendant votre présentation, vos camarades écouteront et évalueront votre lecture.

D'AUTRES rendez-vous...

Lisez des récits de sauvetages palpitants et vibrez aux émotions des personnages...

> Un jeune paysan pris dans le tourbillon d'un champ de bataille pour sauver celle qu'il aime: *Un drapeau blanc*.

> Des secouristes qui s'empressent autour d'une fillette menacée par la noyade: *In extremis*.

> Un garçon handicapé qui traverse les lignes ennemies pour chercher du secours: *Le conquérant*.

> Un soldat allemand qui sauve une jeune Juive pendant la guerre: *Chante, Luna*.

Retour

Autoévaluation

Lorsque c'est possible, répondez à l'aide des termes d'évaluation:
Beaucoup / Assez / Un peu / Pas du tout.

POINTS À ÉVALUER

1. Après le travail effectué dans cette séquence, je sais mieux:
   a) reconstituer le schéma narratif d'un récit;
   b) reconnaître le système verbal dans lequel est rédigé un récit;
   c) utiliser les bons temps verbaux dans un récit au passé;
   d) ponctuer les phrases.

2. Après avoir fait les activités de cette séquence, je suis plus en mesure de:
   a) reconnaître les réactions des personnages dans un récit;
   b) apprécier un récit à suspense.

3. a) J'ai participé activement à la lecture expressive de nos péripéties.
   b) Voici un aspect que je devrai améliorer lors de la prochaine lecture expressive: ▬.

4. a) Je considère que le récit que nous avons écrit, mes camarades et moi, était réussi.
   b) Voici pourquoi: ▬.

5. a) J'ai trouvé intéressant d'écrire les péripéties en équipe.
   b) Voici une difficulté vécue par l'équipe: ▬.
   c) Voici un élément qui a assuré le succès de la collaboration: ▬.

6. Les récits que j'ai lus et entendus dans cette séquence m'ont donné le goût d'en lire d'autres.

Temps d'arrêt

Le système verbal du passé

1. Les passages suivants ont été écrits dans le système verbal du présent. Transposez-les dans le système verbal du passé. Conjuguez les verbes demandés aux temps requis.

> Pensez à accorder chaque verbe avec son sujet.

1) Jeanne ⬛a la porte et ⬛b Nicolas, le gourmand, que l'heure des repas ⬛c toujours à ses jeux fascinants.

   Cette fois, aucun cri ne ⬛d à attirer le gamin. Même le sifflement strident qui ⬛e des ailes à Miraud ne ⬛f aucun résultat.

a) ouvrir	c) arracher	e) donner	f) produire
b) appeler	d) parvenir		

2) Franchement angoissée, la jeune femme ⬛a Isabelle, ⬛b sa cape grise et, le fusil chargé sur l'épaule, elle ⬛c dans le sentier, appelant et s'arrêtant souvent pour écouter. Bientôt, elle ⬛d prendre dans ses bras la fillette fatiguée.

a) habiller	b) mettre	c) s'avancer	d) devoir

3) Finalement, elle le ⬛a près d'un énorme arbre mort. Comme prévu, sa corde ⬛b enroulée à une branche. La langue chaude ⬛c sa figure et ses mains pendant que, à quatre pattes, elle ⬛d autour du chien en appelant doucement:

   — Nicolas. Où ⬛e-tu, Nicolas? N'⬛f pas peur, c'⬛g maman. Nicolas, ⬛h-moi.
   — Maman, ⬛i une petite voix tremblante.

a) rejoindre	d) tâter	f) avoir	h) répondre
b) être	e) être	g) être	i) murmurer
c) lécher			

4) Avec des mains aussi légères que possible, la jeune mère ⬛a l'enfant des pieds à la tête. Il ⬛b trempé, fiévreux et, d'après ses plaintes et l'angle de son poignet, il ⬛c un bras cassé.

a) inspecter	b) être	c) avoir

5) Imitant un geste de Gansagonas, elle ⬛a une feuille d'arbre et, patiemment, en tendant son bras dans la pluie qui ⬛b, elle ⬛c quelques gouttes d'eau qui ⬛d l'enfant. Ils ⬛e la galette qui ⬛f et la viande froide dont Miraud ⬛g une part.

   Puis, Jeanne ⬛h le chien qui ⬛i se serrer contre eux. Blottis tous les trois dans la cape de la fille du Roy, les réfugiés transis ⬛j le lever du jour.

a) replier	d) désaltérer	g) avoir	i) venir
b) augmenter	e) partager	h) appeler	j) attendre
c) recueillir	f) rester		

La virgule

2. Composez des phrases qui comporteront les éléments demandés ci-dessous. N'oubliez pas de placer des virgules là où il en faut.

   a) Une réplique avec l'incise «*dit Manuel en pleurant*» placée à la fin.

   b) Une phrase avec l'interjection «*nom d'un chien!*» placée à la fin.

   c) Une réplique avec l'interpellation «*mon amour*» placée au début.

   d) Une phrase avec le complément du nom «*un brave garçon*» placé après un nom propre.

3. Dans chacune des phrases ci-dessous, il manque une ou deux virgules.

   a) Récrivez ces phrases et ajoutez-y les virgules qui manquent.

   b) En vous aidant du tableau de la page 378, expliquez à quoi servent les virgules que vous avez ajoutées.

   Exemple : ○ Après une heure de marche nous sommes arrivés dans la clairière.
   Après une heure de marche, nous sommes arrivés dans la clairière.
   La virgule isole un complément de phrase placé en tête de phrase.

   1) ○ Mara embêtée se demandait quels champignons étaient comestibles.

   2) ○ C'est un champignon mortel ma foi !

   3) ○ Lâche ce champignon m'ordonna sèchement notre guide.

   4) ○ Quelques minutes plus tard nous avons trouvé des champignons comestibles.

   5) ○ Voici un champignon assura notre guide que vous pouvez manger sans crainte.

   6) ○ Nicolas regarde cette vesse-de-loup.

   7) ○ L'amanite tue-mouche l'entolome livide et le cortinaire sont des champignons vénéneux.

   8) ○ Je te remercie pour tes précieux conseils Sarah.

   9) ○ Pour éviter les empoisonnements ne goûte jamais un champignon que tu ne peux pas identifier.

   10) ○ Comprends-tu ma chouette que ces champignons peuvent te rendre très malade ?

   11) ○ Rapidement le lièvre dévora le champignon.

   12) ○ Prudent et attentif notre guide veillait à ce que nous ne touchions à rien.

4. Les phrases ci-dessous contiennent toutes un complément de phrase.

   a) Récrivez chacune de ces phrases en déplaçant le complément de phrase.

   b) Ajoutez des virgules là où elles sont nécessaires.

   1) Les recherches ont repris dès que la pluie a cessé.

   2) Les chiens pisteurs ont ratissé la région pendant deux jours.

   3) Les sauveteurs ont retrouvé Judith trois jours plus tard.

   4) L'équipe a déployé tous les efforts pour la retrouver.

   5) Judith a écrit un poème pour remercier ses sauveteurs.

RUSES, IMPOSTURES

ET TOURS PENDABLES

Sous vos yeux, des animaux vont vivre
et parler, jouer des tours, se moquer,
ruser et déguiser leurs intentions
pour obtenir ce qu'ils désirent et aussi
pour vous faire rire et réfléchir.

Sous vos yeux, des personnages vont faire
des farces, penser à des plaisanteries,
échafauder des plans pour arriver à leurs fins,
s'amuser et rire un grand coup.

Animaux ou êtres humains,
vous entendrez leurs éclats de rire,
vous les imaginerez rire à gorge déployée
ou rire aux larmes, rire dans leur barbe
ou rire sous cape, et, à tous les coups,
se réjouir de leurs bons tours.

SOMMAIRE

SÉQUENCE 1

Rira bien qui rira le dernier

Des textes pour découvrir des histoires de ruses et de tours malicieux joués par des animaux…

SÉQUENCE 2

Plus on est de fous, plus on rit

Des textes pour rire et s'amuser des tours inventés par des personnages…

RECUEIL DE TEXTES

Des textes de toutes sortes
pour explorer davantage
le thème du module.

Rira bien qui rira le dernier

Peut-être vous souvenez-vous des histoires qui ont bercé votre enfance, celle du loup qui se déguise en grand-mère dans *Le Petit Chaperon rouge*, ou du chat botté qui se fait passer pour le marquis de Carabas… Les fables et les contes sont pleins d'animaux qui parlent, rusent et déploient des trésors d'intelligence pour arriver à leurs fins. Voyez, dans cette séquence, les mille et un tours de l'habile renard, la naïveté du loup et celle du corbeau. Découvrez également comment la cigogne se venge et quel stratagème l'écureuil utilise pour échapper à une mort certaine.

Au fil des lectures et des activités de la séquence, vous verrez par quels moyens on peut rendre un personnage sympathique ou critiquer son comportement, et vous continuerez d'enrichir vos connaissances en travaillant plus particulièrement le point de vue et les modificateurs.

DÉFI! Comme beaucoup de fabulistes, vous vous inspirerez d'une des histoires que vous aurez lues pour écrire une fable. Vous pourrez laisser libre cours à votre imagination, faire preuve de créativité et d'originalité. Une fois votre fable écrite, vous la lirez ou la réciterez à vos camarades de classe.

Vous connaissez peut-être des ruses auxquelles les animaux ont recours pour attirer une proie ou éloigner un prédateur. Faites part de vos connaissances à vos camarades d'équipe. Si vous en savez peu sur les ruses animales, vous ferez des **découvertes étonnantes**. Dans tous les cas, vous glanerez certainement des **idées à exploiter** dans votre production finale.

Une fois que vous aurez lu les légendes qui accompagnent les photos de cette page, placez-vous en équipe et participez à l'activité proposée ci-dessous. Lors de la mise en commun, la personne qui représentera votre équipe fera part à la classe de ce que vous avez appris. Assurez-vous que cette présentation est claire pour l'ensemble de la classe.

Le pluvier kildir

Pour protéger sa nichée d'un intrus qui s'en approche, cet oiseau feint d'être blessé. Il se traîne au sol, laisse pendre une de ses ailes comme si elle était brisée. Peu à peu, il s'éloigne du nid, son ennemi à sa suite. Quand ses petits semblent hors de danger, il «se rétablit» promptement et s'envole.

Le paon-de-jour

Des taches semblables à un œil ornent les ailes de ce papillon. Les oiseaux, qui capturent les papillons par la tête, se laissent prendre au piège et n'attrapent qu'un petit bout d'aile.

Le moqueur polyglotte

Il imite le chant de plus de 200 oiseaux, trompant tout le monde sur son passage.

1. Découvrez ci-dessous d'autres animaux qui emploient des stratagèmes ingénieux pour assurer leur survie.

LE COUCOU GRIS **LA COULEUVRE À COLLIER** **LE LIÈVRE AMÉRICAIN** **LA PHYLLIE** **LE SYRPHE**

2. Consultez diverses sources et voyez les ruses auxquelles ces animaux ont recours.

Lisez cet épisode cocasse des aventures du fameux **Renart**, un renard particulièrement rusé, pour voir **comment il ridiculise le loup Isengrin**. Observez également à quel point **les animaux ressemblent à des êtres humains par certains aspects**. Vous aurez vous aussi à présenter des animaux de cette façon.

UNE PÊCHE MÉMORABLE

C'était un peu avant Noël, à l'époque où l'on sale[1] les jambons. Le ciel était clair et étoilé. L'étang où Isengrin devait pêcher[2] était si gelé qu'on aurait pu y danser la farandole; il n'y avait qu'un trou que les paysans avaient fait pour y mener chaque soir leur bétail se changer les idées et boire.
5 Ils[3] y avaient laissé un seau. Renart courut jusque-là ventre à terre et se retourna vers son compère[4] :

«Seigneur, dit-il, approchez-vous. C'est ici que se trouve la foule des poissons, et l'instrument[5] avec lequel nous pêchons anguilles, barbeaux et autres bons et beaux poissons.

10 — Frère Renart, dit Isengrin, prenez-le donc par un bout et attachez-le-moi solidement à la queue.»

Renart prend le seau qu'il lui attache à la queue du mieux qu'il peut.

«Frère, dit-il, vous devez maintenant rester bien sage, sans bouger, pour que les poissons viennent.»

15 Là-dessus, il s'est élancé près d'un buisson, le museau entre les pattes, de façon à surveiller le loup. Voici Isengrin sur la glace et le seau dans l'eau, rempli de glaçons à ras bord. L'eau commence à geler, à emprisonner le seau fixé à la queue; bientôt il déborde de glaçons. La queue est gelée dans l'eau, puis scellée[6] à la glace.

20 Isengrin, dans l'espoir de se soulever et de tirer le seau vers lui, s'y essaie à plusieurs reprises. Désemparé[7], inquiet, il se décide à appeler Renart d'autant qu'il ne peut plus échapper aux regards: l'aube blanchissait déjà l'horizon. Renart relève la tête, ouvre les yeux, regarde autour de lui:

«Frère, dit-il, laissez donc votre ouvrage. Partons, mon très cher ami. Nous 25 avons pris beaucoup de poissons.»

Et Isengrin lui crie:

«Renart, il y en a trop. J'en ai pris plus que je ne saurais le dire.»

Renart se mit à rire et lui dit carrément:

«On perd tout à vouloir tout gagner.»

30 La nuit s'achève, l'aube paraît. C'est le matin et le soleil se lève. Les sentiers sont blancs de neige. Monseigneur Constant des Granges, un châtelain cossu[8], qui demeurait à côté de l'étang, s'était 35 levé, avec toute sa maisonnée, de fort[9] joyeuse humeur. Au son du cor, il rassemble ses chiens; il fait seller[10] son cheval; ses compagnons poussent des cris et des clameurs. À ce bruit, Renart détale 40 et court se cacher dans sa tanière. Mais Isengrin reste en fâcheuse posture[11]: il tire, il tire de toutes ses forces; il risque même de s'arracher la peau. S'il veut s'en sortir, il lui faut sacrifier sa queue.

Le roman de Renart, fin du XIIe siècle, texte établi et traduit par Jean Dufournet et Andrée Méline, Paris, GF Flammarion, 1985, p. 299, 301 et 303.

POUR MIEUX COMPRENDRE LE TEXTE

1 Pour quelle raison la viande était-elle salée?

2 Quels sont les trois **homophones** de *pêcher*? Donnez le sens de chacun.

3 Qu'est-ce que le pronom *Ils* reprend?

4 Par quoi pourrait-on remplacer *compère*?

5 De quel instrument Renart parle-t-il?

6 ☆ À quelle **famille de mots** *scellée* appartient-il?

7 Donnez un **synonyme** de *désemparé*.

8 Donnez un synonyme de *cossu*.

9 *Fort* est un adverbe. Montrez-le en effectuant un **remplacement**.

10 a) Donnez un homophone du verbe *seller*.

   b) Expliquez le sens des deux mots.

11 Que signifie être *en fâcheuse posture*?

LE SAVIEZ-VOUS?

Le roman de Renart n'est pas vraiment un roman. Il s'agit plutôt d'un ensemble de contes rédigés entre 1150 et 1250 par de nombreux auteurs, dont la majorité sont restés anonymes. Si l'on parle de roman, c'est que ces contes ont été écrits en roman, autrement dit, en ancien français.

Le roman de Renart met en scène des animaux et, parmi eux, Renart, un personnage à la ruse légendaire. Au Moyen Âge, les aventures de Renart sont extrêmement populaires. Le peuple rit de bon cœur aux mille et une tromperies de ce héros qui se moque des plus forts, comme le seigneur Isengrin, et triomphe d'eux. La renommée de Renart est si grande qu'il a laissé son nom à l'animal qu'il incarnait et qu'on appelait alors «goupil».

Des animaux qui ressemblent à des êtres humains

1. Isengrin et Renart sont des animaux. Quels mots du texte l'indiquent clairement ?

2. Renart et Isengrin parlent et agissent comme des humains. Relevez deux comportements qui montrent cette ressemblance.

Un naïf et un rusé

3. Isengrin est décrit comme un sot. Relevez trois faits qui prouvent sa sottise.

   a) Un fait entre les lignes 5 et 11.

   b) Un fait entre les lignes 13 et 16.

   c) Un fait entre les lignes 17 et 27.

4. Renart, quant à lui, est particulièrement habile. Vérifiez-le à l'aide des questions suivantes.

   a) Est-ce Renart qui suggère d'attacher le seau à la queue du loup ? Comment s'y prend-il alors pour amener Isengrin à se servir du seau pour pêcher ?

   b) Pourquoi, à la ligne 8, Renart utilise-t-il la première personne du pluriel ?

Le lien entre les compères

5. a) À la ligne 7, Renart appelle Isengrin «Seigneur» pour bien montrer qu'Isengrin est le maître. Quels sont les autres termes par lesquels Renart s'adresse à Isengrin ? D'après ces termes, quels liens unissent les deux compères ?

   b) Selon vous, pourquoi Renart utilise-t-il de semblables appellations ?

La suite de l'histoire

6. a) Qu'est-ce que le son du cor annonce à la fin de cet extrait ?

   b) Qui seront les principaux personnages de l'évènement qui se prépare ? Qui seront les prédateurs ? Qui sera la proie ?

   c) Isengrin s'en tirera, non sans mal. Rédigez, en une douzaine de lignes, la façon dont le loup parvient à s'en sortir.

Le modificateur du verbe

7. Répondez aux questions suivantes en reprenant les mots du texte afin de trouver le <u>modificateur</u> de chacun des verbes en couleur.

1) Isengrin demande à Renart d'attacher le seau **comment**? (Lignes 10 et 11.)

2) Renart prend le seau et l'attache à la queue d'Isengrin **comment**? (Ligne 12.)

3) Pour se sortir de la glace, Isengrin tire **comment**? (Ligne 42.)

La morale de l'histoire

8. **a)** Citez la morale de cette histoire. ←---- *Notez cette morale dans votre* Journal culturel.

b) Pourquoi l'auteur emploie-t-il le pronom *on* dans cette morale?

c) Quelles sont les pertes subies par Isengrin dans cette histoire?

d) ☆ Laquelle des deux phrases suivantes pourrait également servir de morale à ce conte?

Assurez-vous que vous comprenez ces deux phrases et notez-les dans votre *Journal culturel* sous le titre «Morales à retenir».

1) Qui tout convoite tout perd.

2) Qui ne risque rien n'a rien.

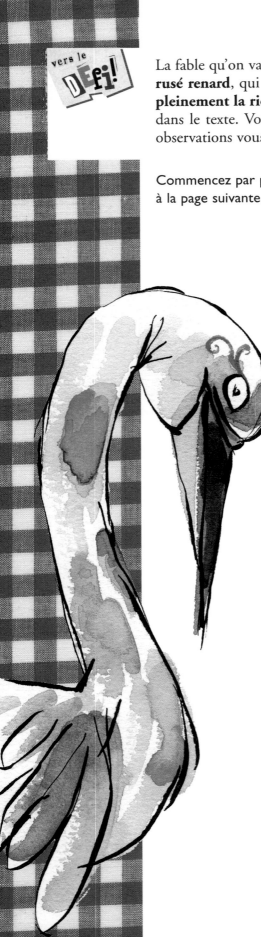

La fable qu'on va vous lire a été écrite au XVIIᵉ siècle. Vous y retrouverez le **personnage du rusé renard**, qui se fera subtilement remettre à sa place. Pour vous permettre d'**apprécier pleinement la richesse et la beauté de ce texte poétique, écoutez-le d'abord**, sans suivre dans le texte. Vous aurez l'occasion de revenir au texte par la suite. Encore une fois, vos observations vous serviront dans la fable que vous écrirez.

Commencez par prendre connaissance des suggestions présentées à l'étape « Préparer l'écoute » à la page suivante. Elles vous aideront à **mieux apprécier cette fable**.

Le Renard et la Cigogne

Compère le Renard se mit un jour en frais,
Et retint à dîner commère la Cigogne.
Le régal fut petit, et sans beaucoup d'apprêts;
Le galant pour toute besogne,
5   Avait un brouet clair; il vivait chichement.
Ce brouet fut par lui servi sur une assiette:
La Cigogne au long bec n'en put attraper miette;
Et le drôle eut lapé le tout en un moment.
Pour se venger de cette tromperie,
10   À quelque temps de là, la Cigogne le prie.
« Volontiers, lui dit-il, car avec mes amis
Je ne fais point cérémonie. »
À l'heure dite, il courut au logis
De la Cigogne son hôtesse;
15   Loua très fort la politesse;
Trouva le dîner cuit à point:
Bon appétit surtout; renards n'en manquent point.
Il se réjouissait à l'odeur de la viande
Mise en menus morceaux, et qu'il croyait friande.
20   On servit, pour l'embarrasser,
En un vase à long col et d'étroite embouchure.
Le bec de la Cigogne y pouvait bien passer;
Mais le museau du sire était d'autre mesure.
Il lui fallut à jeun retourner au logis,
25   Honteux comme un renard qu'une poule aurait pris,
Serrant la queue, et portant bas l'oreille.

Trompeurs, c'est pour vous que j'écris:
Attendez-vous à la pareille.

Jean de La Fontaine, *Fables*,
Livre Premier, fable XVIII, 1668.

9. a) Avant d'écouter la fable *Le Renard et la Cigogne*, lisez l'encadré «Le saviez-vous?», au bas de cette page, pour en apprendre davantage sur la fable.

b) Après l'écoute de la fable qu'on vous lira, vous aurez à discuter des caractéristiques physiques du Renard et de la Cigogne, de leur comportement et des liens qui les unissent. Pour vous préparer mentalement à ces activités, lisez les questions 10 à 12 de la page suivante.

c) Lisez aussi la stratégie **Comment réagir à une lecture ou à une écoute**, à la page 450.

MAINTENANT, INSTALLEZ-VOUS
ET PRÊTEZ L'OREILLE!

LE SAVIEZ-VOUS?

La fable est un récit imaginaire assez court qui illustre une leçon à retenir, par exemple: *Le coupable est celui à qui le crime profite*; *Qui trop embrasse, mal étreint*; *Qui sème le vent récolte la tempête...* La morale est habituellement donnée au début ou à la fin de la fable. Les personnages de la fable peuvent être des êtres humains, des animaux et même des objets. La fable n'est pas toujours écrite en vers; de nombreuses fables sont en prose.

RENDEZ-VOUS AVEC...

Jean de La Fontaine, l'auteur de la fable *Le Renard et la Cigogne*
(écrivain français, 1621-1695)

Malgré une réputation de paresseux et de distrait — on le surnommait Jean de la Lune —, La Fontaine a laissé des poèmes, des contes, des nouvelles, des livrets d'opéras, des chansons… Mais ce sont ses fables, plus de quatre cents, qui assurent sa gloire. S'inspirant du fabuliste grec Ésope, La Fontaine met en scène toute une galerie de personnages, dont beaucoup d'animaux, pour mieux peindre les êtres humains et leurs défauts.

ÉCOUTER, COMPRENDRE ET APPRÉCIER LE TEXTE

Les personnages

10. En quoi, dans cette fable, les animaux se rapprochent-ils des êtres humains et en quoi restent-ils des animaux ? Aidez-vous mentalement du tableau suivant pour organiser votre réponse et faire avancer la discussion.

	Comportements semblables à ceux des êtres humains	Comportements ou caractéristiques physiques propres aux animaux
Renard	• Il parle. • Il ▇. …	• Il ▇. …
Cigogne	• Elle parle. • Elle ▇. …	• Elle ▇.

Les liens entre les personnages

11. Comparez la **situation initiale** et la **situation finale**.

a) Qui sont les personnages en présence dans la situation initiale ?

b) Quel lien semble les unir ? Expliquez votre réponse.

c) Qui sont les personnages en présence dans la situation finale ?

d) Comment interprétez-vous ce fait ?

12. a) Qu'est-ce qui pousse la Cigogne à jouer un tour au Renard ?

b) Cette motivation vous semble-t-elle valable ? Discutez-en avec vos camarades.

Le renard et vous

13. Vous avez jusqu'ici pris connaissance de deux histoires mettant en scène un renard rusé. Lequel des deux renards avez-vous préféré ? Expliquez votre choix.

Le point de vue du narrateur

14. ☆ La morale de cette fable est condensée dans les deux derniers vers. Qu'est-ce qui permet de dire que le point de vue du **narrateur** y est engagé ? Lisez attentivement le point ④ de l'article **Point de vue**, à la page 375, avant de répondre à cette question.

La morale de l'histoire

15. **a)** De quelle façon la morale est-elle mise en évidence dans cette fable ?

b) Pourquoi le mot *Trompeurs* y est-il au pluriel plutôt qu'au singulier ?

c) ☆ Parmi les phrases suivantes, lesquelles pourraient aussi servir de morale à cette histoire ?

1) Rira bien qui rira le dernier.

2) À trompeur, trompeur et demi.

3) Qui ne risque rien n'a rien.

4) C'est double plaisir de tromper le trompeur.

> Ajoutez toutes ces phrases à celles que vous avez déjà notées dans votre *Journal culturel*.

Un poème

16. 📚 Pour donner du rythme au texte, l'auteur emploie des **vers de différentes longueurs**. Dites combien de syllabes comptent les vers suivants. Pour montrer que vous savez compter les syllabes, scandez les vers comme au point ① de l'article **Poème**.

• Tracez un X sur chaque e muet qui ne compte pas et soulignez d'un double trait les e muets à prononcer.

a) Vers 1, 2, 6 et 7.

b) Vers 13.

c) Vers 14 à 16.

17. **a)** L'auteur se sert aussi des **divers types de rimes** pour donner du rythme. Dites de quel type sont les rimes des vers 1 à 4 et celles des vers 5 à 8.

b) Trouvez un ensemble de quatre vers dont les rimes sont suivies.

> Consultez, au besoin, l'article **Poème**, à la page 371.

vers le DÉfi!

Le renard est maître en tromperie, mais il a parfois affaire à forte partie. Lisez cette autre fable et, cette fois-ci, voyez **les effets d'un habile discours**. Observez aussi comment l'auteur donne du **rythme à son récit**, comment il se sert des ressources du langage pour **rendre cette nouvelle aventure palpitante** et nous **faire réfléchir**. Retenez quelques façons de faire pour vous en servir à votre tour.

L'écureuil, le chien et le renard

Un gentil écureuil était le camarade,
Le tendre ami d'un beau danois.
Un jour qu'ils voyageaient comme Oreste et Pylade*,
La nuit les surprit dans un bois.
5 En ce lieu point**❶** d'auberge; ils eurent de la peine
À trouver où se bien coucher**❷**.
Enfin le chien se mit dans le creux d'un vieux chêne,
Et l'écureuil plus haut grimpa pour se nicher.
Vers minuit, c'est l'heure des crimes,
10 Longtemps après que nos amis,
En se disant bonsoir, se furent endormis,
Voici qu'un vieux renard, affamé de victimes,
Arrive au pied de l'arbre, et, levant le museau,
Voit l'écureuil sur un rameau**❸**.
15 Il le mange des yeux, humecte de sa langue
Ses lèvres, qui de sang brûlent de s'abreuver.
Mais jusqu'à l'écureuil il ne peut arriver;
Il faut donc, par une harangue**❹**,
L'engager à descendre; et voici son discours:
20 «Ami, pardonnez, je vous prie,
Si de votre sommeil j'ose troubler le cours;
Mais le pieux transport**❺** dont mon âme est remplie
Ne peut se contenir: je suis votre cousin
Germain**❻**;
25 Votre mère était sœur de feu**❼** mon digne père.
Cet honnête homme, hélas! à son heure dernière,
M'a tant recommandé de chercher son neveu,
Pour lui donner moitié du peu
Qu'il m'a laissé de bien! Venez donc, mon cher frère,
30 Venez, par un embrassement,
Combler le doux plaisir que mon âme ressent.
Si je pouvais monter jusqu'aux lieux où vous êtes,
Oh! j'y serais déjà, soyez-en bien certain.»

---

* Oreste et Pylade sont deux jeunes héros de la mythologie grecque
unis par une grande amitié.

Les écureuils ne sont pas bêtes,
35 Et le mien était fort malin.
Il reconnaît le patelin**8**,
Et répond d'un ton doux : «Je meurs d'impatience
De vous embrasser, mon cousin ;
Je descends ; mais, pour mieux lier connaissance,
40 Je veux vous présenter mon plus fidèle ami,
Un parent qui prit soin de nourrir mon enfance ;
Il dort dans ce trou-là : frappez un peu ; je pense
Que vous serez charmé de le connaître aussi.»
Aussitôt maître renard frappe,
45 Croyant en manger deux ; mais le fidèle chien
S'élance de l'arbre, le happe,
Et vous l'étrangle bel et bien.

Cela prouve deux points : d'abord, qu'il est utile
Dans la douce amitié de placer son bonheur ;
50 Puis, qu'avec de l'esprit il est souvent facile
Au piège qu'il nous tend de surprendre un trompeur.

Jean-Pierre Claris de Florian, *Fables*,
Livre Quatrième, fable II, 1792.

POUR MIEUX COMPRENDRE LE TEXTE

1 Cet emploi est littéraire. Par quoi remplaceriez-vous *point* dans la <u>langue standard</u> ?

2 Ce vers est écrit à la manière d'autrefois. Comment le diriez-vous en français d'aujourd'hui ?

3 Qu'est-ce qu'un rameau ?

4 Qu'est-ce qu'une harangue ?

5 ☆ Parmi les sens que le dictionnaire donne au mot *transport*, lequel convient dans le contexte ?

6 ☆ Dans cette phrase, *Germain* est-il un nom propre ou un adjectif ? Expliquez votre réponse en vous aidant du dictionnaire.

7 **a)** Le mot *feu* est-il un adjectif ou un nom ici ? Donnez le sens de ce mot dans le contexte.

   b) À quelle <u>variété de langue</u> appartient le mot *feu* tel qu'il est employé dans ce vers ?

8 Dans le dictionnaire, on trouve deux articles pour le mot *patelin*. Dites lequel concerne le mot tel qu'il est employé ici.

Le point de vue du narrateur sur les personnages

18. **a)** À qui la sympathie du narrateur va-t-elle ? Pour le savoir, observez la façon dont le narrateur présente les trois personnages principaux.

- Relevez, dans les vers 1, 2, 34 et 35, les expressions ou les <u>mots connotés</u> concernant l'**écureuil**.

- Relevez, dans les vers 2 et 45, les expressions ou les mots connotés concernant le **chien**.

- Relevez, dans les vers 12, 36 et 51, les expressions ou les mots connotés concernant le **renard**.

b) Dites si ces mots sont à **connotation positive** ou **négative**.

c) À partir de vos observations, dites pour qui le narrateur ressent de la sympathie.

Un discours trompeur et ironique

19. Le renard est un beau parleur qui se sert des mots pour parvenir à ses fins. Analysez ses propos.

> Consultez, au besoin, l'article **Discours rapporté**, à la page 325.

a) À quels vers se situe le discours du renard ?

b) Les paroles que le renard adresse à l'écureuil sont-elles rapportées directement ou indirectement ? Relevez les marques qui le montrent.

c) Quelles sont les deux <u>interpellations</u> dont le renard se sert dans son discours ?

d) Le renard emploie-t-il ces mots sincèrement ? Expliquez votre réponse.

20. ☆ Aux vers 26 à 29, le renard offre une part de son héritage à l'écureuil. Cette offre vous semble-t-elle intéressante ? Expliquez votre réponse.

Des tournures poétiques

21. Le poète a recours à des inversions pour favoriser la rime ou mettre en évidence certains mots. Trouvez, dans les passages suivants, l'ordre habituel des mots ou des groupes de mots.

1) Et l'écureuil plus haut grimpa pour se nicher. (Vers 8.)

2) Longtemps après que nos amis,
   En se disant bonsoir, se furent endormis… (Vers 10 et 11.)

3) Il le mange des yeux, humecte de sa langue
   Ses lèvres, qui de sang brûlent de s'abreuver. (Vers 15 et 16.)

22. **a)** Imaginez que vous voulez dire les phrases ci-après à un ami ou à une amie. Que changeriez-vous ? Récrivez chacun de ces extraits en leur donnant une tournure plus habituelle. Faites cet exercice sur le document qu'on vous remettra.

1) Un jour qu'ils voyageaient comme Oreste et Pylade,
   La nuit les surprit dans un bois. (Vers 3 et 4.)

2) En ce lieu point d'auberge; ils eurent de la peine
   À trouver où se bien coucher. (Vers 5 et 6.)

3) Ami, pardonnez, je vous prie,
   Si de votre sommeil j'ose troubler le cours. (Vers 20 et 21.)

b) En équipe, regardez vos différentes façons de dire et voyez si vous pouvez en trouver d'autres en vous servant de ce qui a déjà été fait.

Des moyens pour rendre le récit vivant

23. L'auteur emploie divers moyens pour rendre son récit vivant.

a) Relevez, dans le passage des vers 9 à 17:

- une expression employée au <u>sens figuré</u> qui souligne l'avidité du renard;

- un verbe employé au sens figuré qui fait ressortir la violence du désir du renard.

b) Repérez les éléments suivants dans le discours du renard, et notez-les:

- quatre GN qui contiennent un adjectif connoté; ←----- *Soulignez l'adjectif et dites si son sens est positif ou négatif.*

- deux <u>interjections</u>;

- une phrase contenant une répétition qui montre l'insistance du renard. Soulignez les mots répétés.

c) Trouvez, dans le discours de l'écureuil:

- une <u>phrase syntaxique</u> contenant une expression par laquelle l'écureuil manifeste un vif désir. Soulignez l'expression et précisez si elle est employée dans un sens ironique ou pas.

d) Relevez, dans le passage des vers 44 à 47:

- une phrase syntaxique contenant une <u>énumération</u>. Soulignez chaque élément de cette énumération.

24. Les modificateurs aussi permettent de donner de la vivacité à cette fable. Entraînez-vous à les reconnaître en faisant l'exercice qu'on vous remettra.

Un exercice de lecture

25. **a)** Scandez les vers de l'extrait qu'on vous remettra.

b) Une fois que vous aurez marqué votre copie, placez-vous en équipe de deux et exercez-vous, tour à tour, à lire le texte sur un ton approprié.

La morale de l'histoire

26. **a)** Cette histoire comporte deux morales. Quelles sont-elles?

b) Laquelle vous touche davantage? Expliquez pourquoi.

c) Expliquez comment les deux phrases suivantes pourraient également servir de morale à cette fable. ←----- *Ajoutez ces morales dans votre Journal culturel.*

1) Tel est pris qui croyait prendre.

2) Avec le renard, on renarde.

Vous rappelez-vous le début de cette fable de La Fontaine: *Maître Corbeau, sur un arbre perché, tenait en son bec un fromage*? Saviez-vous que **La Fontaine était parti de la fable d'un autre auteur** pour écrire la sienne? Saviez-vous que **d'autres fabulistes se sont à leur tour inspirés de La Fontaine**? En lisant les trois fables qui suivent, pensez aux moyens à prendre pour que votre fable soit elle aussi une œuvre originale.

LE CORBEAU ET LE RENARD

VERSION d'Ésope

RENDEZ-VOUS AVEC...

Ésope, l'auteur de la fable *Le Corbeau et le Renard*

Esclave grec affranchi, Ésope aurait vécu au VIe siècle avant Jésus-Christ. Son héritage culturel est énorme. Dès le Ve siècle avant notre ère, ses fables circulent partout en Europe. Elles sont reprises dans toutes les littératures européennes ainsi que dans la littérature arabe.

Un Corbeau, ayant volé un morceau de viande, s'était perché sur un arbre. Un Renard l'aperçut, et, voulant se rendre maître de la viande, se posta devant lui et loua ses proportions élégantes et sa beauté, ajoutant que nul n'était mieux fait que lui pour être le roi des oiseaux, et qu'il le serait devenu sûrement, s'il avait de la voix. Le Corbeau, voulant lui montrer que la voix non plus ne lui manquait pas, lâcha la viande et poussa de grands cris. Le Renard se précipita et, saisissant le morceau, dit: «Ô Corbeau, si tu avais aussi du jugement■, il ne te manquerait rien pour devenir le roi des oiseaux.»

Cette fable est une leçon pour les sots.

Ésope, *Fables*, texte édité et traduit par Émile Chambry,
Société d'édition Les Belles Lettres, 1927,
1996 pour la traduction française.

Le Corbeau et le Renard

VERSION de La Fontaine

Maître Corbeau, sur un arbre perché,
Tenait en son bec un fromage.
Maître Renard, par l'odeur alléché,
Lui tint à peu près ce langage :
5 « Hé ! Bonjour, Monsieur du Corbeau.
Que vous êtes joli ! Que vous me semblez beau !
Sans mentir, si votre ramage **2**
Se rapporte à votre plumage,
Vous êtes le phénix des hôtes de ces bois **3**. »
10 À ces mots, le Corbeau ne se sent pas de joie.
Et pour montrer sa belle voix,
Il ouvre un large bec, laisse tomber sa proie.
Le Renard s'en saisit, et dit : « Mon bon Monsieur,
Apprenez que tout flatteur
15 Vit aux dépens de celui qui l'écoute.
Cette leçon vaut bien un fromage, sans doute. »
Le Corbeau, honteux et confus,
Jura, mais un peu tard, qu'on ne l'y prendrait plus.

Jean de La Fontaine, *Fables*,
Livre Premier, fable II, 1668.

Le Corbeau et le Renard

VERSION CHANTÉE SUR L'AIR DE LA MÈRE MICHEL

Un jour maître Corbeau sur un arbre perché
Tenait dans son bec un fromage bien fait **4** ;
Capitaine Renard attiré par l'odeur
L'accoste poliment par un propos flatteur.

5 *Refrain* Sur l'air du tra la la la
Sur l'air du tra la la la
Sur l'air du tra dé ri dé ra
Tra la la !

— Bonjour maître Corbeau, comment vous portez-vous ?
10 — Merci maître Renard, pas trop mal, et chez vous ?
— Tous mes enfants vont bien, sauf mon p'tit dernier-né
Qui par ces derniers froids s'est très fort enrhumé.
Refrain

POUR MIEUX COMPRENDRE LE TEXTE

1 Expliquez en vos mots ce que veut dire *avoir du jugement*.

2 Qu'est-ce que le ramage d'un oiseau ?

3 ⭐ Expliquez ce vers dans vos mots.

4 ⭐ Qu'est-ce qu'un fromage bien fait ?

Peste ! mon cher Corbeau, vous êt' joliment mis,

15 Vous vous faites pour sûr habiller à Paris.
— V'oui, répondit le Corbeau, à ce propos railleur**5**.
Puis il donne aussitôt l'adress' de son tailleur.
Refrain

— Vraiment si vot' ramag' ressemble à vot' pal'tot**6**,

20 Vous enfoncez**7** Duprez, La Cloche et Mario*.
Chantez-moi donc quelqu'chos', une ariette**8**, un rien,
Car dans votre famille on est bon musicien.
Refrain

Alors maître Corbeau sans se faire prier

25 Entonne sans façon le grand air du *Barbier***.
Mais comme il faut ouvrir la bouche pour chanter
Il laiss' tomber par terr' son fromage bien fait.
Refrain

Soudain maître Renard qui comptait là-dessus

30 Saute sur le fromage et rit comme un bossu**9**.
Puis il dit au Corbeau : — Je vous ai fait parler,
Vous n'êtes pas bien mis, vous n'savez pas chanter.
Refrain

Alors maître Corbeau se voyant confondu

35 S'écrie : — Ah ! quel malheur, l'duel est défendu.
J'suis dupé, bafoué, maudit soit le destin !
Êtr' doyen**10** des corbeaux et passer pour un s'rin**11** !
Refrain

Chansons enfantines d'autrefois,
© Blanche-Net Communications, [en ligne].

---

* Chanteurs populaires à l'époque où a été composée cette chanson.

** Il s'agit d'un air tiré de l'opéra *Le barbier de Séville*.

> **POUR MIEUX COMPRENDRE LE TEXTE**
>
> **5** Donnez un synonyme de *railleur*.
>
> **6** Qu'est-ce qu'un paletot ?
>
> **7** **a)** Parmi les sens que le dictionnaire donne au verbe *enfoncer*, lequel convient ici ?
>
> **b)** À quelle variété de langue le mot *enfoncer*, employé dans ce sens, appartient-il ?
>
> **8** Qu'est-ce qu'une ariette ?
>
> **9** **a)** *Rire comme un bossu*, c'est…
>
> **b)** À quelle variété de langue cette expression figée appartient-elle ?
>
> **10** En tant que personne la plus âgée, le doyen est censé être plus…
>
> **11** Dans la langue familière, qu'est-ce qu'un serin ? Aidez-vous du dictionnaire pour répondre.

Consultez la stratégie **Comment réagir à une lecture ou à une écoute**, à la page 450, s'il y a lieu.

INTERROGER LE TEXTE ET RÉAGIR

Une question de réaction

27. Laquelle de ces trois fables avez-vous préférée ? Pourquoi ?

La morale

28. **a)** La morale de la fable de La Fontaine est la plus explicite. À quels vers se trouve-t-elle ?

Notez cette morale dans votre *Journal culturel*.

b) Cette morale s'adresse-t-elle seulement au Corbeau de la fable ? Qu'est-ce qui vous le fait dire ?

c) Cette morale a pour but de faire réfléchir. À votre avis, le Corbeau a-t-il compris la leçon ? Expliquez votre réponse.

Trois histoires semblables

29. Ces trois fables racontent la même histoire, à quelques détails près. Vérifiez-le en remplissant le tableau qu'on vous remettra.

Des différences

30. Même si elles racontent la même histoire, ces trois fables la racontent de manière différente. Remarquez les différences quant aux éléments suivants :

a) la longueur des textes ;

b) la forme des textes ;

c) le découpage en strophes, la longueur des vers et les types de rimes des poèmes ;

d) la façon de rapporter les paroles des animaux ;

e) les variétés de langue.

Écrire une fable et la lire ou la réciter en classe.

C'est maintenant à votre tour d'**écrire une fable pour faire réfléchir à un comportement**. Faites comme de nombreux auteurs et auteures et partez d'une morale ou d'un texte qui vous inspire. Dans votre *Recueil de textes*, vous trouverez des contes, des fables, des histoires de toutes sortes qui pourront vous servir de modèles.

Le choix d'une morale ou d'un texte modèle

1. Décidez de la façon dont vous allez procéder.

   • Vous pouvez partir d'une morale. Dans ce cas, choisissez une morale que vous avez notée dans votre *Journal culturel* ou une autre que vous connaissez déjà et qui vous plaît.

   • Vous pouvez partir d'un texte. Dans ce cas, choisissez un texte qui raconte un tour joué par un animal. Ce texte peut être un conte, par exemple *Le Petit Chaperon rouge*, *Les trois petits cochons*, *Le chat botté*. Ce texte peut aussi être une fable, une nouvelle ou tout autre court texte.

La rédaction

2. Votre fable illustrera une morale énoncée par un personnage, comme dans UNE PÊCHE MÉMORABLE, ou par un narrateur, comme dans Le Renard et la Cigogne.

3. Votre fable devra compter au moins 15 vers rimés. De plus, elle contiendra:
   • au moins un discours direct;
   • des modificateurs du verbe et de l'adjectif;
   • du vocabulaire connoté;
   • des moyens qui rendent le texte vivant: interpellations, interjections, images, etc.

4. Si vous partez d'un texte, transposez l'histoire que vous avez choisie en une fable écrite en vers. Vous n'avez pas à respecter scrupuleusement votre modèle. Par exemple, si vous avez choisi une fable, vous pouvez en faire une version plus moderne en jouant avec le vocabulaire et les variétés de langue.

   > Tenez compte de cette consigne seulement si vous partez d'un texte modèle.

   Quel que soit votre modèle, sentez-vous libre d'ajouter des précisions amusantes, d'inverser le rôle des personnages, de créer une fin inattendue ou de retirer des parties moins utiles à votre histoire. Faites un vrai travail de création.

 ## La révision et l'amélioration de votre fable

5. Avant de mettre votre texte au propre, révisez-le au moyen des stratégies utiles pour réviser, corriger et améliorer un texte, aux pages 464 à 476.

La lecture ou la récitation

6. Faites maintenant connaître votre fable à vos camarades de classe. Afin que votre lecture soit intéressante pour votre public, exercez-vous à bien prononcer les mots, à parler suffisamment fort et à garder le contact avec vos destinataires. Voyez la stratégie **Comment répéter en vue d'une présentation orale**, à la page 484, pour bien vous préparer.

> Si vous le désirez, vous pouvez apprendre votre fable par cœur et la réciter plutôt que la lire.

7. Avant la lecture proprement dite, présentez votre fable à votre auditoire.
- Si vous avez travaillé à partir d'une morale, expliquez-la dans vos mots.
- Si vous avez travaillé à partir d'un texte modèle, donnez le titre et le nom de l'auteur ou de l'auteure du texte.

Voici de courtes présentations dont vous pouvez vous inspirer:

> Dans la fable que je vais vous lire, j'ai voulu montrer que c'est un grand plaisir de tromper un trompeur…

> Je me suis inspiré de *La Cigale et la Fourmi*, de Jean de La Fontaine, pour composer la fable que je vais vous lire à l'instant…

> Je vous propose d'entendre une version moderne de *La Cigale et la Fourmi*, de Jean de La Fontaine…

Lisez des histoires de ruses et de tours malicieux joués par des animaux...

La façon dont un petit corbeau rend la monnaie de sa pièce à un renard: *Le Corbeau et le Renard, le Renardeau et le Corbillat.*

La punition réservée à un joueur de mauvais tours: *Les mauvais coups du raton laveur.*

La ruse d'une tortue pour gagner la course contre un coyote: *La grande course de Coyote.*

Une astuce pour se tirer d'un mauvais pas: *La chauve-souris et les deux belettes.*

Retour

Autoévaluation

Lorsque c'est possible, répondez à l'aide des termes d'évaluation:
Beaucoup / Assez / Un peu / Pas du tout.

POINTS À ÉVALUER

1. Après avoir travaillé dans cette séquence, je sais mieux:
   a) reconnaître et utiliser les modificateurs;
   b) reconnaître le point de vue de l'émetteur;
   c) compter les vers et reconnaître les types de rimes dans un poème;
   d) utiliser les différentes ressources de la langue pour rendre un récit vivant.

2. Les textes que j'ai lus dans cette séquence m'ont fait voir différentes façons de raconter une histoire et m'ont permis d'écrire ma fable plus facilement.

3. Les éléments suivants m'ont été utiles pour comprendre et apprécier la fable *Le Renard et la Cigogne* que j'ai écoutée:
   a) le texte du *Manuel*;
   b) les explications concernant certains mots;
   c) les discussions avec toute la classe;
   d) la façon dont le texte a été lu. Précisez ce qui a beaucoup aidé dans la façon de lire le texte (l'intonation, le rythme, etc.).

4. a) J'ai aimé écrire une fable en me servant d'une morale ou d'un texte modèle.
   b) Voici pourquoi: ▬ .

5. a) Cette séquence m'a donné le goût de lire d'autres fables.
   b) Voici pourquoi: ▬ .

Les modificateurs

1. Dans les phrases suivantes, trouvez le groupe qui remplit la fonction de modificateur du verbe.

Posez, dans chaque phrase, la question qui vous permet d'arriver à la réponse.

Exemple : Le loup marcha d'un bon pas pour arriver à l'étang tôt le matin.
Le loup marcha **comment ?** D'un bon pas = modificateur du verbe *marcha*.

1) Le loup observe attentivement les alentours de l'étang.

2) Si tu cherches à t'échapper, tu t'en repentiras, rugit le lion d'une voix terrible.

3) Le lion regardait la chèvre avec appétit.

4) La pauvrette réfléchissait à toute vitesse.

5) Le renard répondit avec désinvolture que le seau n'était pas plein.

6) Le loup avance prudemment sur l'étang gelé; il se méfie des ruses du renard.

7) Perché sur sa branche, le corbeau s'ennuie profondément.

8) Le corbeau ouvre allégrement le bec et laisse tomber son fromage.

9) Le renard s'en saisit vivement.

10) Le corbeau se plaint à haute voix du malheur qui le frappe.

2. a) Dans les phrases ci-après, remplacez chaque chiffre par un modificateur de votre choix. N'utilisez pas le même modificateur plus d'une fois.

> Faites preuve de créativité dans cet exercice.

b) Précisez, dans chaque cas, si le modificateur choisi est un GPrép ou un GAdv.

1) Le loup tremblait **1** en sortant de l'étang.

2) Une fois de plus, le renard s'amuse **2**.

3) La cigogne fut **3** peinée d'apprendre la nouvelle.

4) En apercevant le fromage, le renard sourit **4**.

5) À peine sorti de l'eau, le loup se sauve **5**.

6) Le corbeau conçut un plan **6** ingénieux pour se venger.

7) À la vue d'Isengrin, prisonnier sur l'étang, les chasseurs rient **7**.

3. a) Dans les vers* suivants, indiquez les sons qui riment. Vous n'avez pas à retranscrire tous les vers. Récrivez seulement le dernier mot de chaque vers.

b) Dites si les rimes sont suivies, embrassées ou croisées.

Exemple: Si je pouvais monter jusqu'aux lieux où vous êtes,
Oh! j'y serais déjà, soyez-en bien certain.
Les écureuils ne sont pas bêtes,
Et le mien était fort malin.
Rimes croisées

Florian, *L'écureuil, le chien et le renard.*

1) Entre les pattes d'un Lion
Un Rat sortit de terre assez à l'étourdie.
Le roi des animaux, en cette occasion,
Montra ce qu'il était, et lui donna la vie.
Le Lion et le Rat.

2) Sur la branche d'un arbre était en sentinelle
Un vieux Coq adroit et matois.
«Frère, dit un Renard, adoucissant sa voix,
Nous ne sommes plus en querelle.»
Le Coq et le Renard.

3) Le mélancolique animal,
En rêvant à cette matière,
Entend un léger bruit: ce lui fut un signal
Pour s'enfuir devers sa tanière.
Le Lièvre et les Grenouilles.

4) Les gens de naturel peureux
Sont, disait-il, bien malheureux.
Le Lièvre et les Grenouilles.

5) Pour se venger de cette tromperie,
À quelque temps de là, la Cigogne le prie.
«Volontiers, lui dit-il, car avec mes amis
Je ne fais point cérémonie.»
Le Renard et la Cigogne.

6) Un jour, sur ses longs pieds, allait, je ne sais où,
Le Héron au long bec emmanché d'un long cou.
Il côtoyait une rivière.
L'onde était transparente ainsi qu'aux plus beaux jours;
Ma commère la Carpe y faisait mille tours
Avec le Brochet son compère.
Le Héron.

4. a) Donnez la connotation des mots de la liste ci-dessous.

> Souvenez-vous que les antonymes sont des mots appartenant à la même classe.

1) Aimable
2) Avarice
3) Bonté

4) Courageux
5) Exécrable
6) Ignoble

7) Intelligent
8) Magnifique
9) Perfide

b) Trouvez un antonyme de chacun de ces mots.

c) Donnez la connotation de chaque antonyme.

Inscrivez vos réponses dans un tableau comme celui-ci.

Mot	Connotation	Antonyme	Connotation
Généreux	+	Avare	−

---

* Les vers du numéro 3 sont tirés des *Fables* de La Fontaine, à l'exception de ceux de l'exemple, qui viennent des *Fables* de Florian.

SÉQUENCE 2

Plus on est de fous, plus on rit

Vous arrive-t-il de recourir à l'humour pour entrer en relation avec les autres? Vos camarades vous reconnaissent-ils un tempérament rieur? Quand on vous joue un tour, savez-vous rire de bon cœur?

Dans les pages qui suivent, vous ferez la connaissance de **joueuses** et de **joueurs de tours** à l'**imagination fertile.** Vous verrez qu'Estelle et sa copine ne craignent pas le ridicule. Vous découvrirez aussi un fantôme qui se fait remettre la monnaie de sa pièce. Vous assisterez enfin à un drôle de cours donné par un drôle de professeur. Vous constaterez alors que **le rire partagé** permet de **tisser des liens avec les autres.**

Tout au long de la séquence, vous vous pencherez sur **le rôle des personnages** et sur ce qui donne un **ton humoristique** aux récits. Vous examinerez aussi les **types** et les **formes de phrases.**

DÉFi!

À la fin de cette séquence, ce sera à vous d'imaginer un nouveau tour joué par un des personnages que vous aurez découverts dans ces pages. Une fois que vous aurez rédigé ce tour, vous aurez à lire votre texte en groupe. Cette activité vous permettra de développer votre sens de la coopération. Vous aurez, en effet, à vous donner des méthodes de travail efficaces et à résoudre des problèmes pour que cette lecture en groupe se déroule bien.

Pour entrer dans l'**univers du rire et de la plaisanterie**, lisez cette petite anecdote, puis discutez-en avec vos camarades. Vous verrez si vous partagez le même sens de l'humour, si vous riez des mêmes situations, des mêmes jeux de mots.

En équipe, vérifiez votre compréhension de cette histoire à l'aide des questions qui l'accompagnent. Faites en sorte que chaque membre de l'équipe participe à la discussion.

Le visage en feu

J'arrive à un carrefour,
le feu était au rouge.
Il n'y avait pas de voitures,
je passe !
5 Seulement, il y avait un agent
qui faisait le guet.
Il me siffle.
Il me dit :
— Vous êtes passé au rouge !
10 — Oui ! Il n'y avait pas de voitures !
— Ce n'est pas une raison !
Je dis :
— Ah si ! Quelquefois, le feu est au vert...
Il y a des voitures et...
15 je ne peux pas passer !
Stupeur de l'agent !
Il est devenu tout rouge.
Je lui dis :
— Vous avez le visage en feu !
20 Il est devenu tout vert !
Alors, je suis passé !

Raymond Devos, *Matière à rire*,
Paris, Librairie Plon, 1993, p. 252.

1. **a)** Discutez de cette histoire en la racontant dans vos propres mots.

b) Dans quelles occasions peut-on avoir le visage en feu ?

c) Dans quelles occasions devient-on vert ?

2. Comment expliquez-vous le titre ?

3. **a)** En équipe, racontez brièvement un tour que vous avez déjà joué ou qu'on vous a joué.

b) Après chaque récit, dites comment vous avez trouvé le tour raconté: plutôt amusant ou plutôt choquant ? Donnez les raisons qui vous font porter ce jugement.

Voyez, dans l'extrait qui suit, **deux amies qui s'apprêtent à jouer un tour** pas bien méchant. Partagez leur **enthousiasme** et leur **plaisir**. Ce sont ces émotions que vous aurez à traduire si vous choisissez d'écrire un autre tour joué par ces deux personnages.

Estelle et moi

Tous les vendredis, je couche chez Estelle. Il est presque vingt-trois heures et nous sommes affamées comme toujours, et c'est une pizza que nous désirons manger. Estelle n'a qu'à le demander à Robert, son père, et, tel un guichet automatique, il crache dix dollars de ses poches en nous demandant si c'est assez, tout sim-

5 plement, pas même besoin de carte et de numéro d'identification personnel. Elle n'a pas non plus à expliquer en long et en large la raison intérieure de sa faim, ses motivations profondes, comme au tribunal quand on doit plaider une cause. Non, elle n'a qu'à sentir son estomac gargouiller un peu et voilà le butin déposé sur la table du salon. Le seul effort à faire consiste à plier légèrement le tronc vers l'avant,

10 et voilà le billet de dix dollars entre ses mains. Comme c'est elle qui a l'argent, c'est aussi elle qui a le pouvoir et elle n'hésite aucunement à s'en servir.

— Je commande une pizza seulement si tu as le courage d'aller répondre au livreur avec des bigoudis sur la tête et du gros rouge à lèvres, m'ordonne-t-elle.

— Est-ce que j'ai le droit au moins de choisir la couleur?

15 Parce que chez Estelle, le maquillage, ce n'est pas ce qui manque. Son père est pharmacien, alors entrer dans la salle de bains, c'est comme entrer dans un super-marché modèle réduit. Même chose en ce qui concerne les pilules, il y en a deux tablettes pleines, on se croirait dans un hôpital.

POUR MIEUX COMPRENDRE LE TEXTE

■ Que veut dire *accoutrement*?

☑ Qu'est-ce qu'une *mégère*?

Je choisis donc le rouge à lèvres «Rouge-Aurore». Avant
20 de me l'appliquer, je me demande si j'ai vraiment envie d'aller répondre au livreur de pizza avec un accoutrement■ de mégère☑. Estelle, voyant que j'hésite et voulant abso-lument me convaincre, agite le billet mauve au-dessus de mon nez.

25   — Je suis prête à t'en donner une pointe de plus si tu le fais.

Quand on connaît mon estomac, c'est une phrase de cette nature qu'il faut me servir si on veut s'assurer de ma collaboration la plus complète. Je ferais des bassesses❸ pour une pointe de pizza. Alors ça y est, me voilà assise sur le comptoir de la salle de bains à me placer des rouleaux sur la tête et à m'appliquer le plus
30 grossièrement possible une épaisse couche de rouge à lèvres.

   — Tiens, prends ça pour te faire des cernes sous les yeux, ajoute mon amie.

Habituellement, c'est du cache-cerne qu'on recommande d'appliquer sous les yeux, pas du crayon brun foncé, mais tant qu'à s'enfoncer dans le misérabilisme❹, allons-y gaiement. Et la sonnette de la porte qui commence à giguer.

35   — Laisse faire, papa, j'y vais. Vite, vite, ça sonne à la porte, le livreur est arrivé, vite, descends de là, me supplie mon amie. N'oublie pas que tu es une vieille folle. Pose des questions au livreur, je vais me cacher dans le couloir.

Je vais ouvrir la porte. Estelle rit tellement fort qu'au premier instant, il est impossible pour le livreur de croire en notre mise en scène. Il me remet la monnaie
40 et la première chose que nous savons, c'est que la porte est refermée et qu'il est déjà assis dans sa voiture de livraison.

   — Je n'ai même pas eu le temps de dire un mot…

   — Ce n'est pas grave, tu as gagné ta pointe !
45 Viens, on va aller manger dans ma chambre.

Marcia Pilote, Estelle et moi, Montréal,
Hurtubise HMH, coll. «Atout», 2002, p. 11 à 14.

POUR MIEUX COMPRENDRE LE TEXTE

❸ Dites autrement «Je ferais des bassesses».

❹ a) À quelle <u>famille de mots</u> *misérabilisme* appartient-il ?

   b) ☆ Expliquez dans vos mots ce qu'est le misérabilisme.

Marcia Pilote, l'auteure du roman *Estelle et moi*

(auteure québécoise, née en 1967)

À quinze ans, Marcia Pilote tourne dans des films et joue dans des séries télévisées. Plus tard, après des études universitaires en communication et en scénarisation, sa passion de l'information la conduit au journalisme. Elle collabore à de nombreuses revues, devient recherchiste, anime des émissions à la radio et à la télévision. Elle enseigne aussi le théâtre dans les écoles primaires. Marcia Pilote a écrit des pièces de théâtre pour les enfants et les adolescents et adolescentes, ainsi que des romans.

INTERROGER LE TEXTE ET RÉAGIR

Pour jouer un tour

1. Fournissez les précisions demandées sur les éléments suivants. Cela vous permettra de voir quels éléments on doit trouver dans le récit d'un tour joué par un personnage.

   a) **Qui** joue le tour ? Précisez le rôle de chaque personnage.

   b) **En quoi** consiste le tour ?

   c) Dans **quel but** ce tour est-il joué ?

2. **a)** Pour qu'un tour soit réussi, il faut aussi une **victime**, quelqu'un dont on se moque. Qui est censé jouer ce rôle dans cette histoire ?

   b) Ce personnage est-il une victime finalement ? Pourquoi ?

   c) Si vous aviez été à la place de ce personnage, comment auriez-vous réagi ?

3. Selon vous, le tour préparé par les deux amies est-il réussi ? Expliquez votre réponse.

La narratrice

4. Vous avez compris que la narratrice est un personnage et qu'il s'agit d'une fille. Quel adjectif vient confirmer que le personnage qui dit *je* est bien une fille et non un garçon ?

Une relation privilégiée

5. **a)** Si un ami ou une amie vous demandait de jouer un tour semblable, le feriez-vous ? Pourquoi ?

   b) Avez-vous, ou avez-vous déjà eu, un ami ou une amie avec qui vous pouviez faire des folies ? Qu'est-ce que vous aimiez chez cette personne ? Répondez en une dizaine de lignes.

Les formes de phrases

6.  Lisez les phrases de forme emphatique ci-après et faites les exercices qui suivent. Travaillez sur le document qu'on vous remettra.

Consultez l'article **Formes de phrases**, aux pages 337 et 338, s'il y a lieu.

a) Repérez les marques emphatiques.

b) Dites quel élément est encadré.

c) Récrivez chacune des phrases de façon à avoir une phrase neutre.

1) C'est une pizza que nous désirons manger. (Lignes 2 et 3.)

2) Comme c'est elle qui a l'argent, c'est aussi elle qui a le pouvoir. (Lignes 10 et 11.)

3) Habituellement, c'est du cache-cerne qu'on recommande d'appliquer sous les yeux, pas du crayon brun foncé. (Lignes 32 et 33.)

7. a) Parmi les phrases en couleur ci-dessous, dites lesquelles sont à la forme personnelle et lesquelles sont à la forme impersonnelle.

Faites cet exercice sur le document qu'on vous a remis au numéro **6**.

b) Dans les phrases personnelles, précisez ce que le pronom *il* reprend en vous reportant au texte si nécessaire. Voyez, au besoin, le point **1** de l'article **Pronom**.

1) Il est presque vingt-trois heures et nous sommes affamées comme toujours. (Lignes 1 et 2.)

2) Estelle n'a qu'à le demander à Robert, son père, et, tel un guichet automatique, il crache dix dollars de ses poches. (Lignes 3 et 4.)

3) Même chose en ce qui concerne les pilules, il y en a deux tablettes pleines. (Lignes 17 et 18.)

4) Estelle rit tellement fort qu'au premier instant, il est impossible pour le livreur de croire en notre mise en scène. (Lignes 38 et 39.)

5) Il me remet la monnaie. (Ligne 39.)

LE SAVIEZ-VOUS ?

Les bons tours sont ceux qui font rire et dont les conséquences ne sont pas graves. Parmi eux, on distingue :

- l'**attrape**, qui est un objet destiné à tromper par une fausse apparence, par exemple un insecte en caoutchouc ;
- l'**attrape-nigaud**, qui est une ruse tellement grosse qu'elle n'attrape que les nigauds ;
- la **blague**, qui est une histoire à laquelle on essaie de faire croire pour amuser ;
- le **canular**, qui désigne une blague, une farce, un bon tour dans la langue familière ;
- la **farce**, qui est une action destinée à se moquer de quelqu'un pour faire rire.

Un tour peut être **COMIQUE**, **DRÔLE**, **AMUSANT**. On peut aussi le trouver **COCASSE**, **HILA-RANT**, **DÉSOPILANT**. Dans la langue familière, on dira qu'il est **TORDANT** ou **RIGOLO**.

Dans cet autre tour, **un fantôme** projette de **se débarrasser des nouveaux occupants** du domaine qu'il hante. Assistez à ses préparatifs et **voyez la surprise qui l'attend**. Prêtez attention aux **caractéristiques des personnages**. Cela vous servira si vous choisissez d'écrire un autre épisode de la confrontation entre le fantôme et la famille Otis.

LE FANTÔME DES CANTERVILLE

Le domaine de Canterville est hanté par le fantôme de Sir Simon de Canterville, qui terrifie ses malheureuses victimes. Mais les Otis, une famille américaine qui vient d'acquérir la vieille demeure anglaise, n'ont pas peur du fantôme. Celui-ci décide donc de passer à l'attaque.

POUR MIEUX COMPRENDRE LE TEXTE

1 Que veut dire *inventorier* ?

2 Parmi les sens que le dictionnaire donne à *trancher*, lequel convient ici ?

3 a) ⭐ Expliquez ce qu'est un suaire.

b) À quelle **variété de langue** le mot *suaire* appartient-il ?

4 Des plis tuyautés sont des plis en forme de…

Il choisit le vendredi 17 août pour son apparition et passa la plus grande partie de la journée à inventorier**1** sa garde-robe pour trancher**2** finalement en faveur d'un grand chapeau à bords
5 rabattus coiffé d'une plume rouge, un suaire**3** tuyauté**4** aux poignets et au col, et un poignard rouillé.

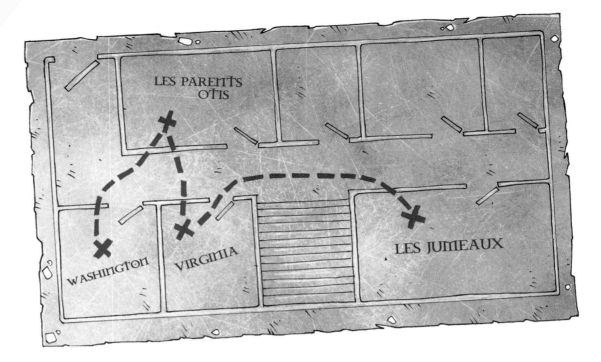

Un violent orage éclata vers le soir, le vent soufflait si fort que toutes les fenêtres et les portes de la vieille maison tremblaient et claquaient. C'était exactement le temps qu'il aimait. Son plan de campagne était le suivant: il allait se faufiler sans bruit dans la chambre de Washington Otis, pousser de hauts cris au pied de son lit et se poignarder la gorge par trois fois au son d'une musique funèbre. Il gardait une rancune particulière contre Washington, car c'était lui qui avait l'habitude de faire disparaître la fameuse tache de sang des Canterville à l'aide du maître-détachant Pinkerton*.

Après avoir plongé le jeune homme téméraire[5] et imprudent dans un état de terreur abjecte, il passerait dans la chambre occupée par le ministre des États-Unis et son épouse, et poserait une main moite sur le front de Mrs Otis, tout en soufflant à l'oreille de son mari tremblant les terribles secrets du charnier[6]. Quant à la petite Virginia, il n'avait encore rien décidé. Elle ne l'avait jamais insulté, et elle était jolie et gentille. Il considéra que quelques grognements caverneux en provenance de l'armoire suffiraient amplement, et si cela ne la réveillait pas, il pourrait secouer son couvre-lit de ses doigts crispés. Par contre, il était bien décidé à donner une bonne leçon aux jumeaux. Bien entendu, il lui faudrait commencer par s'asseoir sur leur poitrine afin de produire la sensation étouffante du cauchemar. Puis, profitant de ce que leurs lits étaient proches l'un de l'autre, il apparaîtrait entre eux sous la forme d'un cadavre vert et glacé jusqu'à ce qu'ils soient paralysés de peur et, pour finir, il rejetterait le suaire et ramperait dans la pièce avec ses os blanchis et un œil exorbité, sous les traits de «Daniel le Muet, ou le Squelette du suicidé», un rôle qui, plus d'une fois, lui avait permis de faire sensation et qu'il jugeait soutenir la comparaison avec son interprétation fameuse de «Martin le Maniaque, ou le Mystère masqué».

---

* Washington Otis, le fils aîné, a décidé que la mystérieuse tache de sang qui macule le sol du salon pouvait disparaître si on la nettoyait avec un bon produit détachant.

À dix heures et demie, il entendit la famille se coucher. Pendant un moment, il fut impor-
35 tuné par les éclats de rire sauvages des jumeaux, qui, avec la gaieté enjouée des écoliers, s'amu-saient manifestement avant de se reposer, mais, à onze heures moins le quart, tout était calme et, lorsque minuit sonna, il se mit en route.

40 Le hibou frappait contre les vitres, le corbeau croassait sur le vieil if  et le vent rôdait en se lamentant autour de la maison comme une âme en peine. Inconsciente de son sort, la famille Otis dormait, et il entendait le ronflement régu-
45 lier du ministre des États-Unis qui couvrait la pluie et l'orage. Il traversa furtivement le lam-bris avec un sourire mauvais sur sa bouche cruelle et grimaçante, et la lune se voila la face dans un nuage quand il passa près de la grande fenêtre en saillie où ses armes et celles de sa femme assassinée étaient blasonnées en azur et or. Il
50 avança en glissant, telle une ombre maléfique. L'obscurité elle-même semblait le mépriser à son passage. Il crut entendre un cri, s'arrêta, mais ce n'était que l'aboiement d'un chien en provenance de la ferme Rouge, alors il poursuivit son chemin, marmonnant d'étranges malédictions du XVIe siècle et fendant parfois l'air de minuit de son poignard rouillé.

55 Il parvint enfin au coin du couloir qui menait à la chambre de l'infortuné Washington. Il s'y arrêta un instant, le vent secouait ses longues mèches grises et conférait des plis grotesques et fantastiques au terrifiant linceul qu'il portait.

POUR MIEUX COMPRENDRE LE TEXTE

5 Si le personnage est téméraire, alors comment est-il?

6 Quel est cet endroit qui cache de terribles secrets?

7 Le mot *if* est-il un **générique** ou un **spéci-fique** du mot *conifère*?

8 Qu'est-ce qu'un lambris?

9 Les armes d'une famille, ce sont ses armoiries. Expliquez davantage.

L'horloge sonna le quart, et il sentit que son heure était venue. Il ricana sous cape et tourna au coin du couloir; mais à peine avait-il fait un pas qu'il tomba à la renverse en poussant un pitoyable cri de terreur et en cachant son visage livide derrière ses longues mains osseuses. Un spectre horrible lui faisait face, aussi immobile qu'une figure sculptée, aussi monstrueux que le rêve d'un fou ! Sa tête était chauve et polie, son visage rond, gras et blanc, un rire hideux semblait avoir tordu ses traits en un rictus éternel. Des rais de lumière écarlate jaillissaient de ses yeux, sa bouche était un large puits de feu, et un vêtement ignoble, pareil au sien, drapait d'une neige silencieuse la silhouette de ce titan. Une pancarte couverte d'une écriture étrange en caractères antiques pendait sur sa poitrine, on aurait dit quelque parchemin d'infamie, quelque registre de péchés terribles, quelque inventaire de crimes et, de sa dextre, il brandissait un glaive d'acier étincelant.

N'ayant jamais vu de fantôme auparavant, il fut naturellement terrifié et, après avoir jeté un second coup d'œil rapide à l'abominable spectre, il s'enfuit dans sa chambre.

[…]

Une fois dans l'intimité de son appartement, il se jeta sur une étroite paillasse et cacha son visage sous ses vêtements. Cependant, au bout d'un moment, la vieille bravoure des Canterville reprit le dessus et il se promit d'avoir un entretien avec l'autre fantôme dès le lever du jour. En conséquence, dès que l'aube argenta les collines, il revint à l'endroit où il avait croisé le sinistre spectre la première fois, en se disant que, tout compte fait, deux fantômes valaient mieux qu'un, et que, avec l'aide de son nouvel ami, il pourrait se mesurer sans risque aux jumeaux. Mais, une fois sur place, un spectacle désolant s'offrit à ses yeux.

De toute évidence, il était arrivé malheur au spectre, car toute lumière avait quitté ses yeux creux, le glaive étincelant lui était tombé des mains et il était adossé au mur dans une posture aussi guindée qu'inconfortable. Il se précipita pour le saisir dans ses bras quand, à son horreur, la tête se détacha et roula sur le plancher, le corps se retrouva en position allongée, et il s'aperçut qu'il serrait dans ses mains un couvre-lit de basin blanc, et qu'une balayette, un hachoir et un gros navet évidé gisaient à ses pieds !

Dans l'incapacité de comprendre cette curieuse métamorphose, il s'empara de la pancarte avec une hâte fiévreuse et là, dans la lumière grise du matin, il lut ces mots effrayants:

LE FANTOSME OTIS
Le Seul Véritable
et Premier Spectre.
Gardez-vous des imitations.
Tous les autres ne sont
que contrefaçons.

Il comprit tout en un éclair. On l'avait dupé,
100 contrarié et surpassé ! L'antique flamme[17] des
Canterville brilla dans ses yeux, il fit grincer ses
gencives édentées et, levant au-dessus de sa tête
ses mains flétries, il jura, selon la phraséologie
pittoresque de l'ancienne école, que lorsque
105 Chanteclerc[18] aurait par deux fois sonné de
son cor jovial, les actes de sang s'accompliraient
et le Meurtre se mettrait en branle d'un pas
silencieux.

Oscar Wilde, *Le fantôme des Canterville*,
adaptation française de Alain Gnaedig,
Paris, Gründ, 1999, p. 46 à 52 et 54 à 57.

POUR MIEUX COMPRENDRE LE TEXTE

10 De qui est-il question ici : du fantôme ou de Washington ?

11 Donnez un synonyme de *spectre*.

12 **a)** Qu'est-ce qu'un rai ?

b) À quelle variété de langue le mot *rai* appartient-il ?

13 ⭐ Un parchemin d'infamie est un document qui porte atteinte à…

14 Qu'est-ce que la dextre ?

15 Donnez un synonyme de *guindée* qui convient dans le contexte.

16 **a)** Proposez une définition de *balayette* en vous servant de la construction du mot.

b) Vérifiez votre réponse dans le dictionnaire. Aviez-vous vu juste ?

17 Le mot *flamme* est employé au <u>sens figuré</u>. Que veut-il dire ?

18 ⭐ À quel animal l'auteur fait-il allusion ici ?

INTERROGER LE TEXTE ET RÉAGIR

Le narrateur

8. Qui raconte cette histoire: un <u>narrateur</u> omniscient ou un narrateur personnage? Qu'est-ce qui vous permet de donner cette réponse?

La planification du tour

9. Cet extrait commence par la planification d'un tour que fera le fantôme des Canterville. Expliquez quel tour le fantôme s'apprête à jouer en mettant en évidence les éléments qu'on doit trouver dans un tour: **qui** joue le tour, **en quoi** consiste ce tour, qui sera la **victime**, **quel but** poursuit le joueur de tour.

10. a) Le fantôme prend un temps considérable pour choisir ses vêtements en vue de son apparition. Pourquoi?

b) ☆ En quoi la scène du choix des vêtements est-elle drôle?

11. a) Le fantôme ne compte pas traiter ses victimes de la même façon. Classez les victimes selon la gravité du sort qui leur est réservé. Commencez par les victimes qui seront les plus touchées.

b) Dites quelle réaction le fantôme s'attend à susciter chez chacune des victimes.

c) Pourquoi le fantôme songe-t-il à traiter Virginia différemment?

12. ☆ a) On trouve huit verbes conjugués au conditionnel présent entre les lignes 16 et 32. Relevez-les.

b) Qu'est-ce que l'emploi de ce temps de verbe signale?

Une atmosphère propice

13. a) Relevez deux passages qui décrivent le temps qu'il fait en cette soirée du 17 août.

b) Pourquoi le fantôme se réjouit-il de ce temps?

c) La famille Otis est-elle troublée par ce temps? Qu'est-ce qui le montre?

Les réactions devant le fantôme

14. **a)** À minuit, le fantôme se met en route. Précisez dans vos mots les deux réactions qu'il suscite sur son passage.

b) ⭐ Quelle figure l'auteur utilise-t-il pour décrire ces réactions? Consultez l'article **Poème**, à la page 372, s'il y a lieu. Expliquez votre réponse.

c) Imaginez la réaction d'un autre élément. Décrivez cette réaction en utilisant la figure que vous avez trouvée en **b**.

d) Comparez votre réponse avec celles de quelques camarades. Notez, dans votre *Journal culturel*, les figures que vous trouvez particulièrement réussies. Indiquez sous chacune le nom de l'élève qui l'a écrite.

Le tour

15. **a)** ⭐ Les choses ne se passent pas exactement comme prévu. Finalement, qui joue un tour? À qui? Dans quel but? En quoi consiste ce tour? Répondez à ces questions dans une phrase d'une vingtaine de mots.

b) Quelle émotion s'empare du fantôme lorsqu'il se trouve devant le spectre?

c) Cette émotion se manifeste de diverses façons. Rappelez-les dans l'ordre où elles apparaissent. Examinez les lignes 58 à 76.

d) Comment la réaction du fantôme s'explique-t-elle?

16. ⭐ Ce tour est typique de ce qu'on appelle «l'arroseur arrosé». Expliquez pourquoi.

Le portrait du fantôme

17. Le fantôme est un personnage âgé. Quelles caractéristiques physiques indiquent qu'il est vieux? Pour répondre à cette question, examinez les lignes 55 à 57 et 99 à 108.

18. Le fantôme possède des traits de caractère bien particuliers. Rappelez, pour chacun des traits ci-dessous, un fait qui permet de vérifier que le héros de cette histoire possède bien ce trait.

a) Il est cruel et méchant.

b) Il est imaginatif.

c) Il est talentueux.

d) Il est brave.

e) Il est sensible et peut faire preuve de compassion.

LE SAVIEZ-VOUS?

Si les jumeaux Otis écrivent *fantosme* plutôt que *fantôme*, c'est pour donner un caractère ancien à la pancarte qu'ils ont rédigée. En effet, jusqu'au XVIIIᵉ siècle, on écrivait *asne, beste, chasteau, fenestre, feste, forest, isle, maistre, mesme, hospital, hostel…* En 1740, ce fameux «s» d'origine latine, qu'on ne prononçait plus bien avant l'an mille, sera remplacé par un accent circonflexe. L'accent circonflexe signale donc, dans ces mots, la suppression d'une lettre qu'on ne prononce plus.

La comparaison et la métaphore

19. Dans les phrases ci-dessous, l'auteur utilise la **comparaison** et la **métaphore** pour décrire le fantôme et le spectre.

a) Analysez ces figures dans un tableau comme celui qui est proposé.

b) Précisez dans quelle phrase se trouve la métaphore.

Ce qui est comparé	Outil de comparaison	Ce à quoi on compare	Points de ressemblance
1) ▄▄	▄▄	▄▄	▄▄
...	▄▄	▄▄	▄▄

1) Il avança en glissant, telle une ombre maléfique. (Lignes 49 et 50.)

2) Un spectre horrible lui faisait face, aussi immobile qu'une figure sculptée, aussi monstrueux que le rêve d'un fou! (Lignes 61 et 62.)

   Remarque: Cette phrase contient deux figures à analyser.

3) Sa bouche était un large puits de feu. (Ligne 65.)

La vengeance du fantôme

20. Croyez-vous que le fantôme va en rester là et s'avouer vaincu? Expliquez votre réponse.

Vos sentiments et vos réactions

21. **a)** Dans le combat qui oppose le fantôme à la famille Otis, à qui votre sympathie va-t-elle? Expliquez votre réponse.

b) Quel passage du texte avez-vous trouvé le plus amusant? Dites ce qui vous a plu dans ce passage.

La phrase de forme négative

22. Repérez les **marques de négation** dans les phrases suivantes.

1) Quant à la petite Virginia, il n'avait encore rien décidé. (Lignes 19 et 20.)

2) Elle ne l'avait jamais insulté, et elle était jolie et gentille. (Lignes 20 et 21.)

3) Il considéra que quelques grognements caverneux en provenance de l'armoire suffiraient amplement, et si cela ne la réveillait pas, il pourrait secouer son couvre-lit de ses doigts crispés. (Lignes 21 à 23.)

23. Imaginez la déception du fantôme des Canterville quand il découvre que le spectre n'est pas un de ses semblables. Rédigez un court texte pour décrire tout ce que le fantôme ne pourra pas faire en compagnie de son nouvel ami. Utilisez au moins cinq marques de négation différentes.

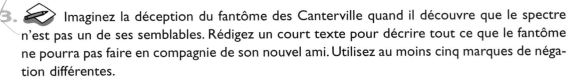

Cette fois-ci, c'est **un professeur** qui **joue un tour à ses élèves**. Voyez à quoi ressemble ce professeur. Observez comment **il se transforme selon la matière qu'il enseigne**. Vous aurez à faire la même chose si vous choisissez de raconter un autre cours donné par ce personnage.

Pour bien préparer ses élèves au secondaire, M. Margerelle décide de les habituer à tous les types de professeurs imaginables. Il joue d'abord le rôle de M. Crastaing, un sévère professeur de français. Après la récréation, les élèves rentrent en classe ne sachant pas trop à quoi s'attendre.

POUR MIEUX COMPRENDRE LE TEXTE

■ Expliquez dans vos mots ce qu'est une stalagmite.

UN DRÔLE DE PROFESSEUR

— Hellow!

C'était un type tout en bras et jambes avec un grand sourire vissé au milieu de la figure. Debout derrière nos chaises, nous le regardions, raides comme
5 des stalagmites ■.

— Maï nêïme iz Saïmone! s'exclama-t-il.

Sourire et regard écarquillé, il nous regardait tout ravi, exactement comme s'il nous voyait pour la première fois. C'était Margerelle, bien sûr... et pourtant,
10 ce qui se tenait là, debout devant nous, avec ce sourire immobile et ces grands bras désarticulés, n'avait absolument rien à voir avec M. Margerelle. Ni avec M. Crastaing.

— Qu'est-ce qu'il dit? chuchota Lanthier.

15 — Saïmone! répéta le nouveau Margerelle en se frappant gaiement la poitrine de l'index.

Sur quoi, il écrivit une phrase au tableau (grande écriture désordonnée): «My name is Simon.» Et, se désignant de nouveau du bout de son index, il aboya
20 joyeusement:

— Saïmone! Caul mi Saïmone! (Que j'orthographie ici à peu près comme je l'entendais.)

— Quoi!

— Je crois que c'est de l'anglais, murmura le petit
25 Malaussène. Il dit qu'il s'appelle Simon, et qu'il faut l'appeler comme ça.

— Évidemment, s'il s'appelle Simon, on ne va pas l'appeler Arthur!

La remarque de Lanthier mit le feu au rire de Kamo qui se propagea illico❷ à
30 toute la classe. Un incendie de rigolade, tout le monde plié en deux, sauf Lanthier
qui bredouillait:

— Qu'est-ce que j'ai dit? Qu'est-ce que j'ai dit?

— Okèyï! fit M. Simon, avec son grand sourire, en levant ses bras immenses.

— Okèyï!

35 Puis, sa voix se mit à enfler comme une sirène❸, et, parole d'honneur, je n'ai
jamais entendu quelqu'un gueuler si fort en conservant exactement le même sourire
sur les lèvres.

— Okèyï, Okèyï! Okèyï! Okèyï!

Stupeur donc, et silence, bien sûr.

40 Et lui, tout doucement, avec le même sourire:

— Ouell (il écrivit «well» au tableau): Ouell, ouell, ouell...

Puis:

— Site daoune, plize.

[...]

45 Nous commencions à comprendre son système. Il était en train de nous apprendre
l'anglais. Il suffisait de mimer ce qu'il faisait, de retenir ce qu'il disait et de lire au
tableau ce qu'il y écrivait: «naoh», par exemple, devenait «now», «plize» donnait
«please», «stêndœupp» faisait «stand up». Et ainsi de suite. C'était pas mal,
comme truc. Surtout avec ce grand sourire qui ne quittait jamais son visage.
50 Logiquement, ça aurait dû marcher. Seulement, il n'était pas tout à fait au point,
Misteur Saïmone, il laissait la machine s'emballer...

Au début, nous mimions tout, bien sagement, puis, le rythme s'accélérant peu à
peu, l'excitation nous gagnait, Misteur Saïmone, sans le faire exprès, donnait les
ordres de plus en plus vite, de plus en plus fort: «assis! debout! marchez! courez!
55 lisez! sautez! dormez! écrivez! montrez votre nez! vos pieds! assis! debout!
dormez! riez! rêvez! criez!» jusqu'à ce que nous soyons excités comme des puces.
Oui, voilà ce que nous devenions: une armée de puces en folie-folle, absolument
incontrôlables, renversant les chaises et grimpant sur les tables, tournant à toute
allure autour de la classe en poussant des hurlements soi-disant britanniques qui
60 devaient s'entendre dans tout le vingtième arrondissement, jusqu'à ce que lui-
même, Misteur Saïmone, toujours souriant («C'est pas possible, il a dû naître avec
ce sourire!» affirmait Kamo), couvrît tout ce tumulte de son propre hurlement:

— Okèyï, Okèyï! Okèyï! Okèyï!

Alors, tout le monde s'immobilisait dans une classe transformée en terrain
65 vague... et... «Ouell, ouell, ouell». Puis, de nouveau «Site daoune... stêndœupp»...
Et c'était reparti pour un tour.

Je me rappellerai toute ma vie la fin de ce premier cours. Misteur Saïmone avait
complètement perdu le contrôle de la situation. Je crois même qu'à force de courir,
sauter, tomber sur nos chaises et bondir sur nos pieds, à force de hurler et de rigoler
70 comme des malades, nous avions tout simplement oublié son existence. À vrai dire,

nous n'entendions même plus ses ordres. Son «okèyï-okèyï-okèyï!» ne couvrait plus le vacarme. Le sol tremblait sous nos pieds et l'école tout entière se serait probablement effondrée si la porte de notre classe n'avait brusquement claqué en plein cœur du tumulte▪.

75   — Qu'est-ce que c'est que ce cirque?

Nous mîmes un certain temps à comprendre le changement de situation.

— Vous allez vous calmer, oui?

Et, tout à coup, nous comprîmes que ce n'était plus Misteur Saïmone qui se trouvait là devant nous. Cette voix autoritaire et basse à la fois… cette immobilité…
80 pas de doute… c'était un autre… encore un autre Margerelle… qui nous regardait, les bras croisés et le dos appuyé à la porte de la classe.

— Vous êtes tombés sur la tête ou quoi?

Un troisième Margerelle, aussi paisible que Saïmone était agité, avec une voix aussi chaude
85 qu'était glaciale celle de Crastaing.

Une fois le calme revenu, Kamo ne put s'empêcher de s'exclamer:

— Alors là, chapeau▪, monsieur! Bravo! Vraiment, bravo!

POUR MIEUX COMPRENDRE LE TEXTE

▪ Donnez un synonyme de *illico*.

▪ Parmi les définitions que le dictionnaire donne au mot *sirène*, laquelle convient dans ce contexte?

▪ Que veut dire *tumulte*?

▪ Par quoi pourriez-vous remplacer *chapeau* dans cette phrase?

90 Le nouveau Margerelle tourna la tête vers Kamo et demanda, en haussant les sourcils :

— Comment t'appelles-tu, toi ?

Kamo hésita avant de répondre mais comprit à temps que l'autre ne blaguait pas :

95 — Kamo… je m'appelle Kamo…

Et, parce que, même intimidé, Kamo restait Kamo, il ajouta :

— Et vous ?

Une ombre de sourire passa sur le visage du nouveau Margerelle.

— Arènes, je suis M. Arènes, votre professeur de mathématiques.

100 Puis, en se dirigeant tranquillement vers le bureau :

— Allez, rangez-moi ce foutoir**6**, qu'on puisse passer aux choses sérieuses.

Il marchait pesamment. Le lent balancement de ses épaules donnait l'impression qu'il était plus petit que les autres Margerelle, plus lourd aussi.

Daniel Pennac, *Kamo, L'idée du siècle*,
Paris, © Gallimard Jeunesse, 1993, p. 40, 41 et 43 à 46.

POUR MIEUX COMPRENDRE LE TEXTE

6 **a)** Qu'est-ce qu'un foutoir ?

b) À quelle variété de langue ce mot appartient-il ?

INTERROGER LE TEXTE ET RÉAGIR

Le narrateur

24. Qui raconte ce tour ? Citez les deux premières phrases qui vous permettent de faire cette réponse.

Un tour particulier

25. Cernez les éléments qu'on trouve habituellement dans le récit d'un tour en répondant aux questions suivantes.

a) **Qui** joue un tour dans cet extrait ?

b) **En quoi** consiste ce tour ?

c) **Quel but** poursuit le joueur de tour ?

d) Selon vous, les élèves de M. Margerelle sont-ils des **victimes** ? Expliquez votre réponse.

Le portrait du nouveau professeur

26. À leur retour en classe, les élèves découvrent un nouveau professeur. Trouvez quelques caractéristiques de ce professeur.

    a) Citez un passage, entre les lignes 1 et 13, qui renseigne sur la taille de M. Simon.

    b) Citez deux passages, entre les lignes 17 et 37, qui renseignent sur le volume de sa voix.

    c) Citez trois passages, entre les lignes 7 et 22, qui renseignent sur son humeur.

Un autre professeur

27.   **a)** Quelles sont les caractéristiques physiques du professeur de mathématiques ?

    b) Quels sont ses traits de caractère ?

    c) D'après ce que vous savez de M. Arènes, comment le cours de ce nouveau professeur se déroulera-t-il ?

Les types de phrases

28. M. Simon et M. Arènes ne s'expriment pas de la même manière. Observez les phrases que chacun prononce.

    a) Quel <u>type de phrases</u> le professeur d'anglais utilise-t-il aux lignes 55 et 56 ? Quelles marques vous l'indiquent ?

    b) Relevez les <u>marques interrogatives</u> dans les phrases que prononce le professeur de mathématiques aux lignes 75 et 92.

    c) Ajoutez des marques interrogatives aux phrases dites par le professeur de mathématiques aux lignes 77 et 82. Proposez chaque fois deux façons de dire.

La phrase de forme négative

29. **a)** Transcrivez les trois phrases négatives des lignes 45 à 51. Soulignez les marques de négation dans chacune de ces phrases.

    b) Il manque une marque de négation dans une de ces phrases. Ajoutez-la.

    c) À quelle <u>variété de langue</u> cette phrase appartient-elle ?

LE SAVIEZ-VOUS ?

Les élèves de M. Margerelle se tiennent debout comme des stalagmites et non comme des stalactites. *Stalagmite* et *stalactite* sont des paronymes. Les paronymes sont des mots qui se ressemblent, par leur orthographe ou leur prononciation, mais qui n'ont pas le même sens, par exemple *accident* et *incident*, *emprunte* et *empreinte*, *stade* et *stage*, *venimeux* et *vénéneux*. À cause de leurs ressemblances, les paronymes sont souvent la cause d'erreurs.

DÉfi!

Écrire un nouveau tour joué par un des personnages de la séquence et organiser une lecture en groupe.

Le temps d'une rédaction, prenez la relève d'une ou d'un des auteurs que vous avez lus dans cette séquence. Écrivez un autre tour joué par un des personnages dont vous avez fait la connaissance. Par la suite, participez à l'organisation d'une lecture en groupe. Les tours que vous trouverez dans votre *Recueil de textes* pourront vous donner des idées. Prenez le temps de les lire.

VOLET PRODUCTION ÉCRITE

La préparation

1. Choisissez un des trois textes de la séquence. Une fois que vous aurez fait votre choix, lisez les consignes ci-dessous.

● **Si vous avez choisi** Estelle et moi

Imaginez un nouveau tour joué par les deux amies. Votre récit sera écrit dans le système verbal du présent et raconté par la copine d'Estelle.

● **Si vous avez choisi** LE FANTÔME DES CANTERVILLE

Imaginez un nouveau tour joué au fantôme par les jumeaux. Votre récit sera écrit dans le système verbal du passé et raconté par un narrateur omniscient.

● **Si vous avez choisi** UN DRÔLE DE PROFESSEUR

Imaginez le cours du professeur de mathématiques. Votre récit sera écrit dans le système verbal du passé et raconté par un narrateur personnage: un élève de la classe.

2. a) Répondez aux questions suivantes pour bien cerner votre sujet:
   • Qui joue un tour? Qui sera la victime? En quoi consiste ce tour? Dans quel but le personnage joue-t-il ce tour?

   b) Réfléchissez à la façon dont se terminera votre tour. Vous pouvez choisir différentes fins, par exemple:
   • un tour amusant mais qui ne se déroule pas comme prévu, comme dans Estelle et moi;
   • un tour du type «l'arroseur arrosé», comme dans LE FANTÔME DES CANTERVILLE;
   • un tour qui n'a pas de fin, comme dans UN DRÔLE DE PROFESSEUR.

La rédaction

3. Votre récit devra compter 300 mots environ. On y trouvera :

- au moins une phrase interrogative et au moins une phrase impérative ;
- au moins une phrase de chacune des trois formes suivantes : négative, emphatique et impersonnelle ;
- une comparaison ;
- une personnification : vous pouvez vous inspirer des figures que vous avez notées dans votre *Journal culturel* ;
- au moins deux mots pris dans la capsule **LE SAVIEZ-VOUS ?** de la page 218.

 ## La révision et l'amélioration de votre récit

4. a) En révisant votre texte, prêtez une grande attention à la construction des phrases. Consultez à ce sujet la stratégie **Comment vérifier que les phrases sont bien construites**, à la page 468.

b) À l'aide de la stratégie **Comment vérifier que le texte est cohérent**, à la page 466, vérifiez si les verbes sont conjugués aux temps appropriés.

5. Avant de mettre votre texte au propre, révisez-le au moyen des stratégies utiles pour réviser, corriger et améliorer un texte, aux pages 464 à 476.

VOLET PRODUCTION ORALE

6. Placez-vous en équipe avec les élèves qui ont choisi le même texte que vous.

7. En équipe, déterminez de quelle façon vous prendrez connaissance des textes de vos camarades d'équipe. Ferez-vous une lecture à voix haute ? Préférez-vous faire une lecture individuelle ? Dans ce cas, comment procéderez-vous ?

8. Comme vous aurez à apprécier les textes de vos camarades, décidez ensemble des aspects sur lesquels vous porterez un jugement.

> Consultez la stratégie **Comment réagir à une lecture ou à une écoute**, à la page 450, pour vous guider.

- Vous pourriez, par exemple, vous prononcer sur l'intérêt de l'histoire et sur l'originalité du tour.
- Vous pourriez aussi dire quel passage vous avez préféré.
- Si la lecture est faite à voix haute, vous pourriez dire en quoi la lecture était intéressante (volume de la voix, expressivité, netteté de la prononciation, etc.) et signaler un point à améliorer.

9. Une fois que vous aurez déterminé les aspects à apprécier, décidez de la façon dont vous transmettrez vos commentaires sur les textes lus. Ce pourrait être par écrit ou durant une courte discussion après la lecture de chaque texte.

D'AUTRES rendez-vous...

Amusez-vous en lisant d'autres tours joués par des personnages...

Deux adolescentes qui aiment bien rire: *Mon amie Estelle.*

Le tour joué par douze frères et sœurs à une psychologue: *Treize à la douzaine.*

Un habile stratagème pour se débarrasser des voleurs: *Le permis de voler.*

Trois jeunes qui veulent s'amuser aux dépens d'un détective: *Une blague pour Hercule Poirot.*

Retour

Autoévaluation

Lorsque c'est possible, répondez à l'aide des termes d'évaluation:
Beaucoup / Assez / Un peu / Pas du tout.

POINTS À ÉVALUER

1. Après avoir travaillé dans cette séquence, je sais mieux:
   a) cerner les caractéristiques physiques et les traits de caractère des personnages;
   b) comprendre les liens qui unissent les personnages;
   c) vérifier si mes phrases sont bien construites;
   d) repérer les comparaisons et les comprendre.

2. Après avoir lu les textes de la séquence, je suis plus en mesure:
   a) de reconnaître les éléments qu'on doit trouver dans le récit d'un tour;
   b) de préciser ce qui me plaît dans ce type de récit;
   c) d'apprécier ce type de récit humoristique.

3. a) J'ai trouvé stimulant de partir d'un texte pour écrire un récit.
   b) Voici pourquoi: ■.

4. a) J'ai participé activement aux discussions pour organiser la lecture en équipe.
   b) Voici une difficulté vécue par l'équipe: ■.
   c) Voici les moyens que nous avons pris pour résoudre cette difficulté: ■.

5. Parmi les trois œuvres choisies pour les extraits de cette séquence, voici celle que je me propose de lire au complet: ■.

Les formes de phrases : la phrase positive et la phrase négative

1. a) Les phrases suivantes contiennent toutes une erreur liée à la négation. Transcrivez ces phrases et faites les corrections nécessaires.

b) Expliquez, chaque fois, votre correction.

Exemple : ⃠ J'ai rien à dire.

Je **n'**ai rien à dire.

La marque de négation *ne* est obligatoire avec le mot *rien*.

1) ⃠ J'ai jamais vu une chose aussi étrange.
2) ⃠ Personne sait ce qui est finalement arrivé au fantôme des Canterville.
3) ⃠ Aucun élève a voulu parler.
4) ⃠ Tout le monde avait peur, personne osait regarder en direction de l'escalier.
5) ⃠ Des tours, Estelle et sa copine n'en faisaient souvent.
6) ⃠ Les deux amies avaient averti personne du tour qu'elles s'apprêtaient à jouer.
7) ⃠ Estelle avait eu aucune difficulté à me convaincre de me déguiser.
8) ⃠ On n'avait bien décoré la salle, mais on avait oublié d'envoyer les invitations.
9) ⃠ Pense pas à cela, tout va s'arranger.
10) ⃠ On manque de bougies pour le gâteau, il faudrait n'en acheter.

2. a) Parmi les phrases suivantes, certaines sont des phrases négatives auxquelles il manque la marque de négation *n'*. Recopiez ces phrases fautives et ajoutez-y la marque manquante.

b) Soulignez, sur votre copie, le mot de la phrase qui commande cet ajout.

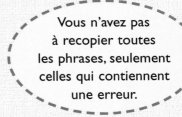

Vous n'avez pas à recopier toutes les phrases, seulement celles qui contiennent une erreur.

Exemple : ⃠ On ▰ a pas compris ce qui s'était passé.

On **n'**a <u>pas</u> compris ce qui s'était passé.

1) Vers minuit, on ▰ entendit un rire démoniaque : c'était le fantôme des Canterville.
2) Depuis ce temps, on ▰ a jamais revu le fantôme.
3) Vendredi soir, on ▰ avait préparé toute une surprise au livreur de pizza.
4) On ▰ en sait rien.
5) On ▰ avait vu aucun des nouveaux professeurs.
6) On ▰ a été très surpris quand le nouveau professeur de mathématiques est entré dans la classe.
7) Pour créer un effet de surprise, on ▰ avait prévenu personne.
8) On ▰ a pas pris le temps d'examiner la question.
9) Je regrette, on ▰ en a plus, revenez demain.
10) On ▰ en a plus que nécessaire.
11) Le livreur de pizza est arrivé trop vite, on ▰ a guère eu le temps de se déguiser.
12) On ▰ a observé aucun changement important.

Les formes de phrases : la phrase active
et la phrase passive

3. Les phrases suivantes sont des phrases de forme passive. Transformez-les en phrases actives en suivant la démarche ci-dessous.

Assurez-vous que les verbes et les participes passés sont bien accordés. Suivez la démarche proposée dans la stratégie **Comment vérifier les accords dans le GV**, à la page 474.

Remarque : Le verbe de la phrase active se met au même temps que l'auxiliaire *être* de la phrase passive.

Exemple : | **Les élèves** | sont accueillis par **un nouveau professeur** .

| **Un nouveau professeur** | accueille **les élèves** .

1) La chambre bleue était occupée par le ministre et son épouse.

2) Pendant un moment, le fantôme fut importuné par les éclats de rire des jumeaux.

3) Autrefois, le manoir était habité par Sir Simon de Canterville.

4) La pizza a été payée par le père d'Estelle.

5) Estelle a été dérangée par un vigoureux coup de sonnette.

6) La porte a été ouverte par Estelle.

7) Le cours d'anglais sera donné par M. Simon.

8) Nous avons été réveillés par des bruits sinistres.

9) Les jumeaux seront réprimandés par leur père.

10) Le fantôme était paralysé par la peur.

Les formes de phrases : la phrase personnelle
et la phrase impersonnelle

4. a) Parmi les phrases en couleur ci-après, dites lesquelles sont à la forme personnelle et lesquelles sont à la forme impersonnelle.

b) Dans les phrases personnelles, précisez ce que le pronom *il* reprend.

1) Kamo était bouche bée, il n'avait jamais imaginé rencontrer un professeur comme le nouveau professeur d'anglais.

2) Le professeur leur dit qu'il s'appelait Simon et qu'il fallait l'appeler comme ça.

3) M. Simon était en train de nous apprendre l'anglais. Il suffisait de mimer ses gestes.

4) De toute évidence, il était arrivé malheur au spectre, car toute lumière avait quitté ses yeux creux, le glaive étincelant lui était tombé des mains et il était adossé au mur dans une posture aussi guindée qu'inconfortable.

5) Le fantôme comprit tout en un éclair. Il jura de se venger le jour même.

6) Il se produisit alors d'étranges phénomènes.

La comparaison

5. Analysez les comparaisons suivantes. Notez vos réponses dans un tableau comme celui-ci:

Ce qui est comparé	Outil de comparaison	Ce à quoi on compare	Points de ressemblance
▬	▬	▬	▬

1) Peu après minuit, le fantôme se mit en route. Dans la noirceur, ses yeux luisaient comme deux émeraudes.

2) Le fleuve s'étire ainsi qu'un long ruban bleu entre les montagnes.

3) Sous nos yeux éblouis, l'étang apparut, lisse comme un miroir.

4) Telle une flèche, le magnifique oiseau s'élança vers le ciel illuminé.

5) Les chauves-souris agitaient leurs ailes pareilles à de petits éventails.

6) La tempête faisait rage et le vent se lamentait comme une âme en peine autour du vieux manoir.

Le narrateur

6. a) Indiquez quelle sorte de narrateur raconte l'histoire dans chacun des extraits suivants: un narrateur omniscient ou un narrateur personnage.

b) Dans le cas d'un narrateur personnage, indiquez les mots qui vous ont permis de le repérer.

1) Tous les vendredis, je couche chez Estelle. Il est presque vingt-trois heures et nous sommes affamées comme toujours, et c'est une pizza que nous désirons manger. Estelle n'a qu'à le demander à Robert, son père, et, tel un guichet automatique, il crache dix dollars de ses poches en nous demandant si c'est assez, tout simplement, pas même besoin de carte et de numéro d'identification personnel.
Marcia Pilote, *Estelle et moi*, Montréal, Hurtubise HMH, coll. «Atout», 2002, p. 11.

2) Tante Polly hocha la tête.

Où se trouvait donc encore ce garçon?

Elle le chercha longtemps, mais elle ne put le trouver. C'était très ennuyeux, et elle se demandait où son neveu Tom pouvait bien se trouver.
Mark Twain, *Tom Sawyer*, 1876.

3) Il me fallut longtemps pour comprendre d'où il venait. Le petit prince, qui me posait beaucoup de questions, ne semblait jamais entendre les miennes. Ce sont des mots prononcés par hasard qui, peu à peu, m'ont tout révélé. Ainsi quand il aperçut pour la première fois mon avion (je ne dessinerai pas mon avion, c'est un dessin beaucoup trop compliqué pour moi), il me demanda:

«Qu'est-ce que c'est que cette chose-là?

— Ce n'est pas une chose. Ça vole. C'est un avion. C'est mon avion.»
Antoine de Saint-Exupéry, *Le petit prince*, 1943.

FANTASTIQUE
ET
MERVEILLEUX

Métamorphoses hallucinantes, objets qui s'animent,
revenants qui surgissent sur le bord des routes, accidents inexplicables,
personnages hantés...
Il suffit d'évoquer ces éléments des récits fantastiques
pour que lentement l'angoisse s'installe.

Transformations étonnantes, objets magiques,
fées qui exaucent les vœux, maléfices qu'on peut conjurer
d'un coup de baguette...
Il suffit de rappeler ces éléments des contes merveilleux
pour qu'aussitôt le charme opère.

Au fil des rencontres, des personnages
vivent des aventures fantastiques et merveilleuses.
Suivez-les dans ces univers
où tourments et enchantements se succèdent.

MODULE

RECUEIL DE TEXTES

Des textes de toutes sortes pour explorer davantage le thème du module.

Tourments

Un personnage mène une vie sans histoire. Tout se déroule normalement jusqu'à ce que l'inexplicable se produise. Crainte, angoisse, peur et terreur entrent alors en scène. Vous voilà en plein **univers fantastique.**

Au fil des pages, vous partagerez **les tourments de personnages confrontés à des phénomènes particulièrement inquiétants.** Un réveille-matin transformera la vie d'un couple tranquille en un enfer. Une mystérieuse revenante donnera des sueurs froides à un automobiliste. Une fillette disparaîtra dans un étrange incendie. Vous sentirez l'angoisse monter chez les personnages. Comme eux, **vous vous poserez bien des questions.** Le fait d'apprendre à **reconnaître les émotions des personnages** vous aidera à mieux nommer **ce que vous ressentez.**

Les activités de la séquence vous permettront de développer votre habileté à lire des textes narratifs. Vous aurez aussi l'occasion d'examiner plus attentivement la **terminaison** et les **accords** de certains **verbes et participes passés.** Vous réviserez également vos connaissances sur les **phrases subordonnées.**

DÉFI!

Vous choisirez un texte ou un extrait de texte fantastique et, en équipe, vous en ferez une lecture théâtralisée pour le faire découvrir à vos camarades de classe. En relevant ce défi, vous continuerez de développer vos habiletés à communiquer de façon appropriée et à coopérer.

Entrez dans l'**univers du fantastique** en lisant le début de *La métamorphose*, un classique des récits fantastiques. Penchez-vous sur le problème que vit le personnage.

En équipe, discutez des points ci-dessous. Cette discussion vous permettra de vous familiariser avec l'étrange atmosphère qui s'installe généralement dans les récits fantastiques. Si vous connaissez bien ce type de récits, aidez vos camarades à mieux le comprendre.

La métamorphose

Lorsque Gregor Samsa s'éveilla un matin au sortir de rêves agités, il se retrouva dans son lit changé en un énorme cancrelat. Il était couché sur son dos, dur comme une carapace et, lorsqu'il levait un peu la tête, il découvrait un ventre

5 brun, bombé, partagé par des indurations en forme d'arc, sur lequel la couverture avait de la peine à tenir et semblait à tout moment près de glisser. Ses nombreuses pattes pitoyablement minces quand on les comparait à l'ensemble de sa taille, papillotaient maladroitement devant ses yeux.

10 «Que m'est-il arrivé?» pensa-t-il.

Franz Kafka, *La métamorphose et autres récits*, traduit de l'allemand par Claude David, Paris, © Gallimard pour l'édition française, 1989, p. 79.

1. a) Qu'est-ce qui vous semble inhabituel dans cette histoire?

   b) Selon vous, quel sentiment habite le personnage?

2. On trouve des phénomènes surnaturels autant dans les récits fantastiques que dans les récits merveilleux. Selon vous, qu'est-ce qui distingue un récit fantastique d'un récit merveilleux?

   a) Quelles histoires lues, vues ou entendues pouvez-vous rattacher au fantastique? Pensez à des histoires qui mettent en scène des monstres, des fantômes, des vampires, des objets animés, etc.

   b) Lesquelles de ces histoires avez-vous préférées? Pourquoi?

Dans la nouvelle suivante, un réveille-matin se met à agir bizarrement. Découvrez ce **phénomène inquiétant** et les **réactions qu'il provoque**. En lisant ce texte, vous verrez mieux quel univers vous devez explorer pour relever le défi.

LE RÉVEILLE-MATIN

Aurais-je pu croire qu'acheter un réveille-matin transformerait ma vie, jusque-là paisible, en un douloureux cauchemar?

Les premiers jours: rien à signaler. Il accomplissait sa tâche avec exactitude. À l'heure fixée, il venait heurter de son petit marteau à la porte de mon sommeil.
5 J'aurais dû me méfier: la ponctualité des serviteurs leur est un moyen de subjuguer**❶** les maîtres. Je devais l'apprendre.

Je n'avais pas le lever prompt**❷**. La séparation d'avec la chaleur de mon lit m'était difficile. Cette lenteur expliquerait, je pense, pourquoi mon réveille-matin prit sur lui de**❸** sonner avant l'heure déterminée. Ce geste devint une habitude désagréable;
10 je la supportai plus facilement que d'autres subséquentes**❹**.

Bientôt, il n'accepta plus que les lampes fussent allumées au-delà d'une certaine heure. Si ma femme et moi outrepassions**❺** sa volonté, le réveille-matin sonnait frénétiquement. De plus, il ne souffrait pas**❻** notre lecture au lit: sans doute savait-il que nos livres nous mèneraient fort avant dans la nuit. Dès que ma main se tendait
15 vers un volume, il sonnait à rendre l'âme.

Devais-je voir là des preuves de son attachement pour moi? Aimait-il son maître au point de tenir à lui assurer d'excellentes nuits, et ainsi, préserver sa santé? Était-ce une façon de m'aimer que de surveiller, le matin, mon habillage et de sonner si par hasard ma cravate ou ma chemise ne lui plaisait pas? M'était-il dévoué au point
20 de souhaiter que je sois l'homme le mieux vêtu de la ville? Je le crus un moment jusqu'à ce qu'il se passe dans ma maison quelque chose d'extraordinaire.

Nous étions au lit. Machinalement, mon bras s'allongea pour enserrer l'épaule de ma femme. Le réveille-matin se lança dans une éclatante diatribe**❼** sonore. Je pressais le bouton d'arrêt, j'avançais, je reculais les aiguilles; il sonnait, sonnait, sonnait,
25 de plus en plus fort… Toutes les sonneries d'alarme de Londres réunies n'auraient pas fait un semblable vacarme. Je saisis le réveille-matin et le jetai par la fenêtre.

Était-il éternel, ce réveille-matin? Son mécanisme était-il indestructible? Loin de s'être tue, sa colère hurlait de plus belle. Tout autour, les fenêtres s'allumaient et claquaient. Les protestations grondaient. Je me précipitai vers l'ascenseur. Entre
30 mes mains, il fut secoué comme d'un rire, puis il se tut**❽**.

Quelques semaines plus tard, ma femme et moi célébrions un anniversaire de mariage. Pour cet événement, et parce que j'aime ma femme presque autant que moi-même, je lui avais acheté un collier. Elle en était ravie. Ses mains tremblantes de joie le passèrent à son cou. Qu'entendis-je? La voix du réveille-matin irrité. Allait-
35 il se taire? Je le secouais, je le frappais contre la table, je tournais en tous sens ses

aiguilles. Sa colère demeurait égale, aiguë: une effroyable torture. Ma femme eut alors l'idée d'enlever son collier et de le passer au cou du réveille-matin. Il se tut.

POUR MIEUX COMPRENDRE LE TEXTE

1 ⭐ Que signifie *subjuguer*?

2 Donnez un <u>synonyme</u> de *prompt*.

3 ⭐ Dans le contexte, que signifie l'expression *prendre sur soi de*?

4 En vous aidant de votre dictionnaire, expliquez le sens de *subséquentes*.

5 **a)** Que signifie *outrepasser*?

b) Comment le mot *outrepasser* est-il formé? Consultez l'article **Formation des mots**, à la page 334.

6 ⭐ Dans le contexte, que veut dire *ne pas souffrir*?

7 Qu'est-ce qu'une *diatribe*?

8 **a)** Quel est le verbe utilisé dans *se tut*?

b) À quel temps ce verbe est-il conjugué?

9 Que signifie *s'avérer*?

10 ⭐ Donnez un synonyme de l'adjectif *infâme*.

Hélas! la ruse géniale de ma femme s'avéra[9] dans la suite avoir été une erreur. Elle avait donné
40 à mon réveille-matin l'amour des cadeaux.

Je dus m'oublier, oublier ma femme et disperser mon salaire en petits présents pour mon réveille-matin. Si je ne me pliais pas à ce rituel de la bonne entente, je devais subir l'avalanche caril-
45 lonnante; de même si le présent lui était d'intérêt moindre.

À ce rythme-là, il ne se passerait guère de jours avant que je ne dusse offrir à mon réveille-matin une voiture sport. J'avais d'ailleurs vendu la
50 mienne pour m'acheter une bicyclette.

L'heure vint où il la réclama. C'en était trop! C'en était trop!

— Ma femme, ordonnai-je hors de moi, va me jeter cet infâme[10] réveille-matin au fond du
55 fleuve.

Elle n'est pas revenue.

Roch Carrier, *Jolis deuils*,
Montréal, Éditions internationales Alain Stanké,
1982, p. 89 à 91.

RENDEZ-VOUS AVEC...

Roch Carrier, l'auteur de la nouvelle *Le réveille-matin*

(écrivain québécois, né en 1937)

Des recueils de poèmes, des pièces de théâtre, des romans, des nouvelles et des contes, la carrière littéraire de Roch Carrier est bien remplie. Son livre le plus connu est sans aucun doute *Le chandail de hockey*. L'auteur y raconte la fascination d'un enfant pour le hockey et le célèbre hockeyeur Maurice Richard. Un extrait de ce conte est imprimé au dos du billet de cinq dollars canadien.

INTERROGER LE TEXTE ET RÉAGIR

Une vie ordinaire

1. a) Que savez-vous de la vie du narrateur avant qu'il achète le réveille-matin? Survolez le texte pour repérer les éléments les plus significatifs de sa vie d'avant, puis décrivez-la brièvement.

   b) Pourquoi le narrateur se procure-t-il un réveille-matin?

2. a) Pour l'essentiel, dans quel lieu cette histoire se déroule-t-elle?

   b) Selon vous, pourquoi l'auteur a-t-il choisi cet endroit?

Un phénomène inquiétant

3. a) À quel phénomène inquiétant le narrateur doit-il faire face?

   b) Relevez la première phrase du texte qui signale que quelque chose d'inhabituel se passe.

   c) À quoi la vie du narrateur ressemble-t-elle depuis qu'il a un réveille-matin?

Un réveille-matin qui a du caractère

4. Examinez la relation qui se noue entre le réveille-matin et le narrateur.

   a) Comment le réveille-matin se comporte-t-il envers le narrateur durant les premiers jours?

   b) À partir de la ligne 22, l'attitude du réveille-matin change. Quelle émotion s'empare de lui de plus en plus souvent?

5. Intéressez-vous de près à l'étrange personnalité du réveille-matin. Pour chacun des gestes qui l'indisposent, montrez ses réactions à l'aide d'un court passage du texte.

> Servez-vous du document qu'on vous remettra pour faire cette analyse.

La fin de l'histoire

6. a) Expliquez comment cette histoire se termine:

- pour le narrateur;
- pour sa femme;
- pour le réveille-matin.

b) Comment avez-vous trouvé la fin de cette histoire?

c) Si vous aviez à continuer cette histoire, que feriez-vous du réveille-matin? Reviendrait-il? Si oui, dans quel but?

7. La femme du narrateur disparaît dans des circonstances étranges. Imaginez ce qui a bien pu lui arriver et racontez-le en une dizaine de lignes.

> Conservez cette production dans votre *Journal culturel.*

Un exercice de lecture

8. a) Choisissez un des deux extraits proposés ci-dessous et exercez-vous à bien le lire. Vous vous préparez ainsi à la lecture théâtralisée que vous ferez plus tard.

Travaillez principalement les éléments suivants:

- le rythme: assurez-vous que votre lecture est fluide, que les mots et les phrases s'enchaînent bien;
- l'intonation: variez le ton selon les émotions que vous désirez faire passer.

EXTRAIT 1:
lignes 22 à 30.

EXTRAIT 2:
lignes 31 à 40.

b) En équipe de trois, lisez votre extrait à tour de rôle.

c) Discutez en équipe des moyens les plus efficaces pour ajuster le rythme et l'intonation, et rendre la lecture intéressante.

La place des objets dans votre quotidien

9. Au-delà du fantastique et de l'humour, cette nouvelle de Roch Carrier nous invite à poser un regard sur notre quotidien.

a) Dans votre propre vie, quels objets ont tendance à prendre trop d'importance?

b) Dans quelles circonstances avez-vous l'impression de perdre le contrôle de votre vie? Que faites-vous pour rétablir la situation?

Des terminaisons qui ont le son «é»

10. a) Expliquez pourquoi *signaler* (ligne 3) se termine par -er. Prouvez votre réponse au moyen d'un **remplacement**.

b) Expliquez pourquoi *jetai* (ligne 26) se termine par *-ai*.

c) Expliquez pourquoi *secoué* (ligne 30) se termine par -é.

Poursuivez votre **exploration des différentes formes de phénomènes inquiétants** en lisant ce récit. En analysant les réactions des personnages, vous pourrez **réfléchir aux éléments à mettre en relief** au moment de votre lecture théâtralisée.

LA NOYÉE

Depuis des heures, le vent soufflait en rafales. Il freina brutalement. Une silhouette claire apparaissait et disparaissait dans les nappes de pluie tournoyant en bourrasques. Elle était seule au bord de la route. Il se pencha et ouvrit la portière de droite. Un vent glacial s'engouffra dans la voiture, accompagné
5 d'une sorte de parfum, ou plutôt d'odeur de nuit et d'humidité. Il jeta un coup d'œil à la jeune fille assise à côté de lui. Avec ses cheveux ruisselants, ses grands yeux sombres dans un visage très pâle, son ciré trempé, elle ressemblait à une noyée. Elle avait quelque chose de flou, de brumeux. Un frisson le parcourut.

À demi tourné vers elle, il s'efforça de lui sourire: «Ça va?» Un gémissement
10 du vent couvrit sa réponse. Il parcourut quelques kilomètres puis ralentit, des panneaux de signalisation annonçaient un carrefour dangereux. Sans quitter la route des yeux, il posa à nouveau la question. Répondit-elle vraiment? Ou crut-il seulement l'entendre murmurer: «Attention! Si vous saviez…» Des éclairs zébraient le ciel noir. Penché sur le volant, il cherchait à distinguer la chaussée au travers de la
15 pluie scintillant sous les phares. Quelques minutes s'écoulèrent dans le souffle de la tempête et le frottement des essuie-glaces. Puis le vent se tut un instant. Cette fois-ci, il l'entendit distinctement: «Je vous en prie, n'y allez pas! J'ai peur!» Agacé, il s'efforça cependant de lui répondre calmement: «Ne craignez rien, je sais conduire.»

20 Le carrefour dangereux s'annonçait. Il ralentit encore, un arbre arraché barrait la route et un gendarme **2** indiquait un passage sur le côté. Était-il bien toujours sur la nationale 11**3**? Le gendarme fit signe que oui. Il remarqua à nouveau cette odeur de terre remuée ou de fond de puits. Après avoir dépassé une file de voitures en attente, il demanda: «Ça va mieux? Vous n'avez plus peur?» tout en
25 remontant sa vitre latérale **4**. La tempête se calmait. À présent, il pouvait quitter la

route des yeux un instant. Il se tourna vers la jeune fille. Il sursauta et ses mains se mirent à trembler sur le volant. À côté de lui, le siège était vide. Machinalement, il jeta un coup d'œil
30 dans le rétroviseur. Personne à l'arrière. Il ralentit, s'arrêtant presque, se pencha sur sa droite. La portière était verrouillée. Comme avant l'entrée de la jeune fille. Il entendait encore sa voix: «N'y allez pas! J'ai peur!»

35   Il s'arrêta, demeura un long moment immobile, les yeux rivés **5** sur le siège à côté de lui. Il pensa sans raison: «La place du mort.» Il avait froid soudain. Il alluma l'éclairage intérieur au-dessus du tableau de bord, s'efforçant de rester calme, de réfléchir. Elle était
40 entrée dans la voiture dégoulinant de pluie, comme une noyée. Une noyée, ça laisse des traces. Le tapis de sol était parfaitement sec. Le vent avait cessé. Un silence total et une nuit d'encre baignaient la campagne. Il pensa sortir de la voiture et appeler la jeune fille mais n'en fit rien, il démarra en trombe et roula longtemps, très vite, sur la route déserte.

45   Une petite lumière rouge se rapprochait rapidement sur sa droite. Sur fond d'obscurité, le néon annonçait: «Au rendez-vous des amis». Il se retrouva debout devant un bar dans une demi-obscurité. Pas d'autre client. Une vieille femme repassait du linge au fond de la salle. Il commanda un double cognac, l'avala d'un coup. Il tremblait toujours, alla s'asseoir et demeura immobile, le regard perdu. Le
50 patron l'observait, il s'approcha: «Vous... Vous l'avez vue?» Le voyageur entendit sans comprendre. Il lui fallait parler, expliquer sa rencontre, la disparition, l'incroyable. Il lui fallait tout dire, tout de suite, en sachant que personne ne le croirait. À sa grande surprise, l'homme derrière le bar ne mettait visiblement pas en doute son récit. Plus même, il ne semblait pas étonné.

55 Il fit seulement remarquer: «C'est la saison, voyez-vous.»
Il se pencha vers le voyageur: «Vous n'êtes pas le premier et vous ne serez pas le dernier. Je les vois arriver, tout secoués, quand revient le printemps. Ils s'arrêtent ici pour se remonter, forcément, c'est le premier café depuis le
60 carrefour. Moi, j'évite ce coin-là à la tombée de la nuit.»

POUR MIEUX COMPRENDRE LE TEXTE

1 Que désigne ici le mot *ciré*?

2 Au Québec, quel mot emploie-t-on au lieu de *gendarme*?

3 Au Québec, quel mot emploie-t-on au lieu du nom *nationale*?

4 Par rapport au conducteur, où cette vitre latérale est-elle située?

5 Donnez un synonyme de *rivés*.

Le voyageur se leva, cria presque : «Mais enfin de quoi parlez-vous ? Qu'est-ce que ça veut dire ? Elle a disparu, entendez-vous ! Disparu !» Dans le silence qui suivit, la voix de la vieille femme s'éleva, elle monologuait : «Elle a eu peur quand le car a débouché à grande vitesse… et puis le choc… et tous ces morts… Elle n'en
65 finit pas de mourir de peur et, quand arrive la saison de l'accident, elle revient chez les vivants, prévenir encore et encore. Elle a disparu, oui, presque : on l'a rapportée à sa mère dans un sac en plastique. On n'a même pas retrouvé son ciré, son beau ciré dont elle était si fière, blanc à carreaux noirs.» Le voyageur posa un billet sur le bar. Il ne voulait plus l'entendre. Il courut vers sa voiture et démarra en
70 trombe. Quinze jours plus tard, rentré chez lui, à l'autre bout du pays, il pensait avoir oublié toute cette histoire de fous, la tempête, le petit fantôme surgissant sous la pluie, se blottissant près de lui. Ou plutôt, il espérait l'avoir oubliée. Sous un beau soleil, dans son jardin, il lavait sa voiture. Après l'extérieur, l'intérieur. Il commença à rabattre les fauteuils avant. Soudain, il se figea, livide **6**. Il avait
75 reconnu l'odeur de terre remuée. Et aussi, coincé entre la portière et le siège du passager, le ciré blanc à carreaux noirs.

Nicole Parrot, *Treize étranges histoires*,
Paris, © Éditions du Seuil, 2005, p. 29 à 32.

POUR MIEUX COMPRENDRE LE TEXTE

6 Donnez deux synonymes de *livide*.

INTERROGER LE TEXTE ET RÉAGIR

Une revenante dans la nuit

11. **a)** Sur son trajet, le conducteur aperçoit une silhouette au bord de la route. En quoi la présence d'une jeune fille sur la route est-elle déjà un indice qu'il se passe quelque chose d'inhabituel ?

b) Relisez les lignes 1 à 8 et relevez deux passages indiquant que la jeune fille a l'aspect d'un fantôme.

12. Quelle phrase prononcée par la vieille femme confirme que la jeune fille est bel et bien un fantôme ?

13. La jeune fille est associée à un vêtement, à une odeur et à un phénomène météorologique.

    a) De quel vêtement s'agit-il ? De quelle couleur est-il ?

    b) Relevez, entre les lignes 1 et 23, deux phrases décrivant l'odeur à laquelle la passagère est associée.

    c) À quel phénomène météorologique la jeune fille est-elle associée ? Relevez, entre les lignes 1 et 8, le passage qui indique que ce phénomène s'est manifesté au moment où le conducteur a fait monter la jeune fille dans sa voiture.

    d) Relevez, entre les lignes 35 et 44, la phrase qui indique que ce phénomène a cessé une fois la jeune fille disparue.

Une angoisse grandissante

14. Au fil des évènements, l'angoisse du conducteur augmente et s'accompagne de manifestations physiques.

    a) Comment s'exprime son inquiétude quand il fait monter la jeune fille dans son automobile ?

    b) Après la brusque disparition de la passagère, l'inquiétude de l'automobiliste se change en peur. Comment cette peur se manifeste-t-elle ?

15. **a)** Une fois dans le café, le voyageur raconte au patron ce qu'il a vu. Qu'est-ce qui surprend le voyageur ?

    b) ⭐ Pourquoi cela augmente-t-il son malaise ?

    c) Quand la vieille femme explique l'accident, la peur du voyageur se transforme en panique. Que fait-il alors ?

16. Qu'est-ce qui empêchera à jamais le voyageur d'oublier cette histoire incroyable et de retrouver son calme ?

Votre appréciation

17. **a)** Citez les phénomènes inquiétants rencontrés dans vos lectures depuis le début de la séquence.

    b) Lequel avez-vous trouvé le plus original jusqu'à maintenant ? Pourquoi ?

Des terminaisons qui ont le son « i »

18. **a)** Expliquez pourquoi *ralentit* (ligne 10) se termine par *-it*.

    b) Expliquez pourquoi *entendit* (ligne 17) se termine par *-it*.

    c) Expliquez pourquoi *finit* (ligne 65) se termine par *-it*.

L'héroïne du conte que vous lirez est **une fillette différente des autres** qui se trouve mêlée à **un évènement étrange**. Voyez les liens qui se tissent entre les personnages. Exercez-vous ensuite à lire **un extrait de cette histoire**. Vous vous préparerez ainsi à relever votre défi.

Cendrillon

Licia et Micia, jumelles de sept ans, firent une farce à leur demi-sœur Cendrillon, qui avait deux ans de plus.

«Pourquoi ne viens-tu pas à la fête toi aussi, Drillonnette? disait Licia.

— Mais oui, pourquoi ne viens-tu pas toi aussi?» disait Micia.

5 Licia et Micia étaient deux créatures délicieuses, pleines de vitamines et de supériorité. Cendrillon était rachitique[1], plus petite qu'elles, une jambe atrophiée[2] par la polio[3], et de ce fait elle boitait.

Cendrillon répondit: «C'est ridicule. Comment pourrais-je? Je sais: c'est un concours de beauté. Vous deux, oui, je crois bien. Vous deux, vous êtes belles. Moi,
10 je suis une infirme.»

Elle dit «infirme» d'un ton curieux, chargé d'une mystérieuse gravité. Il s'agissait en effet, à l'occasion de la Mi-Carême, d'un concours de beauté pour enfants au bénéfice des paysans de l'Afghanistan, où sévissaient les fièvres.

Licia dit: «Ne dis pas de bêtises, Drillonnette. Quelle importance si tu boites un
15 peu?»

Micia dit: «Quelle importance, Drillonnette, il suffit que tu marches lentement, personne ne s'aperçoit de rien. L'important, c'est la figure, non?»

Les deux petites jumelles avaient l'intelligence très développée, compte tenu de leur âge, péché originel compris.

20 «Et toi, Drillonnette, tu as une figure qui n'est pas mal du tout, vraiment», dit Licia.

Et Micia en écho: «Vraiment pas mal du tout, c'est certain. Tu sais ce que disait hier Mme Cernuschi?»

Cendrillon: «Qu'est-ce qu'elle disait?

25 — Elle disait que tu as un petit visage très spirituel[4], ce sont ses propres paroles. Elle disait que nous deux, nous sommes deux belles fillettes, mais que, toi, tu as le visage plus spirituel.»

La fête avait été organisée le samedi de la Mi-
30 Carême dans le pavillon de l'Exposition rétrospective de l'Art nouveau [...].

Cendrillon pensa: «Comment se fait-il que ces deux petites pestes soient si gentilles aujourd'hui? Que se sera-t-il passé?» Mais elle dit sérieusement: «Une petite fille infirme ne va pas à un concours de beauté. Vous êtes trop petites pour com-
35 prendre certaines choses.»

La mère, Mme Elvira Ravizza, intervint, avançant la lèvre inférieure comme elle faisait toujours:

«Qu'est-ce que tu te mets en tête, Drillonnette? Licia et Micia ont raison. Certainement, tu dois aller à la fête.

40   — Et quelle robe je mettrai? demanda Cendrillon en la regardant avec une expression mêlée d'espérance et de peur.

— Tu peux mettre la robe que je t'ai fait faire pour ton anniversaire. Elle est magnifique. Elle a coûté cher.»

Cendrillon pensa: «Peut-être je les ai mal jugées, peut-être sont-elles meilleures
45 que je ne pensais. Au fond, peut-être m'aiment-elles.»

Elle se leva de sa chaise. En passant devant le miroir, elle jeta un coup d'œil. Elle rougit. Un visage spirituel? Oui, oui, c'était vrai. Dommage d'avoir le nez si long. Après-midi de mars. Le soleil entrait à travers les rideaux de mousseline. Même les automobiles, dehors, faisaient entendre un bruit de printemps. Dans le ciel pas-
50 sèrent en désordre des nuages aux formes étranges, qui se recroquevillaient. Mais personne, dans la ville, ne regardait en l'air. Personne ne les vit.

Le pavillon en faux bois de l'Exposition d'Art nouveau a une grande salle centrale. Au milieu, d'un bout à l'autre, une passerelle surélevée. Des deux côtés, la foule des dames et des enfants, assis et debout, l'attente, l'excitation de la fête.

55 Le jury siège à l'extrémité de l'estrade: dames de haut rang, personnalités de la culture, des arts, du journalisme. Les photographes font partir des salves de *flashes*.

Chaque fois qu'une fillette apparaît au début de la passerelle, le petit orchestre sonne le garde-à-vous, les applaudissements éclatent, les visages s'éclairent de sourires pleins de bonté. Comme il est facile de se sentir bons en face de tant d'in-

60 nocence! Ne sont-elles pas attendrissantes? Avec une coquetterie invraisemblable, elles imitent les gestes, les déhanchements, les grimaces, les trucs appris à la télévision. Licia et Micia, en collants à raies vertes et jaunes, arrivent ensemble.

Mais le rythme du défilé marque un temps. Il a dû y avoir un accrochage, une hésitation, on remarque un mouvement nerveux, là-bas, au début de la passerelle.

65 Enfin Cendrillon apparaît. Elle porte une robe de laine blanche avec deux bandes verticales bleu ciel, sans manches et sans ceinture, des chaussettes blanches, des escarpins **5** vernis noirs, ses cheveux bruns sont dénoués sur ses épaules.

La sonnerie de garde-à-vous de l'orchestre. Lentement, Cendrillon! Elle fait un pas, deux pas, très pâle, avec un sourire forcé. L'applaudissement de bienvenue

70 tarde, il se défait en maigres battements de mains çà et là.

La fillette s'arrête, bien que la musique cherche à l'encourager. Les pauvres petits bras nus se mettent à trembler.

Puis, une voix infantile: «Oh! voilà la claudicante **6** !»

Encore deux pas lents. Il se fait un silence maudit, en dépit de l'orchestre. Et

75 maintenant, ils sont trois, quatre, cinq qui crient ensemble: «Vas-y, vas-y, claudicante!»

Qui a été le premier à rire? Un petit garçon, ou une maman? Licia? Ou les deux jumelles ensemble? Ou le démon, assis dans les premiers rangs et déguisé en père de famille à l'air bonasse?

«Vas-y, vas-y! Courage, claudicante!» Maintenant, ils sont trente ou quarante à
80 crier. Et ils rient, ils rient, quelle farce spirituelle, comme c'est drôle. Délicieuse est
la volupté du malheur d'autrui quand on est si nombreux et qu'on se sent solidaires
dans la contagion. Même si est en jeu une fillette avec une jambe atrophiée. Que
diable, on est à la fête pour se divertir, non? Pourquoi ne rit-elle pas elle aussi? Mais
vraiment, sa maman n'a pas un brin de cervelle? La salle comble de gens n'est plus
85 qu'un seul grand rire déchaîné.

Et qu'est-ce qui lui prend maintenant, à cette petite sotte? Drillonnette a repris
sa marche sur la passerelle, mais elle n'avance plus avec lenteur. Maintenant elle
trotte en se hâtant, ses pieds font tic-tac, un battement inégal, c'est de plus en plus
comique.

90 Puis elle étend les bras en avant, comme si elle cherchait un appui, un secours,
une étreinte pitoyable qui n'existe pas. Et elle se met à courir. À courir? Un battement désordonné dans le désespoir, au milieu de l'hilarité**7** générale qui devient
frénétique.

À deux mètres de la fin de la passerelle, elle trébuche, et tombe la tête la pre-
95 mière dans le trou. Fragile fracas. Osselets tendres et souffrants.

À ce moment précis — et aucun technicien n'a
jamais su expliquer pourquoi —, de la base du
pavillon, sur tout le pourtour, le feu se répandit.

[...] Ce fut un bûcher.

100 Le soir était déjà tombé. Le parc fut illuminé
*a giorno***8** par le monstrueux brasier. Et au-dessus
de la ville, le ciel de suie**9** devint un baldaquin de
pourpre**10**.

L'accès du pavillon, suspendu par un système
105 de pilotis, était constitué par un ample escalier, lui
aussi de prétendu faux bois, qui s'ouvrait sinueu-
sement en éventail.

POUR MIEUX COMPRENDRE LE TEXTE

5 Que sont des escarpins?

6 Qu'est-ce qu'une personne claudicante a de
particulier?

7 Donnez la définition du mot *hilarité*.

8 ⭐ Trouvez dans le dictionnaire le sens de
l'expression *a giorno*.

9 De quelle couleur est ce ciel?

10 De quelle couleur le ciel devient-il?

Le long de cet escalier, à travers la barrière de feu crépitante derrière laquelle la foule se tordait avec d'horribles hurlements en invoquant un impossible secours, le sergent des pompiers Onofrio Crescini, accouru un des premiers, jure d'avoir vu descendre une fillette avec une robe blanche à bandes verticales bleu ciel et des chaussettes blanches elles aussi. Elle semblait absolument calme, dit-il, comme si les langues de flammes ne l'eussent pas touchée.

Le sergent raconte aussi que la fillette avait de grands yeux noirs et que, tandis qu'elle descendait lentement les marches, elle le regardait avec intensité, lui, Crescini.

Insoucieux du danger, il se jeta en avant pour la secourir. Quand il fut près d'elle, au début de l'escalier embrasé, il voulut la saisir. Mais l'image s'évanouit. Et les mains de Crescini se refermèrent sur le vide.

Au même instant, dans un bruit épouvantable où se confondaient les spasmes humains et l'écrasement des choses, le pavillon s'effondra.

Dino Buzzati, *Les nuits difficiles*, traduit de l'italien par Michel Sager, Paris, Robert Laffont, 1972, p. 152 à 157.

Dino Buzzati, l'auteur de la nouvelle *Cendrillon*
(écrivain italien, 1906-1972)

Après des études de droit, Dino Buzzati devient, à l'âge de 22 ans, journaliste dans un grand quotidien de Milan, le *Corriere della Sera*. Il y restera jusqu'à sa mort. Parallèlement à son métier de journaliste, Dino Buzzati s'intéresse à la peinture, à la gravure et à la création de décors pour la scène. Mais c'est à titre d'écrivain qu'il se fait surtout connaître. Son œuvre est abondante et touche tous les genres: contes, nouvelles, romans, pièces de théâtre, scénarios de films, livrets d'opéra et poèmes. L'auteur a lui-même illustré certaines de ses œuvres, dont *La fameuse invasion de la Sicile par les ours*. Malgré sa renommée internationale, Dino Buzzati ne se considérait pas comme un écrivain. Il se voyait plutôt comme un journaliste qui écrivait des nouvelles de temps à autre. Il fut pourtant l'un des écrivains les plus fascinants de son époque.

INTERROGER LE TEXTE ET RÉAGIR

> Ces phrases se trouvent entre les lignes 1 et 10.

Des personnages qui s'opposent

19. Cendrillon et ses demi-sœurs ne se ressemblent guère. Physiquement, qu'est-ce qui oppose Cendrillon aux jumelles ? Répondez par quatre phrases du texte.

20. a) Quel trait de caractère vous semble le mieux définir les jumelles ? Expliquez votre réponse.

b) Sont-elles les seuls personnages à avoir ce trait de caractère ? Expliquez votre réponse.

Des propos trompeurs

21. Pour mieux convaincre Cendrillon de participer au concours, Licia et Micia tentent de la séduire par de belles paroles. Analysez les deux phrases suivantes prononcées par les fillettes.

1) «... tu as une figure qui n'est pas mal du tout... » (Ligne 20.)

2) «Elle disait que tu as un petit visage très spirituel, ce sont ses propres paroles.» (Lignes 25 et 26.)

a) Relevez, dans chacune, la **subordonnée**.

b) Dites quel **subordonnant** introduit la subordonnée.

c) Précisez le type de la subordonnée et sa fonction.

Notez vos réponses dans un tableau comme celui-ci.

Subordonnée	Subordonnant	Type et fonction de la subordonnée
1) ▬	▬	▬
2) ▬	▬	▬

La punition

22. Au moment où Cendrillon tombe de la passerelle, un terrible incendie se déclare.

    a) Relevez deux passages du texte qui présentent le pavillon enflammé comme un lieu de supplice.

    b) Quels sont les personnages visés par ce supplice?

    c) Qu'ont-ils fait pour «mériter» un tel châtiment?

Des phénomènes inexplicables

23. Quels sont, dans l'ordre, les trois phénomènes inexplicables qui se produisent au moment de l'incendie? Précisez dans vos mots en quoi ils sont inexplicables.

L'esprit du mal

24. Le démon, l'esprit du mal, intervient dans cette histoire. Une phrase indique qu'il est présent pendant le défilé. Relevez cette phrase.

Votre appréciation

25. Recommanderiez-vous la lecture de cette histoire à vos camarades? Expliquez votre réponse en donnant trois raisons.

Des liens avec le conte traditionnel *Cendrillon*

26. Quelles ressemblances percevez-vous entre l'héroïne de cette nouvelle et le personnage de Cendrillon du conte traditionnel popularisé par Charles Perrault? Quelles différences remarquez-vous? Discutez-en en équipe.

Un exercice de lecture

27. **a)** Pour vous préparer à la lecture théâtralisée, exercez-vous, en équipe de deux, à lire l'extrait compris entre les lignes 1 et 19.

Une personne lira les passages racontés par le narrateur. L'autre personne lira les répliques des personnages Micia et Licia. Faites ensuite une seconde lecture en inversant les rôles.

Prêtez attention aux éléments suivants:

- la prononciation: assurez-vous que vous prononcez nettement les mots;
- l'intonation: adoptez un ton qui convient au contexte.

    b) Discutez avec votre camarade des moyens les plus efficaces pour bien prononcer les mots difficiles, adopter le bon ton et rendre la lecture intéressante.

Faire la lecture théâtralisée d'un texte ou d'un extrait de texte fantastique.

Organisez une lecture théâtralisée en équipe et faites de cette présentation un **véritable plaisir pour l'oreille**. Mettez à profit vos **talents pour la lecture ou la mise en scène**. Vos camarades de classe pourront alors apprécier un texte fantastique sous un angle différent. Commencez votre recherche de textes en lisant les récits proposés dans votre *Recueil de textes*.

Le choix du texte à lire et la préparation de la lecture

1. Choisissez un texte ou un extrait de texte fantastique. Prévoyez une lecture de trois minutes par personne.

2. a) Relisez attentivement le texte choisi pour repérer les éléments qui vous aideront à faire une lecture de qualité.

   b) Notez, sur une feuille ou une fiche, des renseignements utiles au sujet de l'intonation, du volume, du débit, etc.

3. Décidez des passages que chaque membre lira. Vous pouvez lire plus d'un rôle si cela ne nuit pas à la compréhension.

> Ajoutez les renseignements pertinents sur votre feuille ou votre fiche de renseignements.

La mise en scène de votre lecture

4. Déterminez les aspects qui concernent la mise en scène. Les pistes ci-dessous vous guideront.

   • Préférez-vous travailler en direct ou en différé (au moyen d'un enregistrement)?

   • Pensez aux effets sonores que vous devrez insérer: musique et bruits divers (cris, murmures, bruits de la nature, de la circulation, bruits de pas, etc.). Assurez-vous que ce fond sonore est pertinent et qu'il ne nuit pas à l'audition du texte.

   • Comment reproduirez-vous ces sons? À quels moments les intégrerez-vous dans votre lecture?

   • Si vous lisez en direct, pensez à la façon dont vous lirez: debout devant la classe avec votre texte, derrière un rideau, etc.

5. Exercez-vous à lire votre texte en tenant compte de ce que vous avez noté sur votre feuille ou votre fiche de renseignements.

> Consultez aussi la stratégie **Comment répéter en vue d'une présentation orale**, à la page 484.

La présentation de votre lecture théâtralisée

6. Présentez votre lecture, que vous lisiez en direct ou en différé.

   • Mentionnez le titre de l'œuvre choisie et le nom de l'auteur ou de l'auteure.

   • Si vous avez choisi un extrait qui n'est pas au début du texte, résumez le début de l'histoire.

Une revenante qui sème l'épouvante: *Apparition*.

Un adolescent qui s'aperçoit que tout, autour de lui, est changé en pierre: *La chambre*.

Un jeune homme qui disparaît et un chien qui surgit mystérieusement: *Le chien noir*.

Une boîte qui porte malheur à toutes celles qui la possèdent: *La boîte égyptienne*.

Retour

Autoévaluation

Lorsque c'est possible, répondez à l'aide des termes d'évaluation:
Beaucoup / Assez / Un peu / Pas du tout.

POINTS À ÉVALUER

1. Après le travail effectué dans cette séquence, je sais mieux:
   a) écrire les verbes et les participes passés dont la terminaison est en «é» et en «i»;
   b) reconnaître et analyser les phrases subordonnées.

2. Après avoir lu les textes de cette séquence, je suis plus en mesure de:
   a) décrire le phénomène inquiétant qui se manifeste dans un récit fantastique;
   b) comprendre les réactions des personnages dans un récit.

3. a) Dans cette séquence, je considère que les courts textes que j'ai écrits étaient réussis.
   b) Voici pourquoi: ███.

4. a) J'ai aimé faire une lecture théâtralisée en équipe.
   b) Voici pourquoi: ███.

5. a) Écouter les lectures de mes camarades a été une activité très enrichissante.
   b) Voici pourquoi: ███.
   c) La lecture suivante m'a particulièrement plu: ███.
   d) Je l'ai appréciée pour les raisons suivantes: ███.

6. Les textes fantastiques que j'ai lus et écoutés dans cette séquence m'ont donné le goût de lire davantage.

Les terminaisons qui ont le son « é »

1. Dans les phrases suivantes, les mots en couleur se terminent tous par le son « é ». Expliquez, dans chaque cas, pourquoi la terminaison s'écrit *-ai*, *-é*, *-er* ou *-ez*.

> **Exemple :** Je remarquai, sur ma droite, une silhouette floue.
> Le verbe *remarquer* se termine par *-ai* à la 1re personne du singulier au passé simple de l'indicatif.

1) Ne craignez rien, dit-il, je suis là.

2) Le vent avait cessé.

3) J'ai essayé de trouver quelqu'un qui me croirait.

4) Chaque fois que je pense à elle, je ne peux pas m'empêcher de pleurer.

5) Ne vous moquez pas et écoutez la suite.

6) Inquiète, je levai les yeux vers le ciel.

2. Expliquez l'accord des participes ou des adjectifs en couleur dans les phrases suivantes.

> *Utilisez la démarche proposée dans la stratégie* **Comment vérifier les accords dans le GV**, *aux pages 475 et 476.*

1) La portière était verrouillée.

2) Le patron ne parut pas étonné par mon histoire.

3) La fête avait été organisée avec soin.

4) Quinze jours plus tard, il pensait avoir oublié cette histoire.

5) Tout le monde lui a dit qu'il avait rêvé.

6) La jeune fille marchait sous la pluie, je vous jure que je l'ai rencontrée.

Les terminaisons qui ont le son « i »

3. Dans les phrases suivantes, les mots en couleur se terminent tous par le son « i ». Expliquez, dans chaque cas, pourquoi la terminaison s'écrit *-i*, *-is* ou *-it*.

> **Exemple :** Le conducteur combattit sa peur en racontant son histoire.
> Le verbe *combattre* se termine par *-it* à la 3e personne du singulier au passé simple de l'indicatif.

1) Mon réveille-matin prit sur lui de sonner pour manifester son mécontentement.

2) Il a recueilli des renseignements auprès de l'aubergiste.

3) Curieusement, personne ne les vit sortir.

4) Au même moment, je vis une petite silhouette dans l'escalier.

5) Il a fini par croire qu'il avait rêvé.

6) Elle m'a promis de rentrer avant la nuit.

4. Expliquez l'accord des participes ou des adjectifs en couleur dans les phrases suivantes.

Utilisez la démarche proposée dans la stratégie **Comment vérifier les accords dans le GV**, aux pages 475 et 476.

1) La fillette a repris sa marche sur la passerelle.

2) Elles étaient parties de Londres au début de l'été.

3) Leurs larmes avaient durci sur leurs joues gelées.

4) J'avais choisi une table au fond de la salle.

5) La place que j'avais choisie n'était pas libre.

Les phrases subordonnées

5. Les phrases ci-après contiennent toutes une subordonnée. Relevez, dans ces phrases :

a) les cinq subordonnées relatives et dites quel nom chacune d'elles complète;

b) les trois subordonnées complétives et montrez, à l'aide d'un remplacement, qu'elles ont la fonction de complément direct du verbe;

c) les quatre subordonnées circonstancielles et dites si elles expriment le temps, le but ou la cause.

1) Les jumelles firent une farce à Cendrillon, qui avait deux ans de plus qu'elles.

2) Le ciré que la jeune fille portait était coincé entre la banquette et la portière.

3) Les fillettes se tournaient de tous les côtés afin que les spectateurs les admirent.

4) Il raconta qu'il avait vu la fillette dans l'escalier.

5) La jeune fille constata qu'elle n'avait plus de voix.

6) Dans le silence qui suivit, tout le monde se tourna vers la porte.

7) La nuit où l'accident s'est produit, il pleuvait à torrents.

8) Tous savaient que le carrefour était dangereux.

9) Elle a eu peur quand l'automobile a débouché à grande vitesse.

10) Dès que ma main s'approchait d'un livre, le réveille-matin sonnait à rendre l'âme.

11) J'avais acheté un collier à ma femme parce que c'était son anniversaire.

12) Elle avait égaré l'imperméable qu'elle aimait tant.

Enchantements

Entrez dans l'univers du merveilleux. Vous y rencontrerez des personnages qui vivent des aventures extraordinaires. Grâce à leurs qualités, ils déjouent les mauvais sorts, triomphent d'êtres maléfiques, échappent à la mort, trouvent le bonheur.

Dans cette séquence, vous retrouverez des personnages de **contes** bien connus : le **Petit Chaperon rouge**, **Cendrillon**, **Riquet à la houppe**… et d'autres moins connus, comme **Linette**, **Volé-Trouvé** et **Célestine**. En lisant leurs aventures, vous constaterez que les qualités des héros et des héroïnes, leur **générosité**, leur **esprit d'entraide** leur permettent d'**aller de l'avant** et de **vaincre le malheur**. Les contes sont une grande **source d'inspiration** : ils nous servent de **modèles pour mieux nous comprendre et grandir**.

Au fil de la séquence, vous continuerez à développer votre **habileté à lire des textes narratifs.** Vous poursuivrez aussi votre étude de la **terminaison** et des **accords** de certains **verbes et participes passés**. De plus, vous réviserez vos connaissances sur la **ponctuation.**

DÉFI !

Écrivez, à deux, un conte merveilleux que vous lirez à un auditoire de jeunes. Ce sera l'occasion pour vous d'exploiter votre imagination et de faire preuve de créativité. L'écriture à deux vous amènera à réfléchir à votre façon de procéder et à vous donner des méthodes de travail efficaces.

Vous rappelez-vous les contes de votre enfance? Renouez avec l'**univers du merveilleux** en échangeant vos **impressions sur les contes** qui vous ont plu: comparez vos préférences, parlez de ce qui vous attirait dans ces histoires.

Formez un cercle de lecture composé de quelques personnes afin d'échanger vos souvenirs liés aux contes merveilleux. Servez-vous de l'illustration et des questions ci-dessous pour alimenter votre discussion.

Illustration de Gustave Doré pour l'édition de 1862 des *Contes* de Charles Perrault.

1. Qu'est-ce que les personnages de cette illustration évoquent chez vous?

2. **a)** Lorsque vous étiez enfant, qui vous racontait des histoires, des contes? Vos parents? Un gardien ou une gardienne? Est-ce qu'il vous arrivait d'en écouter sur disque, sur film?

b) Préfériez-vous lire vous-même les contes ou vous les faire lire? Pourquoi?

3. **a)** Quel était votre conte préféré? Qu'est-ce que vous aimiez tant dans ce conte?

Il se peut que les contes que vous connaissiez soient associés à une autre culture que celle de vos camarades. Profitez de ce cercle de lecture pour leur présenter votre conte préféré.

b) Vous arrive-t-il de relire, de réécouter ou de revoir certains contes? Pourquoi?

4. Il existe des contes merveilleux écrits pour les «grands enfants», par exemple: la série *Harry Potter*, *Le seigneur des anneaux*, *Les chroniques de Narnia*, *À la croisée des mondes*, etc.

a) Connaissez-vous ces contes? Si oui, comment les avez-vous connus: par la lecture ou le cinéma? Sinon, demandez à vos camarades de vous en parler.

b) Qu'est-ce qui vous intéresse dans ces histoires?

vers le
DÉFI!

Il était une fois… Ainsi commencent de nombreux contes. Vous trouverez ici le début de **six contes** que vous connaissez sans doute pour les avoir **lus ou entendus lorsque vous étiez enfant**. Lisez ces textes en essayant de dégager les aspects qu'ils ont en commun. Ce sont ces aspects que vous aurez à mettre en évidence dans le conte que vous écrirez.

Il était une fois...

Le Petit Chaperon rouge

Il était une fois une petite fille de village, la plus jolie qu'on eût su voir ; sa mère en était folle, et sa grand-mère plus folle encore. Cette bonne femme lui fit faire un petit chaperon❶ rouge, qui lui seyait❷ si bien, que partout on l'appelait le Petit Chaperon rouge.

5   Un jour sa mère, ayant cuit et fait des galettes, lui dit :

«Va voir comme se porte ta mère-grand❸, car on m'a dit qu'elle était malade, porte-lui une galette et ce petit pot de beurre.»

Le Petit Chaperon rouge partit aussitôt pour aller chez sa mère-grand, qui demeurait dans un autre village. En passant dans un bois, elle rencontra compère 10 le loup, qui eut bien envie de la manger, mais il n'osa, à cause de quelques bûcherons qui étaient dans la forêt. Il lui demanda où elle allait ; la pauvre enfant, qui ne savait pas qu'il est dangereux de s'arrêter à écouter un loup, lui dit :

«Je vais voir ma mère-grand, et lui porter une galette avec un petit pot de beurre que ma mère lui envoie.»

Charles Perrault,
Contes, 1697.

POUR MIEUX COMPRENDRE LE TEXTE

❶ **a)** Qu'est-ce qu'un chaperon ?

   b) Donnez un autre nom de vêtement qui appartient à la même <u>famille de mots</u> que *chaperon*.

❷ ⭐ **a)** Selon vous, quel est le sens de ce mot ? Aidez-vous seulement du contexte pour répondre.

   b) Cherchez le verbe *seoir* dans le dictionnaire. Aviez-vous vu juste ?

❸ De nos jours, quel mot emploie-t-on à la place de *mère-grand* ?

Cendrillon
ou la petite pantoufle de verre

Il était une fois un gentilhomme qui épousa en secondes noces une femme, la plus hautaine et la plus fière qu'on eût jamais vue. Elle avait deux filles de son humeur, et qui lui ressemblaient en toutes choses. Le mari avait de son côté une jeune fille, mais d'une douceur et d'une bonté sans exemple; elle tenait cela
5 de sa mère, qui était la meilleure personne du monde. Les noces ne furent pas plus tôt faites, que la belle-mère fit éclater sa mauvaise humeur; elle ne put souffrir[4] les bonnes qualités de cette jeune enfant, qui rendaient ses filles encore plus haïssables. Elle la chargea des plus viles occupations de la maison […].

La pauvre fille souffrait tout avec patience, et n'osait s'en plaindre à son père
10 qui l'aurait grondée, parce que sa femme le gouvernait entièrement. Lorsqu'elle avait fait son ouvrage, elle s'allait mettre au coin de la cheminée, et s'asseoir dans les cendres, ce qui faisait qu'on l'appelait communément dans le logis Cucendron. La cadette, qui n'était pas si malhonnête que son aînée, l'appelait Cendrillon; cependant Cendrillon, avec ses méchants habits, ne laissait pas d'être cent fois plus
15 belle que ses sœurs, quoique vêtues magnifiquement.

Il arriva que le fils du roi donna un bal, et qu'il en pria[5] toutes les personnes de qualité[6] : nos deux demoiselles en furent aussi priées, car elles faisaient grande figure[7] dans le pays.

Charles Perrault, *Contes*, 1697.

La princesse au petit pois

Il y avait une fois un prince qui voulait épouser une princesse, mais une princesse véritable. Il fit donc le tour du monde pour en trouver une, et, à la vérité, les princesses ne manquaient pas; mais il ne pouvait jamais être sûr que c'étaient de vraies princesses. Toujours quelque chose en elles lui paraissait
5 suspect. Et il finit par rentrer chez lui, bien affligé de n'avoir pas trouvé ce qu'il désirait.

Un soir, il faisait un temps horrible, les éclairs se croisaient, le tonnerre grondait, la pluie tombait à torrents; c'était épouvantable! Quelqu'un frappa à la porte du château, et le vieux roi s'empressa d'ouvrir.

10 C'était une princesse. Mais grand Dieu! Comme la pluie et l'orage l'avaient arrangée! L'eau ruisselait de ses cheveux et de ses vêtements, entrait par la pointe dans ses souliers, et sortait par le talon. Néanmoins, elle se donna pour une véritable princesse **8**.

« C'est ce que nous saurons bientôt! » pensa la vieille reine.

Hans Christian Andersen, *Contes*, traduction revue par Emmanuel Scavée,
Paris, © Casterman SA; © Éditions Duculot pour l'édition française, 1991, p. 80.

POUR MIEUX COMPRENDRE LE TEXTE

4 Trouvez un <u>synonyme</u> de *souffrir* qui convient dans le contexte.

5 ⭐ Dans ce contexte, que veut dire *prier*?

6 Qu'est-ce qu'une personne de qualité?

7 ⭐ Expliquez dans vos mots le sens de la phrase « elles faisaient grande figure ». Aidez-vous du contexte pour répondre.

8 ⭐ D'après le contexte, que veut dire cette phrase?

Riquet à la houppe

Il était une fois une reine qui accoucha d'un fils, si laid et si mal fait, qu'on douta longtemps s'il avait forme humaine. Une fée qui se trouva à sa naissance assura qu'il ne laisserait pas d'être aimable[9], parce qu'il aurait beaucoup d'esprit; elle ajouta même qu'il pourrait, en vertu du[10] don qu'elle venait de lui
5 faire, donner autant d'esprit qu'il en aurait à la personne qu'il aimerait le mieux. Tout cela consola un peu la pauvre reine, qui était bien affligée d'avoir mis au monde un si vilain marmot. Il est vrai que cet enfant ne commença pas plus tôt à parler qu'il dit mille jolies choses, et qu'il avait dans toutes ses actions je ne sais quoi de si spirituel, qu'on en était charmé. J'oubliais de dire qu'il vint au monde
10 avec une petite houppe de cheveux sur la tête, ce qui fit qu'on le nomma Riquet à la houppe.

Charles Perrault, *Contes*, 1697.

Blanche-Neige

Un jour, c'était au milieu de l'hiver et les flocons de neige tombaient du ciel comme autant de plumes, une reine était assise à sa fenêtre au cadre d'ébène[11] noir et cousait. Tandis qu'elle cousait et levait les yeux de temps à autre pour regarder les flocons, elle se piqua un doigt avec son aiguille et trois gouttes
5 de sang tombèrent dans la neige. Et comme le rouge avait si belle apparence sur le blanc de la neige, elle pensa: «Si seulement j'avais un enfant aussi blanc que la neige, aussi rouge que le sang et aussi noir que le bois de ce cadre!» Peu après, elle eut une petite fille blanche comme la neige, rouge comme le sang et aux cheveux noirs comme l'ébène. On l'appela Blanche-Neige. Mais la reine mourut
10 en lui donnant le jour. Une année passa et le roi prit une autre épouse. C'était une belle femme, mais elle était orgueilleuse et vaniteuse et ne pouvait supporter que quelqu'un la surpassât en beauté.

Jacob et Wilhelm Grimm, «Blanche-Neige et les sept nains», dans *Contes de Grimm*, Paris, Hachette Livre/Deux coqs d'Or, 1994, p. 5.

LA PETITE MARCHANDE D'ALLUMETTES

Comme il faisait froid ! La neige tombait et la nuit n'était pas loin ; c'était le dernier soir de l'année, la veille du jour de l'an. Au milieu de ce froid et de cette obscurité, une pauvre petite fille passa dans la rue, la tête et les pieds nus. Elle avait bien des pantoufles en quittant la maison, mais elles ne lui avaient pas
5 servi longtemps. C'étaient de grandes pantoufles que sa mère avait déjà usées, si grandes que la petite les perdit en se pressant de traverser la rue entre deux voitures. L'une fut réellement perdue ; quant à l'autre, un gamin l'emporta avec l'intention d'en faire un berceau pour son petit enfant, quand le ciel lui en donnerait un.

10 La petite fille cheminait avec ses petits pieds nus, qui étaient bleus de froid. Elle avait dans son vieux tablier une grande quantité d'allumettes, et elle portait à la main un paquet. C'était pour elle une mauvaise journée ; pas d'acheteurs, donc pas
15 le moindre sou. Elle avait bien faim et bien froid, bien misérable mine. Pauvre petite !

Hans Christian Andersen, *Contes*,
traduction revue par Emmanuel Scavée,
Paris, © Casterman SA ; © Éditions Duculot
pour l'édition française, 1991, p. 100.

POUR MIEUX COMPRENDRE LE TEXTE

9 ⭐ Dites, à la manière d'aujourd'hui, la phrase «il ne laisserait pas d'être aimable».

10 Donnez un synonyme de *en vertu de*.

11 Qu'est-ce que l'ébène ?

RENDEZ-VOUS AVEC...

Charles Perrault, l'auteur des *Contes*
(écrivain français, 1628-1703)

Personnage important, Charles Perrault exerce une influence considérable sur les affaires culturelles de son époque: il sera, entre autres, chargé de la politique artistique du roi Louis XIV. Ses hautes fonctions administratives ne l'empêchent pourtant pas de consacrer son temps libre à l'écriture. En 1694, il publie deux contes en vers qui seront suivis, trois ans plus tard, d'un recueil de huit contes merveilleux en prose, intitulé *Contes*. Inspirées de la littérature du Moyen Âge, de la tradition chevaleresque et de la littérature orale, ces histoires touchent immédiatement le public. Plus que ses œuvres sérieuses, ce sont ses *Contes* qui rendent l'auteur célèbre. Les *Contes* de Perrault font aujourd'hui partie des chefs-d'œuvre de la littérature universelle.

INTERROGER LE TEXTE ET RÉAGIR

Inscrivez vos réponses dans le tableau qu'on vous remettra. Conservez ce tableau dans votre *Journal culturel*. Il vous sera utile quand vous aurez à trouver un titre pour votre conte.

Un titre révélateur

1. a) Tous les titres des extraits de contes que vous venez de lire fournissent des renseignements sur le héros ou l'héroïne. Précisez quels sont ces renseignements à l'aide de la liste suivante:

   • le nom ou le surnom du héros ou de l'héroïne;

   • son titre de noblesse;

   • une de ses caractéristiques physiques ou un de ses traits de caractère distinctifs;

   • son occupation;

   • un objet qui lui est associé.

   1) *Le Petit Chaperon rouge*
   2) *Cendrillon ou la petite pantoufle de verre*
   3) *La princesse au petit pois*
   4) *Riquet à la houppe*
   5) *Blanche-Neige*
   6) *La petite marchande d'allumettes*

   b) Choisissez deux autres contes que vous connaissez et notez les renseignements qui sont contenus dans leur titre.

La formule d'ouverture

2. **a)** Parmi ces extraits, lesquels s'ouvrent par une formule ?

b) Quelle est cette formule ? Quelle variante avez-vous observée ?

c) Selon vous, quelle est l'utilité de cette formule ?

Des éléments surnaturels

3. **a)** Deux extraits contiennent un élément surnaturel. Nommez ces extraits et précisez ce qui sort de l'ordinaire dans chacun.

b) Comment les personnages réagissent-ils face aux phénomènes surnaturels ? En quoi leurs réactions sont-elles différentes de celles des personnages des récits fantastiques ?

4. D'après ce que vous connaissez de ces contes, dites quels éléments surnaturels apparaissent dans la suite de chacun des extraits présentés.

> Comme vous n'avez peut-être pas en mémoire tous ces contes, répondez à cette question en équipe.

Les héros et les héroïnes des contes merveilleux

5. Les héros et les héroïnes des contes merveilleux sont-ils tous des princes et des princesses ? Expliquez votre réponse.

Des manques importants

6. Dès les premières lignes des contes, on apprend souvent que le personnage principal perd quelque chose ou manque de quelque chose. Indiquez de quoi il s'agit pour chacun des héros ou des héroïnes des extraits présentés.

Les ressources des héros et des héroïnes

7. La plupart du temps, les héros et les héroïnes des contes reçoivent de l'aide pour se sortir de leurs mésaventures.

a) D'après l'extrait que vous avez lu, dites quelle forme prend cette aide pour le personnage de Riquet à la houppe.

b) D'après ce que vous vous rappelez des contes *Cendrillon ou la petite pantoufle de verre* et *Blanche-Neige*, dites qui aidera les deux héroïnes et comment cette aide leur sera apportée.

LE SAVIEZ-VOUS ?

Beaucoup de contes merveilleux qui nous sont parvenus sont issus de la tradition orale. Ainsi *Le petit Poucet, La belle au bois dormant, La Barbe bleue, Peau d'âne, Le chat botté* et les autres contes que l'écrivain français Charles Perrault a publiés ont sans doute été écrits d'après les récits populaires que son fils de dix-sept ans a recueillis.

Les écrivains allemands Jacob et Wilhelm Grimm ont eux aussi transposé à l'écrit des contes qui, à l'époque, étaient transmis de bouche à oreille. Il existe donc des versions allemande et française de contes comme *La belle au bois dormant* ou *Le Petit Chaperon rouge*.

La terminaison des verbes au passé simple

8. Les contes merveilleux sont le plus souvent écrits dans le <u>système verbal</u> du passé. Le temps de base utilisé dans ces contes est donc le passé simple.

    a) 🌟 À la ligne 8 de l'extrait de *Blanche-Neige*, on trouve le verbe *eut* (*avoir* à la 3ᵉ personne du singulier du passé simple). Relevez dans le texte les sept autres verbes conjugués au passé simple.

    b) Examinez les terminaisons de ces sept verbes et inscrivez-les dans un tableau comme le suivant.

> Conservez ce tableau. Vous aurez à le compléter dans un prochain exercice.

Terminaison des verbes au passé simple		
	3ᵉ pers. s.	**3ᵉ pers. pl.**
Verbes en -ER	– ▮	– ▮
Autres verbes	– ▮	– ▮
	– ▮	– ▮

LE SAVIEZ-VOUS ?

Dans la version de Charles Perrault, la pantoufle de Cendrillon est en verre. Mais dans la version des frères Grimm, cette pantoufle est en or. Dans d'autres versions plus récentes, elle est en vair, une fourrure très douce.

Dans beaucoup de contes, des enfants doivent **affronter des personnages qui leur veulent du mal**, comme des sorcières et des ogres. Heureusement, ils en triomphent, grâce à leur intelligence et à leur débrouillardise. Découvrez, dans le conte suivant, comment **les qualités de Linette l'aideront à sauver Volé-Trouvé**. Continuez d'observer la terminaison des verbes au passé simple, car c'est le temps de base que vous emploierez dans votre conte.

VOLÉ-TROUVÉ

Il était une fois un garde forestier qui trouva un nouveau-né volé par un rapace, puis abandonné.

— Voilà un enfant que je pourrais élever avec ma petite Linette, se dit-il.

Il emporta le bébé chez lui, l'appela Volé-Trouvé **1** et les deux enfants grandirent
5 ensemble. Le petit Volé-Trouvé et la petite Linette s'aimaient profondément et ne se quittaient jamais.

Un matin, la vieille cuisinière du garde forestier s'en fut puiser de l'eau au puits. À chaque voyage, elle rapportait deux pleins seaux. Linette, intriguée, lui demanda:

— Dis, mamé, pourquoi portes-tu tous ces seaux d'eau à la cuisine?

10 La vieille cuisinière lui dit alors sur le ton de la confidence:

— N'en dis rien à personne, mais demain matin à l'aube, après le départ de ton père, je ferai chauffer toute cette eau dans mon chaudron et quand elle sera bouillante, j'y plongerai Volé-Trouvé pour le faire cuire.

Au matin à peine levé, le garde forestier s'en alla en forêt. Dès qu'il eut quitté la
15 maison, Linette, aux aguets **2**, s'approcha de Volé-Trouvé qui dormait encore et lui souffla à l'oreille:

— Si tu ne me quittes pas, je ne te quitte pas non plus!

— Ni maintenant ni jamais, répondit aussitôt Volé-Trouvé.

POUR MIEUX COMPRENDRE LE TEXTE

1 Volé-Trouvé est un garçon. Qu'est-ce qui l'indique dans son nom?

2 Que veut dire *aux aguets*?

Linette lui raconta alors le projet de la cuisinière, qui était une sorcière et voulait
20 le faire cuire dans son chaudron.

— Vite, conclut-elle, partons tous les deux loin d'ici.

Les deux enfants se préparèrent en toute hâte[3] et quittèrent aussitôt la maison
sans avoir perdu une minute.

Pendant ce temps, la vieille cuisinière faisait chauffer l'eau. Quand elle vit que ça
25 frémissait[4] dans son chaudron, elle s'en fut dans la chambre des enfants pour s'em-
parer de Volé-Trouvé.

Mais elle se rendit compte aussitôt qu'ils s'étaient tous les deux enfuis.

— Ah, se dit-elle, il faut se mettre à leur recherche tout de suite, sinon il sera trop
tard.

30 Elle ordonna à ses trois valets de se lancer à leur poursuite pour les ramener à la
maison.

Pendant ce temps, les deux enfants, assis à l'orée[5] de la forêt, entendirent au
loin les trois valets qui s'approchaient.

Linette s'écria :

35 — Volé-Trouvé, si tu ne me quittes pas, je ne te quitte pas non plus !

— Ni maintenant ni jamais, s'exclama Volé-Trouvé.

— Alors change-toi vite en petit rosier, lui dit-elle, et je serai la petite rose dessus.

Lorsque les valets s'approchèrent de la forêt, ils ne virent rien d'autre qu'un
rosier sauvage et une petite rose blanche tout en haut, si bien qu'ils rentrèrent bre-
40 douilles[6], se contentant de dire à la vieille cuisinière :

— Nous n'avons guère vu qu'un rosier sauvage et une petite rose blanche
dessus.

— Espèces d'imbéciles ! hurla la vieille. Il fallait couper le rosier et me rapporter
la rose blanche. Allez, retournez-y tout de suite et faites ce que je vous ai dit.

45 Les valets repartirent donc et les enfants les entendirent.

— Volé-Trouvé, si tu ne me quittes pas, je ne te quitte pas non plus, s'écria
Linette.

— Ni maintenant ni jamais, lui répondit-il.

— Alors deviens vite une petite chapelle et j'en serai la jolie couronne au sommet.

50 Lorsque les trois valets arrivèrent, ils regardèrent alentour et ne virent qu'une chapelle avec sa couronne.

— Il n'y a rien par ici, dirent-ils. Rentrons.

La vieille les attendait sur le pas de la porte :

— Alors ? Où sont-ils ?

55 — Nous ne les avons pas vus. Il y avait juste une chapelle et sa couronne au sommet.

— Mais, pauvres crétins, imbéciles à la noix, il fallait détruire la chapelle et rapporter la couronne ! s'écria la cuisinière, furieuse. Bon, j'irai donc moi-même, c'est plus sûr.

60 Elle partit d'un pas rapide, malgré ses rhumatismes, suivie de ses trois hommes de main**7**, pour retrouver les enfants. Linette les vit arriver et dit à Volé-Trouvé :

— Volé-Trouvé, si tu ne me quittes pas, je ne te quitte pas non plus !

— Ni maintenant ni jamais, répondit-il.

— Vite, deviens un petit étang et je serai le canard nageant sur l'eau.

65 Aussitôt qu'elle vit l'étang, la sorcière comprit, se jeta à genoux et aspira à longs traits pour boire toute l'eau.

Mais le canard alors se précipita à toute vitesse, de son bec il la saisit par les cheveux et 70 la fit basculer à l'eau, si bien que la sorcière fut noyée.

Alors Volé-Trouvé et Linette purent rentrer ensemble à la maison, le cœur joyeux. Et s'ils ne sont pas morts, ils y vivent encore probablement 75 à l'heure qu'il est.

Béatrice Bottet, *Encyclopédie du fantastique et de l'étrange*, tome II : *Sorcières et magiciens*, Bruxelles, © Casterman SA, 2004, p. 92 et 93.

> **POUR MIEUX COMPRENDRE LE TEXTE**
>
> **3** Par quoi pourrait-on remplacer l'expression *en toute hâte* ?
>
> **4** Dans ce contexte, que veut dire *frémissait* ?
>
> **5** a) Qu'est-ce que l'orée d'une forêt ou d'un bois ?
>
> b) À quelle <u>variété de langue</u> le mot *orée* appartient-il ?
>
> **6** Expliquez le sens de *rentrer bredouille*.
>
> **7** ☆ Qu'est-ce qu'un homme de main ?

Les indices du merveilleux

9. Certains éléments du texte *Volé-Trouvé* nous indiquent qu'il s'agit d'un conte merveilleux. Quels sont ces éléments ? Pour les trouver, examinez plus attentivement les points suivants :

- la façon dont le conte s'ouvre ;
- la présence d'éléments surnaturels, par exemple : des êtres n'appartenant pas au monde des humains, des êtres humains dotés de pouvoirs surhumains ;
- les réactions des personnages devant les éléments surnaturels.

Une situation dramatique

10. Tout semble bien aller dans la maison du garde forestier jusqu'à ce que Linette découvre le terrible projet de la cuisinière. Analysez la situation à l'aide des questions suivantes. Répondez sur le document qu'on vous remettra.

a) Qu'est-ce que la cuisinière s'apprête à faire ?

b) Si ce projet se réalise, quelle perte Linette subira-t-elle ?

c) Quand Linette apprend ce qui se trame, quelle mission se donne-t-elle ?

d) Qu'est-ce qui pousse Linette à agir comme elle le fait ? Relevez, entre les lignes 4 et 13, un passage qui confirme votre réponse.

e) Qui profite des actions de Linette ? Expliquez votre réponse.

f) Qui sont les ennemis de l'héroïne ?

g) De qui l'héroïne peut-elle espérer de l'aide ? Expliquez votre réponse.

11. Présentez dans un schéma les réponses que vous avez trouvées au numéro **10**. Utilisez le document qu'on vous a remis pour cet exercice.

Les qualités de l'héroïne

12. Linette est seule pour combattre la sorcière. En revanche, elle a le pouvoir de se transformer à volonté et possède des qualités qui lui seront utiles pour remplir sa mission.

a) Montrez par des exemples que Linette est une enfant volontaire, décidée. Formulez ces exemples dans vos mots.

b) Examinez la stratégie utilisée par Linette pour échapper aux valets. À partir de vos observations, montrez qu'elle est intelligente.

c) Expliquez en quoi Linette fait preuve de courage tout au long de son aventure.

Un personnage maléfique

13. **a)** La sorcière est une femme rusée. Quelle est la première ruse à laquelle elle a recours ? Relisez, s'il y a lieu, le début du conte jusqu'à la ligne 20.

b) La sorcière est également prudente. Donnez un exemple de sa prudence.

c) Dès le départ, la sorcière commet une erreur. Quelle est cette erreur ? Expliquez pourquoi il s'agit d'une erreur.

d) Relevez, entre les lignes 38 et 44, un fait qui montre l'intelligence de la sorcière.

Une question de ponctuation

14. Expliquez à quoi sert chacun des signes de <u>ponctuation</u> dans les passages suivants :
- lignes 8 et 9 ;
- lignes 43 et 44.

La terminaison des verbes au passé simple

15. **a)** Relevez les verbes au passé simple dans les deux phrases suivantes.

1) Les valets repartirent donc et les enfants les entendirent. (Ligne 45.)
2) Alors Volé-Trouvé et Linette purent rentrer ensemble à la maison, le cœur joyeux. (Lignes 72 et 73.)

b) Observez les terminaisons de ces verbes et complétez le tableau que vous avez commencé à remplir au numéro **8**.

Des terminaisons qui ont le son «u»

16. **a)** Expliquez pourquoi *conclut* (ligne 21) se termine par *-ut*.

b) Expliquez pourquoi *perdu* (ligne 23) se termine par *-u*.

c) Expliquez pourquoi *vu* (ligne 41) se termine par *-u*.

> Conservez cette production dans votre *Journal culturel*.

Tout est bien qui finit bien

17. **a)**  Imaginez une autre fin au conte *Volé-Trouvé* et rédigez-la. N'oubliez pas que, dans les contes, les méchants sont punis et les bons, récompensés !

- Votre texte doit reprendre la suite des péripéties à partir de la ligne 64. Il vous faut donc penser aux éléments suivants :
  – une transformation qui permet à Linette de sauver Volé-Trouvé et de se débarrasser de la sorcière ;
  – un dénouement heureux.
- Votre texte devra compter entre 100 et 125 mots et être écrit dans le <u>système verbal</u> du passé.

b) Organisez une courte séance de lecture en équipe.

Voici maintenant l'histoire de Célestine, une héroïne dont la vie bascule du jour au lende-main à cause d'une fée au mauvais caractère. Tout au long de votre lecture, prêtez attention aux **réactions que la métamorphose de Célestine provoque**. Vous trouverez, dans ce début de conte, une **situation typique dont vous pourrez vous inspirer dans votre propre conte**.

Célestine

La coutume voulait que, à l'occasion du banquet offert pour célébrer la nais-sance d'un enfant, l'on mette un couvert**[1]** pour les fées. Selon la rumeur, celles-ci, en échange, assureraient le nouveau-né de leur protection.

Mais la mère de Célestine ne croyait ni aux bonnes ni aux méchantes fées. Elle
5 ne voyait dans de telles croyances que candeur**[2]** et superstition. Aussi oublia-t-elle de se plier**[3]** à cet usage.

Une fée en prit ombrage**[4]**. Sans invitation, la vilaine surgit au milieu de la fête et, pour se venger, jeta un sort à l'enfant qui venait de naître.

— Que le jour de tes seize ans voie ton corps se couvrir de plumes et ta tête se
10 changer en celle d'un harfang des neiges! lança-t-elle avant de disparaître dans un grand froufrou d'ailes.

La mère, s'obstinant à nier tout pouvoir aux fées, imposa à tous le secret. Il ne fallait surtout pas troubler inutilement la petite. C'est ainsi que, dans l'ignorance de la menace qui pesait sur elle, Célestine devint une jeune fille gracieuse, géné-
15 reuse et aimée de tous.

Le jour de ses seize ans, Célestine se leva dès l'aube. Elle se sentait tout excitée par les préparatifs de la fête. Ce jour-là, en effet, elle assisterait à son premier bal et ferait enfin son entrée dans le monde**[5]**. Elle prit un bain parfumé, enfila sa

1 Parmi les définitions que le dictionnaire donne au mot *couvert*, laquelle convient ici ?

2 ⭐ Le mot *candeur* a-t-il une **connotation** positive ou négative dans cette phrase ? Expliquez votre réponse.

3 ⭐ Quel est le sens de *se plier* dans le contexte ?

4 Que veut dire l'expression *prendre ombrage* ? Consultez le dictionnaire au mot *ombrage*.

5 ⭐ Dans quel monde Célestine fera-t-elle son entrée ? Aidez-vous du dictionnaire et tenez compte du contexte pour répondre.

6 Remplacez *interdite* par un synonyme.

7 Expliquez ce que le mot *serres* désigne dans le contexte.

8 Comment décririez-vous des serres acérées ?

9 Trouvez un **spécifique** de *rapace* dans ce paragraphe.

plus belle robe, brossa longuement sa chevelure
20 et y piqua même quelques fleurs. Lorsqu'elle se redressa devant son miroir pour juger de l'ensemble, elle eut une pensée reconnaissante pour les dieux qui l'avaient dotée de tant de grâce. Puis, se rappelant que ses parents l'at-
25 tendaient pour déjeuner, elle descendit les rejoindre.

Dans la salle à manger, le hurlement d'une servante la figea sur place. Interdite**6**, Célestine vit ses parents se lever d'un bond en renversant
30 leurs chaises. Fixés sur elle, incrédules, les yeux de son père semblaient sortir de leurs orbites. Sa mère, livide, se précipita vers elle la main sur la bouche pour étouffer ses cris.

Célestine se tourna vers le grand miroir, pour voir ce qui, dans son accoutre-
35 ment, justifiait une réaction aussi vive. Devant son reflet, elle faillit s'évanouir. Un duvet blanc couvrait ses joues et envahissait rapidement ses membres. Ses mains douces et blanches se transformaient en de longues serres**7** acérées**8**. Son regard prenait les lueurs inquiétantes de celui d'un rapace**9**. Bientôt, ce fut un harfang
40 des neiges que la mère tenait dans ses bras.

Éplorée, s'accusant de ce malheur, l'infortunée raconta en pleurant comment sa négligence avait attiré sur sa fille la malédiction des fées.

Célestine ne songeait qu'à consoler sa mère.

— Nous trouverons bien, dit-elle, un moyen de conjurer[10] ce mauvais sort.

45 — Ma pauvre enfant, se désolait la mère en étouffant ses sanglots, je ne vois pas comment !

Après avoir une dernière fois rassuré ses parents, Célestine s'envola par la fenêtre, bien décidée à retrouver son apparence. Elle débusquerait[11] cette méchante fée et s'arrangerait pour la convaincre de retirer son sort.

50 Célestine voulut s'éloigner de la ville. Cependant, sans doute épuisée par les événements, elle ne s'en sentit pas la force. Son corps lui paraissait lourd; ses membres, engourdis. Elle se camoufla dans les branches d'un chêne et dormit tout le jour. La nuit venue, ayant retrouvé sa vigueur, elle s'envola à nouveau.

À l'aube, alors qu'elle survolait une rivière, 55 elle aperçut une maison abandonnée à côté de laquelle ployait[12] un très vieux saule. Célestine décida d'y établir son refuge, le temps de réfléchir à sa situation.

Danielle Marcotte, *Célestine*,
Montréal, Les 400 coups,
coll. «Billochet», 2002, p. 7, 8, 11, 12 et 15.

POUR MIEUX COMPRENDRE LE TEXTE

10 Que signifie *conjurer*?

11 Quelle est la définition de *débusquer*?

12 a) Quel est l'infinitif de *ployait*?

   b) Que signifie ce verbe?

RENDEZ-VOUS AVEC...

Danielle Marcotte, l'auteure du conte *Célestine*

(écrivaine québécoise, née en 1950)

Après des études en littérature, Danielle Marcotte a travaillé dans plusieurs domaines, dont l'enseignement, le journalisme et l'édition. Elle est l'auteure de contes et de romans pour les jeunes. Depuis quelques années, Danielle Marcotte vit en Suisse. Elle se consacre à l'écriture et fait la promotion de la lecture auprès d'élèves en participant à des rencontres et à des ateliers de création avec eux.

INTERROGER LE TEXTE ET RÉAGIR

Une journée particulière

18. Le jour des seize ans de Célestine devait être un jour de fête. Or, cela a été un jour de cauchemar, pour elle comme pour ses parents. Qu'est-ce que Célestine perd cette journée-là ?

Émotions et réactions

19. Quelle est la première réaction de Célestine quand elle se voit dans le miroir ?

20. a) Quels mots décrivent le mieux l'émotion de la servante et celle du père de Célestine lorsqu'ils voient ce qui se passe ? Choisissez parmi les mots suivants :

la colère | le dégoût | la joie | la peur | la surprise | la tristesse

b) Précisez quelle est la réaction des deux personnages devant la transformation de Célestine. Vous verrez ainsi comment chacun exprime son émotion.

Répondez à ces deux questions dans un tableau semblable à celui-ci.

	Émotion ressentie	Réaction provoquée
La servante		
Le père de Célestine		

21. a) La mère de Célestine, quant à elle, éprouve un profond chagrin. Relevez, entre les lignes 34 et 46, cinq mots qui appartiennent au **champ lexical** du chagrin.

b) Comment se sent la mère de Célestine quand elle comprend que la malédiction s'est accomplie ?

c) Relevez, aux lignes 41 et 42, les mots qui montrent que ce sentiment l'habite.

Le nom de l'héroïne

22. ⭐ Comme beaucoup de personnages dans les contes merveilleux, Célestine porte un prénom évocateur.

Consultez au besoin l'article **Formation des mots**, à la page 334.

a) Expliquez comment le nom *Célestine* a été formé.

b) À quelle **famille de mots** l'adjectif qui a servi à former le nom *Célestine* appartient-il ?

c) En tenant compte de vos observations, faites un lien entre le prénom de l'héroïne et ce qui lui arrive.

Les qualités de l'héroïne

23. a) Dans la première partie de ce conte (lignes 1 à 26), on mentionne deux qualités de Célestine. Nommez-les et expliquez dans vos mots en quoi chacune consiste.

b) Ces qualités sont-elles appréciées par l'entourage de l'héroïne ? Relevez le passage qui confirme votre réponse.

24. Célestine possède d'autres qualités dont elle fera preuve tout au long de son aventure. Montrez à l'aide d'un exemple que Célestine possède les qualités suivantes : la bonté, le courage et la maturité.

Un peu de ponctuation

25. Expliquez à quoi sert chacun des signes de ponctuation dans le passage compris entre les lignes **44** et **46**.

La suite de l'histoire

26. 💬 L'extrait que vous avez lu n'est que le début de la belle histoire de Célestine. On peut facilement supposer qu'après une série d'aventures Célestine retrouvera son apparence normale.

a) Pensez-vous que Célestine recevra de l'aide ? Reportez-vous à ce que vous savez d'elle pour expliquer votre réponse.

b) En équipe, imaginez la suite de ce conte. Gardez en tête que vos destinataires sont de jeunes enfants. Imaginez des situations qu'ils pourront comprendre et, bien sûr, une fin heureuse.

Votre attitude

27. 💬 Devant un problème à régler, qu'avez-vous tendance à faire ? Agissez-vous rapidement ? Prenez-vous le temps de réfléchir comme Célestine ? Préférez-vous ne pas y penser ? Discutez-en en équipe et apportez des exemples pour appuyer vos propos.

Votre appréciation

28. 💬 Lequel de ces deux contes avez-vous préféré : *Volé-Trouvé* ou *Célestine* ? Expliquez pourquoi.

Vous trouverez des pistes pour enrichir votre discussion dans la stratégie **Comment réagir à une lecture ou à une écoute**, à la page 450.

Écrire un conte merveilleux pour un jeune public.

> Écrivez, à deux, un conte merveilleux à l'intention de jeunes enfants. Laissez aller votre imagination afin de captiver votre auditoire. Inspirez-vous des contes de votre enfance et de ceux que vous avez lus dans cette séquence. Lisez également les récits proposés dans votre *Recueil de textes*. Une fois votre conte rédigé, vous en ferez une lecture publique.

VOLET PRODUCTION ÉCRITE

La préparation

> Consultez la stratégie **Comment analyser une situation d'écriture**, à la page 451.

1. Placez-vous avec votre camarade de travail. Ensemble, analysez votre situation d'écriture.

2. Répondez aux questions suivantes afin de bien cerner les éléments de votre conte.
   - Qui sera le héros ou l'héroïne de votre conte ?
   - Quelle sera sa mission ? Comment se déroulera-t-elle ?
   - Quelles seront ses qualités ?
   - Qui viendra en aide au héros ou à l'héroïne ? Qui lui nuira ?

   N'oubliez pas que vos destinataires sont plus jeunes que vous ! Tenez-en compte dans vos choix.

3. Faites le plan de votre conte en suivant le modèle proposé au point ② de la stratégie **Comment faire le plan d'un texte**, à la page 454. Déterminez la longueur approximative de chaque partie.

4. Décidez de la façon dont vous aller procéder pour rédiger à deux. Voici quelques idées.

- Une personne rédige les 50 premiers mots, l'autre, les 50 suivants, et ainsi de suite.
- Une personne rédige la situation initiale, l'élément déclencheur et le premier tiers du déroulement, l'autre rédige les deux tiers du déroulement, puis la première personne termine le conte en écrivant le dénouement et la situation finale.
- Les deux personnes rédigent tout le conte ensemble.
- Chaque personne rédige une version complète et les deux versions sont ensuite fondues en une seule.

La rédaction

5. Votre conte devra compter entre 300 et 500 mots et sera écrit dans le système verbal du passé. On y trouvera :

- un titre révélateur ;
- des indices de merveilleux ;
- un personnage au nom évocateur.

> Consultez le tableau *Un titre révélateur* que vous avez conservé dans votre *Journal culturel*.

 ## La révision et l'amélioration de votre conte

6. Quelle que soit la méthode de rédaction que vous avez adoptée, révisez attentivement votre conte, en équipe, à l'aide des stratégies utiles pour réviser, corriger et améliorer un texte, aux pages 464 à 476.

Prenez le temps de bien vérifier les accords dans le GV et la terminaison des verbes au passé simple. Soignez également la ponctuation.

La mise en pages de votre conte

7. Une fois que vous aurez corrigé votre conte, faites-en un livre attrayant pour les jeunes. Décidez des éléments suivants :

- le format de votre livre ;
- le nombre de pages ;
- le nombre et le type d'illustrations : dessins, images découpées dans des revues, collages d'images ou de photos, etc. ;
- la couverture.

> Si vous avez accès à un ordinateur, servez-vous des logiciels appropriés pour la mise en pages et l'illustration de votre conte.

VOLET PRODUCTION ORALE

8. Renseignez-vous sur la façon dont se déroulera la lecture publique afin de vous préparer le mieux possible. Lirez-vous à un petit groupe auquel vous pourrez montrer les images ? Lirez-vous devant toute une classe ? Etc.

9. Exercez-vous à bien lire votre conte. Voyez aussi quelle partie chaque membre de l'équipe lira. Consultez les points ❶ et ❸ de la stratégie **Comment répéter en vue d'une présentation orale**, aux pages 484 et 485.

10. Au jour dit, lisez votre conte selon les modalités établies. N'oubliez pas de recueillir les commentaires de vos auditeurs et auditrices.

D'AUTRES rendez-vous...

Explorez l'univers des contes merveilleux...

L'histoire d'un pêcheur qui sauve une tortue : *Urashima et la Tortue.*

Une sirène qui exauce les vœux : *Le cadeau de la sirène.*

Un jeune homme qui reçoit un don : *La Mort marraine.*

Une fée qui vient en aide à une jeune fille : *Les fées.*

Retour

Autoévaluation

Lorsque c'est possible, répondez à l'aide des termes d'évaluation :
Beaucoup / Assez / Un peu / Pas du tout.

POINTS À ÉVALUER

1. Au terme de cette séquence, je sais mieux :
   a) reconnaître les verbes au passé simple ;
   b) écrire les verbes et les participes passés qui se terminent par le son « é », « i » ou « u » ;
   c) faire les accords dans le groupe verbal ;
   d) ponctuer les phrases.

2. a) Les textes que j'ai lus dans cette séquence m'ont permis de découvrir ou de redécouvrir des contes et de les apprécier.
   b) Ces lectures m'ont aussi permis de mieux comprendre les liens qui existent entre les personnages.

3. a) J'ai trouvé profitable la discussion sur les contes au début de la séquence.
   b) Voici pourquoi : ▬ .

4. a) Je considère que le conte que j'ai écrit en équipe est réussi.
   b) Voici pourquoi : ▬ .
   c) J'ai aimé faire une rédaction en équipe.
   d) Voici pourquoi : ▬ .

5. a) J'ai trouvé intéressant de lire un conte devant un auditoire de jeunes enfants.
   b) Voici pourquoi : ▬ .

6. Les contes que j'ai lus dans cette séquence m'ont donné le goût de lire davantage.

Les terminaisons qui ont le son «u»

1. Dans les phrases suivantes, les mots en couleur se terminent tous par le son «u». Expliquez, dans chaque cas, pourquoi la terminaison s'écrit -*u*, -*us* ou -*ut*.

Exemple: Blanche-Neige avait mordu dans la pomme empoisonnée.

On écrit *mordu* puisqu'il s'agit du participe passé du verbe *mordre* employé avec l'auxiliaire *avoir* et qu'il n'y a pas de CD.

1) Il ne crut pas un mot de ce que lui racontait la sorcière.

2) Je m'aperçus au bout de quelques secondes que la fée avait disparu.

3) Célestine a perdu sa beauté.

4) Le jour de son anniversaire, Célestine avait revêtu une robe magnifique.

5) C'est ainsi que la sorcière disparut.

6) Célestine aurait voulu comprendre ce qui se passait.

7) Le valet voulut l'empêcher de passer.

8) Elle a vu un harfang des neiges dans le miroir.

9) La belle-mère ne put supporter les bonnes qualités de cette jeune enfant.

10) Ce jour-là, elle a pu retrouver une apparence normale.

11) Elle a couru de toutes ses forces vers l'étang.

12) La sorcière lui avait défendu de s'approcher de la marmite.

2. Expliquez l'accord des participes passés ou des adjectifs en couleur dans les phrases suivantes. Utilisez la démarche proposée dans la stratégie **Comment vérifier les accords dans le GV**, aux pages 475 et 476.

1) Elle n'est pas revenue.

2) Ils avaient entendu des pas dans la forêt.

3) Les trois valets étaient descendus de la montagne.

4) Elle retrouva la pantoufle qu'elle avait perdue.

5) Ils avaient tant marché qu'ils étaient fourbus.

6) Elle a perdu un temps précieux à rechercher la vilaine fée.

7) C'est un rapace qu'elle a vu dans le miroir.

8) La fée a été émue en entendant le récit des malheurs de la jeune fille.

9) L'eau qu'elle a bue était fraîche.

10) Pendant des mois, il a plu sur tout le royaume.

Les verbes et les participes passés qui se terminent par le son «é», «i» ou «u»

3. Dans les phrases suivantes, repérez les verbes et les participes passés qui se terminent par le son «é», «i» ou «u». Certains sont mal écrits. Récrivez les phrases en corrigeant les erreurs.

1) ⊘ Quand Linette a aperçut la marmite d'eau bouillante, elle a couru prévenir son ami.

2) ⊘ Sa mère avait mis douze couverts sur la table et remplit les vases à fleurs.

3) ⊘ Je vous direz que la mère de Célestine fut très surprise quand elle vit une fée entrer dans la salle de réception.

4) ⊘ Le jeune garçon s'enfui à toutes jambes tant il était affolé.

5) ⊘ Je peux vous juré que je n'ai pas désobéi, s'écria-t-elle.

6) ⊘ Le prince avait tout de suite comprit que la jeune fille était effrayée.

7) ⊘ La marraine semblait encouragé Cendrillon à danser.

8) ⊘ Quand l'oiseau aperçu le saule, il décida de s'y poser.

La ponctuation

4. Chacune des phrases ci-dessous contient une erreur de ponctuation.

a) Récrivez les phrases en corrigeant les erreurs. Vous pouvez:
- ajouter un signe de ponctuation qui manque;
- effacer un signe de ponctuation superflu;
- remplacer un signe de ponctuation par un autre.

b) Expliquez vos corrections.

Remarque: Il n'y a jamais plus d'une erreur par phrase.

Exemple: ⊘ La petite marchande avait faim soif et froid.
La petite marchande avait faim, soif et froid.
La virgule sépare les éléments d'une énumération.

1) ⊘ Dis à ton maître, répondit le roi que je le remercie.

2) ⊘ La reine entra dans la chambre, ôta la literie plaça un petit pois au fond du lit et étendit vingt matelas sur le petit pois et vingt édredons sur les matelas.

3) ⊘ Au bout de quelques jours les enfants retrouvèrent leur chemin.

4) ⊘ Pendant ce temps, la sorcière préparait une grosse marmite d'eau bouillante

5) ⊘ Que puis-je faire pour te remercier?, lui demanda la vieille dame.

6) ⊘ La fée lui expliqua, ce qu'elle attendait de lui.

7) ⊘ Peu de temps après Cendrillon était prête pour le bal.

8) ⊘ Le bûcheron, le cœur serré de douleur, dit à sa femme «Tu vois bien que nous ne pouvons plus nourrir nos enfants.»

9) ⊘ Pourriez-vous m'héberger le temps que la tempête se calme.

10) ⊘ La mauvaise humeur de la vieille cuisinière, était pénible à supporter.

11) ⊘ Habilement déguisée elle se dirige vers la maison où Blanche-Neige a trouvé refuge.

12) ⊘ En descendant l'escalier, Cendrillon laissa tomber sa chaussure et le prince s'empressa de la ramasser

LES CONNAISSANCES

Carte
des notions

Sur cette carte, les notions sont regroupées selon les catégories auxquelles elles appartiennent. Dans chaque catégorie, ces notions sont présentées en ordre alphabétique.

GRAMMAIRE DE LA PHRASE		
Les classes de mots (la sorte du mot, la catégorie à laquelle il appartient)	**Les groupes** (ensemble formé d'un ou de plusieurs mots)	**Les fonctions** (le rôle d'un élément par rapport à un autre élément de la phrase)
Adjectif Adverbe Conjonction Déterminant Nom Préposition Pronom Verbe	Groupe Groupe adjectival Groupe adverbial Groupe nominal Groupe prépositionnel Groupe verbal	Attribut du sujet Complément de l'adjectif Complément de phrase Complément direct du verbe Complément du nom Complément indirect du verbe Modificateur Sujet et prédicat
L'étude des phrases		

Coordonnant et subordonnant
Formes de phrases
Manipulations syntaxiques :
  • addition
  • déplacement
  • effacement
  • remplacement
	Phrase
	Phrase à construction particulière
	Phrase de base et phrase transformée
	Subordonnée
	Subordonnée circonstancielle
	Subordonnée complétive
	Subordonnée relative
	Types de phrases	

ACCORDS	ORTHOGRAPHE

Accords
Accords dans le GN
Accords dans le GV :
  • accord du verbe
  • accord de l'adjectif attribut du sujet et du participe passé employé avec *être*
  • accord du participe passé employé avec *avoir*
	Féminin des noms et des adjectifs
	Pluriel des noms et des adjectifs
	Rectifications orthographiques ⓡ
	Trait d'union

Vous cherchez une notion ? une définition ? Pensez à consulter l'**index**, aux pages 486 à 495.

GRAMMAIRE DU TEXTE

Cohérence	Poème	Système verbal
Discours rapporté	Point de vue	Types et genres de textes
Narrateur	Reprise de l'information	Variétés de langue
Organisateur textuel	Schéma narratif	

PROCÉDÉS STYLISTIQUES

Comparaison et métaphore
Énumération

SIGNES GRAPHIQUES

Majuscule
Ponctuation

LEXIQUE

Le sens des mots	La construction des mots	Les relations entre les mots
Antonyme	Famille de mots	Champ lexical
Polysémie	Formation des mots :	Générique et spécifique
Sens propre et sens figuré	• mots composés	
Synonyme	• mots dérivés	
	• mots savants	
	• mots tronqués	
	• mots-valises	
	• sigles	

Dans les pages qui suivent, les **notions** sont **présentées en ordre alphabétique**.

Accords

OBSERVATION

Lisez les phrases suivantes. Les mots surlignés sont des **receveurs** d'accord.

Zoé avait quitté la maison familiale aux premiers jours de l'été. Elle allait rejoindre sa sœur aînée qui travaillait dans une ferme expérimentale en Gaspésie. Quelle joie immense, quel bonheur elle ressentait !

▶ **Trouvez le donneur d'accord de chaque mot surligné.**

DESCRIPTION ET EXPLICATION

① L'accord, représenté par une flèche, relie un **donneur** d'accord à un **receveur** d'accord.

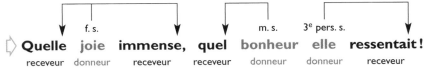

	f. s.			m. s.	3ᵉ pers. s.	
Quelle	**joie**	**immense,**	**quel**	**bonheur**	**elle**	**ressentait !**
receveur	donneur	receveur	receveur	donneur	donneur	receveur

• Le **donneur** d'accord est toujours :

> – un **nom** (ex. : **joie**) ;
>
> – ou un **pronom** (ex. : **elle**).

• Les **receveurs** d'accord sont :

> – les **déterminants** (ex. : **Quelle**, **quel**) ;
>
> – les **adjectifs** (ex. : **immense**) et les **participes passés** ;
>
> – les **verbes** (ex. : **ressentait**) et les **auxiliaires**.

② Les **déterminants**, les **adjectifs** et les participes passés reçoivent :
  - un genre (masculin ou **féminin**);
  - un nombre (singulier ou **pluriel**).

Les **verbes** et les **auxiliaires** reçoivent :
  - une personne (1re, 2e ou 3e);
  - un nombre (singulier ou pluriel).

③ On distingue les **accords dans le GN** et les **accords dans le GV**.

- L'**accord** dans le **groupe nominal** se décrit ainsi :

> Le **nom** donne son genre et son nombre au **déterminant** et aux **adjectifs** qui l'accompagnent.

- Voici des exemples d'accords dans le GN :

GN
m. s.
▷ Élisabeth avait découvert **cet endroit** quand elle était petite.

GN
f. pl.
▷ **Certaines routes enneigées** sont fermées à **la circulation**.
GN
f. s.

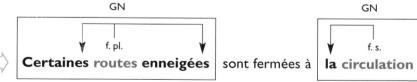

GN
m. pl.
f. s. m. s.
▷ Le canard souchet a **la tête** et **le cou verts**.

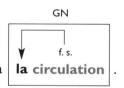
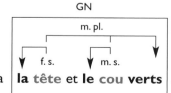

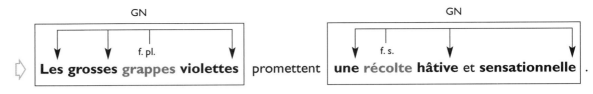

⇨ **Les grosses grappes violettes** (f. pl.) promettent **une récolte hâtive et sensationnelle** (f. s.).

Dans ces exemples :

– les flèches partent toujours du **nom** qui est le <u>noyau</u> du groupe nominal ;

– les flèches aboutissent au **déterminant** et aux **adjectifs** ;

– les flèches transportent le genre et le nombre du **nom**.

• Pour s'assurer de bien faire les accords dans le GN, voir **<u>Comment vérifier les accords dans le GN</u>**, à la page 473.

Accords dans le GV

Les principaux accords dans le **<u>groupe verbal</u>** sont les suivants :

1) l'accord du verbe ;

2) l'accord de l'adjectif attribut du sujet et du participe passé employé avec *être* ;

3) l'accord du participe passé employé avec *avoir*.

① L'accord du verbe

• L'**<u>accord</u>** du **<u>verbe</u>** se décrit ainsi :

> Le **sujet** donne sa personne et son nombre au **verbe** ou à l'**auxiliaire** (si le verbe est à un temps composé).

• Voici des exemples d'accords du verbe :

GN-Sujet de P   GV-Prédicat de P

⇨ **Les jours** de cet hiver-là (3ᵉ pers. pl.)   **furent** longs et sombres .

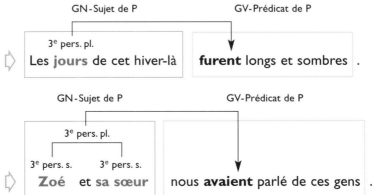

GN-Sujet de P   GV-Prédicat de P

⇨ **Zoé** (3ᵉ pers. s.) et sa **sœur** (3ᵉ pers. s.) [3ᵉ pers. pl.]   nous **avaient** parlé de ces gens .

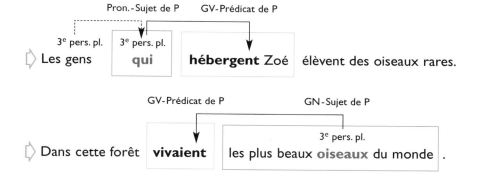

Pron.-Sujet de P   GV-Prédicat de P

3e pers. pl.   3e pers. pl.

➩ **Les gens**   **qui**   **hébergent** Zoé   élèvent des oiseaux rares.

GV-Prédicat de P   GN-Sujet de P

3e pers. pl.

➩ Dans cette forêt   **vivaient**   les plus beaux **oiseaux** du monde   .

Dans ces exemples:

– la flèche part toujours du **noyau du GN sujet** ou du **pronom sujet**;
– la flèche aboutit au **verbe** ou à l'**auxiliaire**;
– la flèche transporte la personne et le nombre du **noyau du GN sujet** ou du **pronom sujet**.

• Pour s'assurer de bien faire les accords dans le GV, voir **Comment vérifier les accords dans le GV**, à la page 474.

② L'accord de l'adjectif attribut du sujet et du participe passé employé avec *être*

• L'accord de l'**adjectif attribut du sujet** et du **participe passé** employé avec *être* se décrit ainsi:

> Le **sujet** donne son genre et son nombre à l'**adjectif attribut du sujet** et au **participe passé employé avec *être***.

• Voici des exemples d'accords de l'adjectif attribut du sujet et du participe passé employé avec *être*:

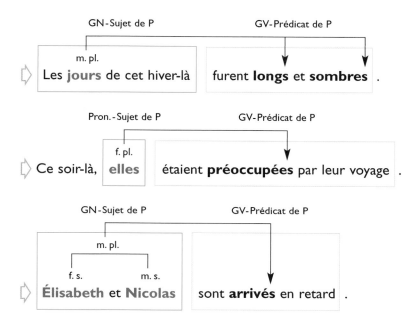

GN-Sujet de P   GV-Prédicat de P

m. pl.

➩ **Les jours** de cet hiver-là   furent **longs** et **sombres** .

Pron.-Sujet de P   GV-Prédicat de P

f. pl.

➩ Ce soir-là,   **elles**   étaient **préoccupées** par leur voyage   .

GN-Sujet de P   GV-Prédicat de P

m. pl.

f. s.   m. s.

➩ **Élisabeth** et **Nicolas**   sont **arrivés** en retard   .

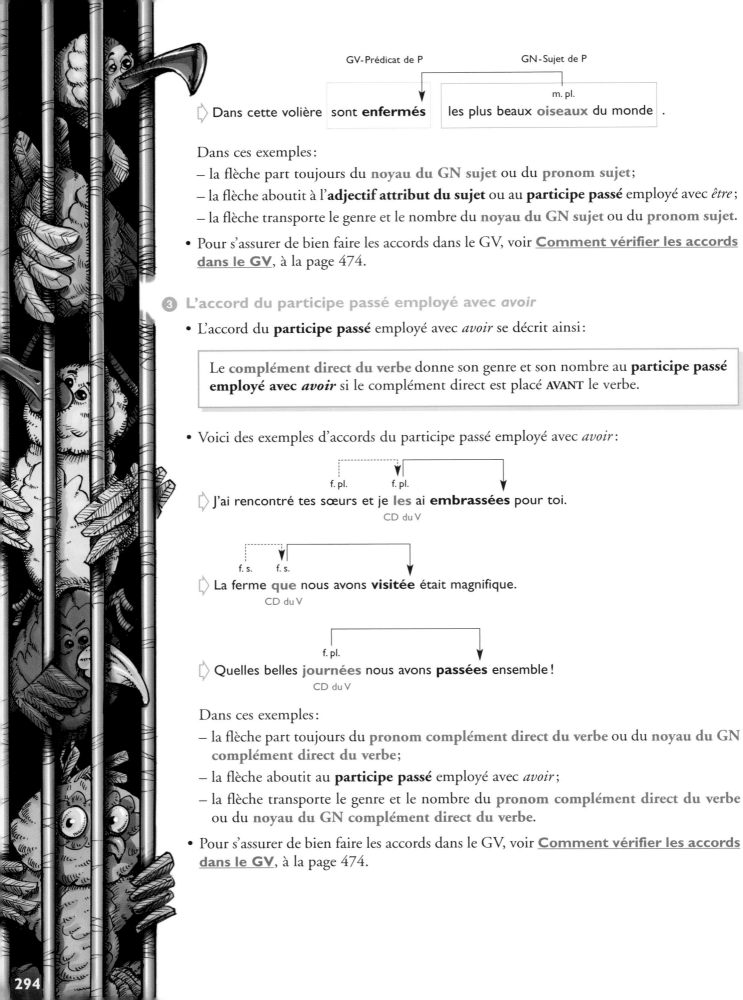

⇨ Dans cette volière | sont **enfermés** | les plus beaux **oiseaux** du monde | .

GV-Prédicat de P   GN-Sujet de P   m. pl.

Dans ces exemples :

– la flèche part toujours du **noyau du GN sujet** ou du **pronom sujet** ;

– la flèche aboutit à l'**adjectif attribut du sujet** ou au **participe passé** employé avec *être* ;

– la flèche transporte le genre et le nombre du **noyau du GN sujet** ou du **pronom sujet**.

• Pour s'assurer de bien faire les accords dans le GV, voir **Comment vérifier les accords dans le GV**, à la page 474.

③ **L'accord du participe passé employé avec *avoir***

• L'accord du **participe passé** employé avec *avoir* se décrit ainsi :

> Le **complément direct du verbe** donne son genre et son nombre au **participe passé employé avec *avoir*** si le complément direct est placé **AVANT** le verbe.

• Voici des exemples d'accords du participe passé employé avec *avoir* :

⇨ J'ai rencontré tes sœurs et je **les** ai **embrassées** pour toi.
CD du V
f. pl.   f. pl.

⇨ La ferme **que** nous avons **visitée** était magnifique.
CD du V
f. s.   f. s.

⇨ Quelles belles **journées** nous avons **passées** ensemble !
CD du V
f. pl.

Dans ces exemples :

– la flèche part toujours du **pronom complément direct du verbe** ou du **noyau du GN complément direct du verbe** ;

– la flèche aboutit au **participe passé** employé avec *avoir* ;

– la flèche transporte le genre et le nombre du **pronom complément direct du verbe** ou du **noyau du GN complément direct du verbe**.

• Pour s'assurer de bien faire les accords dans le GV, voir **Comment vérifier les accords dans le GV**, à la page 474.

Classe

OBSERVATION

Dans les phrases suivantes, les mots surlignés sont des **adjectifs**. Prêtez-leur une attention particulière.

La poste est rigolote. C'est un petit bureau avec trois guichets et deux cabines téléphoniques.

Une vieille dame nous ouvre la porte.

Ils sont bêtes et méchants, les parents de Poil de Carotte.

▶ **À quoi servent les adjectifs dans ces phrases ?**

DESCRIPTION ET EXPLICATION

❶ L'adjectif permet de décrire ou de préciser une réalité (personne, lieu, évènement, etc.) désignée par un nom ou un pronom.

▷ Une vieille dame italienne nous ouvre la porte.   Ils sont bêtes et méchants.

❷ L'adjectif est un **mot variable**. C'est un **receveur d'accord** : l'adjectif reçoit son genre et son nombre du nom ou du pronom qu'il décrit.

```
      Adj.    N    Adj.                      Pron.    Adj.      Adj.
       |      |     |                          |       |         |
       ↓    f. s.   ↓                        m. pl.    ↓         ↓
```

▷ Une vieille dame italienne nous ouvre la porte.   Ils sont bêtes et méchants.
   receveur donneur receveur   donneur   receveurs

❸ De nombreux adjectifs sont issus de verbes :

▷ nœud coulissant, type excité, pont glacé, main ridée, magasin fermé, yeux clos, lumière éteinte, visage épanoui, regard souriant...

❹ Certains adjectifs changent de sens selon qu'ils sont placés avant ou après le nom. Comparez :

▷   une artiste pauvre → une pauvre artiste
   (une artiste qui n'a pas d'argent)   (une artiste qui fait pitié)

❺ L'adjectif est le noyau du **groupe adjectival**.

UTILITÉS DE CETTE CONNAISSANCE

❶ L'adjectif est une ressource appréciable pour enrichir ses propos.

▷ Un type gesticule sur le pont. → Un type excité gesticule sur le petit pont.

2 Remplacer une **subordonnée relative** par un adjectif permet d'obtenir une phrase plus concise.

⇨ J'ai rencontré une personne **qui est gentille** et **qui a une vaste culture**.

⇩ J'ai rencontré une personne gentille et cultivée.

3 Être capable de repérer les adjectifs est essentiel pour faire les **accords**.

OBSERVATION

Dans les extraits suivants, les mots surlignés sont des **adverbes**. Observez-les bien.

Ce qu'il y a de pire avec l'école, c'est qu'elle interrompt continuellement les vacances[1].

En général je suis très courageux, continua-t-il à voix basse ; mais, aujourd'hui, il se trouve que j'ai mal à la tête[2].

▶ **Les mots de la classe des adverbes sont-ils variables ?**

DESCRIPTION ET EXPLICATION

1 L'adverbe est un mot **invariable**.

⇨ Hier, Justine m'a téléphoné. Je l'aime passionnément.

2 L'adverbe exprime, entre autres :

le **lieu** : ailleurs, alentour, dehors, ici, là, partout…

le **temps** : aujourd'hui, autrefois, bientôt, demain, hier, jamais, parfois, toujours…

la **manière** : bien, ensemble, gentiment, tendrement, mal, mieux, vite, vivement…

la **négation** et l'**affirmation** : assurément, certes, ne… jamais, ne… pas, ne… plus, non, oui…

la **quantité** et le **degré** : beaucoup, environ, moins, peu, suffisamment, très, trop…

3 Comme l'adverbe est invariable, il ne faut pas le confondre avec l'adjectif, qui, lui, s'accorde. Comparez :

⇨ Ces enfants parlent fort.   Ces enfants sont forts.

⇨ Camille sent bon.   Camille est bonne.

⇨ Ces livres coûtent cher.   Ces livres sont chers.

Pour distinguer l'adverbe et l'adjectif

Si le **mot** peut être remplacé par un adverbe, ce n'est pas un adjectif mais un adverbe.

▷ Ces enfants parlent **fort**.
⇓ Ces enfants parlent lentement.

▷ Ces livres sont **fort** intéressants.
⇓ Ces livres sont très intéressants.

④ L'adverbe est le noyau du **groupe adverbial**.

⑤ On compte environ 1 250 adverbes en *-ment*, la plupart formés à partir d'un adjectif. Les règles de formation des adverbes sont présentées ci-dessous.

RÈGLE GÉNÉRALE				
On ajoute *-ment* au féminin de l'adjectif.	chaude	+ *-ment*	=	chaudement
	exacte	+ *-ment*	=	exactement
	nerveuse	+ *-ment*	=	nerveusement
	facile	+ *-ment*	=	facilement

Exceptions:

• *Bref* fait *brièvement*, *gentil* fait *gentiment* et *traître* fait *traîtreusement*.

• Quelques adverbes prennent plutôt la finale *-ément*: *aveuglément*, *communément*, *énormément*, *immensément*, *intensément*, *précisément*, *profondément*, etc.

RÈGLES PARTICULIÈRES				
1. Adjectifs qui se terminent au masculin par *é, i, u*				
On ajoute *-ment* à l'adjectif tel qu'il est.	pos**é**	+ *-ment*	=	posément
	jol**i**	+ *-ment*	=	joliment
	absol**u**	+ *-ment*	=	absolument

Exceptions:

• *Gai* fait *gaiement*, *impuni* fait *impunément* et *beau* fait *bellement*.

• Dans une dizaine de cas, le *u* de l'adjectif prend un accent circonflexe dans l'adverbe: *assidûment*, *continûment*, *goulûment*, *indûment*, etc.

2. Adjectifs qui se terminent au masculin par *-ant* ou *-ent*		
On remplace **-ant** par *-amment*.	bruy**ant** → bruy**amm**ent	suffis**ant** → suffis**amm**ent
On remplace **-ent** par *-emment*.	pati**ent** → pati**emm**ent	précéd**ent** → précéd**emm**ent

Savoir reconnaître les adverbes est important pour ne pas les confondre avec les adjectifs.

1. A. A. Milne, «Un homme très aimé», *Histoires à trembler de la tête aux pieds*, présentées par Alfred Hitchcock, Paris, Hachette Jeunesse, coll. «Bibliothèque verte», 1997, p. 66. ■ 2. Lewis Carroll, *De l'autre côté du miroir*, 1872.

Antonyme

OBSERVATION

Examinez les citations et les proverbes
suivants. Les **antonymes** y sont surlignés.

Il y a un temps pour aimer et un temps pour haïr.

Le mal est facile, le bien demande beaucoup d'efforts.

Qui n'est pas avec moi est contre moi.

Quand tu ris, tout le monde le remarque; quand tu pleures, personne ne le voit[1].

▶ **D'après vos observations, qu'est-ce qu'un antonyme ?**

DESCRIPTION ET EXPLICATION

DÉFINITION

Les **antonymes** sont des mots ayant des **sens contraires** et appartenant à la **même classe de mots**.

Ainsi, l'antonyme du verbe *haïr* n'est pas le nom *amour*, mais le verbe *aimer*.

L'antonyme du nom *rapidité* est le nom *lenteur*.

L'antonyme de l'adjectif *rapide* est l'adjectif *lent*.

L'antonyme de l'adverbe *rapidement* est l'adverbe *lentement*.

⬤ Certains **préfixes** ont un sens négatif, on les utilise pour former des antonymes.

a-	normal/**a**normal		**im-**	prévu/**im**prévu
anti-	adhésif/**anti**adhésif		**in-**	confortable/**in**confortable
contre-	poison/**contre**poison		**ir-**	responsable/**ir**responsable
dé-	boutonner/**dé**boutonner		**mal-**	habile/**mal**habile
dés-	agréable/**dés**agréable		**mé-**	contenter/**mé**contenter
il-	légal/**il**légal		**més-**	entente/**més**entente

UTILITÉ DE CETTE CONNAISSANCE

Connaître les antonymes est utile pour s'exprimer avec précision et varier sa façon de dire les choses, à l'oral comme à l'écrit.

---

1. Citations et proverbes tirés de Maurice Maloux, *Dictionnaire des proverbes, sentences et maximes*, Paris, Larousse / VUEF, 2001.

OBSERVATION

Observez les phrases suivantes dans lesquelles les **attributs du sujet** ont été surlignés.

Béatrice était malheureuse.

Il commence à faire noir et maman devient nerveuse.

Gabriel ne semblait pas impressionné.

Léna était une enfant ravissante.

▶ **D'après vos observations, quelles sortes de groupes de mots peuvent remplir la fonction d'attribut du sujet?**

DESCRIPTION ET EXPLICATION

DÉFI NI TION

La fonction d'attribut du sujet (Attr. du S) est celle d'un élément qui complète un verbe attributif. Comme son nom l'indique, l'attribut du sujet caractérise le **sujet**.

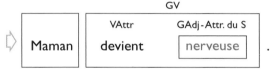

	GV	
	VAttr	GAdj-Attr. du S
Maman	devient	nerveuse

Le groupe adjectival *nerveuse* est une expansion du verbe attributif *devient* et il caractérise le sujet *Maman*. Il remplit donc la fonction d'attribut du sujet.

1 Les **verbes attributifs** sont les verbes qui peuvent être complétés par un groupe adjectival (GAdj). Les plus courants sont *être*, *paraître*, *sembler*, *devenir*, *rester*, *demeurer* et *avoir l'air*.

COUP DE POUCE

Pour savoir si un verbe est attributif

Une façon rapide de voir si un **verbe** est un verbe attributif consiste à le remplacer par *être*. Si le remplacement est possible sans modification, il s'agit d'un verbe attributif. Par exemple:

▷ Maman **devient** nerveuse.
⇓ Maman **est** nerveuse.

Devenir est bien un verbe attributif.

▷ Papa **a l'air** nerveux!
⇓ Papa **est** nerveux!

Avoir l'air est bien un verbe attributif.

2 La fonction d'**attribut du sujet** peut être remplie, entre autres :
- par un **groupe adjectival** :

GV

VAttr	GAdj - Attr. du S
était	lourde

⬧ La porte | était | lourde | .

- par un **groupe nominal** :

GV

VAttr	GN - Attr. du S
était	une enfant ravissante

⬧ Léna | était | une enfant ravissante | .

 L'attribut du sujet fait partie du groupe verbal.

 COUP DE POUCE

Pour distinguer le GN attribut du sujet et le GN complément direct

- Le GN attribut du sujet est une expansion d'un verbe attributif :

GV

VAttr	GN - Attr. du S
est	une enfant ravissante

⬧ Léna | est | une enfant ravissante | .

- Le GN complément direct est une expansion d'un verbe qui n'est pas attributif :

GV

V	GN - CD du V
a	un visage ravissant

⬧ Léna | a | un visage ravissant | .

champ lexical

OBSERVATION

Voici un ensemble de mots formant un **champ lexical**. Observez leur sens et leur groupement par couleurs.

affolement	effroi	horreur	phobie
angoisse	épouvante	inquiétude	terreur
claustrophobie	frayeur	panique	trac
crainte	frousse (fam.)	peur (bleue)	trouille (fam.)

affoler (s')	claquer des dents	être transi de peur	mourir de peur
alarmer (s')	craindre	faire froid dans le dos	paniquer
angoisser (s')	effrayer (s')	faire peur	redouter
avoir des sueurs froides	être glacé d'épouvante	frémir	terrifier
avoir la chair de poule	être plus mort que vif	glacer le sang	terroriser

affolant	effrayant	horrifiant	redoutable
alarmant	effroyable	horrifié	redouté
angoissé	épouvantable	inquiétant	terrible
craintif	épouvanté	peureux	terrifié

anxieusement	effroyablement	farouchement	redoutablement
craintivement	épouvantablement	peureusement	terriblement

▶ **Quelle est l'idée commune aux mots ci-dessus ?**

▶ **Ces mots sont-ils tous des synonymes ?**

▶ **À quelles classes de mots appartiennent-ils ?**

DÉFI NI TION Un **champ lexical** est un ensemble de mots et d'expressions de toutes sortes qui se rattachent à une même idée, par exemple l'idée de PEUR, comme dans le champ lexical donné dans l'OBSERVATION.

① Les champs lexicaux contiennent des **synonymes**, des mots de même **famille**, des suites lexicales.

Synonymes	Mots de même famille	Suites lexicales
frayeur / épouvante	crainte	peur bleue
effroyable / terrifiant	craindre	peur folle
craindre / redouter	craintif	trembler de peur
craintivement / peureusement	craint	mourir de peur
	craintivement	

 Les mots d'un champ lexical ne sont pas tous synonymes entre eux. Par exemple, *effrayant* n'est pas synonyme d'*effrayé*, et *épouvantable* n'est pas synonyme de *craintivement*.

② Dans un champ lexical, on trouve habituellement les quatre principales classes de mots : des noms, des verbes, des adjectifs, des adverbes.

③ On trouve des **dictionnaires de champs lexicaux** dans la plupart des bibliothèques municipales. Les plus courants sont les suivants :
- *Le Dictionnaire des idées par les mots* (Éditions Le Robert);
- *Le Dictionnaire analogique* (Éditions Larousse);
- *Le Thésaurus* (Éditions Larousse).

Voir aussi
Comment construire un champ lexical,
à la page 455.

Connaître les champs lexicaux est utile en écriture, puisque les champs lexicaux nous fournissent les mots et les expressions dont nous avons besoin pour exprimer une idée, une émotion, un sentiment.

Cohérence

OBSERVATION

Voici un court dialogue qui ne respecte pas les règles de la cohérence.

Mme Martin:	Je peux acheter un couteau de poche pour mon frère, mais vous ne pouvez pas acheter l'Irlande pour votre grand-père.
M. Smith:	On marche avec les pieds, mais on se réchauffe à l'électricité ou au charbon.
M. Martin:	Celui qui vend aujourd'hui un bœuf, demain aura un œuf.
Mme Smith:	Dans la vie, il faut regarder par la fenêtre.
Mme Martin:	On peut s'asseoir sur la chaise, lorsque la chaise n'en a pas.
M. Smith:	Il faut toujours penser à tout.
M. Martin:	Le plafond est en haut, le plancher est en bas.
Mme Smith:	Quand je dis oui, c'est une façon de parler[1].

▶ **Qu'est-ce qui vous empêche de bien suivre ce qui se passe dans ce dialogue?**

▶ **Donnez, à la lumière de vos connaissances, quelques caractéristiques d'un texte cohérent.**

DESCRIPTION ET EXPLICATION

DÉFINITION

Un texte cohérent est un texte qui obéit à certaines règles:

– la règle de la **pertinence** des éléments: les éléments contenus dans le texte y ont bien leur place;

– la règle de la **non-contradiction** entre les éléments: les éléments contenus dans le texte ne sont pas contradictoires;

– la règle de la **continuité** de l'information: il y a un **lien** d'une phrase à l'autre;

– la règle de la **progression** de l'information: il y a de l'**information nouvelle** dans chaque phrase.

1 La pertinence des éléments

Un texte est cohérent si les éléments qui le composent ont bien leur place dans ce texte, compte tenu du sujet, du genre de texte, de l'intention de l'auteur ou de l'auteure, etc.

▷ L'oreille comporte trois parties dont une seule est visible, l'oreille externe. L'oreille moyenne et l'oreille interne sont contenues dans un os de la tête, l'os temporal. L'oreille externe comprend le pavillon et le conduit auditif jusqu'au tympan[2].

Cet extrait de texte descriptif est cohérent: l'information est juste et liée au sujet.

2 La non-contradiction entre les éléments

Un texte est cohérent s'il n'y a pas de contradiction entre les éléments qui le composent.

a) Les informations ne se contredisent pas: elles vont dans le même sens.

▷ ⊘ Matisse souffre depuis toujours de ne pas avoir d'amis. Tout le monde au village le rejette et se moque de lui. Il décide donc de s'enfuir dans la forêt et d'y passer le reste de ses jours. Peu à peu, il s'installe, se bâtit une chaumière et oublie ses anciens amis.

Ce passage contient une contradiction: «ses anciens amis», dans la dernière phrase, contredit la première phrase, qui dit que Matisse n'a pas d'amis.

b) L'émetteur s'exprime à la 1re personne **ou** à la 3e personne, il ne change pas en cours de route sans raison valable.

c) Le texte est écrit dans le **système verbal** du présent **ou** dans celui du passé.

▷ ⊘ Après plusieurs mois d'hospitalisation, Julie revoit l'homme qui lui a sauvé la vie. Elle tombe amoureuse de lui et s'aperçoit rapidement que ses sentiments sont partagés. Bientôt, les deux amoureux furent inséparables.

Ce passage est incohérent: il est écrit dans le système du présent et dans celui du passé.

3 La continuité de l'information

Un texte est cohérent s'il contient suffisamment de **reprises d'information** qui permettent de suivre le fil conducteur.

▷ **Une mouche** se posa sur sa page et Julien faillit bondir au plafond. Pas à cause de la bestiole, mais à cause de la langue stupéfiante qui s'était à l'instant jetée sur elle. En une fraction de seconde, le caméléon l'avait ramenée dans sa bouche et il la croquait maintenant d'un air satisfait[3].

Cet extrait est cohérent: il contient des reprises. Les mots en couleur reprennent **Une mouche**.

Sans reprises d'information, un texte n'a pas de fil conducteur, il est décousu, comme dans le texte de l'OBSERVATION où les personnages échangent des propos sans suite.

4 La progression de l'information

Un texte est cohérent si on trouve de l'information nouvelle dans chaque phrase. Le texte ne dit pas toujours la même chose, l'information progresse.

> UTILITÉ DE CETTE CONNAISSANCE

Connaître les règles de la cohérence est essentiel pour toute production orale ou écrite. Si votre texte ou votre propos est cohérent, vos destinataires comprendront vos idées et vous maintiendrez plus facilement leur intérêt.

---

1. Eugène Ionesco, *La cantatrice chauve*, Scène XI, Paris, Gallimard, coll. «NRF», 1954, p. 51-52. ■ **2.** Catherine Dolto et collab., *Dico ado: Les mots de la vie*, Paris, Gallimard Jeunesse, coll. «Giboulées», 2001, p. 136. ■ **3.** Évelyne Brisou-Pellen, *Deux graines de cacao*, Paris, Hachette Jeunesse, coll. «Le livre de poche jeunesse», 2001, p. 140-141.

Comparaison et métaphore

Lisez les exemples suivants. Les trois premiers contiennent une **comparaison**; le dernier, une **métaphore**.

Judith se glissa tout à coup vers lui, vive comme une couleuvre[1].

L'après-midi s'étirait comme une chique de gomme de vingt kilos[2].

Il rebondit par terre comme un ballon de football.

Tout était couvert de neige et dormait sous ce manteau blanc.

▶ **Dans chaque exemple, quel est l'élément qui est comparé? Et à quoi le compare-t-on?**

▶ **Quel mot présent dans les trois comparaisons disparaît dans la métaphore?**

▶ **Selon vous, à quoi servent la comparaison et la métaphore?**

❶ La comparaison

La **comparaison** exprime une ressemblance entre deux réalités. Prenons l'exemple suivant:

▷ Judith se glissa tout à coup vers lui, vive comme une couleuvre.

Ce qui est comparé	Outil de comparaison	Ce à quoi on compare	Point(s) de ressemblance
Judith	comme	une couleuvre	la rapidité

- La comparaison est formée de quatre éléments:
  - **un terme qui est comparé**: c'est le mot ou le groupe de mots qui désigne la réalité dont on parle (*Judith*);
  - **un outil de comparaison**: c'est le mot ou le groupe de mots qui exprime la ressemblance (*comme*);
  - **un terme à quoi on compare**: c'est le mot ou le groupe de mots qui désigne la réalité à laquelle on compare (*une couleuvre*);
  - **un point de ressemblance**: c'est la caractéristique commune aux deux réalités (la rapidité, comme le mot *vive* l'indique).

- Les principaux **outils de comparaison** sont les suivants : *comme, ainsi que, tel, semblable à, pareil à, comparable à, ressembler à, avoir l'air de*, etc.

▷ Une petite femme, **pareille à** une momie, s'approcha de Max.

DÉFINITION

La fonction de complément de l'adjectif (C de l'adj.) est celle d'un élément qui complète un **adjectif**.

▷ Les marches de l'escalier étaient

GAdj	
Adj.	GPrép - C de l'adj.
remplies	de neige légère

.

▷ Grand-père était

GAdj	
Adj.	Sub. compl. - C de l'adj.
soulagé	que quelqu'un s'occupe de lui

.

1 Le complément de l'adjectif est souvent facultatif. On peut donc l'effacer.

▷ Grand-père était soulagé que quelqu'un s'occupe de lui.
✂ Grand-père était soulagé.

Dans certains cas, l'effacement du complément de l'adjectif change le sens de la phrase. Comparez :

▷ Ève a dit à ses copines que Jules était sensible à son charme.
(= Jules réagit à son charme.)
✂ Ève a dit à ses copines que Jules était sensible.
(= Jules est émotif.)

Certains adjectifs (*apte, désireux, enclin, exempt*, etc.) ne peuvent pas être employés seuls, ils doivent être complétés par un complément de l'adjectif.

▷ Le dimanche matin, Thomas est enclin à la paresse.

2 La fonction de **complément de l'adjectif** peut être remplie :

- par un **groupe prépositionnel** :

▷ Joëlle est

GAdj	
Adj.	GPrép - C de l'adj.
allergique	à la neige

.

- par une **subordonnée complétive** :

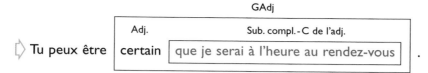

⟶ Tu peux être | certain | que je serai à l'heure au rendez-vous | .

- par un **pronom** (*en* et *y*) :

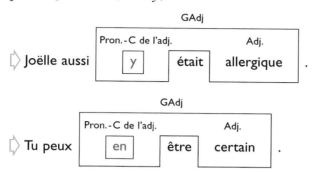

⟶ Joëlle aussi | y | était | allergique | .

⟶ Tu peux | en | être | certain | .

Une expansion de l'adjectif qui commence par *comme* n'est pas un complément de l'adjectif, mais un **modificateur**.

Fonction

Complément de phrase

OBSERVATION

Comparez les phrases de la colonne de gauche avec celles de la colonne de droite.

Il pleut sans arrêt depuis deux jours.	Il pleut sans arrêt.
Hier, mon père a déniché un vieux parapluie.	Mon père a déniché un vieux parapluie.
Le soir même, ma mère a pris l'avion.	Ma mère a pris l'avion.
Sarah m'a traité de nigaud quand elle a appris ma mésaventure.	Sarah m'a traité de nigaud.

▶ **Quelle différence y a-t-il entre les phrases de la colonne de gauche et celles de la colonne de droite ?**

▶ **Les phrases de la colonne de droite sont-elles bien construites ?**

La fonction de complément de phrase (C de P) est celle d'un élément qui complète la phrase. Le complément de phrase est un constituant facultatif (non obligatoire) de la phrase.

Sujet de P   Prédicat de P   C de P

▷ Mon père   partait à la pêche   chaque été .

1 Deux caractéristiques permettent de reconnaître le complément de phrase.

1) On peut déplacer le complément de phrase à différents endroits dans la phrase :

C de P
▷ Mon père partait à la pêche chaque été .

C de P
▷ ⇔ Chaque été , mon père partait à la pêche.

C de P
▷ ⇔ Mon père, chaque été , partait à la pêche.

Placé au début ou à l'intérieur de la phrase, le complément de phrase est généralement isolé par une ou des **virgules**.

2) On peut effacer le complément de phrase puisqu'il est facultatif :

C de P
▷ Mon père partait à la pêche chaque été .
✂ Mon père partait à la pêche.

Bien sûr, l'effacement enlève de l'information, mais la phrase reste bien construite.

2 Le complément de phrase exprime divers sens, entre autres :

C de P
— le **temps** : Pendant des jours et des jours , il a fallu nettoyer la cour.

C de P
— le **lieu** : À la maison , mon père m'a pris en photo.

C de P
— le **but** : Pour être sûr de gagner , Christophe s'entraînait sans arrêt.

3 Une phrase peut contenir **plusieurs compléments de phrase** :

C de P   C de P
▷ Aujourd'hui , Christophe est allé au gymnase pour rencontrer son nouvel entraîneur .

④ La fonction de **complément de phrase** peut être remplie, entre autres :

- par un **groupe prépositionnel** :

  GPrép - C de P

  ▷ ┌───────────────────┐
  │ Après le goûter │ , nous nous sommes promenés.
  └───────────────────┘

- par un **groupe adverbial** :

  GAdv - C de P

  ▷ ┌───────────────┐
  │ Aujourd'hui │ , Galina est revenue de voyage.
  └───────────────┘

- par une **subordonnée** (de **temps**, de **but**, de **cause**, etc.) :

  Sub. de temps - C de P

  ▷ Paula est sortie ┌─────────────────────────┐
  │ quand la pluie a cessé │ .
  └─────────────────────────┘

- par un **groupe nominal** :

  GN - C de P

  ▷ ┌─────────────────────┐
  │ Le jour de l'examen │ , nous étions nerveux comme des puces.
  └─────────────────────┘

Complément direct du verbe

Fonction

OBSERVATION

Lisez les phrases suivantes en prêtant attention aux groupes surlignés. Ce sont des compléments directs du verbe.

J'avale des toasts et un grand verre de lait, puis je gagne l'observatoire.

Je lève la tête, les bras, le dos, alouette !

▶ **D'après vos observations, quelle sorte de groupe de mots remplit la fonction de complément direct du verbe ?**

La fonction de complément direct du verbe (CD du V) est celle d'un élément qui complète un verbe **sans l'aide** d'une **préposition**.

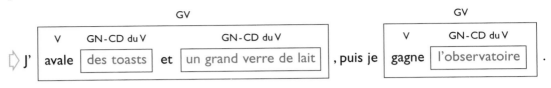

1 Deux caractéristiques permettent de reconnaître le complément direct du verbe.

1) On peut remplacer le complément direct du verbe par les mots **quelque chose** (qqch.) ou **quelqu'un** (qqn) immédiatement après le verbe.

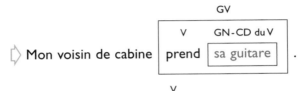

Mon voisin de cabine prend **qqch**. (*sa guitare*).

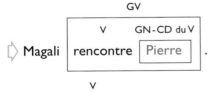

Magali rencontre **qqn** (*Pierre*).

2) On peut remplacer le complément direct du verbe par un des pronoms suivants:

- *le, la, les*;
- *en, en... un, en... une, en... plusieurs*;
- *cela, ça*.

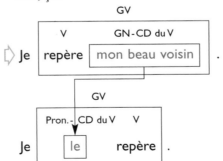 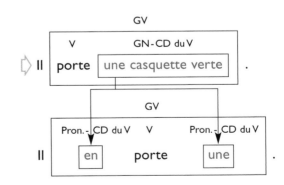

 On ne peut pas déplacer le GN complément direct du verbe avant le verbe:

② La fonction de **complément direct du verbe** peut être remplie :

- par un **groupe nominal** :

▷ Je | fredonne | la mélodie .

- par un **pronom** :

▷ Cette mélodie, je | la | fredonne .

- par un **groupe infinitif** :

▷ J' | aime | mettre des textes en musique .

- par une **subordonnée complétive** :

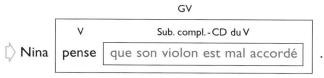

▷ Nina | pense | que son violon est mal accordé .

 Le complément direct du verbe fait partie du GV.

COUP DE POUCE

Pour savoir si les pronoms *me, te, se, nous, vous* sont des compléments directs ou indirects

- Pour savoir si les pronoms *me, te, se, nous, vous* sont des **compléments directs** ou **indirects**, il suffit d'encadrer le pronom par ***C'est… que***. Si aucune préposition n'apparaît, on a un complément direct :

  ▷ Je t'attends sur le quai.
  C'est toi **que** j'attends sur le quai.

  Donc, t' est un complément direct dans cette phrase.

- Si l'utilisation d'une préposition s'impose, on a un complément indirect :

  ▷ Je te promets une surprise.
  C'est à toi **que** je promets une surprise.

  Donc, te est un complément indirect dans cette phrase.

Complément du nom

Fonction

Lisez les phrases suivantes en prêtant attention aux noms surlignés. Ils sont tous enrichis d'au moins une **expansion**.

Mon oncle est un homme sociable. Il apprécie la compagnie de ses amis. Chaque année, le jour de son anniversaire, il les invite à une grande fête qui dure toute la journée.

▶ **Quelles sont les expansions de chacun des noms surlignés ?**

DESCRIPTION ET EXPLICATION

DÉFINITION

La fonction de complément du nom (C du N) est celle d'un élément qui complète un **nom**.

GN		GN	
N	GPrép-C du N	N	GAdj-C du N

⇨ Après | les vacances | de Noël |, | la vie | normale | a repris son cours.

① Le complément du nom est le plus souvent facultatif. On peut donc l'effacer.

⇨ Après les vacances de Noël, la vie normale a repris son cours.
✂ Après les vacances, la vie a repris son cours.

Le complément du nom est parfois indispensable : son effacement rendrait la phrase farfelue ou incorrecte.

GN	
	GPrép-C du N

⇨ ⊘ Une colonne | ~~de sept voitures~~ | était arrêtée au bord de la route.

GN		GN	
	GAdj-C du N		GPrép-C du N

⇨ ⊘ Le cœur | ~~lourd~~ | et | les larmes | ~~aux yeux~~ |, nous sommes rentrées à la maison.

② La fonction de **complément du nom** peut être remplie, entre autres :

• par un **groupe adjectival** :

GN			
N	GAdj-C du N		GAdj-C du N

⇨ Maman y a rencontré | quelques femmes | élégantes | et | bien coiffées |.

- par un **groupe prépositionnel** :

GN

N	GPrép - C du N
les épaules	de ma mère

▷ Maintenant, tout reposait sur | les épaules | de ma mère | .

- par une **subordonnée relative** :

GN

N	Sub. rel. - C du N
un journal	qu'il lirait à son retour

▷ Je lui promis d'écrire | un journal | qu'il lirait à son retour | .

- par un **groupe nominal** :

GN

N	GN - C du N
Regina,	notre éducatrice,

▷ Les adieux à | Regina, | notre éducatrice, | furent pénibles.

Fonction — Complément indirect du verbe

OBSERVATION

Lisez le texte suivant en prêtant attention aux groupes surlignés.

Après le souper, Mélanie retourne dans le jardin. Elle s'empare de la pelle et s'attaque à la dernière partie de sa tâche. Elle pense à son père. Il sera content.

▶ **D'après vos observations, quelle sorte de groupe de mots remplit la fonction de complément indirect du verbe ?**

DESCRIPTION ET EXPLICATION

DÉFINITION

La fonction de complément indirect du verbe (CI du V) est celle d'un élément qui complète un verbe **au moyen d'une préposition**.

GV

V	GPrép - CI du V
n'avait pas songé	à cette horrible possibilité

▷ Macha | n'avait pas songé | à cette horrible possibilité | .

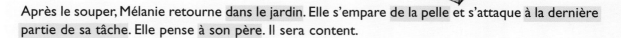

1 Deux caractéristiques permettent de reconnaître le complément indirect du verbe.

1) On peut remplacer le complément indirect du verbe par, entre autres, **à quelque chose** (à qqch.), **à quelqu'un** (à qqn), **de quelque chose** (de qqch.), **de quelqu'un** (de qqn) ou **quelque part** (qqpart) immédiatement après le verbe.

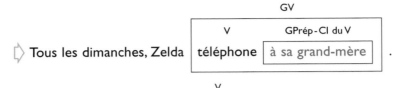

Tous les dimanches, Zelda téléphone **à qqn** (*à sa grand-mère*).

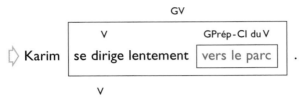

Karim se dirige **qqpart** (*vers le parc*).

2) On peut souvent remplacer le complément indirect du verbe par un des pronoms suivants :

- *lui, leur* ;
- *en, y.*

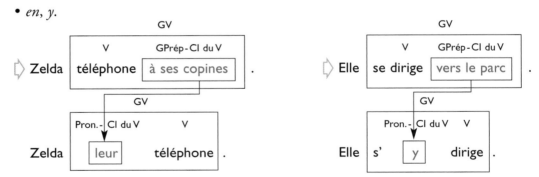

 Normalement, le complément indirect du verbe ne se déplace pas **avant** le verbe :

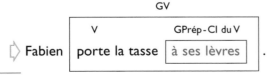

⊘ Fabien à ses lèvres porte la tasse.
⊘ À ses lèvres Fabien porte la tasse.

 Il peut y avoir plus d'un complément indirect du verbe dans un même groupe verbal.

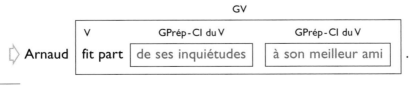

2 La fonction de **complément indirect du verbe** peut être remplie:

- par un **groupe prépositionnel**:

GV

V	GPrép-CI du V
Macha	n'avait pas songé	à cette horrible possibilité	.

- par un **pronom**:

GV

Pron.-CI du V	V
Les vacances approchent. Manon	y	pense	.

GV

Pron.-CI du V	V
Shawn	lui	a promis une belle surprise	.

- par une **subordonnée complétive**:

GV

V	Sub. compl.-CI du V
Les nageurs	se plaignent	que l'eau est trop froide	.

Dans cet exemple, la fonction de la subordonnée complétive est bien celle de **complément indirect du verbe**. On peut remplacer la subordonnée par **de quelque chose**:

Les nageurs se plaignent **de quelque chose** (*que l'eau est trop froide*).

 Le complément indirect du verbe fait partie du GV.

 COUP DE POUCE

Pour savoir si les pronoms *me, te, se, nous, vous* **sont des compléments directs ou indirects**

- Pour savoir si les pronoms *me, te, se, nous, vous* sont des **compléments directs** ou **indirects**, il suffit d'encadrer le pronom par **C'est… que**. Si l'utilisation d'une préposition s'impose, on a un complément indirect:

Je vous permets de fouiller partout.

C'est à vous **que** je permets de fouiller partout.

Donc, vous est un complément indirect dans cette phrase.

- Si aucune préposition n'apparaît, on a un complément direct:

Je vous verrai plus tard.

C'est vous **que** je verrai plus tard.

Donc, vous est un complément direct dans cette phrase.

Conjonction

Classe

Observez les mots surlignés dans les phrases suivantes.

La neige, légère et duveteuse, tombe à plein ciel.

Romane cherche son foulard, mais elle ne le voit nulle part.

Je crois que l'autobus est déjà passé.

▶ **Les mots de la classe des conjonctions sont-ils variables ou invariables?**

DESCRIPTION ET EXPLICATION

1 La conjonction est un mot **invariable**.

2 La conjonction peut exprimer divers sens: l'addition (*et, ni*), l'alternative (*ou, soit… soit*), la cause (*car*), l'opposition (*mais*), etc.

3 La conjonction peut jouer le rôle d'un <u>coordonnant</u> ou celui d'un <u>subordonnant</u>.

Coordonnant et subordonnant

OBSERVATION

Lisez les phrases suivantes.

La femme et l'enfant restèrent longtemps à la fenêtre.

Voulez-vous un crayon ou un stylo?

Romane se retourna, mais elle ne vit rien.

Ils me surveillent pendant que j'écris ces lignes.

Quand le chat passa, l'enfant ne le vit même pas.

Il a placé la lettre bien en vue pour que tout le monde la lise.

L'aubergiste se rongeait d'inquiétude, car Gretel avait disparu.	J'aime beaucoup la montre que tu m'as offerte.

▶ **Selon vous, à quoi servent les mots surlignés dans la colonne de gauche? et dans celle de droite?**

DESCRIPTION ET EXPLICATION

1 Les coordonnants

Les coordonnants sont des mots invariables qui unissent des phrases ou des éléments remplissant la même fonction.

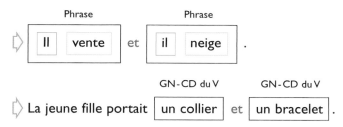

Dans le premier exemple, le coordonnant *et* unit deux phrases.

Dans le deuxième, il unit deux groupes remplissant la fonction de complément direct du verbe *portait*.

1) On appelle aussi les coordonnants des **marqueurs de relation**, puisqu'ils indiquent quel lien existe entre les éléments ou les phrases qu'ils unissent.

2) Le tableau ci-dessous classe les principaux coordonnants selon leur sens.

COORDONNANTS							
Addition		**Alternative**		**Cause**		**Conséquence**	
aussi de plus en outre	et ni	ou ou bien soit… soit		car en effet		ainsi donc	en conséquence par conséquent
Comparaison		**Opposition ou restriction**		**Succession**		**Explication**	
autant… autant moins… moins plus… plus		cependant mais néanmoins par contre		enfin ensuite et puis		bref c'est-à-dire en somme en un mot	

3) Sauf **et**, **ou**, **ni**, **mais**, **car** et **puis**, tous les coordonnants peuvent se déplacer:

⟡ Xavier avait apporté le repas. Cependant, il avait oublié son fameux dessert.
Xavier avait apporté le repas. Il avait cependant oublié son fameux dessert.
Xavier avait apporté le repas. Il avait oublié son fameux dessert cependant.

Le coordonnant n'est pas toujours exprimé. Il est parfois remplacé par un signe de ponctuation.

▷ Il vente, il neige.

Dans cet exemple, la **virgule** remplace le coordonnant *et*. On dit alors que les phrases sont juxtaposées.

② Les subordonnants

Les subordonnants sont des mots qui servent à enchâsser (inclure) une phrase (la **subordonnée**) dans une autre.

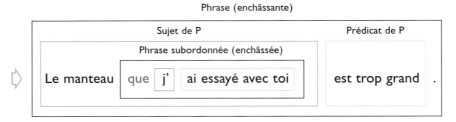

▷
		Phrase (enchâssante)		
	Sujet de P			**Prédicat de P**
	Phrase subordonnée (enchâssée)			
Le manteau	que	j'	ai essayé avec toi	est trop grand .

1) Les subordonnants peuvent être :
   - des **pronoms** relatifs : qui, que, quoi, dont, où, etc. ;
   - des mots invariables : comme, quand, que, si, etc. ;
   - des mots invariables + que : avant que, dès que, lorsque, pour que, etc.

2) On appelle aussi les subordonnants des **marqueurs de relation** puisqu'ils indiquent quel lien existe entre les phrases qu'ils unissent.

3) Le tableau ci-dessous classe les principaux subordonnants selon leur sens.

SUBORDONNANTS			
Temps		**But**	**Cause**
après que	lorsque	afin que	comme
avant que	maintenant que	de crainte que	étant donné que
dès que	pendant que	de peur que	parce que
en attendant que	quand	pour que	puisque

UTILITÉS DE CETTE CONNAISSANCE

❶ Connaître le sens des coordonnants et des subordonnants est utile en lecture pour saisir les relations entre les éléments liés.

❷ Cette connaissance est aussi utile en écriture pour marquer correctement les relations entre les éléments liés.

Déterminant

OBSERVATION

Lisez l'extrait suivant. Les **déterminants** y sont surlignés.

Il n'est que quatorze heures, mes parents ne sont pas près de revenir. Après avoir vidé trois verres de lait et ajouté un peu d'eau dans le carton pour camoufler mon forfait, j'engouffre tout net deux gâteaux au caramel. Enfin rassasié, j'opte pour un après-midi de musique. Pas les mélodies mielleuses des madames au foyer, mais MA musique[1]…

▶ **Quelle place les déterminants occupent-ils par rapport aux noms?**
▶ **Est-ce une classe de mots variables ou invariables?**

DESCRIPTION ET EXPLICATION

① Le déterminant se place avant le nom pour former avec lui un <u>**groupe nominal**</u> (GN).

GN
▷ Mes parents

Il peut y avoir un ou des mots entre le déterminant et le nom.

GN
▷ Mes pauvres parents

② Le déterminant est un **mot variable**. C'est un **receveur d'accord**: le déterminant reçoit le genre et le nombre du nom qu'il accompagne.

m. pl.
▷ Mes pauvres parents

3 Certains mots (*le, la, l', les, aucun, certains, plusieurs, leur*, etc.) appartiennent aussi bien à la classe des **pronoms** qu'à la classe des déterminants. Ils sont déterminants lorsqu'ils introduisent un nom, sinon, ils sont pronoms.

Déterminants	Pronoms
Le train quitte la gare.	Je le regarde partir.
Plusieurs flèches furent décochées vers eux.	Plusieurs furent décochées vers eux.
Tu ne fais aucun progrès.	Tu n'en fais aucun.
Camille et Justine s'arrêtèrent pour contempler la vallée à leurs pieds.	À présent, tout leur paraissait facile.

Quand leur est un **déterminant**, il prend un «s» au pluriel. Quand leur est un **pronom personnel**, il ne prend jamais de «s».

COUP DE POUCE

Pour reconnaître un déterminant

Lorsqu'on a de la difficulté à reconnaître un déterminant, on peut essayer de faire un **remplacement** par un déterminant qu'on connaît bien :

▷ Bon nombre de matelots affirmaient que le monstre ne pouvait passer.
⇓ Des matelots affirmaient que le monstre ne pouvait passer.

Il est possible de remplacer *bon nombre de* par un déterminant bien connu comme *des*. Donc, *bon nombre de* est un déterminant.

4 Il y a neuf sortes de déterminants. Ils sont classés dans les tableaux qui suivent.

LES DÉTERMINANTS DÉFINIS		
Singulier		**Pluriel**
Masculin	**Féminin**	**Masculin et féminin**
le, l'	la, l'	les

Remarque

Les déterminants définis *le* et *les* peuvent fusionner avec les prépositions *à* et *de*.

$à + le =$ ***au*** $à + les =$ ***aux*** $de + le =$ ***du*** $de + les =$ ***des***

▷ Il est arrivé du Soudan hier. = Il est arrivé [de le] Soudan hier.

Les mots ainsi obtenus sont appelés **déterminants définis contractés** ou **prépositions contractées**.

LES DÉTERMINANTS INDÉFINIS		
Singulier		**Pluriel**
Masculin	**Féminin**	**Masculin et féminin**
un de, d'	une de, d'	des de, d'

Remarque

Devant un adjectif, le déterminant indéfini *des* est généralement remplacé par le déterminant indéfini *de, d'* :

▷ Il découvrit **de** mystérieux dessins. Elle rapporta **d'**excellentes photos.

LES DÉTERMINANTS DÉMONSTRATIFS		
Singulier		**Pluriel**
Masculin	**Féminin**	**Masculin et féminin**
ce, cet	cette	ces

Remarque

Avec un déterminant démonstratif, on peut ajouter les adverbes *ci* ou *là* après le nom. On unit alors le nom et l'adverbe par un trait d'union : *cet acteur-ci, ces comédiennes-là.*

LES DÉTERMINANTS POSSESSIFS				
	Singulier			**Pluriel**
	Masculin	**Féminin**		**Masculin et féminin**
		Devant une consonne	Devant une voyelle ou un *h* muet	
Un seul possesseur	mon ton son	ma ta sa	mon ton son	mes tes ses
Plusieurs possesseurs	**Masculin et féminin**			
	notre votre leur			nos vos leurs

LES DÉTERMINANTS PARTITIFS

Singulier			
Masculin		**Féminin**	
Devant une consonne	Devant une voyelle ou un *h* muet	Devant une consonne	Devant une voyelle ou un *h* muet
du, de	de l', d'	de la, de	de l', d'

Remarque

Le déterminant partitif est employé devant un nom qui désigne une réalité non comptable : *du vent*, *de l'air*, *de la patience*, *du bois*.

LES DÉTERMINANTS NUMÉRAUX

Un, deux, trois, vingt, cent, mille, etc.

Remarques

1. Tous les nombres sont des déterminants numéraux lorsqu'ils sont suivis d'un nom.

2. Les déterminants numéraux sont tous invariables, sauf *vingt* et *cent*.

▷ Ce couple a **quatre** enfants. Une image vaut **mille** mots.

Les déterminants *vingt* et *cent* prennent la marque du pluriel lorsqu'ils sont multipliés par un nombre et qu'ils terminent l'adjectif numéral :

▷ Nous avons vendu **quatre-vingts** exemplaires de ce roman ; **deux cents** dollars ont été remis à une œuvre de charité.

Mais : **Quatre-vingt-quatre** pompiers ont participé à la campagne de sensibilisation ; **cinq cent sept** foyers ont été visités.

3. On met un trait d'union dans les nombres complexes inférieurs à *cent* sauf lorsqu'il y a le coordonnant *et* :

dix-neuf, *cinquante-six*, *quatre-vingt-dix-huit*, mais *soixante et un*.

 Million et *milliard* ne sont pas des déterminants numéraux, ce sont des noms.

LES DÉTERMINANTS DE QUANTITÉ

Exprimant une quantité égale à zéro	Exprimant une quantité imprécise		Exprimant la totalité
aucun, aucune nul, nulle	assez de beaucoup de certains, certaines d'autres différents, différentes divers, diverses plus d'un, plus d'une	plusieurs quelques tant de tellement de trop de (un) peu de une foule de	chaque n'importe quel, n'importe quelle, n'importe quels, n'importe quelles tout, toute tout le, toute la, tous les, toutes les

LES DÉTERMINANTS INTERROGATIFS OU EXCLAMATIFS			
Singulier		**Pluriel**	
Masculin	**Féminin**	**Masculin**	**Féminin**
quel	quelle	quels	quelles

UTILITÉ DE CETTE CONNAISSANCE

Le déterminant permet d'indiquer la quantité, de façon précise ou approximative. N'hésitez pas à consulter les tableaux de cet article pour choisir les bons déterminants dans vos textes.

1. Josée Plourde, «Prenez garde au chien», *Entre voisins* (collectif de nouvelles), Saint-Laurent, Éd. Pierre Tisseyre, 1997, p. 135.

OBSERVATION

Les extraits suivants contiennent des **paroles rapportées**.

Mon père lui a montré le temple par la fenêtre et lui a demandé: «Qui a écrit ça?» Caïus a d'abord paru tout ahuri, puis il a crié: «C'est Rufus, le fils de Prætonius[1]!»

Mon père n'a pas cru Caïus et il a envoyé chercher les deux vigiles qui surveillent le quartier pendant la nuit. Il leur a montré l'inscription et leur a demandé s'ils n'avaient rien remarqué au cours de leurs rondes. Les deux hommes ont affirmé qu'ils n'avaient rien vu[2].

▶ **Essayez de repérer précisément les paroles rapportées dans chaque extrait.**
▶ **Dans quel extrait le repérage des paroles rapportées est-il plus facile? Pourquoi?**

DESCRIPTION ET EXPLICATION

1 Il est possible de citer ce qu'une personne a **dit** ou **écrit**.

▷ Roderick Welman avait dit au notaire: «Vous remettrez cette enveloppe à Mary après ma mort.»

Sur l'enveloppe, il y avait écrit: «Pour Mary, à lui envoyer après ma mort[3].»

Dans le premier exemple, on rapporte ce qu'une personne a dit; dans le second, on rapporte ce qu'une personne a écrit.

On appelle **discours rapporté**, dans les **textes narratifs**, chacune des paroles prononcées ou écrites par les personnages. On appelle **discours rapporté**, dans les **textes documentaires**, chacune des paroles dites ou écrites par une personne que l'on cite.

② On peut rapporter les propos d'une personne directement ou indirectement.

- Les discours rapportés directement sont les propos cités tels quels.

  ▷ Les deux hommes ont affirmé: «Nous n'avons rien vu.»

- Les discours rapportés indirectement sont les propos reformulés par celui ou celle qui rapporte les paroles.

  ▷ Les deux hommes ont affirmé qu'ils n'avaient rien vu.
  Les deux hommes ont affirmé n'avoir rien vu.

③ On reconnaît le discours direct aux caractéristiques suivantes:

- Il est annoncé par un **verbe de parole** placé:
  - soit avant les paroles rapportées (on met alors un deux-points à l'écrit):

    ▷ Il **a crié**: «C'est Rufus!»

  - soit dans une incise:

    ▷ «Que se passe-t-il?» m'**a-t-il demandé**.

    > L'incise est une formule généralement courte insérée dans la phrase ou placée à la fin de celle-ci. Elle indique qu'on rapporte les paroles de quelqu'un. Elle se caractérise par l'inversion du sujet et du verbe.

- Il constitue une **phrase**. Cette phrase commence obligatoirement par une majuscule.

  ▷ Jean-Philippe s'est tourné brusquement vers moi et sans que je m'y attende, il m'**a avoué**: « Je t'aime .»

- Il est encadré par des guillemets à l'écrit.

- Dans un dialogue écrit, il est introduit par un tiret.

④ On reconnaît le discours indirect aux caractéristiques suivantes :

- Il est annoncé par un **verbe de parole**, ou un verbe comme *penser* ou *écrire*, placé avant les paroles rapportées (on ne met pas de deux-points à l'écrit) :

  ▷ Il m'**a demandé** si j'avais vu quelque chose.

- Il se présente, entre autres, sous les formes suivantes :

  ▷ Ils **ont affirmé** qu'ils n'avaient rien vu. (**<u>Subordonnée complétive</u>**)
  Il leur **a demandé** s'ils avaient dormi. (**<u>Subordonnée complétive interrogative</u>**)
  Il leur **a demandé** de rester.

- Il n'est pas encadré par des guillemets à l'écrit.

UTILITÉS DE CETTE CONNAISSANCE

① On utilise souvent le discours rapporté dans les textes courants et les communications orales. Vous pouvez rapporter des paroles pour appuyer et illustrer vos propos.

② Connaître les deux façons de rapporter des paroles est utile dans le récit. Vous pouvez varier la présentation des échanges entre les personnages en choisissant l'une ou l'autre façon de faire.

1, 2. Henry Winterfeld, *L'affaire Caïus*, traduit de l'allemand par Olivier Séchan, Paris, Hachette Jeunesse, coll. «Le livre de poche jeunesse», 1996, p. 50 et 51. ■ **3.** Agatha Christie, *Je ne suis pas coupable*, traduit de l'anglais par Élise Champon, Paris, Hachette Jeunesse, coll. «Bibliothèque verte», 1998, p. 311.

Énumération

Examinez les deux exemples d'**énumération** suivants.

L'air était chargé de délicieuses odeurs de cannelle, de réglisse, de menthe et de framboise.

Chaque élève devra se procurer un exemplaire des ouvrages suivants :

– *Le Livre des sorts et enchantements* (niveau 1), par Miranda Fauconnette ;
– *Histoire de la magie*, par Bathilda Tourdesac ;
– *Magie théorique*, par Adalbert Lasornette ;
– *Manuel de métamorphose à l'usage des débutants*, par Emeric G. Changé ;
– *Mille herbes et champignons magiques*, par Phyllida Augirolle ;
– *Potions magiques*, par Arsenius Beaulitron ;
– *Vie et habitat des animaux fantastiques*, par Norbert Dragonneau ;
– *Forces obscures : comment s'en protéger*, par Quentin Jentremble[1].

▶ **Qu'est-ce qui est énuméré dans le premier exemple ? et dans le second ?**
▶ **Quelles sont les différences dans la présentation de ces deux énumérations ?**

DÉFINITION

L'énumération est un procédé qui permet d'énoncer un à un les éléments d'un ensemble.

1 Il existe différentes façons de présenter une énumération.

- Les éléments d'une énumération sont le plus souvent séparés les uns des autres par une **virgule**. Le dernier élément est souvent joint aux autres par le **coordonnant** *et* ou par le coordonnant *ou*.

  ▷ Comme chaque printemps, la population de Vieux-Verger se prépare joyeusement à accueillir les vacanciers, chacun s'efforçant de rendre sa maison, sa boutique **ou** son auberge un peu plus coquette et chaleureuse[2].

- Lorsque l'énumération est incomplète, le mot *etc.* ou des **points de suspension** le signalent.

  ▷ Je veux dire de vraies horloges, avec des ressorts, des roues dentées, des engrenages, des balanciers, **etc.**

- Habituellement, les éléments d'une énumération ne sont pas annoncés par un signe particulier. Il arrive cependant que les éléments d'une énumération soient annoncés par le **deux-points**. Dans ce cas, le nom de l'ensemble sera le plus souvent donné avant le deux-points.

  ▷ Résultat : je dors mal, je broie du noir, j'ai peur.

- Dans les textes courants, lorsque les éléments sont longs ou nombreux, on choisit habituellement de les énumérer à la verticale, comme dans le deuxième exemple de l'OBSERVATION.

2 Si le premier élément d'une énumération est précédé d'un déterminant, les autres éléments le sont aussi.

▷ Paule a invité **ses** deux meilleures amies, **ses** sœurs et **ses** parents à la rejoindre.

Si le premier élément d'une énumération est précédé des prépositions *à*, *de* ou *en*, les autres éléments le sont aussi.

▷ Je rêve **de** visiter l'Italie, **de** faire du ski en Autriche et **d'**apprendre le danois.

UTILITÉS DE CETTE CONNAISSANCE

1 Connaître l'énumération est particulièrement utile pour organiser un **texte descriptif** puisque l'énumération sert à présenter les parties (aspects et sous-aspects) d'une réalité.

2 Cette connaissance sert également en lecture puisqu'elle aide à dégager le **plan d'un texte descriptif**.

---

1. J. K. Rowling, *Harry Potter à l'école des sorciers*, traduit de l'anglais par Jean-François Ménard, Paris, Gallimard Jeunesse, coll. «Folio junior», 1998, p. 71. ■ **2.** Marie-Andrée Clermont, «L'appel de l'abîme», *Peurs sauvages* (collectif de nouvelles), Saint-Laurent, Éd. Pierre Tisseyre, 1998, p. 32-33.

Famille de mots

Voici une **famille de mots**. Observez ce qui est commun aux mots de cette famille. Prêtez également attention à la façon dont les mots sont formés.

déneigé, ée	motoneige	nivomètre
déneigement	neige	reneiger
déneiger	neigeotter	banc de neige
enneigé, ée	neiger	chasse-neige
enneigement	neigeux, euse	perce-neige
enneiger	nivologie	

▶ **Quel est, selon vous, le mot de base de cette famille ?**

▶ **Comment chacun de ces mots a-t-il été formé ?**

DESCRIPTION ET EXPLICATION

DÉFINITION

Une **famille de mots**, c'est l'ensemble de tous les mots formés à partir d'un même **mot de base**.

Dans l'OBSERVATION, le mot de base est *neige*.

● Une famille de mots contient généralement:
- des **mots composés**: *perce-neige, chasse-neige, motoneige, banc de neige…*
- des **mots dérivés**: *neiger, neigeux, déneiger…*
- des **mots savants**: *nivologie, nivomètre…*

Certaines familles sont cependant très restreintes. Ainsi, la famille du mot *clémentine* ne compte que deux membres: *clémentine* et *clémentinier*. Il existe même des mots qui sont actuellement seuls dans leur famille, par exemple *coccinelle*.

1 Connaître les familles de mots peut être très utile pour mémoriser l'orthographe d'usage.

Ainsi, quand on sait que *bicyclette* appartient à la famille de *cycle*, on sait du même coup qu'il faut conserver le «y» du mot de base (*cycle*) et on évite alors d'écrire ⊘ *byciclette*, ou même ⊘ *biciclette*.

2 La connaissance des familles de mots est utile pour développer son vocabulaire. En effet, elle aide à deviner le sens des mots ou à se le rappeler.

Ainsi, quand on sait que *insolation* appartient à la famille de *soleil*, on se rappelle facilement que ce mot désigne un coup de soleil.

Féminin des noms et des adjectifs

RÈGLE GÉNÉRALE	
On ajoute un **-e** à la forme du masculin.	ami → ami**e** intelligent → intelligen**te**

- Il n'y a aucun changement si le mot se termine déjà par **-e**:
  aimable → aimable, élève → élève, mince → mince
- Certains mots qui se terminent par **-e** ont une forme féminine différente:
  maître → maître**sse**, tigre → tigre**sse**…

RÈGLES PARTICULIÈRES		
I. On double la consonne finale et on ajoute un -e aux mots se terminant au masculin par *-el*, *-eil*, *-en*, *-on*, *-et* et *-s*		
-el → -elle **-eil → -eille**	actu**el** → actu**elle** par**eil** → par**eille**	• Suivent aussi cette règle: gentil → gent**ille** nul → n**ulle**
-en → -enne **-on → -onne**	aéri**en** → aéri**enne** champi**on** → champi**onne**	
	Exception: dém**on** → dém**one**	

-et → -ette	cadet → cadette fluet → fluette	
	Exceptions: complet → complète discret → discrète incomplet → incomplète indiscret → indiscrète concret → concrète inquiet → inquiète désuet → désuète secret → secrète	
-ot → -otte	boulot → boulotte pâlot →pâlotte jeunot → jeunotte sot → sotte maigriot → maigriotte vieillot → vieillotte	• Les autres mots se terminant par **-ot** suivent la règle générale: idiot → idiote
-s → -sse	bas → basse épais → épaisse gras → grasse gros → grosse las → lasse métis → métisse	• Les autres mots se terminant par **-s** suivent la règle générale: gris → grise

2. **On remplace la consonne finale et on ajoute un -e aux mots se terminant au masculin par -c, -f, -eur, -eux et -oux**		
-c → -que	public → publique turc → turque	
	Exceptions: blanc → blanche grec → grecque franc → franche sec → sèche	
-f → -ve	sauf → sauve veuf → veuve	
	Exception: bref → brève	
-eur → -euse	crâneur → crâneuse voleur → voleuse	• Suivent la règle générale: extérieur → extérieure intérieur → intérieure majeur → majeure meilleur → meilleure mineur → mineure supérieur → supérieure
	Exceptions: pécheur → pécheresse vengeur → vengeresse...	• Suivent aussi la règle générale certains noms de profession: ingénieur → ingénieure professeur → professeure...

-eux → -euse	amour**eux** → amour**euse** joy**eux** → joy**euse**	
	Exception: vi**eux** → vi**eille**	
-oux → -ouse	ép**oux** → ép**ouse** jal**oux** → jal**ouse**	
	Exceptions: d**oux** → d**ouce** r**oux** → r**ousse**	

3. Autres changements pour les mots se terminant au masculin par -*eau*, -*er*, -*gu* et -*teur*

-eau → -elle	b**eau** → b**elle**	jum**eau** → jum**elle**
-er → -ère	derni**er** → derni**ère**	polici**er** → polici**ère**
-gu → -guë 	ai**gu** → ai**guë**	ambi**gu** → ambi**guë**

| -teur → -trice | direc**teur** → direc**trice**
inven**teur** → inven**trice** | • Suivent la règle générale certains noms de profession:
au**teur** → au**teure**
doc**teur** → doc**teure**... |
| | Exceptions:
enchan**teur** → enchan**teresse**
chan**teur** → chan**teuse**
men**teur** → men**teuse**... | |

4. Modifications diverses

andalou → andalouse   coi → coite   long → longue   frais → fraîche
fou → folle   favori → favorite   bénin → bénigne   tiers → tierce...
mou → molle   rigolo → rigolote   malin → maligne

• Certains mots changent de forme au féminin, par exemple:
  coq → poule   frère → sœur   mâle → femelle
  fils → fille   héros → héroïne   monsieur → madame

Formation des mots

Chacun des six groupes d'exemples ci-dessous illustre un procédé de **formation des mots**. Observez-les.

in- + utile → inutile	informatique + autoroute → inforoute
mi- + temps → mi-temps	écureuil + curieux → écurieux
sous + terrain → souterrain	**b**andes **d**essinées → BD
ligne + à + pêche → ligne à pêche	**o**bjet **v**olant **n**on **i**dentifié → ovni
grani- + -vore → granivore	professeur → prof
mégalo- + -pole → mégalopole	dégueulasse → dégueu

▶ **Essayez d'expliquer comment les mots ci-dessus ont été formés.**

① Les procédés de formation des mots utilisent des **mots** ou des **éléments qui ne sont pas des mots** : des préfixes, des suffixes, des racines savantes.
   - Les préfixes sont des éléments qui s'ajoutent au début du mot : in-, mé-, mi-, pré-...
   - Les suffixes sont des éléments qui s'ajoutent à la fin du mot : -ade, -er, -tion, -ure...
   - Les racines savantes sont des éléments d'origine grecque ou latine : astr-, biblio-, -fère...

② On distingue les mots selon la façon dont ils ont été formés.

Sortes de mots	Mode de formation	Exemples
Mots composés	mot + mot mot + mot + mot	briser + glace = brise-glace ligne + à + pêche = ligne à pêche
Mots dérivés	préfixe + mot mot + suffixe préfixe + mot + suffixe	in- + utile = inutile rêve + -er = rêver pré- + voir + -ance = prévoyance
Mots savants	racine savante + racine savante	grani- + -vore = granivore
Mots tronqués	début d'un mot	professeur = prof
Mots-valises	début d'un mot + fin d'un mot	éléphant + fanfare = éléphanfare
Sigles	initiale d'un mot + initiale d'un mot	acide désoxyribonucléique = ADN Organisation mondiale de la santé = OMS

Quand on connaît les divers procédés de formation des mots, il est facile d'analyser les mots pour connaître leur sens ou leur orthographe.

Comparez la phrase de gauche
avec les phrases de droite.

Cette histoire bouleverse les enfants.

Cette histoire ne bouleverse pas les enfants.
Les enfants sont bouleversés par cette histoire.
C'est cette histoire qui bouleverse les enfants.
Il est arrivé une histoire bouleversante.

▶ **Quelles différences observez-vous entre la phrase de gauche et les phrases de droite ?**

DESCRIPTION ET EXPLICATION

1 Une phrase a toujours quatre **formes** : elle est positive ou négative, active ou passive, neutre ou emphatique, personnelle ou impersonnelle. On reconnaît les formes de la phrase à certaines marques.

2 **La phrase de forme positive ou de forme négative**

- La phrase de **forme négative** s'oppose à la phrase de forme positive.

- Pour mettre une phrase à la forme négative, on ajoute des marques de négation à la phrase de forme positive. Les marques de négation encadrent le **verbe conjugué**.

  ▷ Cette histoire bouleverse les enfants.
  Cette histoire ne **bouleverse** pas les enfants.

- Les **marques de négation** sont formées de *ne* et d'un autre mot :
  - *ne* + mot invariable : ne... pas, ne... plus, ne... jamais, ne... guère, etc. ;

    ▷ Nos parents se mêlent aux discussions.
    Nos parents ne se mêlent jamais aux discussions.

  - *ne* + déterminant : ne... aucun, ne... nul, etc. ;

    ▷ Ce produit contient un agent de conservation.
    Ce produit ne contient aucun agent de conservation.

  - *ne* + pronom : ne... personne, ne... rien, etc. ;

    ▷ J'avais quelqu'un à qui parler.
    Je n'avais personne à qui parler.

– déterminant + *ne*: aucun… ne, nul… ne, etc.;

> Un savonnage a réussi à enlever la tache.
> Aucun savonnage n'a réussi à enlever la tache.

– pronom + *ne*: personne ne, rien ne, etc.

> Quelqu'un la regardait.
> Personne ne la regardait.

Il faut s'assurer qu'il y a un ne avant le verbe dans la phrase négative. À l'écrit, il est absolument nécessaire.

Phrase fautive	Phrase correcte
⊘ Il y avait trop de monde, on a rien vu.	Il y avait trop de monde, on n'a rien vu.
⊘ Je voulais pas te déranger.	Je ne voulais pas te déranger.

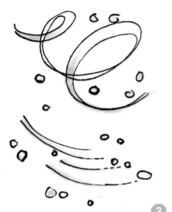

- La phrase de **forme** négative se combine à tous les **types de phrases**.

Types de phrases	Phrases de forme négative
Déclaratif	Je ne mange pas beaucoup.
Interrogatif	N'écoutez-vous pas la radio ?
Exclamatif	Que je n'aime pas l'hiver !
Impératif	Ne ramasse pas le sac.

③ La phrase de forme active ou de forme passive

- La phrase de **forme passive** s'oppose à la phrase de forme active.

- Pour mettre une phrase à la forme passive, on fait subir des transformations à la phrase de forme active: on fait des **déplacements**, des remplacements et des ajouts.

> **Phrase active:** | **Cette histoire** | bouleverse **les enfants** .

> **Phrase passive:** | **Les enfants** | sont bouleversés par **cette histoire** .

- La phrase de **forme** passive se combine principalement aux **types** de phrases suivants:

Types de phrases	Phrases de forme passive
Déclaratif	Ce colis a été ouvert par moi.
Interrogatif	Ce colis a-t-il été ouvert par toi ?
Exclamatif	Que ces enfants sont aimés par leur mère !

4 La phrase de forme neutre ou de forme emphatique

- La phrase de **forme emphatique** s'oppose à la phrase de forme neutre.

- Pour mettre une phrase à la forme emphatique, on ajoute des marques emphatiques à la phrase de forme neutre. Cela permet de mettre en valeur un des éléments qui la composent : le sujet, le complément direct, le complément de phrase, etc.

  ▷ Cette histoire bouleverse les enfants.
  C'est cette histoire qui bouleverse les enfants.

  ▷ Papa m'a donné un chien hier.
  Le chien, papa me l'a donné hier.

- Voici trois façons de construire des phrases emphatiques.

  1) **Encadrement** par C'est… qui / C'est… que :

     ▷ C'est **papa** qui m'a donné un chien hier.
     C'est **un chien** que papa m'a donné hier.
     C'est **hier** que papa m'a donné un chien.

  2) **Détachement** et reprise par un pronom :

     ▷ **Le chien,** papa me l'a donné hier.

  3) Annonce par un pronom et **détachement** :

     ▷ Papa me l'a donné hier, **le chien.**

- La phrase de **forme** emphatique se combine à tous les **types** de phrases.

Types de phrases	Phrases de forme emphatique
Déclaratif	C'est Léa qui a décoré l'arbre.
Interrogatif	Ta sœur, où est-elle ?
Exclamatif	Cette maison, qu'elle est belle !
Impératif	Mon adresse, conservez-la.

5 La phrase de forme personnelle ou de forme impersonnelle

- La phrase de **forme impersonnelle** s'oppose à la phrase de forme personnelle.

- Pour mettre une phrase à la forme impersonnelle, on déplace le sujet de la phrase personnelle dans le groupe verbal de la phrase impersonnelle et on **ajoute le sujet *il* impersonnel**.

  ▷ **Phrase personnelle :** | Un déversement de pétrole | s'est produit |.

  ▷ **Phrase impersonnelle :** | Il | s'est produit un déversement de pétrole |.

- Ce type de transformation n'est possible que si le verbe de la phrase personnelle est un verbe qui peut être occasionnellement impersonnel.

- Pour la distinction entre les verbes toujours impersonnels et les verbes occasionnellement impersonnels, voir l'article **Verbe**, à la page 426.

- La phrase de **forme** impersonnelle se combine aux **types** de phrases suivants :

Types de phrases	Phrases de forme impersonnelle
Déclaratif	Il est arrivé une chose étrange.
Interrogatif	Est-ce qu'il s'est produit quelque chose de bizarre ?
Exclamatif	Comme il neige !

La phrase impersonnelle sert parfois à exprimer un **point de vue** plutôt objectif. Comparez :

▷ Nous avons vendu beaucoup de disques.
  Il s'est vendu beaucoup de disques.

UTILITÉS DE CETTE CONNAISSANCE

1 Il est important de connaître les marques de chaque forme de phrases pour construire des phrases correctement.

2 La connaissance des diverses formes de phrases vous permet de varier vos phrases et de mieux vous exprimer.

Générique et spécifique

Dans les extraits suivants, les **termes génériques** et **spécifiques** sont surlignés. Observez-les attentivement.

Au Québec, on compte 27 espèces d'oiseaux de proie qui comprennent deux ordres différents: les rapaces diurnes et les rapaces nocturnes[1].

Les rapaces nocturnes ne construisent pas de nids. Ils utilisent un trou dans une cavité naturelle, un ancien trou de pic ou encore un nichoir artificiel. Mais certains comme le Harfang des neiges ou le Hibou des marais nichent au sol[2].

▶ **Parmi les termes surlignés, lequel inclut tous les autres?**
▶ **Quels sont les termes surlignés qui n'incluent aucun autre terme surligné?**

DESCRIPTION ET EXPLICATION

① Certains mots ont un sens qui inclut celui d'autres mots. Voyez l'exemple suivant:

▷ La famille des faucons compte quatre espèces au Québec: le gerfaut, le faucon pèlerin, le faucon émerillon et la crécerelle d'Amérique.

Le mot *faucon* inclut les mots *gerfaut*, *faucon pèlerin*, *faucon émerillon* et *crécerelle d'Amérique*.

DÉFINITION

Un mot qui en inclut d'autres est un **mot générique**; un mot inclus dans un autre est un **mot spécifique**. La relation entre générique et spécifique est une **relation d'inclusion**.

Dans l'exemple précédent, *faucon* est un générique : il inclut les autres mots.

Les mots *gerfaut, faucon pèlerin, faucon émerillon, crécerelle d'Amérique* sont des spécifiques : ils sont inclus dans le mot *faucon*.

 Il ne faut pas confondre un générique ou un spécifique avec un __synonyme__. Par exemple, *épagneul* est un spécifique de *chien*, pas un synonyme. De même, *rose* est un spécifique de *fleur*, pas un synonyme.

COUP DE POUCE

Pour trouver des termes génériques

• On utilise la formule « X (spécifique) **est une sorte de** Y (générique) ».

▷ Un chat **est une sorte de** félin, **de** carnivore, **de** mammifère, **d'**animal…

• On consulte différents dictionnaires.

Par exemple, dans la définition du mot *chat*, on trouve des génériques comme *mammifère carnivore, petit mammifère, petit animal*.

② Un mot peut être à la fois générique et spécifique.

Dans le texte d'OBSERVATION, les rapports entre les mots peuvent être schématisés ainsi :

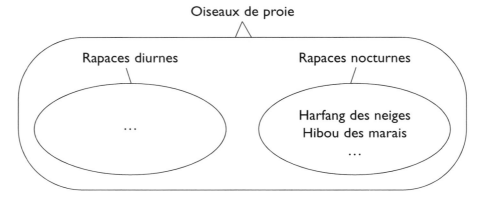

On voit bien que *rapaces nocturnes* est un **générique** par rapport à *harfang des neiges* et à *hibou des marais* et un **spécifique** par rapport à *oiseaux de proie*.

UTILITÉS DE CETTE CONNAISSANCE

① Cette connaissance est utile pour bien saisir les rapports entre les mots et classer l'information.

② Connaître les mots génériques et spécifiques est utile pour reprendre une information sans se répéter. Dans l'exemple suivant, le générique reprend l'information donnée par les spécifiques.

▷ L'antilope, le bison, le bœuf, la chèvre appartiennent à la même famille. Comme la plupart des bovidés, ils ont des cornes.

1, 2. Suzanne Brûlotte, *Les oiseaux de proie du Québec*, Saint-Constant, Broquet, coll. «Familles d'oiseaux», 2002, p. 9 et 19.

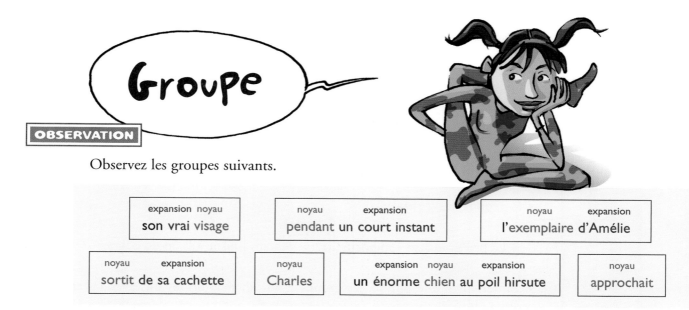

Observez les groupes suivants.

expansion noyau	noyau expansion	noyau expansion
son vrai visage	**pendant un court instant**	**l'exemplaire d'Amélie**

noyau expansion	noyau	expansion noyau expansion	noyau
sortit de sa cachette	**Charles**	**un énorme chien au poil hirsute**	**approchait**

▶ **Les groupes ci-dessus peuvent-ils exister seuls comme ils sont présentés? Pourquoi?**

▶ **Y a-t-il des expansions dans tous les groupes?**

▶ **Où les expansions sont-elles placées par rapport au noyau?**

1 Tous les **groupes de mots** sont construits de la même manière: ils ont un **noyau** et, souvent, une ou plusieurs **expansions**.

- Le noyau est l'élément indispensable du groupe. C'est le noyau qui donne son nom au groupe. Ainsi, le *nom* est le noyau du *groupe nominal* (GN), le *verbe* est le noyau du *groupe verbal* (GV) et ainsi de suite.

- Quand un groupe contient seulement un noyau sans expansion, on dit qu'il est **minimal**.

Groupe   Groupe

⇨ | Josiane | | bâilla | .

- Les expansions sont des éléments qui sont ajoutés avant ou après le noyau. Quand un groupe contient une ou plusieurs expansions, on dit qu'il est **étendu**.

Groupe   Groupe

⇨ La | petite | Josiane   bâilla | longuement | .
      expansion   expansion

2 Les principaux **groupes** sont les suivants:

- le **groupe nominal**:

GN   GN   GN

⇨ | Un jour | , | le lion | attaqua | le dompteur | .

- le **groupe verbal**:

GV

⇨ Un gardien | calma la bête | .

- le **groupe adjectival** :

GAdj   GAdj

▷ La ⎡jeune⎤ comédienne semblait ⎡très nerveuse⎤.

- le **groupe prépositionnel** :

GPrép   GPrép

▷ ⎡Après un dernier regard⎤, elle monta ⎡dans le train⎤.

- le **groupe adverbial** :

GAdv

▷ Le professeur se comporta ⎡normalement⎤ jusqu'à la fin du cours.

③ À l'intérieur d'une phrase, les groupes sont en relation les uns avec les autres et chaque groupe remplit une fonction précise (sujet de phrase, complément direct du verbe, complément du nom, etc.).

Groupe adjectival

OBSERVATION

Lisez le texte suivant en prêtant attention aux groupes surlignés.

Au lever du jour, Billy Buck surgit de la baraque et resta un moment sous la véranda à regarder le ciel. C'était un petit homme large aux jambes arquées avec une moustache de morse, des mains carrées à la paume renflée et musclée. Ses yeux contemplatifs étaient d'un gris aqueux et ses cheveux, pleins d'épis et délavés par les intempéries, s'échappaient de son chapeau Stetson[1].

▶ **À quelle classe de mots le noyau de chaque groupe surligné appartient-il ?**

DESCRIPTION ET EXPLICATION

DÉFINITION

Comme son nom l'indique, le **groupe adjectival** (GAdj) a pour noyau un **adjectif**. Cet adjectif est parfois accompagné d'une expansion.

GAdj   GAdj

        Adj.   Adj.

▷ Je vous ferai de la ⎡succulente⎤ cuisine, un petit déjeuner ⎡parfaitement merveilleux⎤.

                                                          expansion

● **Les fonctions du groupe adjectival**

Le **groupe adjectival** remplit le plus souvent une des **fonctions** suivantes:

• **complément du nom**:

GN

	GAdj-C du N	N	GAdj-C du N		GAdj-C du N
La chouette a une	longue	tête	ronde	et	aplatie

• **attribut du sujet**:

GV

	VAttr	GAdj-Attr. du S
Les hobbits	sont	imberbes

Le groupe adjectival est utile pour caractériser les personnages, les lieux, les objets. Dans l'OBSERVATION, on a utilisé de nombreux GAdj pour décrire le personnage de Billy Buck.

_____

1. John Steinbeck, *Le poney rouge*, traduit de l'anglais par Marcel Duhamel et Max Morise, Paris, Gallimard, coll. «Folio junior», 1997, p. 7.

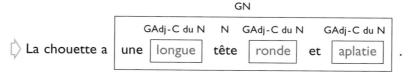

OBSERVATION

Lisez les extraits suivants.

Très grand, très maigre, très pâle, entièrement vêtu de noir, il avait l'air d'un croque-mort qui aurait emprunté un masque funèbre à l'un de ses silencieux clients[1].

J'avais beau multiplier les sachets de lavande, faire brûler de l'encens, fermer hermétiquement portes et fenêtres, l'infecte odeur finissait toujours par me surprendre au moment où je m'y attendais le moins... en m'empoisonnant littéralement la vie[2].

▶ **Dites pourquoi les groupes surlignés sont des groupes adverbiaux.**

DÉFINITION

Comme son nom l'indique, le **groupe adverbial** (GAdv) a pour noyau un <u>adverbe</u>. Cet adverbe est parfois accompagné d'une expansion à sa gauche.

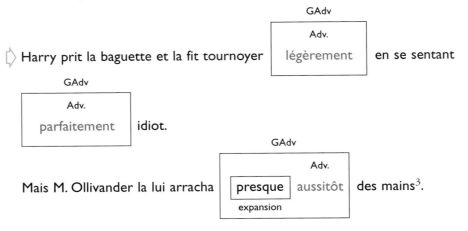

▷ Harry prit la baguette et la fit tournoyer | GAdv : Adv. **légèrement** | en se sentant

| GAdv : Adv. **parfaitement** | idiot.

Mais M. Ollivander la lui arracha | GAdv : Adv. **presque** (expansion) **aussitôt** | des mains[3].

● **Les fonctions du groupe adverbial**

Le **groupe adverbial** remplit le plus souvent une des **fonctions** suivantes :

• <u>complément de phrase</u> :

▷ GAdv-C de P | **Hier** | , j'ai essayé de lui jeter un sort.

• <u>modificateur</u>, entre autres, du <u>verbe</u>, de l'<u>adjectif</u>, de l'<u>adverbe</u> :

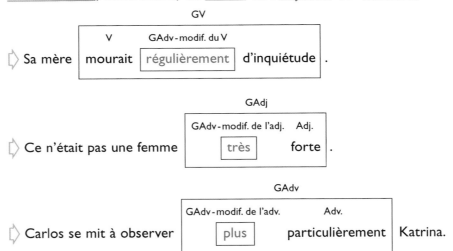

▷ Sa mère | GV : V mourait | GAdv-modif. du V **régulièrement** | d'inquiétude .

▷ Ce n'était pas une femme | GAdj : GAdv-modif. de l'adj. **très** | Adj. forte .

▷ Carlos se mit à observer | GAdv : GAdv-modif. de l'adv. **plus** | Adv. particulièrement | Katrina.

Le groupe adverbial permet de modifier le sens de plusieurs mots de la phrase, ce qui est utile pour nuancer sa pensée.

1, 2. Angèle Delaunois, «Les chatouilles», *Peurs sauvages* (collectif de nouvelles), Saint-Laurent, Éd. Pierre Tisseyre, 1998, p. 85. ■
3. J. K. Rowling, *Harry Potter à l'école des sorciers*, traduit de l'anglais par Jean-François Ménard, Paris, Gallimard Jeunesse, coll. «Folio junior», 1998, p. 88.

Groupe nominal

Lisez les deux versions du texte suivant en comparant les groupes nominaux surlignés.

La toile avait été décrochée du mur et remplacée par un portrait, ce qui n'enchantait personne. Le chevalier passait la moitié du temps à provoquer tout le monde en duel et l'autre moitié à inventer des mots de passe.

La toile déchirée de la grosse femme avait été décrochée du mur et remplacée par le portrait du chevalier du Catogan et de son gros poney gris, ce qui n'enchantait personne. Le chevalier passait la moitié du temps à provoquer tout le monde en duel et l'autre moitié à inventer des mots de passe ridiculement compliqués qu'il modifiait au moins deux fois par jour[1].

▶ **Qu'est-ce qui différencie les groupes surlignés dans le texte de gauche de ceux dans le texte de droite ?**

DESCRIPTION ET EXPLICATION

DÉFINITION

Comme son nom l'indique, le **groupe nominal** (GN) a pour noyau un **nom**. Ce nom est habituellement précédé d'un **déterminant** (*un, une, des, le, la, tes*, etc.) et il est souvent accompagné d'une ou de plusieurs expansions.

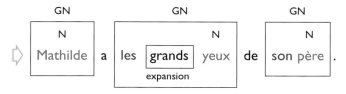

▷ Mathilde a les grands yeux de son père.

| GN | GN | GN |
| N | N | N |

expansion

① Les fonctions du groupe nominal

Le **groupe nominal** remplit le plus souvent une des **fonctions** suivantes :

• **sujet de phrase** :

GN-Sujet de P

▷ L'examen de conjugaison avait été difficile.

• **complément de phrase** :

GN-C de P

▷ Une nuit, Robinson ne put trouver le sommeil.

- **complément direct du verbe** :

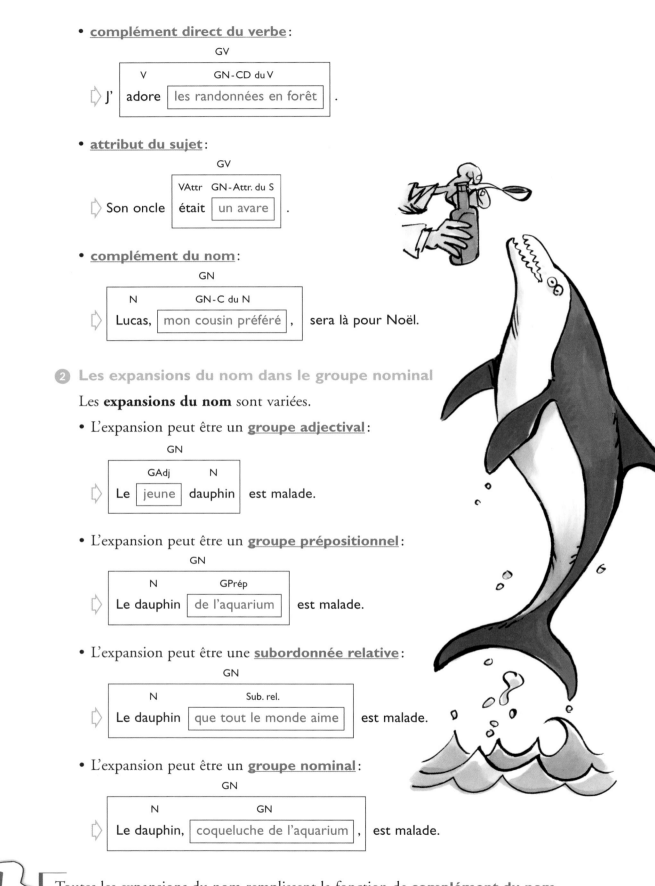

GV

V	GN-CD du V

⇨ J' adore | les randonnées en forêt | .

- **attribut du sujet** :

GV

VAttr	GN-Attr. du S

⇨ Son oncle était | un avare | .

- **complément du nom** :

GN

N	GN-C du N

⇨ Lucas, | mon cousin préféré |, sera là pour Noël.

2 **Les expansions du nom dans le groupe nominal**

Les **expansions du nom** sont variées.

- L'expansion peut être un **groupe adjectival** :

GN

GAdj	N

⇨ Le | jeune | dauphin est malade.

- L'expansion peut être un **groupe prépositionnel** :

GN

N	GPrép

⇨ Le dauphin | de l'aquarium | est malade.

- L'expansion peut être une **subordonnée relative** :

GN

N	Sub. rel.

⇨ Le dauphin | que tout le monde aime | est malade.

- L'expansion peut être un **groupe nominal** :

GN

N	GN

⇨ Le dauphin, | coqueluche de l'aquarium |, est malade.

! Toutes les expansions du nom remplissent la fonction de **complément du nom**.

346

① Connaître le groupe nominal est essentiel puisque ce groupe est présent partout dans la phrase pour désigner des réalités : des personnages, des lieux, des objets…

② Connaître les expansions du nom permet de les varier et, ainsi, de rendre un texte plus précis, plus riche, plus vivant.

1. J. K. Rowling, *Harry Potter et le prisonnier d'Azkaban*, traduit de l'anglais par Jean-François Ménard, Paris, Gallimard Jeunesse, coll. «Folio junior», 1999, p. 182.

Groupe prépositionnel

OBSERVATION

Lisez le texte suivant en prêtant attention aux groupes surlignés.

Ma mère lisait de gros livres en français et en anglais, et suivait des cours en histoire de l'art. Aussi était-elle amie avec l'épouse d'un juge, et cette Mᵐᵉ Lessard avait autrefois été comédienne. Une vraie comédienne de théâtre dont je pouvais admirer sur le mur des photos d'elle-même[1].

▶ **Selon vous, quelle est la classe du premier mot de chaque groupe surligné ?**

DESCRIPTION ET EXPLICATION

DÉFINITION

Comme son nom l'indique, le **groupe prépositionnel** (GPrép) a pour noyau une **préposition**. Cette préposition est accompagnée d'une expansion.

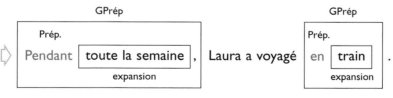

GPrép		GPrép	
Prép.		Prép.	
Pendant	toute la semaine	, Laura a voyagé en	train	.
	expansion		expansion

Certains groupes prépositionnels sont introduits par un **déterminant** défini contracté (*au, aux, du, des*), qu'on appelle aussi **préposition contractée**.

Le **groupe prépositionnel** remplit, entre autres, les **fonctions** suivantes :

- **complément du nom** :

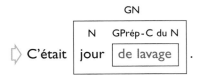

GN

N	GPrép - C du N

▷ C'était | jour | de lavage | .

- **complément indirect du verbe** :

GV

V	GPrép - CI du V

▷ Les bijoux | appartiennent | à sa belle-mère | .

- **modificateur du verbe** :

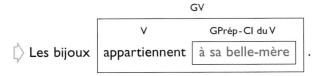

GV

V	GPrép - modif. du V

▷ Les pâtisseries | disparaissaient | à vue d'œil | .

- **complément de phrase** :

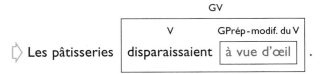

GPrép - C de P

▷ Les gens ne s'ennuyaient guère | à cette époque | .

- **complément de l'adjectif** :

GAdj

Adj.	GPrép - C de l'adj.

▷ Ce sont des équations | faciles | à résoudre | .

---

1. Francine Allard, «Molière et les épingles à linge», *Petites malices et grosses bêtises* (collectif de nouvelles), Saint-Laurent, Éd. Pierre Tisseyre, 2001, p. 11.

Lisez le texte suivant en prêtant attention aux groupes surlignés.

Un mouvement rapide sur le plancher attira son attention. Luc eut un mouvement de recul : une horrible petite bête pleine de pattes courait sur le plancher, zigzaguant à toute allure entre des obstacles invisibles. Elle traversa la cuisine en un rien de temps, puis se confondit avec le tapis du salon. En marmonnant de dégoût, Luc s'élança à sa suite, attrapa un cendrier, repéra le monstre, l'écrabouilla. Un jet blanchâtre gicla sur le tapis[1].

▶ **À quelle classe de mots le noyau des groupes surlignés appartient-il ?**

DESCRIPTION ET EXPLICATION

Comme son nom l'indique, le **groupe verbal** (GV) a pour noyau un **verbe**. Ce verbe est souvent accompagné d'une ou de plusieurs expansions.

	GV		GV
	V		V
Jasmine	a entendu [un cri terrifiant]	: un loup	hurlait .
	expansion		

1 **La fonction du groupe verbal**

Le **groupe verbal** remplit toujours la **fonction** de **prédicat de phrase**.

Sujet de P	Prédicat de P
GN	GV
Un mouvement rapide sur le plancher	attira son attention .

2 **Les fonctions des expansions du verbe**

Les principales **fonctions** des **expansions du verbe** sont :

• **complément direct du verbe** :

GV	
V	GN - CD du V
La mère embrasse	[son enfant] .

- **complément indirect du verbe :**

GV

	V	GPrép - CI du V
L'enfant	sourit	à sa mère

.

- **attribut du sujet :**

GV

	VAttr	GAdj - Attr. du S
Sa sœur	paraît	sympathique

.

- **modificateur du verbe :**

GV

	V	GAdv - modif. du V
L'auto	roule	lentement

.

La fonction de l'expansion d'un **verbe impersonnel** est celle de complément du verbe impersonnel.

GV

	V impers.	GN-C du V impers.
Il	manque	deux tables et cinq chaises

.

1. Claude Bolduc, «Les joyeux compagnons», *Petites cruautés* (collectif d'auteurs), Hull, Vents d'Ouest, coll. «Ado», 1999, p. 101-102.

Majuscule

Observez les mots surlignés ci-dessous.

La famille Martineau était arrivée de Saint-Maurice, ville située à une centaine de kilomètres de Mont-Rouge[1].

Après le film — une comédie —, ils se rendirent dans un petit restaurant de la rue Principale[2].

Il décida d'attendre Sauvageau à la sortie principale[3].

Or, Carlos Penaloza n'avait que sa mère; son père était mort là-bas, en Amérique du Sud[4].

L'agence de voyage vante des séjours dans les plaines du sud de la Lapénie[5].

▶ **Quelle est la classe des mots surlignés qui commencent par une majuscule?**
▶ **En quoi ces mots surlignés se distinguent-ils des autres mots surlignés?**

DESCRIPTION ET EXPLICATION

1 La majuscule de phrase

La majuscule de phrase signale le début de la phrase graphique.

▷ Demain, c'est congé. J'ai hâte!

• Les **paroles rapportées** entre guillemets commencent par une majuscule si elles forment une phrase.

▷ Charles m'a dit: « Je t'attendrai après l'école.»

• En poésie, les vers commencent traditionnellement par une majuscule.

② La majuscule de mot

La majuscule de mot sert principalement à signaler qu'un **nom** est un **nom propre**.

Noms propres désignant des êtres	
Personnes (réelles ou imaginaires)	Anne Hébert, Riopelle, Léonard de Vinci, Charlemagne, Tintin, le capitaine Haddock, Clara, Ève…
Peuples, habitants d'un lieu, races	un Amérindien, un Européen, un Français, un Montréalais, un Noir, un Québécois, un Trifluvien… **Remarques** • Les noms de peuples composés prennent une majuscule aux deux noms: un Nord-Américain… • Les adjectifs ne prennent pas de majuscule: un élève québécois, la chanson française, une touriste sud-américaine, le peuple noir… • Les noms de langue ne prennent pas de majuscule: l'anglais, l'espagnol, le français…
Divinités	Apollon, Bouddha, Jésus, Vénus… **Remarque** • Les noms des religions et des adeptes d'une religion ne prennent pas de majuscule: le judaïsme, un chrétien…
Animaux	Fido, Milou, Mistigris…

Noms propres désignant des lieux	
Lieux géographiques	l'Amérique, la Gaspésie, Mars, New York, la Nouvelle-Écosse, Paris…
Réalités géographiques	la rue Principale, le jardin de Métis, le parc des Braves… l'océan Atlantique, les montagnes Rocheuses, le fleuve Saint-Laurent…
Points cardinaux	• Les points cardinaux prennent la majuscule lorsqu'ils désignent un **lieu précis**: l'Amérique du Nord, le pôle Sud, la rue Sainte-Catherine Ouest, la Rive-Sud… • Ils ne prennent pas de majuscule lorsqu'ils indiquent une **direction**: le nord de l'Amérique, le sud de la ville, l'ouest de la rue Sainte-Catherine…

1, 2. Carol Ellis, *Le témoin silencieux*, traduit de l'anglais par Louise Binette, Saint-Lambert, Éd. Héritage, coll. «Frissons», 1994, p. 40 et 39. ■ **3.** Michel Grenier, «Paranoïa?», *Petites cruautés* (collectif d'auteurs), Hull, Vents d'Ouest, coll. «Ado», 1999, p. 27. ■ **4.** Sylvain Meunier, «La danse infernale», *ibid.*, p. 78. ■ **5.** Christian Schott, «Sens interdits», *À la rencontre des autres* (collectif d'auteurs), Paris, Syros, coll. «Les uns les autres», 1996, p. 147.

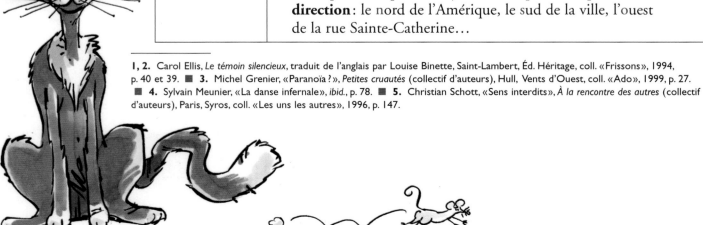

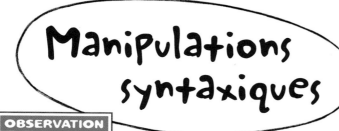

Manipulations syntaxiques

Lisez les phrases suivantes en observant le changement qui se produit entre la première phrase et la seconde de chaque bloc.

+ Sophie rôde devant la porte.

Sophie rôde en hésitant devant la porte close de la cabane[1].

✂ Une fois au rez-de-chaussée, le chat inspecte minutieusement chaque coin de chaque pièce, en prenant le temps de regarder sous les meubles[2].

Le chat inspecte chaque coin de chaque pièce.

⟺ Un peu avant minuit, Thibault est réveillé par un étrange rêve[3].

Thibault est réveillé, un peu avant minuit, par un rêve étrange.

⇓ Le sable du Sahara s'enfonce sous les pas comme un tapis souple[4].

Il s'enfonce sous les pas comme un tapis souple.

▶ **Essayez d'interpréter les symboles placés à gauche en tenant compte des changements apportés dans les phrases.**

DESCRIPTION ET EXPLICATION

① Chacun des quatre symboles présentés dans l'OBSERVATION représente une **manipulation syntaxique**.

Symbole	Appellation
+	**Addition** (ou **ajout**)
✂	**Effacement**
⟺	**Déplacement**
⇓	**Remplacement**

DÉFI NI TION

Les **manipulations syntaxiques** sont des opérations qu'on utilise pour mieux analyser les phrases, mieux les comprendre et mieux les écrire.

2 Chacune des manipulations syntaxiques se décrit comme suit:

- **l'addition** consiste à **ajouter** des mots, des groupes de mots ou des subordonnées (voir le 1er exemple dans l'OBSERVATION);

- **l'effacement** consiste à **enlever** des mots, des groupes de mots ou des subordonnées (voir le 2e exemple);

- le **déplacement** consiste à **déplacer** des mots, des groupes de mots ou des subordonnées (voir le 3e exemple);

- le **remplacement** consiste à **remplacer** des mots, des groupes de mots ou des subordonnées par d'autres mots, groupes de mots ou subordonnées (voir le 4e exemple).

1. Suzanne Martel, *Menfou Carcajou*, Montréal, Fides, 1993, p. 71. ■ 2. Jean-François Somain, *Parlez-moi d'un chat*, Saint-Laurent, Éd. Pierre Tisseyre, 1992, p. 22. ■ 3. Arthur Ténor, *Le voleur de destin*, Paris, Magnard Jeunesse, 2001, p. 57. ■ 4. Nadia Ghalem, *La rose des sables*, Montréal, Hurtubise HMH, 1993, p. 5.

Fonction

Modificateur

OBSERVATION

Lisez l'extrait suivant en prêtant attention aux groupes surlignés.

Elle avait brusquement saisi la balançoire sur laquelle mon frère avait les pieds, et l'avait retournée. Heureusement, Côme se tenait solidement aux cordes; sinon, il serait tombé comme une andouille.

▶ **À quelle classe de mots le noyau des groupes surlignés appartient-il?**
▶ **Dans vos mots, dites quel rôle jouent ces groupes.**

DESCRIPTION ET EXPLICATION

DÉFINITION

La fonction de modificateur (modif.) est celle d'un groupe qui marque la manière ou le degré.

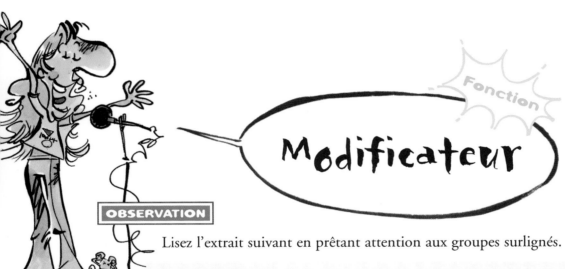

	GV			GV	
	V	GAdv-modif. du V		V	GPrép-modif. du V
⇨ Le Baron	tira	légèrement	sur les rênes	et	s'éloigna	avec lenteur

354

1 La fonction de modificateur peut être remplie par un des groupes suivants :

- un **groupe adverbial** :

GV

	V	GAdv - modif. du V	
Mon fils | souffre | fréquemment | du hoquet | !

- un **groupe prépositionnel** :

GV

	V	GPrép - modif. du V
Ils | travaillaient | avec méthode | .

2 Il existe plusieurs **sortes de modificateurs**, entre autres :

- le modificateur du verbe :

GV

	V	GAdv - modif. du V	
Côme | se tenait | solidement | aux cordes | .

GV

	V	GPrép - modif. du V
Elle | disséquait les chapons | avec un acharnement minutieux | .

- le modificateur de l'adjectif :

GAdj

	GAdv - modif. de l'adj.	Adj.
Il y avait là des hommes | noblement | vêtus | .

GAdj

	Adj.	GPrép - modif. de l'adj.
C'étaient ses moustaches, | droites | comme des piquants de porc-épic | .

- le modificateur de l'adverbe :

GAdv

	GAdv - modif. de l'adv.	Adv.
Les charbonniers avaient tout partagé | très | exactement | .

Exemples tirés de : Italo Calvino, *Le baron perché*, adaptation pour la jeunesse, Paris, Gallimard, 1976.

Lisez les extraits suivants en vous demandant qui raconte l'histoire.

Extrait 1

On m'a souvent dit que j'étais d'une nature optimiste. C'est peut-être à cause de mon nom: je m'appelle Rafael Bontemps. Mon père est d'origine haïtienne, ma mère, elle, vient de République dominicaine. Mais moi, je suis né ici, au Québec, et j'ai l'accent du pays, ce qui surprend parfois les gens que je rencontre.

Daniel G. Hébert, *Le langage des lapins*,
Iberville, Coïncidence/Jeunesse, coll. «Transition», 1995, p. 9.

Extrait 2

Il était près de minuit dans la rue de Richelieu. Une ombre se glissa jusqu'à une jolie maison aux fenêtres obscures et frappa légèrement à la porte. Peu après, une chandelle s'alluma de l'intérieur.

André Lebugle, *Le château des morts*,
Saint-Laurent, Éd. Pierre Tisseyre, coll. «Chacal», 2003, p. 7.

▶ **Dans chacun des extraits, essayez de déterminer qui raconte l'histoire.**

DESCRIPTION ET EXPLICATION

❶ Une histoire est toujours racontée par un **narrateur** ou une **narratrice**. Aucun récit ne peut exister sans un narrateur pour le raconter.

• Dans l'extrait 1, le narrateur est Rafael Bontemps. Il nous donne son nom et, en plus, on trouve plusieurs traces de sa présence grâce aux mots de **première personne** (*m', j', mon, je…*).

• Dans l'extrait 2, on ne trouve aucune trace du narrateur. On ne peut pas l'identifier.

② Le **narrateur** ne doit pas être confondu avec l'**auteur** :

	Narrateur	Auteur
Extrait 1	Rafael Bontemps	Daniel G. Hébert
Extrait 2	?	André Lebugle

L'extrait 1 nous montre bien que l'auteur n'est pas le narrateur et que le narrateur n'est pas l'auteur.

Pour l'extrait 2, on connaît l'auteur, mais le narrateur n'est pas précisé. Il n'a pas d'identité.

 Le **narrateur** ou la **narratrice** est celui ou celle qui raconte l'histoire.

③ Il existe deux **sortes de narrateurs** :
- le narrateur qui est un personnage de l'histoire, comme dans l'extrait 1. Il est appelé **narrateur personnage** ;
- le narrateur qui n'est pas un personnage de l'histoire, comme dans l'extrait 2. Il est appelé **narrateur omniscient**.

 Le **narrateur omniscient** est un narrateur qui **sait tout**. Il sait tout ce qui se passe dans la tête des personnages. Il connaît toutes leurs pensées, leurs émotions, leurs impressions et il peut donc les décrire.

Le **narrateur personnage**, lui, ne peut pas savoir avec certitude ce qui se passe dans la tête des autres personnages.

COUP DE POUCE

Pour savoir si c'est un narrateur personnage qui raconte

Il est facile de savoir si l'histoire est racontée par un narrateur personnage. S'il y a des **mots de première personne** en dehors des dialogues, alors le narrateur est forcément un **narrateur personnage**.

UTILITÉS DE CETTE CONNAISSANCE

① Quand on écrit un récit, il est utile de savoir qu'on a le choix entre deux sortes de narrateurs. On choisit alors le narrateur qui convient le mieux à l'histoire qu'on veut écrire.

② Connaître les sortes de narrateurs est important également pour respecter la **cohérence** du texte. Une fois qu'on a choisi une sorte de narrateur, il convient de s'y tenir tout au long du récit.

③ Savoir faire la différence entre les sortes de narrateurs est utile aussi pour mieux comprendre les récits.

OBSERVATION

Lisez les deux extraits de roman
ci-dessous en prêtant attention aux **noms**.

Extrait 1

Mon père, ma mère et moi vivons à Brooklyn. C'est un quartier de la ville de New York. Nous habitons un minuscule appartement. Mon frère Jess est parti il y a un an pour l'université et il revient pendant les vacances. Mes parents tiennent une épicerie italienne au rez-de-chaussée de notre immeuble: *Coglioni's*. La famille de mon père est originaire de Naples[1].

Extrait 2

Mon arrière-grand-mère se couchait à huit heures le soir pour se réveiller le matin à cinq heures, «au chant du coq» comme elle disait. Il faudrait être très fort pour trouver un coq à Brooklyn, mais la vieille toupie avait une horloge dans le crâne. Sans l'aide d'aucune sonnerie, elle s'asseyait toute raide dans son lit le matin et, comme à cette heure il faisait encore sombre, sa silhouette m'évoquait un vampire dressé dans son cercueil[2].

▶ **Relevez tous les noms de ces extraits (il y en a 20 dans chaque paragraphe). Quels moyens vous ont permis de les reconnaître?**

DESCRIPTION ET EXPLICATION

❶ Le **nom** sert à désigner une réalité: personne, animal, objet, lieu, évènement, sentiment, etc. Le nom est **propre** ou **commun**.

- Le **nom propre** donne un nom particulier à la réalité désignée:

  Brooklyn: c'est le nom particulier du quartier où vit le narrateur;

  Jess: c'est le nom particulier du frère du narrateur.

- Le **nom commun** ne donne pas de nom particulier à la réalité désignée:

  mon père, ma mère: *père* et *mère* ne sont pas les noms particuliers des personnages;

  un coq: *coq* n'est pas le nom particulier de l'animal.

 Le nom propre commence par une <u>**majuscule**</u>.

❷ Le nom a la particularité de pouvoir être accompagné par un déterminant.

  ⇨ Mon père   la **vieille** toupie   aucune sonnerie   huit heures

Les noms sont parfois employés sans déterminant. Mais ces noms **pourraient** être employés avec un déterminant.

  ⇨ Mon frère Jess est parti il y a un an.
     Le Jess que j'aimais tant est parti il y a un an.

Pour reconnaître les noms

Pour reconnaître les **noms** dans une phrase, on peut utiliser la manipulation d'**addition** (**+**).

Si on peut ajouter un déterminant comme *un, une, du* ou *des* devant un mot, alors ce mot est un nom :

▷ La route mystérieuse serpentait à travers montagnes et vallées.
    + La route mystérieuse serpentait à travers des montagnes et des vallées.

Donc, les mots montagnes et vallées sont des noms.

③ Le nom a son genre propre.

- Les noms *père, quartier, appartement* sont du genre masculin.
- Les noms *mère, université, vacances* sont du genre féminin.
- Quelques noms ayant le trait animé peuvent s'employer aux deux genres : *un journaliste, une journaliste ; un comédien, une comédienne.*

④ Le nom est un mot variable en nombre. Le nombre du nom dépend de ce qu'on veut dire. Le nom est singulier si on parle d'*un* élément, il est pluriel si on parle de *plusieurs* éléments.

▷ Sébastien a apporté *son* cahier et *ses* livres.

⑤ Le nom est un **donneur d'accord**. Il donne son genre et son nombre aux déterminants et aux adjectifs dans le groupe nominal (GN).

▷ Une épicerie italienne

⑥ Un nom a divers traits de sens. Voici les principaux.

- Trait **humain** : *père, arrière-grand-mère, Jess, parents, Italiens, copain, associé…*
  Trait **non humain** : *quartier, New York, appartement, rez-de-chaussée, cercueil…*

- Trait **animé** : *frère, Jess, coq, vampire, gamine, plante…*
  Trait **non animé** : *appartement, horloge, crâne, lit, cercueil…*

- Trait **comptable** : *mère, quartier, an, heure, chant, silhouette…*
  Trait **non comptable** : *pluie, verglas, vent, patience, aide, haine…*

- Trait **individuel** : *parent, quartier, immeuble, toupie, horloge…*
  Trait **collectif** : *famille, gang, bande, foule, troupeau, meute…*

⑦ Le nom est le noyau du **groupe nominal**.

UTILITÉS DE CETTE CONNAISSANCE

① Puisque le nom est un donneur d'accord, savoir le reconnaître est essentiel pour faire les accords requis.

② Connaître les noms est utile pour désigner une réalité de façon juste et précise.

1, 2. Jean-François Chabas, *Les secrets de Faith Green*, Paris, Casterman, coll. «Romans dix & plus», 1998, p. 8 et 15. © Casterman S. A.

Organisateur textuel

Lisez les extraits suivants en observant les éléments surlignés.

Extrait 1

Gino-Passe-Partout possède un trousseau de clés qui lui sont utiles toute la journée.

Le matin, il commence avec sa clé à ouvrir l'œil. Un tour pour l'œil gauche, un tour pour l'œil droit, et le voilà réveillé. Lorsqu'il doit s'arracher à un sommeil profond, deux tours pour chaque œil sont nécessaires.

Après le réveil, il se sert de la clé qui ouvre l'appétit. Une fois son appétit ouvert, il déjeune copieusement: café au lait, bananes et pudding.

Lorsqu'il quitte l'appartement pour aller à l'école, il se sert, comme tout le monde, de la clé qui ouvre et referme la porte[1].

Extrait 2

La fusée atterrit sur une pelouse de gazon vert. Tout près, dans l'herbe, se dressait une biche de bronze. Un peu plus loin, s'élevait une grande maison brune, victorienne, paisible sous le soleil, surchargée de festons rococo avec des carreaux multicolores, bleus, roses, jaunes et verts aux fenêtres.

Sur le perron prospéraient des géraniums, et un vieux hamac accroché au plafond du porche se balançait doucement sous la brise.

Au faîte de la maison, s'érigeait une coupole avec des vitraux en losanges et un toit à pans coupés[2].

▶ **Parmi les éléments surlignés dans ces deux extraits, lesquels indiquent une organisation temporelle ? Lesquels indiquent une organisation spatiale ?**

❶ Un texte cohérent est toujours organisé d'une certaine manière. Cette organisation est marquée, entre autres, par des mots et des expressions appelés **organisateurs textuels**.

Les organisateurs textuels expriment des liens entre les différentes parties d'un texte, comme le montrent les extraits de l'OBSERVATION.

Un **organisateur textuel** est un mot, une expression ou une phrase qui contribue à organiser un texte.

❷ Les **organisateurs textuels** indiquent, entre autres :

- une organisation dans le **temps** (organisateurs temporels) :

  ▷ Lundi dernier…, Dès le lendemain…, Pendant ce temps…, Quand la neige a fondu…

- une organisation dans l'**espace** (organisateurs spatiaux) :

  ▷ Tout près d'ici…, Un peu plus loin…, Là-bas…, Sur le fleuve…
  À gauche…, Au milieu…, À droite…

- une organisation **logique** (organisateurs logiques) :

  ▷ D'abord…, Ensuite…, Puis…, Finalement…
  D'ailleurs…, Mais…, Cependant…, À cause de…, Donc…

❸ Le plus souvent, les textes narratifs et les textes descriptifs sont organisés à l'aide d'**organisateurs temporels** ou d'**organisateurs spatiaux**.

> Dans l'OBSERVATION, l'extrait 1 est organisé à l'aide d'organisateurs temporels et l'extrait 2, à l'aide d'organisateurs spatiaux.

UTILITÉS DE CETTE CONNAISSANCE

❶ Les organisateurs textuels sont des outils importants pour indiquer le fil de votre pensée quand vous écrivez un texte. Vous clarifiez ainsi la construction de votre texte pour ceux et celles qui vont le lire.

❷ En lecture, il est utile de savoir reconnaître les organisateurs textuels présents dans le texte. Cela aide à comprendre la construction du texte et, par conséquent, le texte lui-même.

1. Claude Bourgeyx, «Gino-Passe-Partout», *Le fil à retordre*, Paris, Nathan/VUEF, 2002, p. 67-68. ■ **2.** Ray Bradbury, «La troisième expédition», *Chroniques martiennes*, Paris, © Éd. Denoël pour la traduction française, 1955, p. 53. © Renouvelé 1977 par Ray Bradbury.

Lisez le texte suivant en prêtant attention aux phrases.

Un jour, j'ai eu quinze ans. J'étais quasiment un homme. Le père vieillissait; ses yeux n'étaient pas bons; j'ai laissé l'école pour prendre sa place. Le village d'en face grossissait. Il y avait déjà plusieurs maisons, une rue principale, une petite usine de pulpe, puis un commencement d'église.

Ça faisait beaucoup d'ouvrage pour le chaland. C'est moi qui étais traversier.

Je connaissais mon métier, parce que je connaissais mon chaland; je lui avais donné un nom. Je l'appelais *Marie*. J'avais écrit ça sur les deux flancs : *MARIE* en lettres blanches. Mon père n'avait pas trouvé ça drôle; il savait que je l'aimais. Quand il y avait bien du courant, les vagues grimpaient jusqu'à son nom pour venir l'embrasser, puis elles se sauvaient; quand il faisait calme, le nom se reflétait dans l'eau, à l'envers; je le piquais avec une branche, il se défaisait en mille miettes, pour s'éparpiller dans la rivière[1].

▶ **Selon vous, combien de phrases y a-t-il dans cet extrait?**

DESCRIPTION ET EXPLICATION

① Quand on parle de phrase, on fait la distinction entre **phrase graphique** et **phrase syntaxique**.

DÉFI NI TION

La **phrase graphique** est une suite de mots qui commence par une majuscule et se termine par un point (simple point, point d'interrogation, point d'exclamation, points de suspension).

⇨ Un jour, j'ai eu quinze ans.
J'étais quasiment un homme.
Le père vieillissait; ses yeux n'étaient pas bons; j'ai laissé l'école pour prendre sa place.

Il y a **trois phrases graphiques** ci-dessus.

DÉFI NI TION

La **phrase syntaxique** est une unité habituellement formée d'un ⎡sujet⎤, d'un ⎡prédicat⎤ et, facultativement, d'un ⎡complément de phrase⎤.

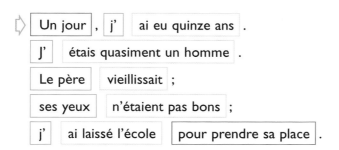

▷ ⎡Un jour⎤, ⎡j'⎤ ⎡ai eu quinze ans⎤.

⎡J'⎤ ⎡étais quasiment un homme⎤.

⎡Le père⎤ ⎡vieillissait⎤;

⎡ses yeux⎤ ⎡n'étaient pas bons⎤;

⎡j'⎤ ⎡ai laissé l'école⎤ ⎡pour prendre sa place⎤.

Il y a **cinq phrases syntaxiques** ci-dessus.

- Certaines phrases graphiques contiennent plus d'une phrase syntaxique. Par exemple, la phrase graphique qui commence par *Le père* compte **trois** phrases syntaxiques.

- En grammaire, on analyse des **phrases syntaxiques**.

② Pour analyser les phrases syntaxiques, on les compare avec le <u>MODÈLE DE LA PHRASE DE BASE</u>.

③ Il existe trois sortes de phrases:
- la **phrase de base**;
- la **phrase transformée**;
- la **phrase à construction particulière**.

———————

1. Félix Leclerc, *Adagio*, Montréal, Bibliothèque québécoise, 1989, p. 20.

Phrase à construction particulière

OBSERVATION

Lisez attentivement les exemples suivants.

Aucun danger pour moi.

Quel tableau!

Ah! ces mauvaises notes!

Silence!

Que faire?

▶ **Selon vos observations, les exemples que vous venez de lire sont-ils des phrases? Expliquez votre réponse.**

DESCRIPTION ET EXPLICATION

① Les phrases de l'OBSERVATION ne sont pas conformes au MODÈLE DE LA PHRASE DE BASE: on les appelle **phrases à construction particulière**.

② Parmi les phrases à construction particulière, on trouve:
- la phrase non verbale;
- la phrase infinitive.

a) La phrase non verbale

- Cette phrase à construction particulière est formée d'un groupe dont le noyau n'est pas un verbe. Elle peut être constituée, entre autres:
  - d'un **groupe nominal**:
    ▷ Un vrai géant! / Bonne idée! / La panique totale!
  - d'un **groupe adjectival**:
    ▷ Bizarre! / Très drôle!
  - d'un **groupe prépositionnel**:
    ▷ Au secours! / À gauche! / Avec plaisir.
  - d'un **groupe adverbial**:
    ▷ Forcément! / Vite! / Oui. / Non.

- Certains mots qui ne font pas partie de la structure de la phrase sont aussi considérés comme des phrases non verbales:
  - l'interjection, c'est-à-dire un mot, ou une expression figée, qui fait ressortir avec vivacité les sentiments d'une personne;
    ▷ Un *livre*? dit-il. Qu'est-ce que tu veux faire d'un livre, pétard de sort[1]!
  - l'onomatopée, c'est-à-dire la transcription qui reproduit plus ou moins fidèlement des bruits faits par les choses et des cris émis par les animaux;
    ▷ TCHOU! TCHOU! TC... Trop tard! J'ai manqué le train!
  - l'interpellation (ou mot en apostrophe), c'est-à-dire un nom par lequel on interpelle une personne.
    ▷ Madame, voulez-vous m'accorder cette danse?

b) La phrase infinitive

Cette phrase à construction particulière est formée d'un groupe infinitif (GInf), c'est-à-dire d'un groupe dont le noyau est un verbe à l'infinitif.

▷ **Mettre** le chocolat dans les moules.

1. Roald Dahl, *Matilda*, traduit de l'anglais par Henri Robillot, Paris, Gallimard, coll. «Mille Soleils», 1988, p. 16.

Phrase de base et phrase transformée

OBSERVATION

Lisez les phrases suivantes et comparez chaque phrase en couleur avec celle placée en dessous.

J'ai envie de pleurer en écoutant Estelle[1].

Pourquoi ai-je envie de pleurer en écoutant Estelle ?

Estelle a toujours beaucoup d'argent dans ses poches[2].

Estelle n'a pas toujours beaucoup d'argent dans ses poches.

Maryse invite quelques filles à passer deux jours au chalet chez sa mère[3].

C'est Maryse qui invite quelques filles à passer deux jours au chalet chez sa mère.

▶ **Dans chaque exemple, quelles différences observez-vous entre la phrase de départ (celle en couleur) et l'autre phrase ?**

▶ **Relevez les marques qui font ces différences.**

DESCRIPTION ET EXPLICATION

① La phrase de base

Pour étudier les **phrases**, on les compare avec le MODÈLE DE LA PHRASE DE BASE. Ce modèle est une formule, comme une formule de chimie ou une recette de cuisine.

Pour qu'une phrase soit conforme au MODÈLE, elle doit remplir les conditions suivantes :

1° Elle comprend au moins un ⬚ sujet et un ⬚ prédicat .

2° Le ⬚ sujet est placé **avant** le ⬚ prédicat .

3° La phrase est de **type** **déclaratif** et de **formes** **positive**, **active**, **neutre** et **personnelle**.

| sujet de phrase | + | prédicat de phrase | + (| complément de phrase |)* |

Type de la phrase: déclaratif

Formes de la phrase: positive, active, neutre et personnelle

- -

* Le complément de phrase est mobile, il pourrait être situé ailleurs dans la phrase.
  Dans le MODÈLE, on le place à la fin par commodité.

  Les parenthèses indiquent que le complément de phrase est facultatif.

Les phrases suivantes sont des phrases conformes au MODÈLE puisqu'elles remplissent les conditions énumérées ci-dessus.

Sujet de P · Prédicat de P

▷ | Sa mère | | avait rencontré la directrice | .

Sujet de P · Prédicat de P · C de P

| Sa mère | | avait rencontré la directrice | | pour la première fois | .

C de P · Sujet de P · Prédicat de P · C de P

| La veille | , | elle | | avait rencontré la directrice | | pour la première fois | .

② **La phrase transformée**

On peut faire subir une ou plusieurs transformations à une phrase de base. On obtient ainsi une phrase transformée. Il y a **trois sortes de phrases transformées**:

- les phrases qui ont subi une transformation de **type** ou de **forme**;
- les phrases où le **sujet** est inversé (placé après le **prédicat**);
- les **phrases subordonnées**.

a) **Les phrases ayant subi une transformation de type ou de forme**

Phrase de type déclaratif conforme au MODÈLE	→	Phrases transformées
Tu collectionnes les papillons rares.	Transformation de type interrogatif	Est-ce que tu collectionnes les papillons rares?
	Transformation de type impératif	Collectionne les papillons rares.
	Transformation de type exclamatif	Quels papillons rares tu collectionnes!

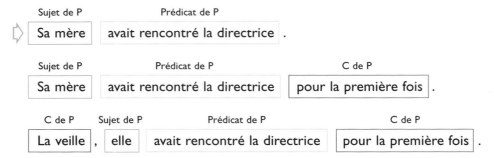

Phrase de formes positive, active, neutre et personnelle conforme au MODÈLE	→		Phrases transformées
Tu collectionnes les papillons rares.	Transformation de forme négative		Tu ne collectionnes pas les papillons rares.
	Transformation de forme passive		Les papillons rares sont collectionnés par toi.
	Transformation de forme emphatique		C'est toi qui collectionnes les papillons rares.

b) Les phrases où le sujet est inversé

Lorsque le [sujet] est déplacé **après** le [prédicat], on obtient également une phrase transformée. La phrase n'est plus conforme au MODÈLE DE LA PHRASE DE BASE.

Phrase conforme au MODÈLE	Transformation	Phrase transformée
[La vie] [était si dure].	Inversion du sujet	[Si dure était] [la vie].

c) Les phrases subordonnées

Les **subordonnées** sont des phrases, puisqu'elles sont composées d'un [sujet] et d'un [prédicat]. Elles sont transformées par l'ajout d'un **subordonnant**. Elles ne sont donc pas conformes au MODÈLE DE LA PHRASE DE BASE.

La phrase subordonnée est toujours enchâssée dans une autre phrase. C'est une phrase qui n'est **pas autonome**: elle ne peut pas exister seule.

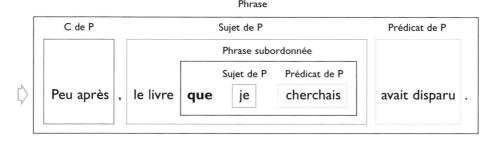

Dans cet exemple, la subordonnée *que je cherchais* est enchâssée dans le groupe nominal. Le subordonnant **que** est placé au début de la phrase subordonnée.

Il est essentiel de bien connaître le MODÈLE DE LA PHRASE DE BASE puisque c'est à partir de cette formule qu'on peut vérifier la construction de ses phrases et les corriger au besoin.

I à 3. Marcia Pilote, *Estelle et moi*, Montréal, Hurtubise HMH, coll. «Atout», 2002, p. 41 et 54.

Pluriel des noms et des adjectifs

RÈGLE GÉNÉRALE
On ajoute un -s à la forme du singulier
un fou → des fou**s** un voyou → des voyou**s** un camarade charmant → des camarade**s** charmant**s** un foulard vert → des foulard**s** vert**s** un chandail → des chandail**s** un détail → des détail**s**

Exceptions :
• Les mots suivants prennent un **-x** au pluriel :
  des bijou**x**, des caillou**x**, des chou**x**, des genou**x**, des hibou**x**, des joujou**x**, des pou**x**
 	
• Les mots suivants changent **-ail** en **-aux** :
  un bail → des b**aux** un soupirail → des soupir**aux**
  un corail → des cor**aux** un travail → des trav**aux**
  un émail → des ém**aux** un vitrail → des vitr**aux**

RÈGLES PARTICULIÈRES		
1. Il n'y a aucun changement pour les mots se terminant par -s, -x et -z		
-s	un cadenas → des cadenas	un gros livre → des gros livres
-x	une noix → des noix	un enfant curieux → des enfants curieux
-z	un nez → des nez	un gaz → des gaz
2. On ajoute un -x aux mots se terminant par -au, -eau, -eu et -œu		
-au → aux **-eau → -eaux**	un boy**au** → des boy**aux** un tuy**au** → des tuy**aux** un jum**eau** → des jum**eaux** un vin nouv**eau** → des vins nouv**eaux**	• Suivent la règle générale et prennent un **-s** : un landau → des landau**s** un sarrau → des sarrau**s**
-eu → -eux **-œu → œux**	un chev**eu** → des chev**eux** un signe hébr**eu** → des signes hébr**eux** un v**œu** → des v**œux**	• Suivent la règle générale et prennent un **-s** : un fil bleu → des fils bleu**s** un émeu → des émeu**s** un pneu → des pneu**s**

• • • •

3. On change la finale des mots se terminant par -al

-al → -aux	un cheval → des chevaux un local → des locaux un savant génial → des savants géniaux un roi loyal → des rois loyaux un journal → des journaux	• Suivent la règle générale et prennent un -s: – les noms suivants: des bals, des cals, des carnavals, des cérémonials, des chacals, des festivals, des récitals, des régals – les adjectifs suivants: banals, fatals, natals, navals

Remarque

Quelques adjectifs se terminant par **-al** forment leur pluriel en **-als** ou en **-aux**:

final → fin**als** ou fin**aux**
glacial → glaci**als** ou glaci**aux**

 Certains noms communs ne s'emploient qu'au pluriel: les alentours, les archives, les fiançailles, les funérailles, les mœurs, les ténèbres, etc.

RÈGLES DU PLURIEL DES NOMS COMPOSÉS ®	
1. Les noms et les adjectifs qui forment des noms composés prennent habituellement la marque du pluriel.	des point**s**-virgule**s** des grand**s**-parent**s**
2. Les noms précédés d'une préposition sont invariables.	des chef**s**-d'œuvre
3. Les autres mots (pronom, verbe…) qui forment des noms composés sont invariables.	des lève-tôt des couvre-lit**s**
4. Les mots composés désignant une couleur sont invariables.	des bleu marine des vert pâle

 Comme les exceptions sont nombreuses, n'hésitez pas à recourir au dictionnaire.

RÈGLES DU PLURIEL DES NOMS PROPRES	
1. Noms propres de personnes	• Ces noms ne prennent pas la marque du pluriel: les Boisvert, les Breton, les Germain
2. Noms d'habitants de villes ou de régions, de peuples, de races	• Ces noms prennent la marque du pluriel: les Bretons (de la Bretagne), les Corses, les Germains (de la Germanie), les Noirs, les Péruviens, les Trifluviens
3. Noms propres de lieux	• Certains noms propres ne s'emploient qu'au pluriel: les Alpes, les Açores, les Antilles, les Balkans, les Bermudes, les Laurentides, les Rocheuses

Lisez les poèmes ci-dessous.

Le hibou

Mon pauvre cœur est un hibou
Qu'on cloue, qu'on décloue, qu'on recloue.
De sang, d'ardeur, il est à bout.
Tous ceux qui m'aiment, je les loue[1].

Vertige…

Vertige soudain
le printemps frappe mes yeux
à coups de soleil[2]

Jouer

Le ciel
suspendu comme un éclat de rire
fait rouler
son immense ballon rouge
dans la bouche de la montagne
et toi
l'homme qui pense
et qui crache
l'ennui par les yeux
tu ne sais pas la vie
tu ne sais pas jouer[3]

Les vers du poème *Le hibou* évoquent la pratique superstitieuse des paysans d'autrefois qui clouaient une chouette ou un hibou par les ailes sur une porte pour conjurer le mauvais sort.

▶ **Qu'est-ce qui vous permet de dire que ces textes sont des poèmes?**

DESCRIPTION ET EXPLICATION

On peut exprimer ses idées et ses émotions en prose ou en vers. Les poèmes sont des textes écrits en vers.

Les poètes jouent sur le rythme, les mots et les images, la mise en pages. Le tableau ci-dessous présente les différents moyens dont on se sert en poésie.

Rythme	Mots et images	Mise en pages
• La longueur des vers • La rime	• Les variétés de langue • Les archaïsmes et les néologismes • Les mots-valises et les jeux de mots • La répétition de mots • Les figures : comparaison, métaphore, personnification, périphrase	• La strophe • La disposition des mots • La majuscule et la ponctuation

1 Le rythme

Le rythme est créé, entre autres, par la longueur des vers et par la rime.

1) La longueur des vers

- La longueur d'un vers (c'est-à-dire d'une ligne) dépend du nombre de syllabes :

> Rêve, = 1 syllabe
> La / nuit, = 2 syllabes
> Sur / la / grève, = 3 syllabes
> La / lu / ne / luit[4]. = 4 syllabes

- On compte le *e* muet seulement s'il est placé entre deux consonnes qu'on entend :

> À / la / fe / nê / tre, / sif / fle / la / bise[5]. = 9 syllabes
> 1   2   3   4   5   6   7   8   9

2) La rime

- La rime est la répétition de sons à la fin des vers.
- La rime marque la fin des vers, un peu comme une ponctuation.
- Les rimes peuvent être suivies, embrassées, croisées ou alternées.

Types de rimes	Exemples
• Rimes suivies	Mon tendre ami, je ne saurai jamais si c'est le ciel ou bien ton cœur qui pleurait[6].
• Rimes embrassées	Suis-je né trop tôt ou trop tard ? Qu'est-ce que je fais en ce monde ? Ô vous tous, ma peine est profonde ; Priez pour le pauvre Gaspar[7] !
• Rimes croisées ou alternées	Dans la plaine Naît un bruit C'est l'haleine De la nuit[8].

2 Les mots et les images

1) Les **mots** sont mis en valeur de plusieurs manières en poésie. Voici quelques moyens dont les poètes se servent.

Moyens	Exemples
• Un mot de la langue littéraire	Des marches opalines mènent au palais de sucre[9]
• Un mot de la langue familière	T'as la tête à claques[10]
• Un archaïsme (mot ancien ou expression ancienne, qu'on n'emploie plus habituellement)	et plus rien plus un fifrelin[11] (Le fifrelin était une petite pièce de monnaie sans grande valeur.)

Moyens	Exemples
• Un néologisme (mot que l'on crée ou mot existant auquel on donne un nouveau sens)	Machine à boustiflanque Machine à boustiflaque[12]
• Un **mot-valise**	Passe un nuagenouillé[13]
• Un jeu de mots	le printemps frappe mes yeux à coups de soleil
• Une répétition de mots	Et je dirai aux gens: Refusez d'obéir Refusez de la faire N'allez pas à la guerre[14]

2) Les poètes créent aussi des **images**, en utilisant des figures comme les suivantes:

Figures créant des images	Exemples
• La **comparaison**	Le ciel est clair comme de l'eau de roche
• La **métaphore**	Mon pauvre cœur est un hibou
• La personnification*	Le soleil Passe son doigt Au fond de la fontaine[15]
• La périphrase**	Mais si l'astre des nuits se penche[16]

* La personnification consiste à faire comme si un animal, une chose ou une idée était une personne réelle.

**La périphrase est un GN étendu (*le roi des animaux*) qui remplace un GN minimal (*le lion*).

3 **La mise en pages**

1) Dans un poème, les mots ne sont pas disposés de la même façon que dans les autres textes. C'est souvent d'ailleurs par la mise en pages qu'on reconnaît un poème.

- Le poème peut être découpé en **strophes**, c'est-à-dire en ensembles qui équivalent à des paragraphes.

- La disposition des mots sur la page est différente dans un poème. Il peut y avoir, par exemple, des marges importantes, des blancs importants entre les mots, des mots qui dessinent une forme…

2) Les majuscules et les signes de ponctuation ne sont pas nécessairement utilisés comme dans les autres textes.

- Dans la poésie d'avant le XXe siècle, les vers commençaient le plus souvent par une majuscule.

- Aujourd'hui, beaucoup de poètes ne respectent pas cette règle. De plus, les poètes contemporains ont tendance à ne plus du tout ponctuer leurs textes.

④ Les divers procédés ne sont pas tous exploités dans un poème. Les poètes en choisissent quelques-uns pour souligner une idée ou une émotion. Ce qu'on observe cependant, c'est que, la plupart du temps, un poème repose sur la répétition : répétition de sons, de mots, de vers, de strophes, de procédés, de figures, etc.

UTILITÉS DE CETTE CONNAISSANCE

① Connaître les divers procédés utilisés en poésie est utile pour analyser un poème et pour en écrire.

② Savoir ce qu'est un poème et comment il est construit nous permet de mieux apprécier cette forme de texte et de prêter davantage attention au langage.

1. Guillaume Apollinaire, «Le bestiaire», *Alcools*, 1913. ■ **2.** André Duhaime, «Haïkus d'ici», *Avec des yeux d'enfant : la poésie québécoise présentée aux enfants*, par Henriette Major, Montréal, L'Hexagone / VLB éditeur, 2000, p. 95. ■ **3.** Micheline La France, «Jouer», *ibid.*, p. 59. ■ **4, 5.** Jean-Pierre Davidts, «Un cauchemar», *ibid.*, p. 139. ■ **6.** Alice Lemieux-Lévesque, «Je ne saurai jamais», *Fleurs de givre*, Sainte-Foy, Éd. La Liberté, 1979. ■ **7.** Paul Verlaine, «Gaspar Hauser chante», *Sagesse*, 1880. ■ **8.** Victor Hugo, «Les Djinns», *Les orientales*, 1829. ■ **9.** Mona Latif-Ghattas, «Les jardins blancs», *Avec des yeux d'enfant...*, *op. cit.*, p. 113. ■ **10.** Alexis Lefrançois, «La mauvaise tête», *ibid.*, p. 127. ■ **11, 12.** Alexis Lefrançois, «Machine à boustiflanque», *ibid.*, p. 51. ■ **13.** André Breton, «La courte échelle», *Signe Ascendant*, Paris, Gallimard, 1949, p. 61. ■ **14.** Boris Vian, «Le déserteur», *Textes et chansons*, Paris, Julliard, 1966, p. 172. ■ **15.** Cécile Cloutier, «Le matin», *Avec des yeux d'enfant...*, *op. cit.*, p. 93. ■ **16.** Alphonse de Lamartine, «Au rossignol», *Œuvres complètes*.

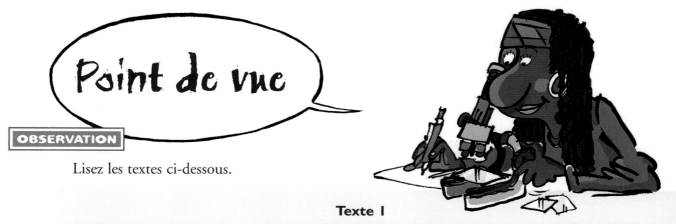

Point de vue

OBSERVATION

Lisez les textes ci-dessous.

Texte 1

La forêt boréale est un vaste écosystème forestier principalement constitué de conifères. Sa naissance remonte à dix mille ans, après la fonte de la calotte glaciaire qui recouvrait l'hémisphère Nord. La forêt boréale constitue aujourd'hui une bande forestière qui s'étend sur une largeur de plusieurs centaines de kilomètres, surtout au Canada, en Russie et dans les pays scandinaves. Elle représente un milieu de vie dynamique que se partagent la faune, la flore et diverses populations humaines.

Texte 2

Réalisons-nous qu'en faisant une exploitation abusive de nos forêts, en Afrique, en Amazonie comme en Amérique, nous renonçons à l'une des plus belles richesses de la planète ? Les grands espaces forestiers disparaissent à un rythme vertigineux. Que laisserons-nous aux générations futures : des milieux de vie dont elles sauront profiter de façon responsable ou d'immenses régions dévastées ?

▶ **D'après vos observations, dans quel texte le point de vue est-il engagé ?**
▶ **Qu'est-ce qui vous le fait dire ?**

Le point de vue est l'attitude de la personne qui parle ou écrit (l'émetteur) par rapport à son propos. Cette **attitude** peut être **distanciée** ou **engagée**.

1 Le point de vue distancié

Le **point de vue distancié**, ou objectif, est celui qu'une personne adopte quand elle veut **informer**. Elle ne donne pas son opinion, elle n'exprime pas ses émotions ; elle présente les faits, elle décrit la situation.

- Le point de vue distancié est utilisé dans les articles d'encyclopédie, les livres et les films documentaires, les guides touristiques, etc.
- Dans le premier texte de l'OBSERVATION, le point de vue est distancié. On ne sait pas ce que l'émetteur pense.

2 Les marques pour reconnaître le point de vue distancié

On reconnaît le **point de vue distancié** aux **marques de point de vue** ci-après.

1) L'absence de pronoms personnels de la 1re et de la 2e personne
- Il n'y a pas de traces de l'émetteur ou des destinataires (les personnes à qui l'on s'adresse) dans les propos.

  ▷ **Les habitants des pays industrialisés consomment en moyenne sept fois plus d'énergie que ceux des pays pauvres.**

2) Un vocabulaire neutre
- Les mots ne véhiculent pas d'émotions ou d'opinions.

  ▷ **La taïga est une zone forestière qui s'intercale entre la toundra et la forêt boréale. Elle est fréquentée, entre autres, par le renard arctique et le caribou.**

3) Un ton neutre
- L'absence de traces de l'émetteur, le vocabulaire neutre, la **phrase impersonnelle** sont des marques qui permettent de reconnaître un ton neutre.

  ▷ **Il a été décidé que ce plan de développement serait en vigueur à l'automne.**

3 Le point de vue engagé

Le **point de vue engagé**, ou subjectif, est celui qu'une personne adopte quand elle veut **convaincre**, **divertir** ou **s'exprimer**. Elle donne son opinion, exprime ses sentiments, dit ce qu'elle apprécie ou pas.

- Le point de vue engagé est utilisé dans les critiques, les lettres d'opinion, les discours politiques, etc.
- Dans le second texte de l'OBSERVATION, le point de vue est engagé. On connaît l'opinion et les sentiments de l'émetteur par rapport à la situation décrite.

④ **Les marques pour reconnaître le point de vue engagé**

On reconnaît le **point de vue engagé** aux **marques de point de vue** ci-après.

1) La présence de pronoms personnels de la 1ʳᵉ et de la 2ᵉ personne

- Il y a des traces de l'émetteur ou des destinataires dans les propos.

    ▷ À l'heure actuelle, le défi que nous devons relever est d'assurer un équilibre entre la protection des forêts et le développement économique durable, avant qu'il ne soit trop tard ! Vous, les jeunes, vous avez un rôle important à jouer.

2) Un vocabulaire connoté

- Les mots sont expressifs, ils véhiculent les opinions de l'émetteur et ses sentiments.

- Dans l'exemple suivant, les mots à connotation positive traduisent l'émerveillement de l'émetteur :

    ▷ De nombreux astronautes ont parlé de la Terre comme d'une minuscule et magnifique boule bleue.

- Dans cet autre exemple, les mots à connotation négative véhiculent les valeurs de l'émetteur :

    ▷ Poussés par la compétition économique, nous détruisons l'environnement pour fabriquer des produits qui sont souvent inutiles.

3) Un ton subjectif (approbateur, désapprobateur, humoristique, dramatique, émerveillé, inquiet, etc.)

- La présence de l'émetteur, les mots employés, la ponctuation expressive (point d'exclamation, points de suspension), les figures de style (comparaison, métaphore, etc.), sont des marques qui permettent de reconnaître un ton subjectif.

    ▷ Pour nous, la forêt boréale est un véritable joyau mondial. Nous devons absolument la protéger !

UTILITÉS DE CETTE CONNAISSANCE

① Reconnaître les marques de point de vue est utile pour savoir si l'attitude de la personne qui parle ou écrit est distanciée ou engagée.

② Quand on s'exprime, il est important de maintenir le point de vue adopté au départ pour assurer la **cohérence** de ses propos.

SUPER !

Polysémie

Observez le schéma suivant et lisez ce qu'il contient.

LÉGER
LÉGÈRE

- Qui n'est pas lourd. *Un paquet léger.*
- Qui est peu concentré. *Un café léger.*
- Qui n'est pas épais. *Une légère couche de neige.*
- Qui se digère facilement. *Un repas léger.*
- Qui n'est pas chaud à porter. *Un vêtement léger.*
- Qui est gracieux. *Une démarche légère.*
- Qui est peu important. *Une légère différence.*
- Qui est amusant, enjoué. *Un ton léger.*
- Qui est étourdi, peu sérieux. *Un caractère léger.*

▶ **Que constatez-vous en observant ce schéma ?**

▶ **D'après votre observation du schéma, comment définiriez-vous la polysémie ?**

DESCRIPTION ET EXPLICATION

① Un mot possède généralement plusieurs significations. C'est pour cette raison que les dictionnaires donnent plusieurs **définitions** à la plupart des mots :

CROÛTON n. m. **1.** Extrémité d'un pain, comportant plus de croûte que de mie. **2.** Petit morceau de pain frit. *Un potage aux croûtons.* **3.** *Fam.* Personne bornée ou encroûtée dans la routine. *Un vieux croûton*[1].

croûton [kʀutɔ̃] **n. m.** - 1669; de *croûte*
1 ♦ Extrémité d'un pain long. ⇒ **quignon.** *Manger le croûton.* **2** ♦ Petit morceau de pain sec. *Croûtons frottés d'ail.* ⇒ **chapon.** *Épinards aux croûtons frits.* **3** ♦ Fig. et fam. Personne arriérée, d'esprit borné. ⇒ **croûte.** *«un vieux croûton comme vous !»* (Aymé)[2].

Dans ces deux articles de dictionnaire, le mot *croûton* possède **trois** sens. On dit que le mot *croûton* est **polysémique.**

DÉFI NI TION

La **polysémie** est le fait d'avoir plusieurs sens possibles.

② La polysémie des mots est exploitée dans les textes humoristiques, les slogans publicitaires, etc. :

Le chasseur a pâli
quand le rhinocéros a foncé[3].

foncer
- «Se lancer contre.»
- «Devenir sombre.»

⬡ Réfléchir,
c'est brillant[4].

réfléchir ──── • « Refléter. »
               • « Penser. »
brillant ──── • « Étincelant. »
               • « Intelligent. »

Dans ces exemples, chacun des mots en gras est utilisé dans deux sens en même temps. On dit alors que ces phrases ont un **double sens**.

UTILITÉ DE CETTE CONNAISSANCE

Être sensible à la polysémie permet de comprendre les doubles sens possibles dans les textes.

1. *Le Petit Larousse illustré 2004*, Paris, © Larousse/VUEF 2003. ■ **2.** *Le Petit Robert : Dictionnaire de la langue française*, [cédérom], Le Robert, 2001. ■ **3.** Pierre Ferran, «Charge», *Les zoos effarés*, © Voûte romane. ■ **4.** Slogan du ministère des Transports pour inciter les camionneurs à apposer des bandes réfléchissantes sur les camions.

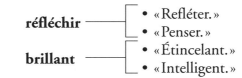

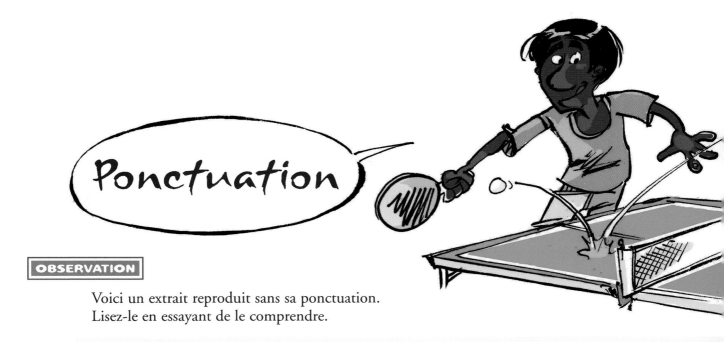

OBSERVATION

Voici un extrait reproduit sans sa ponctuation.
Lisez-le en essayant de le comprendre.

Au commencement la Terre était faite tout de travers et il fallut bien des efforts pour la rendre plus habitable pour traverser les fleuves il n'y avait pas de ponts pas de sentiers pour gravir les montagnes voulait-on s'asseoir même pas l'ombre d'un banc tombait-on de sommeil le lit n'existait pas ni souliers ni bottes pour éviter de se faire mal aux pieds si vous aviez une mauvaise vue pas moyen de trouver de lunettes aucun ballon pour faire une partie de football

Voici la version originale, avec sa ponctuation.

Au commencement, la Terre était faite tout de travers, et il fallut bien des efforts pour la rendre plus habitable. Pour traverser les fleuves, il n'y avait pas de ponts. Pas de sentiers pour gravir les montagnes. Voulait-on s'asseoir ? Même pas l'ombre d'un banc. Tombait-on de sommeil ? Le lit n'existait pas. Ni souliers ni bottes pour éviter de se faire mal aux pieds. Si vous aviez une mauvaise vue, pas moyen de trouver de lunettes. Aucun ballon pour faire une partie de football[1].

▶ **D'après vos observations, qu'est-ce que la ponctuation apporte dans un texte ?**
▶ **Nommez les signes de ponctuation que vous connaissez.**

---

1. La ponctuation est un moyen de rendre les textes plus faciles à lire et à comprendre.

2. Les tableaux qui suivent présentent les différents emplois des signes de ponctuation.

LES SIGNES DE FIN DE PHRASE

Signes	Emplois	Exemples
Point d'interrogation ?	Marque la fin des phrases qui servent à poser une **question**.	Que t'est-il arrivé ? Il y a quelqu'un ?
Point d'exclamation !	Marque la fin des phrases dites sur un **ton exclamatif**.	Comme c'est bon de se revoir ! Sapristi ! Sortez immédiatement !
Point .	Marque la fin des autres phrases.	Marc sauta hors du canot et le tira sur la plage. S'il te plaît, ferme la porte.
Points de suspension …	Peuvent remplacer le point pour marquer : • un **silence**, une **hésitation** ; • une **réflexion sous-entendue** ; • une **interruption** de la parole.	Attendez… Je suppose qu'on a tous les mêmes difficultés… Mais Laura, qu'est-ce… ?

LA VIRGULE

Emplois	Exemples
Sépare deux phrases coordonnées.	Le soleil était éblouissant, mais l'air était frais.
Marque la **juxtaposition** de deux phrases.	La nuit tombe, les enfants rentrent sagement à la maison.
Sépare les éléments d'une **énumération**.	Elle entendait les campeurs s'agiter, soupirer, tousser.
Isole un **complément de phrase** : • en tête de phrase ; • au milieu de la phrase.	Si tu es libre, nous irons au cinéma. Le chasseur, un peu plus loin, trouva des traces d'ours.
Isole certains **compléments du nom**.	Jules, le personnage principal, n'est pas très sympathique. Mika, inquiète, relève soudain la tête.
Isole un **modificateur du verbe** en tête de phrase.	Lentement, la biche s'approcha de la main tendue vers elle.
Isole une **interpellation**.	Mathieu, as-tu vu ma tortue ?
Isole une **interjection**.	Je te ramènerai ton camion, saperlipopette !
Isole une **incise**.	Voilà bien une autre affaire, pense-t-elle. Mais, ajouta-t-il, ce n'est pas moi qui vous accompagnerai.

378

1. On place la virgule **devant** le <u>coordonnant</u> situé entre deux phrases.

> Le soleil était éblouissant, mais l'air était frais.

2. On ne met pas de virgule devant le **et** d'une énumération :

> J'ai emporté la tente, les vélos **et** les provisions.

3. La virgule ne doit pas séparer le <u>sujet</u> du <u>prédicat</u> :

Sujet de P — Prédicat de P

> ⊘ Un vent violent ✕ dénudait les arbres .

4. La virgule ne doit pas séparer le <u>verbe</u> de son <u>complément</u> (<u>direct</u> ou <u>indirect</u>) :

GV

V — GPrép - CI du V

> ⊘ Je me souviens ✕ de son regard enjoué .

LES AUTRES SIGNES		
Signes	**Emplois**	**Exemples**
Deux-points **:**	Introduit : • une énumération ;	J'ai tout vérifié : la tente, les vélos et les provisions.
	• un <u>discours rapporté direct</u> ;	Marie s'est écriée : «J'ai trouvé la clé !»
	• une explication ;	Justin ferma les yeux : il était incapable de supporter la scène.
	• une conséquence, un résultat.	Le train ne put s'arrêter : la collision fut violente.
Point-virgule **;**	Marque un lien de sens étroit entre deux phrases.	Surveille Juliette ; je m'occupe de Charles.
	Sépare les éléments d'une liste.	Mélangez les ingrédients suivants : – une tasse de cassonade ; – une tasse de sucre ; – une tasse de crème ; – une cuillerée à soupe de farine.
Guillemets **« »**	Encadrent un discours rapporté direct.	Marie s'est écriée : «J'ai trouvé la clé !»
Parenthèses **( )**	Encadrent une information complémentaire, qui pourrait être retirée.	Les protéines contribuent à la santé des tissus (muscles, os et peau).
Crochets **[ ]**	Encadrent : • un ajout dans une citation ;	«Depuis, il [Victor Hugo] vit en Belgique.»
	• un retrait dans une citation.	«Elle avait retrouvé son compagnon. [...] Trois jours plus tard, ils quittèrent l'île.»

---

1. Gianni Rodari, «Histoire universelle», *Histoires au téléphone*, Paris, Hachette Livre, 1996, p. 142.

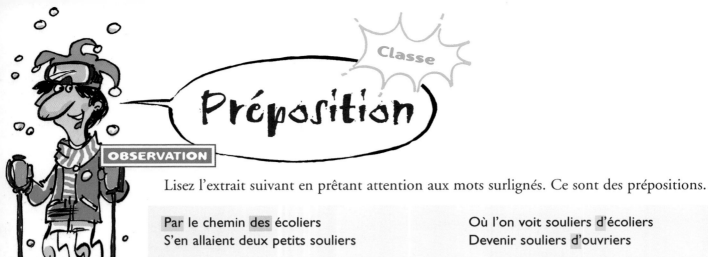

Préposition

Classe

Lisez l'extrait suivant en prêtant attention aux mots surlignés. Ce sont des prépositions.

Par le chemin des écoliers
S'en allaient deux petits souliers

Deux petits souliers seuls au monde
S'en allaient par la terre ronde,

S'en allaient, les semelles molles,
À regret, loin de leur école,

S'en allaient chez le cordonnier
Où l'on voit grandir les souliers,

Où l'on voit souliers d'écoliers
Devenir souliers d'ouvriers

Et parfois, avec de la chance,
Devenir souliers de finance,

Et souvent, avec de l'étude,
Devenir souliers de grand luxe,

Et toujours, avec de l'amour,
Devenir souliers de velours[1].

▶ **Quelles autres prépositions connaissez-vous ?**

DESCRIPTION ET EXPLICATION

1. La préposition est un **mot invariable** qui prend un complément.

   ▷ Par le chemin   loin de leur école   chez le cordonnier

2. La préposition peut être de forme simple, complexe ou contractée. La **préposition simple** est formée d'un seul mot; la **préposition complexe** est formée de plusieurs mots.

   La **préposition contractée** (qu'on appelle aussi **déterminant contracté**) est formée de la préposition *à* ou *de* soudée au déterminant *le* ou *les*.

Dans le texte d'OBSERVATION, des est une préposition contractée: *des écoliers* = [de les] *écoliers*; au est aussi une préposition contractée: *au monde* = [à le] *monde*.

Principales prépositions simples			
à	de	envers	sans
après	depuis	excepté	sauf
avant	derrière	hormis	selon
avec	dès	outre	sous
chez	devant	par	sur
comme	durant	parmi	vers
contre	en	pendant	vu
dans	entre	pour	

Principales prépositions complexes		
à cause de	autour de	jusqu'à
à côté de	avant de	loin de
à force de	contrairement à	lors de
à moins de	d'entre	malgré
à partir de	de façon à	par-derrière
à travers	de manière à	par-dessous
afin de	en bas de	par-dessus
au-dedans de	en dehors de	par-devant
au-delà de	en dessous de	par rapport à
au-dessous de	en face de	près de
au-dessus de	en plus de	proche de
au lieu de	face à	quant à
au moyen de	grâce à	vis-à-vis de
auprès de	hors de	

Prépositions contractées			
au = *à* + *le*	aux = *à* + *les*	du = *de* + *le*	des = *de* + *les*

COUP DE POUCE

Pour choisir la bonne préposition

Pour choisir la bonne préposition, il faut consulter un dictionnaire au mot qui commande la préposition. Ainsi, on trouvera à *auto*: *voyager **en** auto*, et à *mer*: *voyager **par** mer*.

③ La préposition est le noyau du **groupe prépositionnel** (GPrép).

---

1. Maurice Carême, «Les petits souliers», *Volière*, © Fondation Maurice Carême, tous droits réservés.

Pronom
Classe

OBSERVATION

Comparez entre elles les deux versions de l'extrait 1 en prêtant attention aux éléments surlignés.

Extrait 1

Version 1

— C'est là, dit Hagrid. *Le Chaudron Baveur*. Un endroit célèbre.

Le Chaudron Baveur était un pub minuscule et miteux, coincé entre une grande librairie et une boutique de disques. Si Hagrid n'avait pas montré le pub à Harry, Harry n'aurait jamais remarqué le pub. D'ailleurs, personne d'autre ne faisait attention au pub, c'était comme si Hagrid et Harry avaient été les seuls à voir le pub. Lorsque le géant fit entrer Harry à l'intérieur, Harry fut surpris qu'un endroit célèbre paraisse aussi sombre et misérable.

Version 2

— C'est là, dit Hagrid. *Le Chaudron Baveur*. Un endroit célèbre.

C'était un pub minuscule et miteux, coincé entre une grande librairie et une boutique de disques. Si Hagrid ne le lui avait pas montré, Harry ne l'aurait jamais remarqué. D'ailleurs, personne d'autre n'y faisait attention, c'était comme si Hagrid et Harry avaient été les seuls à le voir. Lorsque le géant le fit entrer à l'intérieur, Harry fut surpris qu'un endroit célèbre paraisse aussi sombre et misérable[1].

▶ **Quelle est la différence entre les deux versions ?**

▶ **Pour chaque élément surligné à gauche, dites si son correspondant de droite occupe la même place que lui dans la phrase.**

Lisez maintenant l'extrait suivant :

Extrait 2

— Comment t'appelles-tu ? Tu permets que je te tutoie ?

— Heu… Oui… Moi, c'est Khalil[2]…

▶ **Pourrait-on, dans cet extrait, remplacer les pronoms surlignés par des GN ?**

DESCRIPTION ET EXPLICATION

1 On distingue le **pronom de reprise** et le **pronom nominal**.

- Le pronom de reprise est un pronom qui sert à faire des reprises d'information.

GN (antécédent)

| La nappe | n'avait pas glissé toute seule.

Pronom de reprise

Le vieillard en s'écroulant | l' | avait entraînée dans sa chute[3].

Le pronom *l'* reprend l'information donnée par le GN *La nappe*. Ce GN, appelé **antécédent**, donne son sens au pronom *l'*.

382

- Le pronom nominal est un pronom qui ne reprend pas d'information, il n'a pas d'anté-cédent. Les principaux pronoms nominaux sont:
  - les pronoms qui désignent la personne qui parle (je, me, moi, nous) ou la personne à qui l'on parle (tu, te, toi, vous); les pronoms surlignés dans l'extrait 2 sont des pronoms nominaux;
  - les pronoms qui ont une signification en eux-mêmes: tout le monde, personne, quelque chose, rien…

2 Le pronom est un **mot variable**. C'est un **donneur** d'accord. Par exemple, le pronom sujet donne sa personne et son nombre au verbe.

3ᵉ pers. pl.

➩ Ils   envient son charme.

3 Certains mots (*aucun, certains, plusieurs, le, la, l', les, leur,* etc.) appartiennent aussi bien à la classe des pronoms qu'à la classe des <u>**déterminants**</u>. Ils sont déterminants lorsqu'ils introduisent un nom, sinon ils sont pronoms.

Déterminants	Pronoms
La balle rebondit sur le mur.	Mathilde la rattrape prestement.
Plusieurs colis ont été livrés en retard.	Plusieurs ont été livrés en retard.
Certains enfants allaient à l'école.	Certains allaient à l'école.
Les trois amis n'en croyaient pas leurs yeux.	Tristan leur fit signe de se taire.

Quand leur est un **déterminant**, il prend un «s» au pluriel. Quand leur est un **pronom per-sonnel**, il ne prend jamais de «s».

4 Il y a sept sortes de pronoms.

LES PRONOMS PERSONNELS		
Personne	**Singulier**	**Pluriel**
Iʳᵉ personne	je (j'), me (m'), moi	nous
2ᵉ personne	tu, te (t'), toi	vous
3ᵉ personne	il, elle, on le, la lui se (s'), soi en, y	ils, elles les leur, eux se (s') en, y

LES PRONOMS POSSESSIFS

Personne	Singulier		Pluriel	
	Masculin	**Féminin**	**Masculin**	**Féminin**
1re pers. du s. 2e pers. du s. 3e pers. du s.	le mien le tien le sien	la mienne la tienne la sienne	les miens les tiens les siens	les miennes les tiennes les siennes
1re pers. du pl. 2e pers. du pl. 3e pers. du pl.	le nôtre le vôtre le leur	la nôtre la vôtre la leur	les nôtres les vôtres les leurs	

LES PRONOMS DÉMONSTRATIFS

	Singulier		Pluriel	
	Masculin	**Féminin**	**Masculin**	**Féminin**
Formes simples	celui ce / c' ceci, cela, ça	celle	ceux	celles
Formes complexes	celui-ci celui-là	celle-ci celle-là	ceux-ci ceux-là	celles-ci celles-là

LES PRONOMS RELATIFS

Formes simples	qui, que, quoi, dont, où
Formes complexes	lequel, laquelle, lesquels, lesquelles auquel, auxquels, auxquelles duquel, desquels, desquelles

Remarque

Les formes suivantes s'analysent ainsi :

auquel = *à + lequel*   duquel = *de + lequel*
auxquels = *à + lesquels*   desquels = *de + lesquels*
auxquelles = *à + lesquelles* desquelles = *de + lesquelles*

 Pour connaître les emplois du pronom relatif, voir **Subordonnée relative**, à la page 403.

LES PRONOMS INTERROGATIFS

Formes simples	qui…? que…? quoi…? quel…? quelle…? quels…? quelles…?
Formes complexes	lequel…? laquelle…? lesquels…? lesquelles…? auquel…? auxquels…? auxquelles…? duquel…? desquels…? desquelles…?

LES PRONOMS NUMÉRAUX
un / une, deux, trois, quatre, cinq, six, sept, huit, etc.

Remarque

Ces mots sont des pronoms lorsqu'ils n'accompagnent pas un nom.

▷ **Deux** sont arrivés en retard.

LES PRONOMS INDÉFINIS VARIABLES (ou pronoms de quantité variables)	
Singulier	**Pluriel**
aucun, aucune	
	certains, certaines
chacun, chacune	
l'un, l'une	les uns, les unes
l'autre	les autres
un autre, une autre	d'autres
le même, la même	les mêmes
n'importe lequel, n'importe laquelle	n'importe lesquels, n'importe lesquelles
nul, nulle	
pas un, pas une	
plus d'un, plus d'une	
quelqu'un, quelqu'une	quelques-uns, quelques-unes
tout	tous, toutes

LES PRONOMS INDÉFINIS INVARIABLES (ou pronoms de quantité invariables)	
Singulier	**Pluriel**
personne	plusieurs
rien	beaucoup
je ne sais qui / je ne sais quoi	bon nombre
n'importe qui / n'importe quoi	la plupart
quelque chose	peu
quiconque	

1. J. K. Rowling, *Harry Potter à l'école des sorciers*, traduit de l'anglais par Jean-François Ménard, Paris, Gallimard Jeunesse, coll. «Folio junior», 1998, p. 72-73. ▦ **2, 3.** Gérard Hubert-Richou, «Allô! Presto Pizza?», *À la rencontre des autres* (collectif d'auteurs), Paris, Syros, 1996.

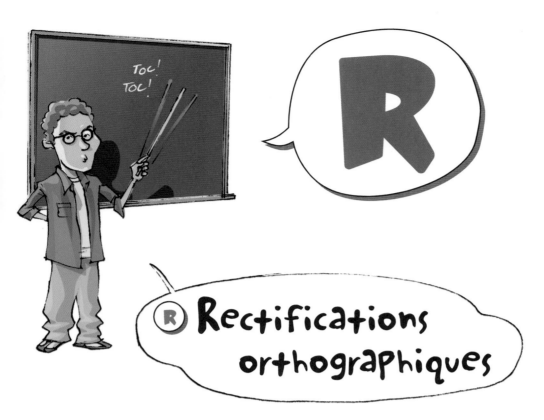

Rectifications orthographiques

Le Conseil supérieur de la langue française a fait plusieurs **recommandations** pour simplifier l'orthographe et tenir compte de l'évolution naturelle de l'usage. En voici quelques-unes.

① **Le trait d'union**

- «Les déterminants numéraux composés sont systématiquement reliés par des traits d'union.»

ancienne orthographe	nouvelle orthographe
vingt et un	vingt-et-un
deux cents	deux-cents

② **Les accents et le tréma**

- «On emploie l'accent grave (plutôt que l'accent aigu) dans un certain nombre de mots.»

ancienne orthographe	nouvelle orthographe
événement	évènement
réglementaire	règlementaire

- «On emploie l'accent grave (plutôt que l'accent aigu) au futur et au conditionnel des verbes qui se conjuguent sur le modèle de *céder*.»

ancienne orthographe	nouvelle orthographe
je céderai	je cèderai
ils régleraient	ils règleraient

- «Les formes conjuguées des verbes en *-eler* ou *-eter* s'écrivent avec un accent grave et une consonne simple devant une syllabe contenant un *e* muet.»

ancienne orthographe	nouvelle orthographe
il dételle	il détèle
elle étiquettera	elle étiquètera

Exceptions: *appeler*, *jeter* et leurs dérivés.

- «Les mots empruntés sont accentués conformément aux règles qui s'appliquent aux mots français.»

ancienne orthographe	nouvelle orthographe
revolver	révolver

- «Le tréma est déplacé sur la lettre *u* prononcée dans les suites *-güe* et *-güi-* et est ajouté dans quelques mots.»

ancienne orthographe	nouvelle orthographe
aiguë, ambiguë	aigüe, ambigüe
ambiguité	ambigüité

③ **Le pluriel**

- «Dans les noms composés du type *pèse-lettre* (verbe + nom) ou *sans-abri* (préposition + nom), le second élément prend la marque du pluriel seulement lorsque le mot est au pluriel.»

ancienne orthographe	nouvelle orthographe
un compte-gouttes,	un compte-goutte,
des compte-gouttes	des compte-gouttes
des après-midi	des après-midis

> Il faut se rappeler que: «Aucune des deux graphies ne peut être tenue pour fautive» (Académie française). On peut donc écrire aussi bien *événement* que *évènement*, *je céderai* que *je cèderai*, des *matches* que des *matchs*, etc.

OBSERVATION

Lisez l'extrait suivant et observez les éléments surlignés.

Avant même que Luc ait pu se demander de quoi parlait Jasmine, celle-ci s'était penchée vers le plancher. C'est en regardant par-dessus son épaule dodue qu'il aperçut l'horrible créature qui courait par terre. Il bondit de sa chaise. [...]

Luc chercha un objet contondant pour éliminer le monstre mais dut se résigner à l'écraser sous son talon. En contournant la table pour attaquer, il buta sur une patte de chaise et s'étala de tout son long. Jasmine, qui s'était penchée encore davantage, ne lui jeta qu'un court regard, après quoi elle tendit une main vers le cloporte, qui ralentit sa course. [...]

L'immonde bestiole s'arrêta soudain, sans raison apparente. Au moment où la main de Jasmine se posait par terre, le cloporte repartit de plus belle et lui grimpa dessus. Un frisson de dégoût parcourut le dos de Luc.

Soulevant avec douceur sa main, Jasmine approcha la bête de son visage. Luc eut l'impression qu'elle lui soufflait dessus, après quoi, se penchant de nouveau, elle laissa le cloporte sauter sur le plancher, puis filer en direction de la porte de la cave[1].

▶ **Qu'y a-t-il de commun entre les éléments surlignés d'une même couleur ?**

DESCRIPTION ET EXPLICATION

1. Dans un texte, lorsqu'on parle d'une personne, d'un lieu, d'un objet, d'un évènement, etc., il faut bien qu'on le mentionne une première fois :

Première mention de Luc   Première mention de Jasmine

▷ Avant même que Luc ait pu se demander de quoi parlait Jasmine...

La première mention d'un personnage, d'un lieu, d'un objet, etc., est appelée, tout simplement, **première mention**. Les autres mentions, qui viennent après, sont appelées des **reprises d'information**, ou **reprises** :

Première mention de Luc   **Première mention** de Jasmine   **Reprise** de Jasmine

▷ Avant même que Luc ait pu se demander de quoi parlait Jasmine, celle-ci s'était penchée vers le plancher.

DÉFINITION

Une **reprise d'information** est un élément qui mentionne à nouveau une réalité déjà mentionnée.

2. La **première mention** et ses **reprises** forment une **chaîne de reprises**. Le texte d'OBSERVATION contient trois chaînes de reprises.

- La première chaîne de reprises est en vert. La première mention est *Luc*.
- La deuxième chaîne de reprises est en mauve. La première mention est *Jasmine*.
- La troisième chaîne de reprises est en orangé. La première mention est *l'horrible créature qui courait par terre*.

③ Il existe plusieurs procédés de reprise de l'information. Voici les principaux.

Procédés de reprise	Exemples
• Reprise par un **pronom**	Avant même que **Luc** ait pu se demander… Il bondit de sa chaise.
• Reprise par un GN contenant un **synonyme**	**L'appartement** de Ferraille était un peu miteux. Voilà du moins ce que pensait Luc en contemplant le petit logis[2].
• Reprise par un GN contenant un **générique**	Excitées par la faim, les bêtes surgirent de derrière les arbres et sautèrent sur **les chevaux**. Le prince Otto fouetta l'attelage de toutes ses forces[3].
• Reprise par un GN contenant un **spécifique**	… il aperçut **l'horrible créature**… … le cloporte…
• Reprise par une périphrase*	**L'ours** est tout près. J'observe la masse pleine de poils.
• Reprise par un **déterminant possessif**	… de quoi parlait **Jasmine**… … en regardant par-dessus son épaule dodue… (son épaule = l'épaule de Jasmine)
• Reprise par répétition	Avant même que **Luc** ait pu se demander… Luc chercha un objet contondant…
• Reprise par un GN qui résume	**C'est la première fois qu'elle rencontre des canards** et cet évènement la passionne et l'exalte[4].

* Une périphrase est un GN étendu (*le roi des animaux*) qui remplace un GN minimal (*le lion*).

Le pronom qui reprend est appelé **pronom de reprise**. Il faut faire preuve de vigilance dans le choix du pronom de reprise. Voir à ce sujet **Comment vérifier que les pronoms de reprise sont bien employés**, à la page 470.

UTILITÉS DE CETTE CONNAISSANCE

① Reconnaître une chaîne de reprises aide à faire des liens entre les idées du texte et ainsi à mieux le comprendre. C'est une connaissance essentielle en lecture.

② Varier les procédés de reprise dans ses textes permet d'éviter les répétitions et ainsi de rendre les textes plus intéressants.

1, 2. Claude Bolduc, «Les joyeux compagnons», *Petites cruautés* (collectif d'auteurs), Hull, Vents d'Ouest, coll. «Ado», 1999, p. 113-114 et 99. ■ **3.** Philip Pullman, *La mécanique du diable*, traduit de l'anglais par Agnès Piganiol, Paris, Flammarion, coll. «Castor Poche», 2000, p. 52. ■ **4.** Marthe Pelletier, *Le secret de Max*, Montréal, La courte échelle, coll. «Roman jeunesse», 2002, p. 17.

Lisez cette fable ancienne du Népal. Vous apprendrez à repérer les grandes étapes d'un récit à travers elle.

La récompense du serpent

Avec sur l'épaule son sac,
Au marché s'en allait
Un brave Népalais**1**.
Comme il arrivait au bord d'un lac,
Un superbe serpent lui demanda assistance:
«Permets-moi de me glisser
Dans ton sac pour traverser.
Tu auras ta récompense.»

Le reptile ayant l'air sérieux,
L'homme traversa de son mieux
À la nage le lac, en portant sur sa tête
Le sac qui contenait la bête...
Quand ils furent sur l'autre rive,
Vous devinez ce qu'il arriva:
De son bienfaiteur magnanime
Notre ophidien, l'ingrat, voulut faire sa victime**2**.

Un voyageur entendit des cris d'effroi,
Il en demanda le pourquoi...
«Est-il possible qu'un si superbe animal
Ait eu l'intention d'agir mal?
S'indigna l'inconnu; d'ailleurs
Ce sac est trop petit pour l'avoir contenu!»
Mais le serpent, voulant lui prouver le contraire,
Se lova**3** à nouveau dans le sac.
Et, ni vu ni connu,
Le rusé voyageur
Le noua sans plus tarder, le lesta d'une pierre**4**
Et noya le serpent dans le lac...

La fable montre qu'un traître
Tôt ou tard trouve son maître[1].

1 Habitant du Népal.
2 Notre serpent, ingrat, voulut tuer son généreux bienfaiteur.
3 S'enroula.
4 Le rusé voyageur noua le sac, le chargea d'une pierre.

▶ **Quel évènement bouleverse la vie de l'homme dans les premières lignes?**
▶ **Essayez de relever deux ou trois actions liées à cet évènement.**

➊ Les récits sont, le plus souvent, construits selon un **modèle type**. C'est ce modèle que nous appelons le **schéma narratif**.

DÉFINITION

Le **schéma narratif** est la **structure** à laquelle se conforme un **récit**. Cette structure **comporte une série d'étapes** : situation initiale, élément déclencheur, déroulement, dénouement et, parfois, situation finale.

➋ **Les étapes du schéma narratif**

a) La situation initiale

La situation initiale est la situation au commencement de l'histoire. C'est l'étape qui présente rapidement les personnages. La situation initiale permet, souvent, de répondre aux questions suivantes :

La situation initiale	Dans *La récompense du serpent*
Qui ? Qui sont les personnages ?	Un brave homme (c'est-à-dire un homme bon) portant un sac.
Quoi ? À quoi s'occupent-ils ? Que font-ils ?	Il se rend au marché.
Où ? Où sont-ils ? Dans quel lieu ?	Au Népal, sur la route du marché.
Quand ? Quand (époque, moment de la journée) cela a-t-il lieu ?	_____

La situation initiale est le plus souvent courte. L'essentiel doit s'y retrouver, mais pas plus. Parfois, certains éléments sont absents de la situation initiale, tout simplement parce qu'ils ne sont pas essentiels dans l'histoire.

> Dans *La récompense du serpent*, est-il essentiel de connaître les caractéristiques du personnage principal (sa bonté, le fait qu'il ait un sac) ? La suite de l'histoire montre que oui. Le fait que l'histoire se déroule au Népal est-il important ? Bien sûr : il faut un lieu où il y a des lacs et des serpents. Mais il n'est pas essentiel de savoir quand cette histoire se déroule ; c'est pourquoi on n'en parle pas.

b) L'élément déclencheur

L'élément déclencheur est ce qui vient changer, modifier, bouleverser l'histoire, par exemple : la rencontre d'un autre personnage, un appel téléphonique, une lettre, la découverte d'un objet, la présence d'un obstacle, un accident, une difficulté, une maladie, etc. Sans élément déclencheur, il n'y a pas d'histoire intéressante.

L'élément déclencheur est en général raconté brièvement. Malgré cela, il joue un rôle central. Il permet de répondre à la question suivante :

L'élément déclencheur	Dans *La récompense du serpent*
Quel est le **déclic** qui fait vraiment commencer l'histoire ?	Un homme rencontre un serpent qui lui demande son aide pour traverser un lac.

Dans *La récompense du serpent*, il est facile de comprendre que, si l'homme ne rencontrait pas le serpent, il poursuivrait sa route tout simplement, ce qui donnerait une histoire assez banale.

Souvent, des **marques textuelles** permettent de repérer l'élément déclencheur. Ce peut être :

- un <u>organisateur textuel</u> :
  - un **organisateur temporel** : *soudain, tout à coup, un matin, à cet instant, au moment où, comme…*

    Dans *La récompense du serpent*, l'élément déclencheur est introduit par l'organisateur temporel «comme», à la ligne 4.

  - un **organisateur spatial** : *à cet endroit précis, là, au détour, près de là, à la croisée des chemins…*
  - un **organisateur logique** : *or, mais, cependant, pourtant…*

- un changement de temps verbal :

  dans un récit au passé, la situation initiale est souvent à l'imparfait (c'est, la plupart du temps, une description) et l'élément déclencheur est au passé simple.

- un changement de paragraphe.

c) Le déroulement

Le déroulement est l'étape la plus longue du récit. On y raconte la série des actions (les péripéties) qui se sont déroulées à cause de l'élément déclencheur. C'est l'étape qui permet de répondre aux questions suivantes :

Le déroulement	Dans *La récompense du serpent*
Qu'est-ce qui s'est passé **après** ?	L'homme accepte et aide le serpent.
Et après ?	Arrivé à destination, le serpent cherche à tuer l'homme.
Et après ?	Pris au piège, l'homme crie.
Et après ?	Un voyageur s'interpose et capture le serpent grâce à la ruse.

Ces questions font bien voir que le déroulement est une succession d'actions.

d) Le dénouement

Le dénouement est l'action finale, celle qui met fin à l'histoire. Le dénouement permet de répondre une dernière fois à la question suivante:

Le dénouement	Dans *La récompense du serpent*
Et après?	Le voyageur noie le serpent et sauve ainsi l'homme.

Cette question fait bien voir que l'histoire est finie. Sur le plan des actions, il n'y a plus rien à ajouter. Tout est dénoué, de façon parfois heureuse, parfois malheureuse.

e) La situation finale

La situation finale, la cinquième étape, est parfois absente des récits. Cette étape décrit la situation des personnages après le dénouement, une fois que les péripéties sont terminées. Elle permet de répondre aux mêmes questions que la situation initiale et de voir si la situation des personnages s'est améliorée, s'est détériorée ou si elle est restée la même.

> La situation finale est absente dans *La récompense du serpent*. S'il y en avait eu une, on y aurait raconté que le Népalais continua sa route en se promettant d'être moins naïf à l'avenir.

UTILITÉS DE CETTE CONNAISSANCE

1 Connaître le schéma narratif est utile pour comprendre un récit puisque la plupart des récits suivent ce schéma.

2 Connaître le schéma narratif est utile pour construire un récit cohérent.

---

1. Fable ancienne du Népal, «La récompense du serpent», *Un poème, un pays, un enfant*, anthologie rassemblée par Bernard Lorraine, Paris, le cherche midi/UNESCO, 2002, p. 125-126.

Sens propre et sens figuré

OBSERVATION

Comparez les phrases de gauche avec celles de droite et voyez comment un mot peut prendre des sens différents.

Le patient va s'en tirer. Son cœur est reparti et il est sous anticoagulants.	Laurence a toujours eu une place spéciale dans mon cœur.
Je me retrouve en train de marcher sous la pluie battante.	Arrête, je ne te crois pas. Tu me fais marcher !
Horreur ! Au lieu de s'allumer, les néons explosèrent et des nuages de fumée firent pleuvoir des étincelles sur les danseurs[1] !	À l'annonce de la nouvelle, tous explosèrent de joie, sauf mon frère.

▶ **Selon vous, les mots surlignés à gauche ont-ils exactement le même sens que leurs vis-à-vis de droite ? Expliquez en vos mots les différences de sens que vous percevez.**

▶ **Dans quelles phrases les mots vous semblent-ils avoir un sens plus imagé ?**

DESCRIPTION ET EXPLICATION

❶ Un mot possède généralement plusieurs sens. Parmi ceux-ci, certains sont propres et d'autres sont figurés.

Le **sens propre** d'un mot est son **sens premier**, **concret**, **non imagé**.
Le **sens figuré** d'un mot est son **sens abstrait**, **imagé**.

Dans l'OBSERVATION, les mots surlignés à gauche sont employés dans un sens propre et ceux à droite, dans un sens figuré.

Mots	Sens propre	Sens figuré
Cœur	muscle cardiaque	lieu des sentiments, des émotions
Marcher	se déplacer à pied	prendre pour vrai ce qui ne l'est pas
Exploser	éclater, se rompre violemment	manifester bruyamment une émotion

❷ Pour savoir si un mot est employé au sens propre ou figuré, il faut se fier au contexte.

▷ Le patient va s'en tirer. Son cœur est reparti et il est sous anticoagulants.

Voir
Comment trouver la signification d'un mot d'après le contexte, à la page 447.

Dans cet exemple, les mots *patient, s'en tirer, reparti, anticoagulants* indiquent que le mot *cœur* est employé au sens propre. Nous sommes dans l'univers du corps, pas dans celui des sentiments.

▷ À l'annonce de la nouvelle, tous explosèrent de joie, sauf mon frère.

Ici, le mot *joie* indique qu'il s'agit du sens figuré d'*exploser* : les personnes n'explosent pas vraiment, elles sont tout simplement heureuses. *Exploser* est donc une image, c'est pour cela qu'on parle de sens figuré ou imagé.

③ Il est possible de voir la différence entre les sens propre et figuré dans le dictionnaire. Le sens propre est toujours donné en premier, le ou les sens figurés viennent par la suite.

▷ **exploser** [εksploze] **v. intr.** (Conjug. : 1)
• 1801, répandu déb. XXᵉ ; de *explosion*
1 ♦ Faire explosion. *Gaz qui explose au contact d'une flamme.* ⇒ **détoner**. *Bombe, obus qui explose.* […]
2 ♦ Fig. Se manifester brusquement et violemment. ⇒ **éclater**. *Sa colère, son mécontentement explose.* […]
3 ♦ S'étendre, se développer largement ou brusquement. *Les ventes ont explosé en décembre*[2]. […]

Premier sens = sens propre
accompagné d'exemples.

Sens suivants = sens figurés
accompagnés d'exemples.

Fig. = au figuré : indique que le mot ou l'expression sont employés dans un sens figuré.

UTILITÉS DE CETTE CONNAISSANCE

① Savoir qu'un mot peut avoir un sens figuré facilite la compréhension. Ainsi, savoir que *courir* peut aussi vouloir dire «rechercher avec passion» permet de comprendre qu'il ne s'agit pas d'une course mais bien d'amour dans cet exemple :

▷ Tu me connais mal : je ne vais pas courir au-devant d'une fille…

② Cette connaissance est utile pour jouer sur les mots, comme en poésie, ou pour donner une touche humoristique à vos propos.

1. Sylvain Meunier, «La danse infernale», *Petites cruautés* (collectif d'auteurs), Hull, Vents d'Ouest, coll. «Ado», 1999, p. 89. ■ **2.** *Le Petit Robert : Dictionnaire de la langue française* (extraits), [cédérom], Le Robert, 2001.

Subordonnée

Lisez les exemples suivants. Les passages surlignés sont des phrases subordonnées.

Le sentier que nous suivions s'arrêtait brusquement.

Le vent redoubla pendant que nous avancions péniblement.

Lorsque la nuit tomba, nous étions encore loin du refuge.

▶ **Selon ce que vous observez dans ces exemples, les phrases subordonnées peuvent-elles existez toutes seules ? Expliquez votre réponse.**

DESCRIPTION ET EXPLICATION

La **phrase subordonnée** est une phrase enchâssée (incluse) dans une autre à l'aide d'un subordonnant.

① On dit que la **phrase subordonnée** est une **phrase** parce qu'elle est composée d'un ⬚ sujet ⬚ et d'un ⬚ prédicat ⬚ :

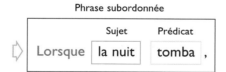

Phrase subordonnée

	Sujet	Prédicat
Lorsque	la nuit	tomba ,

Phrase subordonnée

	Sujet	Prédicat
que	nous	suivions

On dit qu'elle est **subordonnée** parce qu'elle est enchâssée dans une autre phrase ou dans un groupe au moyen d'un subordonnant. Le subordonnant se place au début de la phrase subordonnée.

Phrase (enchâssante)

Le sentier	Phrase subordonnée		s'arrêtait brusquement .
	que	nous	suivions

② La phrase subordonnée ne peut pas exister seule. Ainsi, on ne peut pas dire :

▷ ⊘ Lorsque la nuit tomba.

③ La phrase subordonnée n'est pas conforme au **MODÈLE DE LA PHRASE DE BASE**. C'est une **phrase transformée** puisqu'on y a ajouté un subordonnant.

④ C'est le **type de subordonnant** qui permet de classer les subordonnées.

Type de subordonnant	Type de subordonnée
Subordonnant circonstanciel: *quand, dès que, lorsque, tandis que, afin que, pour que, parce que…*	<u>Subordonnée circonstancielle</u>
Subordonnant complétif (aussi appelé conjonction): *que*	<u>Subordonnée complétive</u>
Subordonnant interrogatif: *combien, comment, où, pourquoi, quand, quel, qui, quoi, si…*	<u>Subordonnée complétive interrogative</u>
Subordonnant relatif (pronom relatif): *qui, que, dont, où…*	<u>Subordonnée relative</u>

UTILITÉ DE CETTE CONNAISSANCE

Pour construire des phrases correctes, il est important de savoir que la subordonnée ne peut pas exister seule.

OBSERVATION

Lisez les exemples suivants. Les passages surlignés sont des phrases <u>subordonnées</u> circonstancielles.

Dominique travaillait tandis que Xavier paressait au soleil.

Lorsque ma sœur est rentrée, elle était exténuée.

Nous comptons sur vous pour que la fête soit une réussite.

Votre fils s'affaiblit parce qu'il se nourrit mal.

▶ **Dans les subordonnées surlignées, repérez les subordonnants et dites quel sens ils expriment.**

DÉFINITION

La **phrase subordonnée circonstancielle** est une phrase enchâssée (incluse) dans une autre à l'aide d'un **subordonnant exprimant le temps**, **le but**, **la cause**, etc.

1 La subordonnée circonstancielle de temps

1) La **subordonnée de temps** est introduite par un <u>**subordonnant**</u> de temps.

2) Le subordonnant de temps permet de situer un évènement par rapport à un autre.

• Subordonnants de temps indiquant que deux évènements se produisent en même temps : *alors que, comme, lorsque, pendant que, quand, tandis que…*

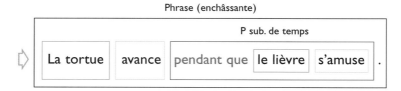

Phrase (enchâssante)

P sub. de temps

| La tortue | avance | pendant que | le lièvre | s'amuse | . |

• Subordonnants de temps indiquant que deux évènements se produisent à des moments différents : *après que, aussitôt que, avant que, dès que, jusqu'à ce que, sitôt que…*

Phrase (enchâssante)

P sub. de temps

| La tortue | est partie | dès qu' | elle | a entendu le signal | . |

Phrase (enchâssante)

P sub. de temps

| La tortue | a franchi la ligne d'arrivée | avant que | le lièvre | réagisse | . |

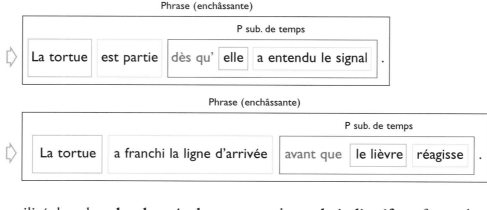

! Le mode utilisé dans la **subordonnée de temps** est le **mode indicatif**, sauf pour les subordonnées introduites par *avant que* et *jusqu'à ce que*, qui sont au **subjonctif**.

2 La subordonnée circonstancielle de but et la subordonnée circonstancielle de cause

En plus du temps, le subordonnant circonstanciel peut exprimer, entre autres, le but et la cause.

1) La **subordonnée de but** est introduite par un subordonnant de but.

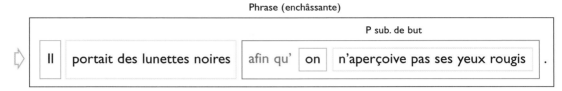

 Le mode utilisé dans la **subordonnée de but** est le **mode subjonctif**.

2) La **subordonnée de cause** est introduite par un subordonnant de cause.

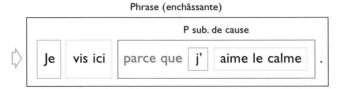

 Le mode utilisé dans la **subordonnée de cause** est le **mode indicatif**.

3 La fonction de la phrase subordonnée circonstancielle

La subordonnée circonstancielle remplit le plus souvent la fonction de complément de phrase .

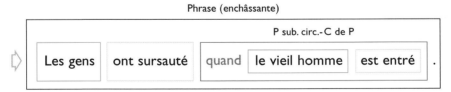

UTILITÉS DE CETTE CONNAISSANCE

1. Pour construire des phrases correctes, il est important de savoir que la subordonnée circonstancielle ne peut pas exister seule.

2. Il est important de connaître les cas où le subjonctif est obligatoire afin de choisir le bon mode verbal dans la subordonnée circonstancielle.

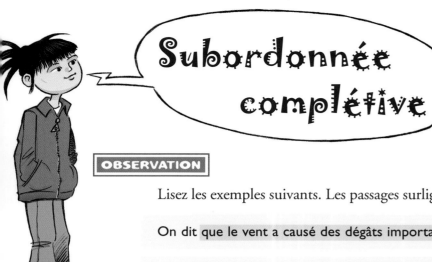

Subordonnée complétive

Lisez les exemples suivants. Les passages surlignés sont des phrases **subordonnées** complétives.

On dit que le vent a causé des dégâts importants.

Les riverains craignent que le petit pont n'ait pas résisté aux assauts de la tempête.

Le vieil homme était certain que les secouristes étaient en route.

Perplexe, la jeune fille se demanda comment franchir la rivière déchaînée.

▶ **Dans les phrases ci-dessus, quels sont les subordonnants qui introduisent les subordonnées complétives ?**
▶ **Dans chaque exemple, quel mot la subordonnée complète-t-elle ? Et quelle est la classe de ce mot ?**

DESCRIPTION ET EXPLICATION

DÉFINITION

La **phrase subordonnée complétive** est une phrase qui peut être enchâssée (incluse) dans un **groupe**, le plus souvent au moyen du subordonnant complétif *que*, aussi appelé conjonction.

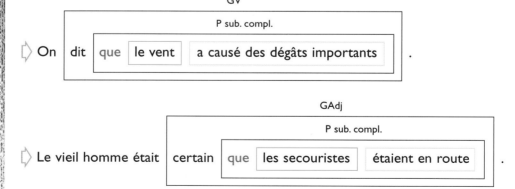

Dans le premier exemple, la subordonnée complète le verbe *dit*; dans le deuxième exemple, la subordonnée complète l'adjectif *certain*.

400

1 La subordonnée complétive enchâssée dans un GV remplit, entre autres, les fonctions suivantes :

- **complément direct du verbe** :

Les secouristes | savent | [que la route est bloquée] .

(GV / V / P sub. compl.-CD du V)

- **complément indirect du verbe** :

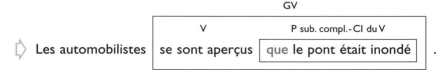

Les automobilistes | se sont aperçus | [que le pont était inondé] .

(GV / V / P sub. compl.-CI du V)

- complément du **verbe impersonnel** :

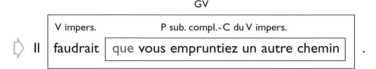

Il | faudrait | [que vous empruntiez un autre chemin] .

(GV / V impers. / P sub. compl.-C du V impers.)

COUP DE POUCE

Pour savoir si une subordonnée complétive est un complément direct ou indirect

- Si on peut remplacer la subordonnée complétive par **quelque chose** immédiatement après le verbe, c'est une subordonnée complétive complément direct du verbe.

  ⇨ Les piétons ont constaté que la chaussée était particulièrement glissante.
  ⇓ Les piétons ont constaté ***quelque chose***.

- Si on peut remplacer la subordonnée complétive par **à quelque chose** ou **de quelque chose** immédiatement après le verbe, c'est une subordonnée complétive complément indirect du verbe.

  ⇨ Je me souviens que la tempête faisait rage.
  ⇓ Je me souviens ***de quelque chose***.

Dans une subordonnée complétive complément indirect du verbe, le subordonnant peut prendre la forme *ce que* et être précédé par *à* ou *de* :

⇨ On s'attend à ce que le mauvais temps se poursuive.

Il ne faut pas confondre le *que* de la subordonnée complétive et le *que* de la **subordonnée relative**. Le *que* de la relative est un pronom : il remplace toujours quelque chose dans la phrase. Le *que* de la complétive, lui, ne remplace rien.

2 La subordonnée complétive enchâssée dans un GAdj remplit la fonction de __complément de l'adjectif__.

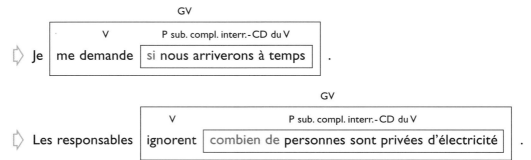

Les élèves sont | GAdj : Adj. **heureux** | P sub. compl.-C de l'adj. **que les écoles soient fermées pour la journée** .

3 La subordonnée complétive peut aussi être introduite par un subordonnant interrogatif : *combien, comment, où, pourquoi, quand, quel, qui, quoi, si,* etc. On l'appelle alors **subordonnée complétive interrogative**.

Je | me demande (V) | P sub. compl. interr.-CD du V : **si nous arriverons à temps** .

Les responsables | ignorent (V) | P sub. compl. interr.-CD du V : **combien de personnes sont privées d'électricité** .

Est-ce que, qu'est-ce que et *qu'est-ce qui* ne sont pas des subordonnants interrogatifs. On ne peut donc pas les employer dans une subordonnée interrogative.

Phrase fautive

⊘ Je me demande ~~est-ce que~~ nous pourrons passer.

⊘ Elle ne comprend pas ~~qu'est-ce qui~~ se passe.

Phrase correcte

Je me demande si nous pourrons passer.

Elle ne comprend pas ce qui se passe.

4 Le mode du verbe de la subordonnée complétive peut être le **subjonctif** ou l'**indicatif**.

1) Le verbe de la subordonnée complétive est habituellement au subjonctif quand le mot complété par la complétive exprime :

• un sentiment (joie, tristesse, peur, regret, surprise, satisfaction, etc.) :

Je suis triste que Mathilde parte plus tôt que prévu.

Elle craint que nous ayons du retard.

• une volonté, un désir, un souhait :

Il faut qu'il fasse beau demain.

Je voudrais que les choses soient différentes.

Le verbe *espérer* demande l'**indicatif**.

J'espère qu'il **fera** beau demain.

402

2) Le verbe de la subordonnée complétive est habituellement à l'indicatif quand le mot complété par la complétive n'exprime pas un sentiment ou une volonté.

▷ J'ai appris que Mathilde part / partira / était partie plus tôt que prévu.

▷ Elle est sûre que nous avons / aurons du retard.

▷ On prévoit qu'il fera beau demain.

▷ Je sais que les choses sont / seront différentes.

UTILITÉS DE CETTE CONNAISSANCE

1 Pour construire des phrases correctes, il est important de savoir que la subordonnée complétive ne peut pas exister seule.

2 Il est important de connaître les subordonnants interrogatifs pour construire des phrases correctes.

3 Il est important de connaître les cas où le subjonctif est obligatoire afin de choisir le bon mode verbal dans la subordonnée complétive.

Subordonnée relative

OBSERVATION

Lisez les exemples suivants. Les passages surlignés sont des phrases **subordonnées** relatives.

Je regardais la pluie qui tombait.

Le livre que je voulais avait mystérieusement disparu.

Il y avait là une foule d'objets dont j'ignorais le nom.

Elle se dirigea vers l'endroit où la précieuse carte avait été cachée.

▶ **Dans les phrases ci-dessus, quels sont les subordonnants qui introduisent les subordonnées relatives ?**

▶ **Dans chaque exemple, quel mot la subordonnée complète-t-elle ? Et quelle est la classe de ce mot ?**

DÉFI NI TION

La **phrase subordonnée relative** est une phrase enchâssée (incluse) dans un **groupe** au moyen d'un <u>subordonnant relatif</u>, le pronom relatif (*qui, que, dont, où,* etc.).

Phrase (enchâssante)

▷ | La page | P sub. rel. que | je | voulais lire | | avait été arrachée | .

Cette phrase est la réunion de deux phrases:

▷ **La page avait été arrachée. Je voulais lire la page.**

Le pronom relatif que permet de lier les deux phrases sans répéter *la page*.

❶ La subordonnée relative introduite par *qui*

Le pronom relatif qui remplace un **GN** qui remplit la fonction de $\boxed{\textbf{sujet}}$.

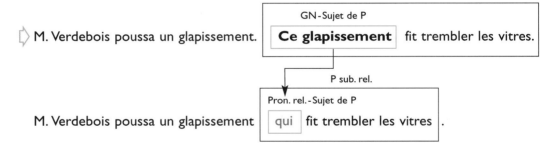

▷ M. Verdebois poussa un glapissement. | GN-Sujet de P **Ce glapissement** | fit trembler les vitres.

P sub. rel.

M. Verdebois poussa un glapissement | Pron. rel.-Sujet de P qui | fit trembler les vitres .

Le pronom relatif qui précédé d'une préposition remplace un **GPrép** qui remplit la fonction de <u>complément indirect du verbe</u>.

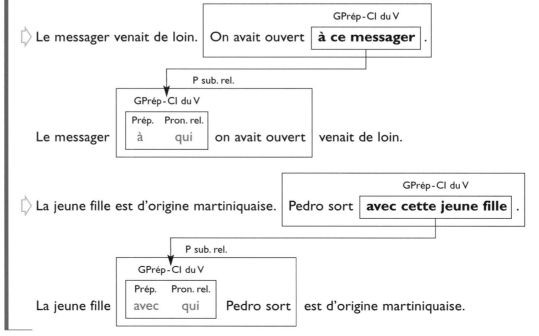

▷ Le messager venait de loin. | On avait ouvert | GPrép-CI du V **à ce messager** | .

P sub. rel.

Le messager | GPrép-CI du V Prép. Pron. rel. à   qui | on avait ouvert | venait de loin.

▷ La jeune fille est d'origine martiniquaise. | Pedro sort | GPrép-CI du V **avec cette jeune fille** | .

P sub. rel.

La jeune fille | GPrép-CI du V Prép. Pron. rel. avec   qui | Pedro sort | est d'origine martiniquaise.

2 La subordonnée relative introduite par *que*

Le pronom relatif *que* remplace un **GN** qui remplit
la fonction de **complément direct du verbe**.

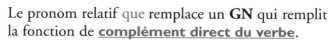

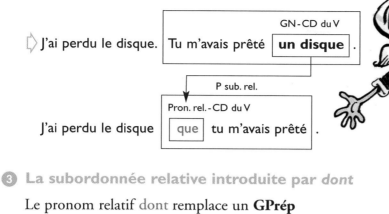

➪ J'ai perdu le disque. | Tu m'avais prêté **un disque** . | [GN - CD du V]

J'ai perdu le disque | *que* tu m'avais prêté . | [Pron. rel. - CD du V] / [P sub. rel.]

3 La subordonnée relative introduite par *dont*

Le pronom relatif *dont* remplace un **GPrép**
qui commence par *de* et qui remplit la fonction de :

- **complément indirect du verbe** :

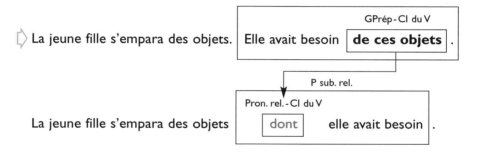

➪ La jeune fille s'empara des objets. | Elle avait besoin **de ces objets** . | [GPrép - CI du V]

La jeune fille s'empara des objets | *dont* elle avait besoin . | [Pron. rel. - CI du V] / [P sub. rel.]

- **complément du nom** :

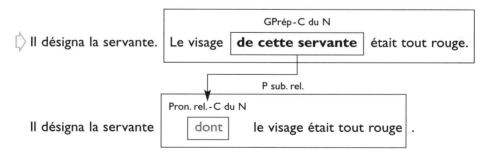

➪ Il désigna la servante. | Le visage **de cette servante** était tout rouge. | [GPrép - C du N]

Il désigna la servante | *dont* le visage était tout rouge . | [Pron. rel. - C du N] / [P sub. rel.]

- **complément de l'adjectif** :

➪ Yvan portait un chapeau à plumes. | Il était très fier **de son chapeau à plumes** . | [GPrép - C de l'adj.]

Yvan portait un chapeau à plumes | *dont* il était très fier . | [Pron. rel. - C de l'adj.] / [P sub. rel.]

4 **La subordonnée relative introduite par *où***

Le pronom relatif où remplace un **GN** ou un **GPrép** qui remplit la fonction de:

• **complément indirect du verbe** exprimant un lieu ou un temps:

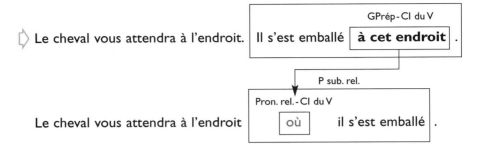

▷ Le cheval vous attendra à l'endroit.

Il s'est emballé **à cet endroit** .

GPrép-CI du V

Le cheval vous attendra à l'endroit

Pron. rel.-CI du V
où il s'est emballé .

P sub. rel.

• **complément de phrase** exprimant un lieu ou un temps:

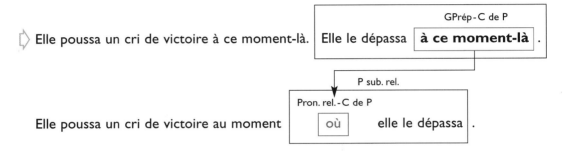

▷ Elle poussa un cri de victoire à ce moment-là.

Elle le dépassa **à ce moment-là** .

GPrép-C de P

Elle poussa un cri de victoire au moment

Pron. rel.-C de P
où elle le dépassa .

P sub. rel.

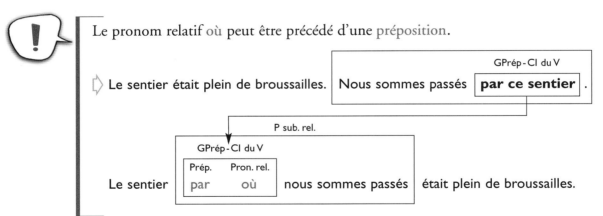

Le pronom relatif où peut être précédé d'une préposition.

▷ Le sentier était plein de broussailles.

Nous sommes passés **par ce sentier** .

GPrép-CI du V

Le sentier

GPrép-CI du V
Prép. *Pron. rel.*
par où nous sommes passés était plein de broussailles.

P sub. rel.

5 On appelle **antécédent** le mot repris par le pronom relatif. L'antécédent est placé avant le pronom relatif et lui donne son sens.

▷ M. Verdebois poussa un **glapissement** qui fit trembler les vitres.

6 La subordonnée relative complète souvent un nom. Elle remplit alors la fonction de **complément du nom**.

▷ J'adore

GN
N *P sub. rel.-C du N montre*
la montre que tu m'as offerte .

406

Pour construire des phrases correctes, il est important de savoir que la subordonnée relative ne peut pas exister seule.

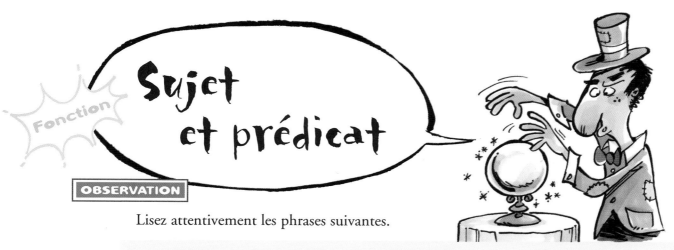

Sujet et prédicat

Fonction

OBSERVATION

Lisez attentivement les phrases suivantes.

> Le soleil se montra enfin. Les enfants retirèrent leurs lainages. Ils sentirent la chaleur sur leurs bras nus.

▶ **De qui ou de quoi parle-t-on dans chaque phrase? Et qu'est-ce qu'on en dit?**

DESCRIPTION ET EXPLICATION

DÉFI NI TION

Les fonctions de ┌ sujet de phrase ┐ et de ┌ prédicat de phrase ┐ sont celles des deux constituants obligatoires de la **phrase**.

Le sujet est ce dont on parle dans la phrase. Le prédicat est ce qu'on dit du sujet.

Sujet de P Prédicat de P
▷ | Thérèse | | lit dans les astres | .

De qui parle-t-on? *De Thérèse*: «Thérèse» est le sujet de phrase.

Qu'est-ce qu'on en dit? *Qu'elle lit dans les astres*: «lit dans les astres» est le prédicat de phrase.

❶ Le sujet de phrase

• Trois caractéristiques permettent de reconnaître le sujet de phrase.

1) On peut remplacer le | sujet | par l'expression Qui est-ce QUI? ou Qu'est-ce QUI?:

Sujet de P
▷ | Sa tête | reposait sur l'oreiller.

⇓ | Qu'est-ce QUI | reposait sur l'oreiller?

2) On peut encadrer le ⬚sujet par C'est… qui :

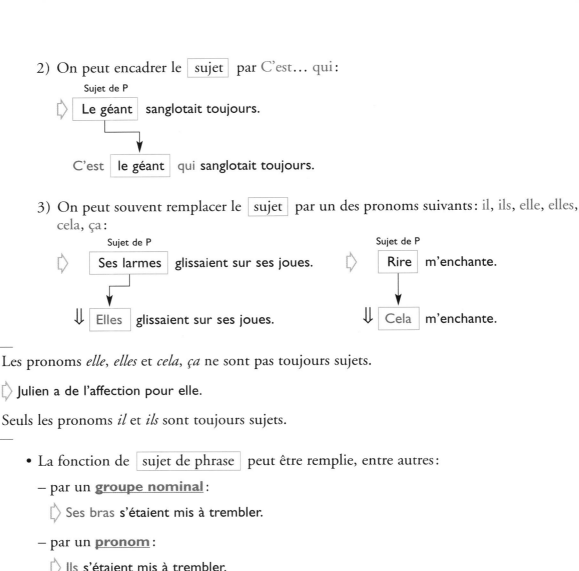

Sujet de P

⟶ | Le géant | sanglotait toujours.

C'est | le géant | qui sanglotait toujours.

3) On peut souvent remplacer le ⬚sujet par un des pronoms suivants : il, ils, elle, elles, cela, ça :

Sujet de P

⟶ | Ses larmes | glissaient sur ses joues.

⇓ | Elles | glissaient sur ses joues.

Sujet de P

⟶ | Rire | m'enchante.

⇓ | Cela | m'enchante.

Les pronoms *elle*, *elles* et *cela*, *ça* ne sont pas toujours sujets.

▷ Julien a de l'affection pour elle.

Seuls les pronoms *il* et *ils* sont toujours sujets.

- La fonction de ⬚sujet de phrase peut être remplie, entre autres :

  – par un **groupe nominal** :

  ▷ Ses bras s'étaient mis à trembler.

  – par un **pronom** :

  ▷ Ils s'étaient mis à trembler.

  Tu ne me fais pas peur.

  – par un groupe infinitif, c'est-à-dire un groupe dont le noyau est un verbe à l'infinitif :

  ▷ Faire du bruit était défendu.

❷ Le prédicat de phrase

La fonction de ⬚prédicat de phrase est toujours remplie par un **groupe verbal**. Le GV est le seul groupe à pouvoir remplir la fonction de **prédicat**.

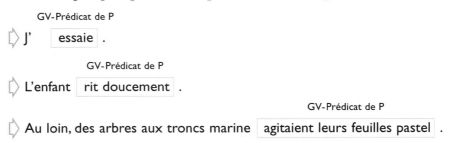

GV-Prédicat de P

▷ J' | essaie | .

GV-Prédicat de P

▷ L'enfant | rit doucement | .

GV-Prédicat de P

▷ Au loin, des arbres aux troncs marine | agitaient leurs feuilles pastel | .

Pour trouver le prédicat

Pour trouver le prédicat, on repère d'abord le ou les complément de phrase et le sujet .
Ce qui reste de la phrase est habituellement le prédicat .

▷ Tous les soirs , l'inspecteur raconte aux enfants un chapitre de cette aventure .

Tous les soirs est un **complément de phrase**: on peut l'effacer et le déplacer.

l'inspecteur est le **sujet de phrase**: on peut l'encadrer par *c'est… qui*, et on peut le remplacer par le pronom *il*.

raconte aux enfants un chapitre de cette aventure est le **prédicat de phrase**.

OBSERVATION

Voici quatre listes de **synonymes**. Parcourez-les.

fatigué, ée [fatige] **adj.**

→ brisé, courbatu, courbaturé, épuisé, éreinté, exténué, fourbu, harassé, las, mort (fig.), moulu, recru, rendu, rompu, surmené; fam. claqué, crevé, esquinté, flagada, flapi, lessivé, nase, pompé, raplapla, vanné, vidé

→ abattu, accablé, déprimé, fam. vaseux

→ tiré

→ souffrant

→ abîmé, avachi, déformé, défraîchi, usagé, usé, vieux

→ blasé, dégoûté, ennuyé, excédé, lassé, saturé

briller [bʀije] **v.**

→ chatoyer, étinceler, luire, miroiter, rayonner, resplendir, rutiler, scintiller

→ s'illuminer

→ pétiller

→ exceller

crainte [kʀɛ̃t] **n. f.**

→ angoisse, anxiété, appréhension, effroi, émoi, épouvante, frayeur, fam. frousse, inquiétude, obsession, peur, terreur, trac

→ phobie

maintenant [mɛ̃t(ə)nɑ̃] **adv.**

→ actuellement, aujourd'hui, présentement; en ce moment, à présent

→ désormais, dorénavant; d'ores et déjà[1]

▶ **Dites, en vos mots, ce qu'est un synonyme.**

▶ **Selon vous, peut-on choisir n'importe quel synonyme pour remplacer un mot dans un texte?**

DÉFINITION Les **synonymes** sont des mots ayant des **sens semblables** et appartenant à la **même classe de mots**.

Ainsi, les synonymes de l'**adjectif** *fatigué* sont des adjectifs (*brisé, abattu, tiré, souffrant...*). Les synonymes du **verbe** *briller* sont des verbes (*chatoyer, s'illuminer...*) et ceux du **nom** *crainte* sont des noms (*angoisse, phobie...*).

 Les **adverbes** peuvent cependant avoir des **groupes prépositionnels** pour synonymes. Par exemple, l'adverbe *maintenant* a pour synonymes les adverbes *actuellement* et *aujourd'hui*, mais aussi les GPrép *en ce moment* et *à présent*.

 COUP DE POUCE

Pour vérifier que deux mots sont bien des synonymes

Pour vérifier que deux mots sont bien des synonymes, on les joint à l'aide du verbe ***être***.

Chien et *cabot* sont-ils synonymes?

Peut-on dire : *Un chien* **est** *un cabot* **et** *Un cabot* **est** *un chien*? Oui. Ces deux noms sont donc synonymes l'un de l'autre.

⬤ Lorsqu'on veut remplacer un mot par un synonyme, il faut éviter de choisir n'importe quel mot de la liste des synonymes du dictionnaire. En effet, deux mots sont rarement des synonymes parfaits. Voir à ce sujet **Comment choisir le bon synonyme**, à la page 459.

Connaître les synonymes est utile pour s'exprimer avec précision et varier sa façon de dire les choses, autant à l'oral qu'à l'écrit. En effet, les synonymes permettent de faire des **reprises** tout en évitant les répétitions.

1. *Le Petit Robert : Dictionnaire de la langue française* (extraits), [cédérom], Le Robert, 2001.

OBSERVATION

Voici deux extraits de récit. Lisez-les en prêtant attention aux temps des verbes.

Extrait 1

Nunzia a assez d'éléments pour construire son texte. Elle quitte la salle en essayant de penser à un titre percutant pour son prochain article. Dans son dos, soudain, quelqu'un l'appelle.

— Nunzia !

Elle se retourne. Stéphane est sur le pas de la porte de la salle B 432. Il lui fait signe de venir avec un tel sourire, qu'on dirait qu'il vient de prendre rendez-vous avec Catherine Deneuve. Nunzia hésite un instant, puis revient sur ses pas.

— Qu'est-ce qu'il y a ? demande-t-elle.

— On a trouvé, enfin, la personne qu'il nous faut[1].

Extrait 2

Stupéfaite, la créature tomba par terre, sur des plants de bardanes, dont les fruits piquants s'accrochèrent à ses vêtements. Je l'entendis gémir de douleur et j'en profitai pour me sauver. Alarmés, mon père et mon grand-père arrivèrent à ma rescousse.

— Que se passe-t-il, Félix-Antoine ? On t'a entendu crier.

La voix de mon père était inquiète. J'étais essoufflé. Mes paroles se bousculaient à l'entrée de ma bouche. Mon discours était incompréhensible. Je tremblais comme une feuille. Au bout d'une ou deux minutes, d'autres pas s'approchèrent, venant de la forêt. Je craignais le pire. Je me cachai le visage contre la poitrine de mon père[2].

▶ **Quels sont les temps verbaux utilisés dans le premier extrait ? Et dans le second ?**

▶ **D'après vous, quel est le temps verbal principal dans le premier extrait ? Et dans le second ?**

DESCRIPTION ET EXPLICATION

① Le choix du système verbal

Lorsqu'on écrit un récit, on peut choisir de l'écrire au présent ou au passé.

• Si on choisit de raconter l'histoire au présent, on utilise le **système verbal du présent**, comme dans le premier extrait de l'OBSERVATION.

• Si on choisit de raconter l'histoire au passé, on utilise le **système verbal du passé**, comme dans le deuxième extrait de l'OBSERVATION.

② Le système verbal du présent

a) Dans le **système verbal du présent**, on utilise:

- le **présent** comme temps de base;
- le passé composé, l'imparfait, le plus-que-parfait, le futur simple et le futur antérieur, le conditionnel présent et le conditionnel passé comme temps associés.

 Dans un récit fait au présent, on ne peut utiliser que les temps du système verbal du présent.

b) Voici les principaux emplois de quelques-uns de ces temps.

- On utilise le **présent** pour raconter la suite des actions en cours.

  ▷ Elle quitte la salle en essayant de penser à un titre percutant pour son prochain article. Dans son dos, soudain, quelqu'un l'appelle. Elle se retourne.

- On utilise aussi le **présent** pour décrire les lieux, les personnages, leurs sentiments.

- On utilise le **passé composé** pour raconter les actions qui se sont déroulées avant l'action en cours.

  ▷ Stéphane est sur le pas de la porte de la salle B 432. Il lui fait signe.
  — On a trouvé, enfin, la personne qu'il nous faut.

- On utilise l'**imparfait** pour décrire les lieux, les personnages et leurs sentiments dans une époque passée.

- On utilise le **futur** et le **futur antérieur** pour raconter les actions qui se dérouleront après l'action en cours.

  ▷ Le reportage de Nunzia sera prêt dans une semaine, il paraîtra dans le journal de l'école.

③ Le système verbal du passé

a) Dans le **système verbal du passé**, on utilise:

- le **passé simple** comme temps de base;
- l'imparfait, le plus-que-parfait, le passé antérieur, le conditionnel présent et le conditionnel passé comme temps associés.

 Dans un récit fait au passé, on ne peut utiliser que les temps du système verbal du passé.

b) Voici les principaux emplois de quelques-uns de ces temps.

- On utilise le **passé simple** pour montrer la suite des actions dans le récit. Chaque action au passé simple se produit **après** la précédente.

- On utilise l'**imparfait** pour décrire les lieux, les personnages, leurs sentiments, etc. Chaque action à l'imparfait se produit **pendant** une autre.

La ligne du temps ci-dessous reproduit les verbes du deuxième extrait de l'OBSERVA-TION. Cette ligne du temps fait bien voir que les actions au passé simple se succèdent alors que celles à l'imparfait s'accumulent.

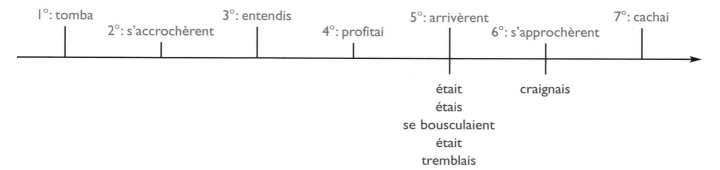

1°: tomba   3°: entendis   5°: arrivèrent   7°: cachai

2°: s'accrochèrent   4°: profitai   6°: s'approchèrent

était   craignais
étais
se bousculaient
était
tremblais

- On utilise le **plus-que-parfait** pour montrer les actions qui se sont déroulées avant une autre action dans le passé.

  ▷ Je me retrouvai bientôt près de l'endroit où j'avais vu la chauve-souris.

④ **Les paroles des personnages**

Dans un récit, les **paroles des personnages** sont toujours dans le système verbal du présent, même quand le récit est dans le système verbal du passé.

- Récit écrit dans le système verbal du présent (premier extrait de l'OBSERVATION) :

  ▷ — On a trouvé, enfin, la personne qu'il nous faut.

- Récit écrit dans le système verbal du passé (deuxième extrait de l'OBSERVATION) :

  ▷ — Que se passe-t-il, Félix-Antoine ? On t'a entendu crier.

UTILITÉ DE CETTE CONNAISSANCE

Choisir les bons temps verbaux est important quand on écrit une histoire. Cela permet d'assurer la **cohérence** du texte.

---

1. Cécile Gagnon, «Nunzia», *Mauve et autres nouvelles* (collectif de nouvelles), Éditions Paulines / Médiaspaul, coll. «Lectures VIP 6», 1988, p. 76-77. ▪ 2. Diane Groulx, «Le vampire», *Petites malices et grosses bêtises* (collectif de nouvelles), Saint-Laurent, Éd. Pierre Tisseyre, 2001, p. 93-94.

Trait d'union

EMPLOIS DU TRAIT D'UNION DANS LES MOTS
1. Nombre composé ®
Le trait d'union unit les mots qui forment un nombre composé inférieur à cent, sauf s'ils sont joints par *et*:   vingt-quatre / trois cent vingt-quatre / vingt et un / soixante et onze…
2. Ci et là
Le trait d'union unit les adverbes *ci* et *là*:   • à des pronoms: celle-ci, ceux-ci, celui-là, celles-là, ceux-là…;   • à des noms précédés d'un déterminant démonstratif: cet arbre-ci, cette fois-ci, ces temps-ci, ce soir-là, cette place-là, ces filles-là…;   • à des adjectifs: là-bas, là-haut;   • à des mots invariables: ci-après, ci-contre, ci-dessus, ci-dessous, ci-joint, là-dedans, là-devant, là-dessus, jusque-là…
Remarques   1. Le mot *ci* est toujours uni à un autre mot par un trait d'union.   2. Le mot *là* est parfois uni par un trait d'union (*là-bas*), parfois non (*par là*).
3. Même
Le trait d'union unit le pronom personnel au mot *même*:   toi-même, soi-même, elle-même, nous-mêmes, eux-mêmes…

EMPLOIS DU TRAIT D'UNION DANS LES PHRASES

I. Phrase impérative

Le trait d'union unit les pronoms personnels compléments à leur verbe dans une phrase impérative positive :

▷ Donne-moi une excuse valable. Donne-m'en une.
Dis-lui que je suis amoureuse. Dis-le-lui.
Va-t'en. Allons-nous-en. Donne-la-moi. Prends-en une. Prends-y garde.

Remarque

Les pronoms *moi*, *toi* et *lui* font m', t' et l' devant en et y : viens-t'en, laisse-l'y.

Ces pronoms ne sont pas suivis du trait d'union à cause de l'apostrophe, qui marque l'élision.

2. Incise et phrase interrogative

- Le trait d'union unit le pronom sujet à son verbe (ou à l'auxiliaire) dans une **incise** :

  ▷ Cyril, ai-je dit, je ne peux pas aller au cinéma avec toi.
  Je vois, a-t-il murmuré.

- Le trait d'union unit le pronom sujet à son verbe dans une phrase interrogative :

  ▷ Peux-tu me donner une excuse valable ?
  Qu'est-ce que c'est ?

Remarque

Dans une **phrase interrogative** et dans une **incise**, on place un **-t-** entre le verbe et le pronom sujet quand le verbe se termine par une voyelle et que le pronom commence par une voyelle : a-t-il / ira-t-on / aime-t-elle / regarde-t-il…

Ce **-t-** permet aux sons de mieux se dire. Il ne faut pas le confondre avec le pronom *t'* qu'on trouve dans la phrase impérative (*va-t'en*, *viens-t'en*…).

DIVISION DES MOTS À LA FIN D'UNE LIGNE

I. Divisions permises

- Entre deux syllabes :

  ▷ di-   divi-   man-   manne-   se-
    vision   sion   nequin   quin   melle

- Entre deux consonnes jumelles :

  ▷ bal-   com-   commis-
    lon   mission   sion

- Après un préfixe :

  ▷ extra-   co-   post-
    ordinaire équipier   dater

- Après le premier trait d'union d'un mot composé :

  ▷ demi-   garde-   arc-
    mesure   à-vous   en-ciel

2. Divisions interdites
• Après une syllabe d'une seule lettre :
⇨ ⊘ a- moureux   ⊘ é- tions   ⊘ o- range
• À l'intérieur d'une syllabe :
⇨ ⊘ sem- elle   ⊘ gâc- her
• Entre deux voyelles (sauf après un préfixe) :
⇨ ⊘ rivi- ère   ⊘ souri- ant   ⊘ pi- éger
• Avant une syllabe finale muette de moins de quatre lettres :
⇨ ⊘ lar- me   ⊘ capri- ces   ⊘ oran- ge
• Avant ou après un *x* ou un *y* quand ces lettres sont placées entre deux voyelles :
⇨ ⊘ lex- ique   ⊘ le- xique   ⊘ aux- iliaire   ⊘ au- xiliaire
⇨ ⊘ bruy- ant   ⊘ bru- yant
• Après une apostrophe :
⇨ ⊘ j'- aime   ⊘ aujourd'- hui   ⊘ lorsqu'- il
• Dans un mot d'une seule syllabe :
⇨ ⊘ li- on   ⊘ pi- ed   ⊘ li- eu

Comparez les phrases de gauche avec celles de droite.

Julien revient de vacances.	Quand Julien revient-il de vacances ?
Nous observons une minute de silence.	Observons une minute de silence.
Amélie danse bien.	Comme Amélie danse bien !

▶ **Quelles différences observez-vous entre chaque phrase de gauche et celle qui lui correspond à droite ?**

DESCRIPTION ET EXPLICATION

① Selon les marques qu'elles possèdent, on classe les phrases en quatre **types** : déclaratif, interrogatif, impératif et exclamatif.

② La phrase de type déclaratif

- La phrase déclarative sert de base à la construction des autres types de phrases.

- La phrase déclarative est construite **sans marque** interrogative, impérative ou exclamative. Elle se termine normalement par un point.

  ▷ Julien revient de vacances aujourd'hui.

③ La phrase de type interrogatif

- La phrase interrogative sert à poser une question. Elle est construite à partir de la phrase déclarative.

- La phrase interrogative contient une marque interrogative. Elle se termine par un point d'interrogation (?).

  ▷ Julien revient de vacances aujourd'hui.
  Est-ce que Julien revient de vacances aujourd'hui ?

- On transforme la phrase déclarative en phrase interrogative à l'aide des marques interrogatives énumérées ci-après.

  1) Un pronom sujet inversé :

    ▷ Tu as fait un beau voyage.
    As-tu fait un beau voyage ?

  On déplace le pronom sujet après le verbe. On insère un trait d'union entre le verbe et le pronom.

2) Un pronom (il, elle, ils, elles) qui reprend le sujet :

▷ Julien est heureux de revenir.
Julien est-il heureux de revenir ?

On ajoute, après le verbe, un pronom qui reprend le sujet. On insère un trait d'union entre le verbe et le pronom.

3) L'expression Est-ce que au début de la phrase :

▷ Tu as fait un beau voyage.
Est-ce que tu as fait un beau voyage ?

4) Un mot interrogatif au début de la phrase :

▷ Julien revient de vacances aujourd'hui.
Qui revient de vacances aujourd'hui ?

▷ Julien revient aujourd'hui.
Quand Julien revient-il ?

▷ Julien travaille à la bijouterie.
Où Julien travaille-t-il ?
Où travaille Julien ?

Dans certains cas, on ajoute, après le verbe, un **pronom** sujet et on met un trait d'union entre le verbe et le pronom. Dans certains autres cas, on déplace le sujet après le verbe.

Les mots interrogatifs sont les suivants :
— les **adverbes** interrogatifs : où, combien, comment, pourquoi, quand ;
— les **déterminants interrogatifs** : quel, quelle, quels, quelles ;
— les **pronoms interrogatifs** : qui, que, lequel, laquelle, lesquels, lesquelles ;
— les mots interrogatifs + est-ce qui ou est-ce que : qui est-ce qui / qui est-ce que, qu'est-ce qui / qu'est-ce que…

À l'oral, on utilise souvent la phrase **déclarative** plutôt que la **phrase interrogative** pour poser une question. C'est le ton employé qui indique qu'il s'agit d'une question.

▷ Tu as réussi ton examen ?

④ **La phrase de type impératif**

• La phrase impérative exprime souvent un ordre, mais aussi une demande, un conseil. Elle est construite à partir de la phrase déclarative.

• La phrase impérative contient un verbe à l'impératif. Elle se termine par un point ou un point d'exclamation (!).

▷ Tu vas chercher Julien à l'aéroport.
Va chercher Julien à l'aéroport.

Vous devez être à l'heure.
Soyez à l'heure !

⑤ **La phrase de type exclamatif**

• La phrase exclamative exprime un sentiment, une émotion de manière intense. Elle est construite à partir de la phrase déclarative.

- La phrase exclamative contient une marque exclamative (*combien, comme, que, quel, quelle, quels, quelles, combien de, que de*). Elle se termine par un point d'exclamation (**!**).

▷ Nous sommes contents de revoir Julien.
Que nous sommes contents de revoir Julien **!**

Une phrase est toujours d'**un seul type**: déclaratif *ou* interrogatif *ou* impératif *ou* exclamatif. Mais elle a toujours **plusieurs** <u>formes</u>.

UTILITÉ DE CETTE CONNAISSANCE

Il est important de connaître les marques de chaque type de phrases pour construire des phrases correctement.

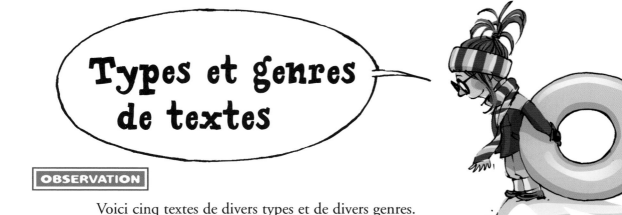

Types et genres de textes

OBSERVATION

Voici cinq textes de divers types et de divers genres. Observez ce qui les différencie les uns des autres.

Texte 1

Un homme qui devait une forte somme d'argent à son voisin gagna un jour la même somme d'argent que celle de sa dette. Il décida de l'enterrer près d'un arbre pour ne pas avoir à rembourser son voisin. Il épingla sur le tronc de l'arbre une feuille de papier où il avait écrit: «Ici, il n'y a pas la moindre pièce d'argent.»

Le lendemain, son voisin, qui se promenait, vit et lut la feuille. Il déterra l'argent et le prit. Puis, avant de partir, il laissa sur l'arbre une feuille où il avait écrit: «Ce n'est pas le voisin qui a pris l'argent[1].»

Texte 2

Le guépard est une magnifique bête de l'espèce des félidés. Mais, à l'encontre des animaux de cette famille, il ne possède pas de griffes mais des ongles, comme le chien.

Sa course est superbe; c'est un spectacle inoubliable mais fort rare, car généralement on court devant[2].

Texte 3

— Oncle Makhlouf, quelle est, sur cette terre, la chose la plus précieuse ?

— Le livre, mon fils.

— Oncle Makhlouf, je connaissais ta réponse, je voulais la réentendre... Mais, dis-moi: si l'on posait la même question à un boucher, ne répondrait-il pas que c'est la viande ?

— Peut-être, mon fils; sauf si ce boucher savait lire: alors, il répondrait, lui aussi, que c'est le livre[3].

Texte 4

Les propos de Gaston-le-Grognon sont justes et savoureux, et son personnage est bien cerné: une description de la vie des humains vue à nez de chat. Ce récit original, aux reparties vives et mordantes, est rédigé dans un style direct[4].

Texte 5

Pourquoi peut-on produire des sons en frottant le bord d'un verre avec ses doigts mouillés ? [...] Si on produit un son en frottant le bord d'un verre, c'est parce que cette friction fait vibrer le verre. En vibrant, le verre émet une résonance. Toutes les molécules se mettent à vibrer à une même fréquence et, ainsi, émettent un son[5].

▶ **L'un de ces textes est descriptif. Lequel, selon vous ?**
▶ **Quel texte raconte une histoire ?**
▶ **Dans quel texte l'auteur émet-il son opinion ?**
▶ **Lequel de ces textes est un dialogue ?**
▶ **Quel texte explique un phénomène ?**

DESCRIPTION ET EXPLICATION

① Les textes sont classés selon leur **type** et leur **genre**.

② **Les types de textes**

• Il existe cinq principaux **types** de textes:

Types de textes	Caractéristiques	Exemples (textes de l'OBSERVATION)
Narratif	• Histoire racontée par un narrateur • Présence d'un schéma narratif	**Texte 1**
Descriptif	• Présentation et description d'une réalité • Présence d'un sujet, d'aspects et, au besoin, de sous-aspects	**Texte 2**
Dialogal ou **dramatique**	• Texte qui a la forme d'un dialogue, d'un entretien, d'une conversation	**Texte 3**
Argumentatif	• Texte qui vise à convaincre à l'aide d'arguments	**Texte 4**
Explicatif	• Texte qui vise à faire comprendre un phénomène, une réalité, un fait	**Texte 5**

Un texte peut être en prose ou en **vers**. Quand un texte est en vers, on l'appelle **poème** ou **texte poétique**.

- Un texte peut contenir des parties qui ne sont pas du même type que le sien.

  - Un texte narratif contient souvent des **parties dialoguées**. On dit alors que le texte narratif contient des **séquences** de **type dialogal**.

  - Un texte narratif contient souvent des **parties descriptives**. On dit alors que le texte narratif contient des **séquences** de **type descriptif**.

❸ Les genres de textes

Il existe un grand nombre de **genres** de textes. Chacun de ces genres appartient à un **type** :

Types de textes	Genres de textes
Narratif	Conte, nouvelle, roman, légende, fable, récit de vie…
Descriptif	Article d'encyclopédie, livre documentaire, portrait, guide touristique, recette de cuisine…
Dialogal ou **dramatique**	Pièce de théâtre, dialogue de film, bande dessinée, interview, correspondance entre deux personnes…
Argumentatif	Lettre d'opinion, commentaire journalistique, critique de film, annonce publicitaire, discours politique…
Explicatif	Manuel scolaire, article d'encyclopédie, article spécialisé…

1. Lisa Bresner, *Sagesses et malices de la Chine ancienne*, Paris, Albin Michel Jeunesse, 2000, p. 61-62. ■ **2.** Jean L'Anselme, «Le guépard», *Les animaux des poètes*, Paris, Hachette, coll. «Le livre de poche jeunesse», 1991, p. 133. ■ **3.** Albert Memmi, «Le livre», *Le mirliton du ciel*, Paris, Julliard, 1990, p. 116. ■ **4.** Service de diffusion multimédia, au sujet du roman *Gaston-le-Grognon*, d'Anique Poitras, Montréal, Québec Amérique Jeunesse, 2001. ■ **5.** Christiane Duchesne et Carmen Marois, *Cyrus, l'encyclopédie qui raconte*, Montréal, Québec Amérique, coll. «Kid / Quid?», n° 10, 1996, p. 69 et 70.

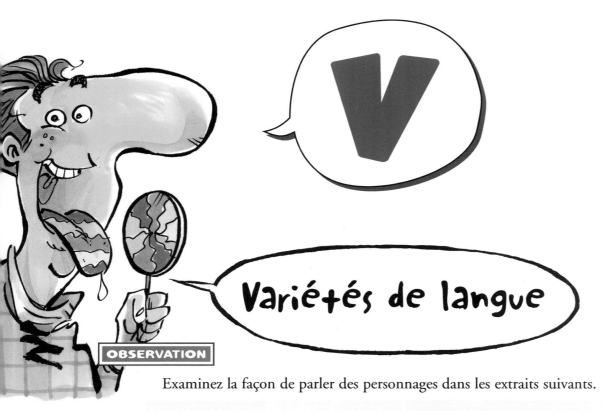

Variétés de langue

Examinez la façon de parler des personnages dans les extraits suivants.

Extrait 1

Le lendemain, je convoquai mes amis Suzie, Marjo, René et Johanne sur les marches de la tourelle. Cette construction de bois abritait l'escalier arrière de notre maison qui menait au logement du deuxième étage. C'était notre lieu de rencontre préféré. Pas un adulte pour nous espionner. Pas un petit frère pour aller tout répéter à notre mère. La tourelle était notre refuge. Mes amis ne se firent donc pas prier, et nous nous retrouvâmes tous les cinq[1].

Extrait 2

— Je t'adore... même si t'as la tête enflée ! Même si t'as la tête la plus grosse en ville !

Bon ! Ouf ! Finalement, il s'est calmé un peu, puis il a dit en évitant, cette fois, de me regarder dans les yeux:

— Faut que je décampe, j'ai rendez-vous avec mes chums pour affaires. Dis à m'man que j'serai pas là pour souper... J'ai pas envie, ce soir, de souper en famille !

Il n'est pas seulement gaga, mon frère ! Il est lâche comme Judas Iscariote, surtout ! Et dire que mon père et ma mère l'adorent à mort et que toutes les filles courent après lui[2] !

▶ **Selon vous, qu'est-ce qui différencie la langue standard (extrait 1) de la langue familière (extrait 2)?**

DESCRIPTION ET EXPLICATION

1. On s'exprime différemment selon qu'on s'adresse à des inconnus ou à des gens qu'on connaît bien, que la situation de communication est officielle ou plus familière, qu'on est à l'oral ou à l'écrit.

DÉFI NI TION Les **variétés de langue** sont les différentes façons de s'exprimer. On en distingue quatre : la langue standard (ou soignée), la langue familière, la langue soutenue (ou littéraire), la langue populaire.

2 La langue standard

La **langue standard** s'emploie autant à l'oral qu'à l'écrit. C'est la langue qu'on dit **correcte**, celle qui convient à la majorité des situations. Elle est habituellement utilisée dans les journaux, les documentaires, les textes explicatifs, les demandes de renseignements, les discussions avec un enseignant ou une enseignante, les exposés oraux, etc.

Principales caractéristiques :

- vocabulaire correct, ni littéraire ni familier ;
- phrases bien construites.

3 La langue familière

La **langue familière** s'emploie surtout à l'oral, dans des situations où l'on peut se permettre un certain relâchement, par exemple lors de conversations avec des amis ou des proches. À l'écrit, les auteurs et les auteures s'en servent pour rapporter les paroles d'un personnage qui n'a pas besoin de s'exprimer en faisant très attention.

Principales caractéristiques :

- vocabulaire familier : à mort (énormément, intensément, profondément), ça (cela), courir après (rechercher avec empressement), décamper (partir rapidement, s'enfuir), gaga (bizarre, déraisonnable, fou) ;
- anglicismes : batterie (pile), chum (ami) ;
- québécismes : case (armoire), niaiser (perdre son temps), placoter (bavarder) ;
- déformations dans la construction des phrases :
  - *ne* absent dans la phrase négative : «je serai pas là» (je ne serai pas là), «j'ai pas envie» (je n'ai pas envie),
  - pronom placé au mauvais endroit dans la phrase impérative négative : «inquiète-toi pas» (ne t'inquiète pas),
  - marque interrogative dans la phrase déclarative : «je me demande qu'est-ce que c'est» (je me demande ce que c'est) ;
- diction légèrement relâchée : m'man (maman), t'as (tu as).

4 La langue soutenue et la langue populaire

La **langue soutenue** (ou littéraire) s'utilise surtout en littérature et dans les discours officiels.

La **langue populaire** s'emploie à l'oral. Elle est souvent perçue comme la marque d'un manque d'éducation tant le français y est fautif.

 Pour savoir dans quelle variété de langue un texte est écrit, il faut tenir compte de tout le texte et non se fier à une seule caractéristique. Par exemple, un texte peut comporter un anglicisme, mais appartenir quand même à la langue standard.

⑤ Les dictionnaires sont utiles pour savoir à quelle variété appartient un mot ou une expression. Le dictionnaire signale les emplois littéraires (litt.), familiers (fam.) ou populaires (pop.). Un mot sans indication particulière appartient à la langue standard.

UTILITÉS DE CETTE CONNAISSANCE

① Connaître les variétés de langue est essentiel pour choisir celle convenant à la situation de communication.

② Cette connaissance est utile en lecture. En observant le vocabulaire des personnages et leur manière de parler, on peut savoir de quel milieu ils viennent et dans quel milieu ils évoluent. On peut également connaître des traits de leur personnalité.

1. Francine Allard, «Molière et les épingles à linge», *Petites malices et grosses bêtises* (collectif de nouvelles), Saint-Laurent, Éd. Pierre Tisseyre, 2001, p. 13. ■ 2. Ginette Anfousse, *Un terrible secret*, Montréal, La courte échelle, 1991, p. 23.

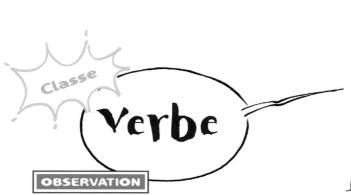

Classe

verbe

OBSERVATION

Révisez vos connaissances sur le **verbe** à l'aide du poème ci-dessous.

Conjugaison de l'oiseau

J'écris
(à la pie)

J'écrivais
(au geai)

J'écrivis
(au courlis)

J'écrirai
(au pluvier)

J'écrirais
(au roitelet)

Écris
(au sirli)

Que j'écrive
(à la grive)

Que j'écrivisse
(à l'ibis)

Écrivant
(au bruant)

Écrit
(au pipit)[1]

▶ **Repérez les verbes du poème. Qu'est-ce qui vous permet de dire que ce sont des verbes ?**
▶ **Essayez de trouver le mode et le temps de chacun des verbes.**

1 Le verbe est un **mot variable** qui peut **se conjuguer**.

- Le verbe est un **mot variable**. C'est un **receveur d'accord**: le verbe reçoit le nombre et la personne du sujet.

Ire pers. s.   3e pers. pl.

Je   **sais**   **que**   **les**   étoiles   brillent .

donneur   receveur   donneur   receveur

- Le verbe est un **mot qui peut se conjuguer**. Autrement dit, il peut être employé à différents modes et temps, et à différentes personnes du singulier ou du pluriel.

  > Reviens-en! grogna Simon.

  Le verbe est au mode impératif, au temps présent et à la 2e personne du singulier.

  > Les garçons n'en revenaient pas.

  Le verbe est au mode indicatif, au temps imparfait et à la 3e personne du pluriel.

COUP DE POUCE

Pour repérer les verbes

Pour repérer le ou les verbes dans une phrase, on peut utiliser la manipulation d'**addition** (**+**).

Si on peut ajouter à un mot la négation *ne… pas*, alors ce mot est un verbe:

> La jeune femme sort de la salle.
> **+** La jeune femme *ne* sort *pas* de la salle.

Donc, le mot sort est un verbe dans cette phrase.

2 Les verbes se conjuguent à divers modes.

- Au mode **indicatif**, le verbe se conjugue avec un pronom personnel:

  > J'écris, tu écris, il écrit…
  > Nous avons répondu, vous avez répondu, ils ont répondu…

- Au mode **subjonctif**, *que* précède le pronom personnel sujet:

  > Que j'écrive, que tu écrives, qu'il écrive…

- Au mode **impératif**, le sujet est sous-entendu:

  > Écris, écrivons, écrivez.

- Aux modes **infinitif** et **participe**, il n'y a pas de sujet:

infinitif	participe
Écrire/avoir écrit;	Écrivant/ayant écrit; écrit/eu écrit;
Répondre/avoir répondu.	Répondant/ayant répondu; répondu/eu répondu.

3 Les verbes se conjuguent aussi à divers temps du passé, du présent et du futur.

④ Les verbes construits avec le sujet *il* impersonnel sont des verbes impersonnels.

- Certains verbes sont toujours impersonnels : *il faut, il s'agit, il est question, il pleut, il vente, il tonne, il neige…*

- Certains verbes sont occasionnellement impersonnels : *il arrive, il manque, il se passe, il se produit…*

COUP DE POUCE

Pour distinguer le verbe toujours impersonnel et le verbe occasionnellement impersonnel

- Si le sujet d'un verbe impersonnel **ne peut pas être remplacé par un autre mot**, le verbe est **toujours impersonnel**.

  ⇨ Il faut **faire attention.**
  ⊘ **Elle** faut **faire attention.**

  ⇨ Il neige.
  ⊘ **Elle** neige.

- Si le sujet d'un verbe impersonnel **peut être remplacé par un autre mot ou un groupe de mots**, le verbe est **occasionnellement impersonnel**.

  ⇨ Il s'est produit **un accident en mer.**
  Un accident s'est produit **en mer.**

- Le verbe *être* peut se combiner avec des adjectifs pour former des constructions impersonnelles : *il est possible, il est nécessaire, il est bon, il est utile, il est rare…*

- Les verbes impersonnels servent à la construction des **phrases impersonnelles**.

⑤ Les verbes ont différents **traits de sens**. En voici quelques-uns.
- Verbes de **parole** : *demander, dire, expliquer, nier, remarquer, répondre, souffler…*
- Verbes de **perception** : *écouter, entendre, goûter, percevoir, sentir, toucher, voir…*
- Verbes de **sentiment**, d'**émotion** : *aimer, avoir peur, craindre, détester, préférer…*
- Verbes de **volonté** : *désirer, défendre, exiger, interdire, permettre, souhaiter, vouloir…*
- Verbes d'**opinion** : *croire, espérer, estimer, juger, penser, trouver…*

⑥ Le verbe est le noyau du **groupe verbal**. Le verbe à l'infinitif, quant à lui, est le noyau du groupe infinitif.

---

1. Luc Bérimont, *La poésie comme elle s'écrit*, Paris, Éditions Ouvrières, coll. «Enfance heureuse», 1979, p. 188.

426

LES STRATÉGIES

Carte des stratégies

Communication écrite : LECTURE

Stratégies utiles pour se préparer à la lecture

COMMENT

Stratégies utiles pour bien comprendre un texte

COMMENT

Stratégie utile pour réagir à une lecture

COMMENT

Communication écrite : ÉCRITURE

Stratégies utiles pour se préparer à l'écriture

COMMENT

Stratégies utiles pour rédiger un texte

COMMENT

Stratégies utiles pour réviser, corriger et améliorer un texte

COMMENT

Communication orale : ÉCOUTE

Stratégie utile pour réagir à une écoute

COMMENT

Communication orale : EXPRESSION ORALE

Stratégies utiles pour se préparer à prendre la parole

COMMENT

LECTURE

COMMENT analyser une situation de lecture

▷ Pour analyser votre **situation de lecture**, posez-vous les questions suivantes.

QUI a écrit le texte? Une romancière, une personnalité scientifique, un ami… Son nom apparaît sur la première de couverture du livre, sous le titre ou au bas de l'article, à la fin du message…

À QUI le texte s'adresse-t-il? Autrement dit, qui sont les **destinataires**? Des lecteurs et lectrices de romans jeunesse, des lecteurs et lectrices d'articles de revues scientifiques, un large public…

DE QUOI parle-t-on dans le texte? Autrement dit, quel est le **sujet** du texte? Le titre peut vous mettre sur la piste. Un résumé ou un extrait sur la quatrième de couverture peut également vous renseigner.

POURQUOI lisez-vous ce texte? Pour vous divertir, vous informer, connaître l'opinion de quelqu'un…

OÙ le texte a-t-il été écrit? Dans quel pays ou dans quelle ville?

QUAND le texte a-t-il été écrit? Si c'est un texte descriptif, a-t-il été écrit récemment ou il y a longtemps? Si c'est un message, a-t-il été écrit quelques jours avant sa réception ou le même jour? Si c'est un roman, a-t-il été écrit il y a 150 ans ou dans les dernières années?

Une fois que vous aurez répondu à ces questions, notez le **type** et le **genre** du texte.

Exemple d'analyse d'une situation de lecture

Qui?	Roy MacGregor
À qui?	À des lecteurs et lectrices de romans jeunesse
De quoi?	Roman qui raconte les aventures d'une équipe de hockey de jeunes en tournoi au Japon
Pourquoi?	Me divertir
Où?	Canada
Quand?	2003
Type et genre:	Texte narratif – Roman

COMMENT déterminer sa manière de lire

▷ Avant d'entreprendre une lecture, tenez compte des conditions dans lesquelles elle se fera.

1 Temps alloué

- De combien de temps disposez-vous pour lire le texte?

2 Manière de lire

- Ferez-vous un survol seulement ou entreprendrez-vous une lecture approfondie?
- Lirez-vous quelques passages seulement ou le texte en entier?
- La lecture se fera-t-elle en une seule étape ou en plusieurs? Si la lecture doit se faire à différents moments, comment la répartirez-vous?
- Prévoyez-vous faire une deuxième lecture?

3 Type de lecture

- La lecture se fera-t-elle individuellement?
- Se fera-t-elle en équipe? La tâche devra alors être partagée entre les membres de l'équipe.
- Se fera-t-elle en groupe à voix haute? Qui lira?

4 Ressources disponibles

- Aurez-vous accès à des dictionnaires, à des ouvrages spécialisés?
- Pourrez-vous consulter des élèves de la classe, des personnes-ressources?

5 Manière de noter

Voir
Comment annoter un texte ou prendre des notes, à la page 433.

Prévoyez une façon de noter les éléments importants (selon la tâche à exécuter) :

• soulignez, surlignez ;

• annotez ;

• préparez une fiche, une feuille de notes ou créez un fichier électronique pour consigner des commentaires, des réactions, des questions, des citations, des reformulations d'idées importantes…

COMMENT faire des prédictions à partir d'un survol

▷ Faire des prédictions, c'est émettre des hypothèses sur ce qui sera dit dans le texte.

▷ Survoler un texte permet de reconnaître son **type** et son **genre**, à partir d'indices. Cela aide à faire les bons choix de textes.

1 Pour survoler un texte

Pour avoir une bonne idée du contenu d'un texte sans le lire en entier, on observe des indices qui «parlent» beaucoup. Voici les principaux.

• Le titre révèle habituellement de façon claire le sujet du texte.

• Le sous-titre (titre secondaire placé sous le titre) apporte des précisions sur le sujet.

• Le chapeau (court texte placé en tête d'un article) introduit le sujet.

• L'introduction contient souvent les grandes lignes du sujet.

• Les intertitres annoncent généralement les aspects traités dans chaque section du texte.

• Les premiers mots du paragraphe donnent un aperçu du contenu du paragraphe.

• Les énumérations verticales contiennent souvent des informations condensées.

• Les illustrations ou les photographies renseignent sur le contenu.

• Les légendes accompagnent les images pour leur donner un sens.

• Les tableaux fournissent souvent des informations condensées.

• Les encadrés attirent l'attention sur certaines informations.

• Le **gras** et le souligné permettent de repérer rapidement les informations importantes dans le texte.

 Un texte ne contient pas tous ces indices à la fois. Chacun joue un rôle bien précis, qui est de permettre, à sa façon, de faire connaître le contenu du texte.

2 Pour faire des prédictions

Quand on fait un survol, c'est parce qu'on veut savoir si un texte contient les renseignements dont on a besoin. Il faut donc se poser des questions comme celles qui suivent.

- Quelle est l'**intention** de l'auteur ou de l'auteure ? Est-ce la même que la mienne ?

  Par exemple, si je cherche de l'information, je me demande si l'intention de la personne qui a écrit le texte est d'informer.

- Le **sujet** abordé est-il celui qui m'intéresse ?

  Les sous-titres m'indiquent-ils que le texte traite des **aspects** sur lesquels je cherche de l'information ? M'inspirent-ils d'autres idées auxquelles je n'avais pas pensé et qui conviendraient à ma recherche ?

- Les **indices** me permettent-ils de reconnaître que le texte est à ma portée, que j'en comprends bien le sens ?

Le fait de se poser ces questions permet de mieux entrer dans le texte, d'être à l'affût de ce qu'on cherche.

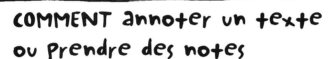

COMMENT annoter un texte ou prendre des notes

▷ Il est important, lorsque vous lisez un texte, de noter ce qui pourrait être utile :
  - pour enrichir vos connaissances ;
  - pour vous préparer en vue d'une production orale ou écrite, par exemple un résumé, une description, une comparaison entre deux œuvres, une appréciation, etc.

▷ Afin de prendre des notes qui vous serviront vraiment, utilisez la démarche suivante en quatre étapes :
  1) précisez ce que vous cherchez ;
  2) lisez ;
  3) prenez des notes ;
  4) classez vos notes.

❶ Précisez ce que vous cherchez

De quelles informations avez-vous besoin ? Faites-en une liste. Vous pourrez, grâce à cette liste, lire en accordant de l'attention à ce qui vous sera utile et ne pas tenir compte du reste.

Exemple d'informations recherchées sur les volcans

- L'emplacement des volcans
- La formation des volcans
- La forme des volcans : volcan fissural, volcan bouclier, strato-volcan
- Les matières expulsées par les volcans

❷ Lisez

Ne prenez pas de notes tout de suite, lisez d'abord. Si vous prenez des notes au fil de votre lecture, vous en prendrez trop. Au lieu d'être utiles, vos notes seront encombrantes.

- **Si le texte est court**, lisez-le au complet avant de passer à la troisième étape.

- **Si le texte est long** (trois pages et plus), lisez-le partie par partie (d'un intertitre au suivant pour un article ou d'un chapitre à l'autre pour un roman).

  Après chaque partie, passez à la troisième étape (c'est-à-dire prenez des notes sur cette partie).

❸ Prenez des notes

Maintenant que vous avez une bonne idée du contenu du texte, vous pouvez prendre des notes. Encore une fois, procédez avec méthode.

A. Sur quoi noter

Vous avez trois possibilités :

- prendre des notes sur le texte lui-même si le livre ou la revue vous appartient ;
- prendre des notes sur une photocopie ;
- prendre des notes sur une feuille à part.

B. Quoi noter et **comment** noter

Notez les informations dont **vous** avez besoin. Autrement dit, notez l'**essentiel** compte tenu de ce que vous avez l'**intention de faire**.

- **Si vous prenez des notes sur le texte lui-même ou sur une photocopie :**

- notez, en haut de page, le SUJET DU TEXTE ou l'ASPECT ABORDÉ ;
- notez, dans la marge, la structure du texte et les idées importantes, s'il y a lieu ;

> **Structure à noter pour un texte courant :**
> l'introduction, le développement (avec les aspects et les sous-aspects), la conclusion

> **Structure à noter pour un texte narratif :**
> le **schéma narratif**

- surlignez les idées importantes, les mots-clés, s'il y a lieu ;
- surlignez les organisateurs textuels dans une autre couleur, s'il y a lieu ;
- placez entre crochets les **citations** et les **exemples** à conserver, s'il y a lieu.

 Ne surchargez pas votre copie d'annotations et de couleurs ; vous risqueriez de ne pas vous y retrouver.

Exemple de texte annoté

Informations recherchées: les matières expulsées par les volcans

LES MATIÈRES EXPULSÉES PAR LES VOLCANS

Matière expulsée:
magma = gaz
+ roche fondue

La matière qui s'élève à l'intérieur d'un volcan en éruption est appelée *magma*. Le magma est un mélange de roche fondue et de gaz (qui sont les deux produits principaux d'une éruption).

1. Gaz sort
de 2 façons:
– facilement
(si roche fluide)
– difficilement
(si magma épais)

Lorsque le magma remonte dans le volcan, le gaz tend à s'échapper hors de la roche fondue. Si la roche est très fluide, le gaz s'échappe aisément et l'éruption est peu violente. Si au contraire le magma est épais, le gaz ne peut s'échapper doucement: il explose donc avant d'avoir atteint la surface, ce qui produit souvent des éruptions très violentes.

Il arrive parfois que le gaz joue le rôle le plus important dans une éruption. [C'est ainsi que lors d'une nouvelle éruption du Vésuve, en 1906, des gaz furent projetés avec une force gigantesque jusqu'à treize kilomètres de hauteur. Cette éruption, qui dura dix-huit heures, réduisit l'altitude de la montagne de cent dix mètres.]

2. Roche fondue
(lave)

Types de laves:
– pâteuse

Hormis les gaz, la plupart des volcans déversent également de la roche fondue. Lorsqu'elle s'écoule hors du volcan, cette roche prend le nom de *lave*. Elle est très chaude (de 900 à 1 200 °C) mais finit toutefois par se refroidir pour redevenir de la roche dure. Comme nous l'avons vu, la roche fondue à l'intérieur du volcan peut être épaisse ou fluide; il en va de même pour la lave qui s'écoule à l'air libre. La lave pâteuse ne coule pas sur de grandes distances. Elle tend à s'amonceler près de la bouche du volcan, et peut même se solidifier à l'intérieur du cratère: dans ce cas, il faudra une puissante éruption pour débloquer le cratère.

– fluide

Les laves fluides peuvent parcourir de longues distances avant de se solidifier, même si la pente du terrain est faible. [Certaines coulées de lave du plateau de Columbia, aux États-Unis, ont deux cents kilomètres de long et se sont étalées sur une zone presque plane.]

James Carson, *Les volcans*, adaptation française de Nicolas Blot, Paris, Éd. Philippe Auzou, coll. «Planète Terre», 1992, p. 8 à 10.

- **Si vous prenez des notes sur des feuilles à part:**
– choisissez des feuilles ou des fiches plutôt qu'un cahier: vous pourrez changer ou ajouter des feuilles plus facilement;
– écrivez sur un côté de la page seulement;
– changez de page chaque fois que vous abordez un nouveau sujet;
– notez, en haut de chaque page, le SUJET DU TEXTE ou l'ASPECT ABORDÉ;
– notez toujours la **source de l'information** (le nom de l'auteur ou de l'auteure, le titre, la page, etc.);
– notez, dans vos mots, les informations à retenir (ne copiez pas de phrases ou de passages du texte, à l'exception des **définitions éclairantes** et des **citations à conserver**).

Exemple de notes prises à part

Informations recherchées : les matières expulsées par les volcans

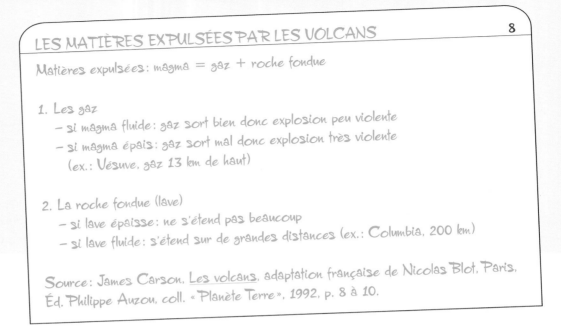

LES MATIÈRES EXPULSÉES PAR LES VOLCANS   8

Matières expulsées : magma = gaz + roche fondue

1. Les gaz
   – si magma fluide : gaz sort bien donc explosion peu violente
   – si magma épais : gaz sort mal donc explosion très violente
     (ex. : Vésuve, gaz 13 km de haut)

2. La roche fondue (lave)
   – si lave épaisse : ne s'étend pas beaucoup
   – si lave fluide : s'étend sur de grandes distances (ex. : Columbia, 200 km)

Source : James Carson, Les volcans, adaptation française de Nicolas Blot, Paris,
Éd. Philippe Auzou, coll. « Planète Terre », 1992, p. 8 à 10.

Les notes sont des documents personnels. À vous donc de trouver votre façon de faire. Vous pouvez utiliser des abréviations, des symboles et des sigles. Veillez toutefois à ce que vos notes soient **claires** et **lisibles**. Elles seront alors **utiles**.

4 Classez vos notes

Pour des notes prises sur des feuilles à part

• Regroupez les fiches ou les feuilles qui traitent du même aspect du sujet, et numérotez-les.

• Utilisez une couleur différente pour chaque aspect.

Pour des notes prises sur le texte ou sur une photocopie

• Si vous travaillez sur plusieurs textes, classez-les par aspects et numérotez-les.

• Utilisez une couleur différente pour chaque aspect.

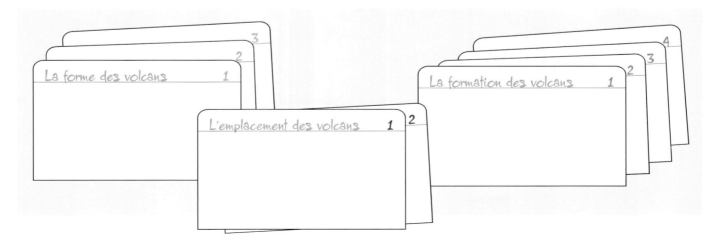

La forme des volcans   1   2   3

L'emplacement des volcans   1   2

La formation des volcans   1   2   3   4

❺ Pour noter rapidement

Pour noter des informations rapidement, vous pouvez utiliser des abréviations et des symboles comme ceux présentés ci-dessous.

Abréviations courantes					
apr.	après	jr	jour	qd	quand
av.	avant	m̂	même	qq.	quelque
bcp	beaucoup	M.	monsieur	qqch.	quelque chose
bibl.	bibliothèque	max.	maximum	qqf.	quelquefois
c.-à-d.	c'est-à-dire	min.	minimum	qqn	quelqu'un
cf.	voir	Mme	madame	s.	siècle
ch.	chacun(e), chaque	ms	mais	S.	Sud
dc	donc, par conséquent	N.	Nord	sc.	science
ds	dans	n°, n^{os}	numéro, numéros	svt	souvent
E.	Est	ns	nous	ts	tous
env.	environ	O.	Ouest	tt	tout
etc.	*et cetera*	p.	page	tte	toute
ex.	exemple	§	paragraphe	ttes	toutes
excl.	exclusivement	p.c.q.	parce que	1er	premier
ext.	extérieur	pdt	pendant	1re	première
incl.	inclus, inclusivement	pr	pour	2^{e}	deuxième
int.	intérieur	pt	point	100^{e}	centième

! Vous pouvez créer vos propres abréviations (nb. = nombreux; pb. = problème), pourvu que vous vous y retrouviez.

Unité de mesure de temps		Unité de mesure de longueur		Unité de mesure de poids		Unité de mesure de capacité	
h	heure	m	mètre	g	gramme	l	litre
min	minute	cm	centimètre	kg	kilogramme		
s	seconde	km	kilomètre				

Symboles courants					
=	égal	→	a pour conséquence, entraîne, produit, cause	$	dollar
≅	à peu près égal à			€	euro
≠	est différent de			%	pourcentage
+	plus	↑	augmentation, augmente, grandit, s'élève, monte		
−	moins				
±	plus ou moins				
>	plus grand que	↓	diminution, diminue, rapetisse, se réduit à, baisse, descend		
<	plus petit que				

Point abréviatif

◆ Un mot abrégé se termine par un point, sauf si la dernière lettre du mot est la dernière lettre de l'abréviation : **int.** (intérieur), **jr** (jour).

◆ Les unités de mesure ne sont jamais suivies d'un point.

COMMENT reconnaître le sujet, les aspects et les sous-aspects dans un texte descriptif

▷ Le sujet, ou thème, d'un texte, c'est de quoi ce texte parle, par exemple : les mammifères, l'obésité chez les jeunes, l'histoire d'un groupe de musique, la pollution du fleuve Saint-Laurent, la fabrication des parfums, une enquête pour dépister un criminel ou une criminelle, etc.

▷ Un texte descriptif présente un **sujet** qui comporte…
- soit des **aspects**, c'est-à-dire la description de types, de caractéristiques ou de parties, par exemple :
  - les différents **types** : d'intelligence / de musique / de mammifères / d'habitation ;
  - les **caractéristiques** : de l'obésité chez les jeunes / des tomates modifiées génétiquement / du climat en Antarctique / de la pollution dans le fleuve Saint-Laurent ;
  - les **parties** : de la tomate / de l'oreille / d'une habitation / d'un accordéon, etc.
- soit des **étapes**, c'est-à-dire la description d'une suite d'actions liées entre elles, par exemple :
  - l'**histoire** d'un groupe de musique ;
  - les **étapes à suivre** pour : fabriquer un parfum / se mettre en forme / faire passer un liquide à l'état gazeux ;
  - les **étapes suivies** pour capturer un criminel ou une criminelle ;
  - les **étapes** de la découverte d'un médicament ;
  - etc.

▷ Les aspects, ou les étapes, peuvent à leur tour comporter des **sous-aspects**, comme l'illustre le schéma ci-dessous :

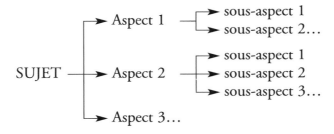

Pour les textes d'opinion, on parle d'idées principales (au lieu d'aspects) et d'idées secondaires (au lieu de sous-aspects).

▷ Pour trouver le **sujet**, les **aspects** (ou les **étapes**) et les **sous-aspects**, appliquez la démarche suivante en cinq étapes:

1) repérez les mots-clés et formulez le sujet du texte;
2) dégagez la structure du texte;
3) donnez un titre à chaque section du développement;
4) repérez les sous-aspects;
5) donnez un titre à chaque sous-section.

COUP DE POUCE

Pour travailler le texte

Pour faire ce travail, annotez une photocopie du texte ou utilisez un transparent.

---

① Repérez les mots-clés et formulez le sujet du texte

Commencez par repérer les mots-clés, c'est-à-dire les mots importants: ils révèlent le sujet. Pour repérer ces mots, survolez le texte et servez-vous des indices suivants:

– le titre: habituellement, il donne de façon claire le sujet;

– l'introduction et la conclusion: les mots-clés y apparaissent;

– les mots répétés: ce sont souvent des mots-clés.

Donnez ensuite le sujet du texte. Le sujet est toujours un GN très court qui répond à la question: «De quoi parle l'auteur ou l'auteure dans ce texte?»

② Dégagez la structure du texte

Commencez par repérer l'introduction, le développement et la conclusion. Dégagez ensuite les grandes sections du développement. Pour vous aider, survolez le texte et servez-vous des indices suivants:

– l'introduction: elle annonce souvent les aspects traités;

– les intertitres, s'il y a lieu: ils annoncent souvent les aspects;

– le découpage en paragraphes;

– les **organisateurs textuels** au début des paragraphes;

– les phrases qui annoncent ou résument le contenu d'une section;

– la conclusion: elle rappelle souvent les aspects traités dans le développement.

③ Donnez un titre à chaque section du développement

Pour trouver un titre à chaque section, servez-vous des idées importantes de la section. Le titre est un GN court qui répond à la question: «De quoi parle l'auteur ou l'auteure dans cette section?»

Exemple de travail pour reconnaître le sujet et les aspects

• Lisez d'abord le texte intitulé *Les mammifères*.

 Les mammifères

Aspect 1
Définition

Les mammifères sont des vertébrés à sang chaud, au corps plus ou moins couvert de poils et nourris du lait de leur mère pendant les premiers temps de leur vie. Le nom mammifère vient d'ailleurs du mot «mamelle».

Aspect 2
Les trois groupes de mammifères

[On distingue trois groupes de mammifères.] Chez les placentaires, les petits restent dans le corps de la mère. Les substances nutritives circulent de la mère au fœtus par le placenta, auquel le fœtus est relié par le cordon ombilical. À la naissance, le petit est viable et le cordon est rompu. Votre nombril (ou ombilic) est ce qui reste de ce point d'attache. L'ours, la chauve-souris et l'être humain appartiennent au groupe des placentaires. Les marsupiaux, quant à eux, naissent à un stade très précoce. Après leur naissance, les petits, tels l'opossum et le koala, rampent à travers la fourrure maternelle jusqu'à une poche externe où, nourris de lait, ils achèvent leur développement. Le troisième groupe — les monotrèmes — pond des œufs. Très rares, les monotrèmes ne sont plus représentés que par l'ornithorynque et deux sortes d'échidnés. À l'éclosion, les petits sont allaités par leur mère.

Aspect 3
Les stratégies de reproduction des mammifères

[Les mammifères, comme tous les animaux, suivent deux tendances pour ce qui est des stratégies de reproduction.] Dans le premier cas, l'espèce se reproduit très souvent et la mère met au monde des portées nombreuses après une courte période de gestation. Mais le taux de survie est faible. Nombre de petits rongeurs suivent ce modèle. À l'opposé, dans le second cas, l'espèce se reproduit lentement, la mère donnant naissance à un seul petit à la fois après une longue gestation. Les chances de survie sont cependant nettement plus élevées ici. L'éléphant, les grands singes et l'être humain sont des exemples de la seconde tendance.

D'après David Burnie, *La nature*, Paris, Seuil, coll. «Guides pratiques jeunesse», 1992, p. 154-155.

• Observez maintenant comment faire en suivant les étapes ci-après.

1° Vous formulez le sujet: ici, le sujet est **les mammifères** (le titre nous mettait sur la piste).

2° Vous dégagez la structure du texte.

Les indices qui ont aidé à diviser le texte en **trois sections** (aspects 1, 2, 3) sont les suivants:
– il y a trois paragraphes;
– il y a deux phrases qui annoncent une nouvelle idée et donc une nouvelle section. Nous avons placé ces phrases entre crochets.

3° Vous donnez un titre à chaque section. Remarquez que les titres, inscrits à gauche, sont tous des GN. Les passages surlignés contiennent des mots qui peuvent vous aider à formuler les titres.

④ Repérez les sous-aspects

Pour repérer les **sous-aspects**, lorsqu'il y en a, servez-vous des indices suivants :

– les organisateurs textuels ;

– les mots-clés, c'est-à-dire les mots qui contiennent l'information essentielle.

⑤ Donnez un titre à chaque sous-section

Pour trouver un titre à chaque sous-section, servez-vous des mots-clés. Le titre est un GN court qui répond à la question : «De quoi parle l'auteur ou l'auteure dans cette sous-section ?»

Exemple de travail pour reconnaître les sous-aspects

- Maintenant que vous avez formulé le sujet et dégagé les aspects, passez aux **sous-aspects**.

   4° Vous repérez les sous-aspects dans chaque partie, s'il y a lieu.

   L'aspect 2 contient trois sous-aspects. Les mots-clés et les organisateurs textuels ont permis de les trouver.

   L'aspect 3 contient deux sous-aspects. Ici, ce sont surtout les organisateurs textuels qui ont été utiles.

   Dans l'exemple ci-dessous, les barres obliques délimitent les sous-aspects.

   5° Vous donnez un titre à chaque sous-aspect. Les titres, inscrits à gauche, sont tous des GN courts. Les mots-clés peuvent vous aider à les formuler.

▷ **Les mammifères**

1. Définition

Les mammifères sont des vertébrés à sang chaud, au corps plus ou moins couvert de poils et nourris du lait de leur mère pendant les premiers temps de leur vie. Le nom mammifère vient d'ailleurs du mot «mamelle».

2. Les trois groupes de mammifères

On distingue trois groupes de mammifères. Chez les placentaires, les petits restent dans le corps de la mère. Les substances nutritives circulent de la mère au fœtus par le placenta, auquel le fœtus est relié par le cordon ombilical. À la naissance, le petit est viable et le cordon est rompu. Votre nombril (ou ombilic) est ce qui reste de ce point d'attache. L'ours, la chauve-souris et l'être humain appartiennent au groupe des placentaires. // Les marsupiaux, quant à eux, naissent à un stade très précoce. Après leur naissance, les petits, tels l'opossum et le koala, rampent à travers la fourrure maternelle jusqu'à une poche externe où, nourris de lait, ils achèvent leur développement. // Le troisième groupe — les monotrèmes — pond des œufs. Très rares, les monotrèmes ne sont plus représentés que par l'ornithorynque et deux sortes d'échidnés. À l'éclosion, les petits sont allaités par leur mère.

sous-aspect 1
Les placentaires

sous-aspect 2
Les marsupiaux

sous-aspect 3
Les monotrèmes

3. Les stratégies de reproduction des mammifères

sous-aspect 1
La reproduction rapide à survie faible

sous-aspect 2
La reproduction lente à survie élevée

Les mammifères, comme tous les animaux, suivent deux tendances pour ce qui est des stratégies de reproduction. Dans le premier cas, l'espèce se reproduit très souvent et la mère met au monde des portées nombreuses après une courte période de gestation. Mais le taux de survie est faible. Nombre de petits rongeurs suivent ce modèle. // À l'opposé, dans le second cas, l'espèce se reproduit lentement, la mère donnant naissance à un seul petit à la fois après une longue gestation. Les chances de survie sont cependant nettement plus élevées ici. L'éléphant, les grands singes et l'être humain sont des exemples de la seconde tendance.

D'après David Burnie, *La nature*, Paris, Seuil, coll. «Guides pratiques jeunesse», 1992, p. 154-155.

Organisation du texte descriptif *Les mammifères*

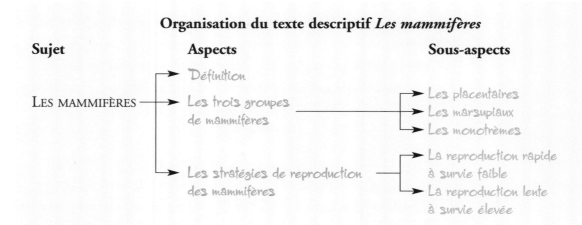

Sujet	Aspects	Sous-aspects
LES MAMMIFÈRES	Définition	
	Les trois groupes de mammifères	Les placentaires Les marsupiaux Les monotrèmes
	Les stratégies de reproduction des mammifères	La reproduction rapide à survie faible La reproduction lente à survie élevée

COMMENT dégager le plan d'un texte narratif et résumer un texte narratif

LE PLAN D'UN TEXTE NARRATIF

▷ Dégager le plan d'un texte est une bonne façon de vérifier qu'on en a compris l'essentiel.

▷ Pour dégager le plan d'un texte narratif, utilisez la démarche suivante, en trois étapes :
1) repérez certains éléments du texte narratif;
2) reconstituez le schéma narratif;
3) notez le contenu de chaque étape.

❶ Repérez certains éléments du texte narratif

Notez sur une feuille à part, ou surlignez dans le texte, les éléments suivants :

– les **personnages** principaux (**Qui ?**);

– le **lieu** où l'histoire se déroule (**Où ?**);

– l'**époque** à laquelle l'histoire se déroule, ou le **moment** durant lequel l'histoire se déroule (**Quand ?**).

Pour repérer certains éléments du texte narratif

Le **titre** peut vous aider à cerner quelques-uns de ces éléments. Ainsi, *Roméo et Juliette* renseigne sur les deux personnages en cause; *Tintin et l'Île noire* renseigne sur le personnage principal et le lieu.

❷ Reconstituez le schéma narratif

Notez, dans la marge du texte ou sur une feuille à part, le nom de chaque étape du **schéma narratif**.

Pour repérer : → **Demandez-vous :**

- la situation initiale → Au début, comment c'est?
- l'élément déclencheur → Mais qu'est-ce qui se passe à un moment donné?
- le déroulement → Et après, qu'est-ce que cela entraîne? Et après? Et après?…
- le dénouement → Et après? (Le dernier *Et après?* signale le dénouement.)
- la situation finale → À la fin, comment c'est?

Pour repérer les étapes du schéma narratif

Pour repérer les étapes du **schéma narratif**, examinez la division en paragraphes, les organisateurs textuels, le temps des verbes.

❸ Notez le contenu de chaque étape

En notant le contenu de chaque étape, vous obtenez le plan du texte.

Prenez l'habitude de noter ce plan dans vos mots; c'est une bonne façon de vérifier que vous avez compris le texte.

Plan d'un texte narratif

Nous avons choisi, comme texte modèle, une fable de Jean de La Fontaine, *Le Rat de ville et le Rat des champs*. (*Recueil de textes*, p. 77.)

Plan de la fable *Le Rat de ville et le Rat des champs*, de Jean de La Fontaine

Situation initiale
{ Au début: Le Rat de ville invite le Rat des champs à un véritable festin.

Élément déclencheur
{ Mais: Pendant que les deux amis mangent, ils entendent un bruit suspect qui les effraie. Et après?

Déroulement
{ Ils se sauvent, pris de panique. Et après?
Lorsque le bruit cesse, le Rat de ville veut continuer à manger. Et après?
Le Rat des champs refuse, mais invite son camarade à le visiter chez lui le lendemain. Et après?

Dénouement
{ Le Rat des champs s'en va.

Situation finale
{ À la fin: Le Rat des champs explique qu'il préfère vivre moins richement, mais ne pas craindre pour sa vie.

LE RÉSUMÉ D'UN TEXTE NARRATIF

▷ Faire le résumé d'un texte est une bonne façon de vérifier que vous avez bien compris le texte. Voici comment procéder.

1 Liez les phrases du plan

Enfilez les phrases du plan les unes derrière les autres. Tenez compte des caractéristiques suivantes :

- le résumé est un nouveau texte : évitez de reprendre les phrases ou les mots du texte original ;
- le résumé est écrit dans le **système verbal** du présent ;
- le résumé est écrit dans la **variété de langue** standard.

2 Dites beaucoup en peu de mots

Pour cela, suivez ces conseils :

- supprimez les répétitions et les expansions qui ne sont pas essentielles ;
- remplacez les **subordonnées** par des GAdj ou des GPrép ;
- remplacez les **périphrases** par un mot équivalent.

3 Marquez les liens entre les idées

Pour cela, utilisez des **organisateurs textuels**.

4 Donnez un titre à votre résumé

Ce titre comporte le mot *résumé* et le titre du texte de départ. Par exemple :

▷ Résumé de *Tintin et le sceptre d'Ottokar*

    mot *résumé*   +   titre du texte de départ

Résumé d'un texte narratif

Résumé de la fable *Le Rat de ville et le Rat des champs*, de Jean de La Fontaine

Un jour, le Rat de ville invite le Rat des champs à un festin. Mais, au cours du repas, un bruit les effraie et ils s'enfuient. Une fois le calme revenu, le Rat de ville insiste pour retourner à table. Son camarade refuse. Il invite cependant son hôte à lui rendre visite le lendemain. Le Rat des champs part ensuite en rappelant qu'il préfère la sécurité à l'abondance.

Remarquez les organisateurs textuels. Ils situent les actions dans le temps et ils indiquent clairement les liens entre les idées.

COMMENT dégager le plan d'un texte descriptif et résumer un texte descriptif

LE PLAN D'UN TEXTE DESCRIPTIF

▷ Dégager le plan d'un texte est une bonne façon de vérifier qu'on en a compris l'essentiel.

▷ Pour dégager le plan d'un texte descriptif, utilisez la démarche suivante, en deux étapes:
1) identifiez le sujet du texte et dégagez les aspects (et les sous-aspects, s'il y a lieu);
2) notez le contenu de chaque section ou sous-section.

Cette démarche sert aussi à faire le plan des textes d'opinion.

Consultez **Comment reconnaître le sujet, les aspects et les sous-aspects dans un texte descriptif**, à la page 438.

1 **Identifiez le sujet du texte et dégagez les aspects (et les sous-aspects, s'il y a lieu)**

2 **Notez le contenu de chaque section ou sous-section**

En notant le contenu de chaque section, vous obtenez le plan du texte.

Prenez l'habitude de noter ce plan dans vos mots; c'est une bonne façon de vérifier que vous avez compris le texte.

Plan d'un texte descriptif

Nous avons choisi, comme texte modèle, celui intitulé *Les mammifères*, reproduit à la page 440. Relisez-le avant d'examiner la fiche ci-dessous.

Plan du texte descriptif *Les mammifères*

Aspect 1	{ Les mammifères sont des vertébrés. Ce sont des animaux à sang chaud. Ils ont de la fourrure. Ils allaitent leurs petits.
Aspect 2	{ Il existe trois groupes de mammifères.
sous-aspect 1	{ Les placentaires gardent leur petit dans leur ventre jusqu'à la naissance. *Exemple*: l'être humain.
sous-aspect 2	{ Les marsupiaux donnent naissance à des petits qui finissent leur développement dans une poche placée sur le ventre de leur mère. *Exemple*: le koala.
sous-aspect 3	{ Les monotrèmes pondent des œufs. *Exemple*: l'ornithorynque.

Aspect 3	Les mammifères ont deux stratégies de reproduction.
sous-aspect 1	Certains mammifères se reproduisent rapidement, mais ils ont un taux de survie faible.
sous-aspect 2	Certains mammifères se reproduisent lentement, mais ils ont un taux de survie élevé.

LE RÉSUMÉ D'UN TEXTE DESCRIPTIF

▷ Faire le résumé d'un texte est une bonne façon de vérifier que vous avez bien compris le texte. Voici comment procéder.

1 Liez les phrases du plan

Enfilez les phrases du plan les unes derrière les autres. Tenez compte des caractéristiques suivantes :

- le résumé est un nouveau texte : évitez de reprendre les phrases ou les mots du texte original ;
- le résumé est écrit dans le **système verbal** du présent ;
- le résumé est écrit dans la **variété de langue** standard.

2 Dites beaucoup en peu de mots

Pour cela, suivez ces conseils :

- supprimez les répétitions et les expansions qui ne sont pas essentielles ;
- remplacez les énumérations par un terme **générique** ;
- remplacez les **subordonnées** par des GAdj et des GPrép ;
- remplacez les **périphrases** par un mot équivalent.

3 Marquez les liens entre les idées

Pour cela, utilisez des **organisateurs textuels**.

4 Donnez un titre à votre résumé

Ce titre comporte le mot *résumé* et le titre du texte de départ. Par exemple :

▷ Résumé de *La dégradation des milieux naturels*
  mot *résumé*　　　+　　　titre du texte de départ

Résumé d'un texte descriptif

Résumé du texte *Les mammifères*

Les mammifères se ressemblent par certains points : ce sont des vertébrés à sang chaud, qui ont de la fourrure et allaitent leurs petits. Il existe trois groupes de mammifères. Les placentaires, tel l'être humain, restent dans le ventre maternel jusqu'à la naissance. Les marsupiaux, comme le koala, finissent de grandir dans une poche ventrale. Les monotrèmes, eux, pondent des œufs. Certains mammifères se reproduisent rapidement ; d'autres, lentement. Le taux de survie de ces derniers est cependant plus élevé.

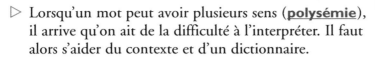

COMMENT trouver la signification d'un mot d'après le contexte

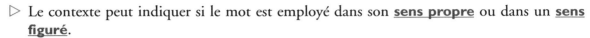

▷ Lorsqu'un mot peut avoir plusieurs sens (**polysémie**), il arrive qu'on ait de la difficulté à l'interpréter. Il faut alors s'aider du contexte et d'un dictionnaire.

▷ Le contexte peut indiquer si le mot est employé dans son **sens propre** ou dans un **sens figuré**.

Sens propre	**Sens figuré**
▷ Ce midi, dans les assiettes, les macaronis à la sauce Kraft boudent des filets de poisson enrobés d'une pâte lourde et **insipide**[1].	▷ Le comité ne prétendait pas imposer aux constructeurs un type de maison. Il était plutôt l'adversaire de cette uniformité fatigante et **insipide**[3].
INSIPIDE adj. (*in*-privatif et lat. *sapidus*, qui a du goût). **1.** Qui n'a pas de saveur, de goût. *L'eau pure est insipide.* **2.** *Fig.* Sans agrément; fade, ennuyeux. *Conversation insipide. Auteur insipide*[2].	**INSIPIDE** adj. (*in*-privatif et lat. *sapidus*, qui a du goût). **1.** Qui n'a pas de saveur, de goût. *L'eau pure est insipide.* **2.** *Fig.* Sans agrément; fade, ennuyeux. *Conversation insipide. Auteur insipide.*
Ici, le contexte parle d'une pâte enrobant les filets de poisson. Il s'agit donc bien du sens 1 (sens propre) donné dans le dictionnaire: cette pâte n'a pas de goût.	Ici, le contexte parle d'une fatigante uniformité. C'est donc évidemment le sens 2 (sens figuré) qui est le bon: cette uniformité est «ennuyeuse», comme le dit la définition.

Le contexte peut indiquer si le mot est employé dans un **sens dépréciatif** (défavorable, négatif, péjoratif) ou dans un **sens neutre**.

---

1. Marie-Célie Agnant, *Alexis, fils de Raphaël*, Montréal, Hurtubise HMH, coll. «Atout», 2000, p. 15. ■ **2.** *Le Petit Larousse illustré 2004*, Paris, © Larousse/VUEF 2003. ■ **3.** Jules Verne, *Les cinq cents millions de la bégum*, 1879.

COMMENT comprendre une consigne

▷ Lorsque vous lisez des questions ou des directives, il est important de bien les comprendre afin de répondre correctement à ce qu'on vous demande.

▷ Les deux tableaux ci-après présentent des listes de mots ou d'expressions qu'on trouve souvent dans des questionnaires.

❶ Quand la consigne commence par un verbe

Dans la colonne de gauche, les verbes sont à l'impératif comme vous les trouverez le plus souvent dans les activités de la collection.

Verbe dans la consigne	Ce qu'il faut faire	Exemples
Associez…	Rapprocher, lier, réunir deux éléments.	Associez chaque élément de la colonne de gauche à celui qui convient dans la colonne de droite.
Citez…	Rapporter, reproduire exactement.	Citez les paroles, les mots, les expressions, l'extrait…
Comparez…	Rapprocher des éléments pour en voir les ressemblances et les différences.	Comparez les personnages, les textes, vos réponses…
Complétez…	Rendre complet ce qui ne l'est pas.	Complétez les phrases, le portrait du personnage…
Décrivez…	Donner des caractéristiques.	Décrivez le personnage, le lieu, la scène…
Dégagez…	Faire ressortir, extraire.	Dégagez les aspects, les sous-aspects…
Délimitez…	Fixer les limites, dire où commence et où finit quelque chose.	Délimitez le dialogue, les étapes du schéma narratif…
Déterminez…	Préciser, indiquer, après y avoir réfléchi.	Déterminez qui a raison, la cause de l'accident, le moment de la naissance du personnage…
Énumérez…	Nommer un à un tous les éléments d'un ensemble.	Énumérez les causes de…
Expliquez…	Faire comprendre, rendre clair. Dire comment, dire pourquoi.	Expliquez comment le personnage s'y prend pour…
Insérez…	Ajouter un élément dans un texte.	Insérez un passage descriptif dans le texte.
Inspirez-vous de…	Prendre exemple sur, emprunter des idées, imiter.	Inspirez-vous du texte, de l'auteur ou de l'auteure…
Justifiez…	Dire pourquoi, expliquer dans ses mots.	Justifiez votre réponse, votre réaction…
Montrez…	Prouver, faire la preuve, faire constater, mettre en évidence.	Montrez que vous comprenez l'extrait, le sens de ce mot…

…

448

...

Verbe dans la consigne	Ce qu'il faut faire	Exemples
Notez…	Mettre par écrit, enregistrer, en vue de s'en servir plus tard.	Notez le mot, la phrase, l'idée principale sur une feuille…
Précisez…	Dire de façon plus claire, rendre plus net. Apporter de nouvelles informations.	Précisez votre choix, le lien exprimé par…
Procédez…	Agir de telle manière, selon telle méthode. Suivre des étapes données, suivre un modèle.	Procédez de la même façon pour…
Reformulez…	Dire d'une autre façon en exprimant la même chose.	Reformulez les paroles, la phrase, le passage…
Relevez…	Copier, noter, transcrire.	Relevez le mot, l'expression qui…, la phrase, le passage dans lequel…
Remplissez…	Inscrire ce qui est demandé sur une fiche, dans un tableau ou un schéma, etc.	Remplissez le tableau, le schéma, la fiche…
Repérez…	Trouver, reconnaître un élément.	Repérez, dans le texte, le mot, la phrase, la comparaison, l'indice…
Reproduisez…	Utiliser le même modèle, copier.	Reproduisez le tableau suivant…
Transcrivez…	Recopier tel quel.	Transcrivez le mot, l'expression, la phrase, l'extrait…

❷ Quand la consigne commence par une expression

Expression dans la consigne	Ce qu'il faut faire	Exemples
À votre avis / Selon vous	Donner, exprimer son opinion, son point de vue. Dire dans ses propres mots. Donner des arguments pour ou contre.	À votre avis, est-il correct de penser ainsi ? Selon vous, que fera le personnage ?
Dans vos mots	Reformuler ce qui est dit, sans reprendre telles quelles les formulations du texte.	Dans vos mots, dites ce que signifie cette expression, expliquez le sens de cette phrase…

COMMENT réagir à une lecture ou à une écoute

▷ Voici quelques pistes qui pourront vous aider à réagir à la lecture d'un texte ou à l'écoute d'une œuvre.

1 **Prêtez attention aux impressions que l'œuvre a produites en vous**

a) Vos impressions sur le plan des **sentiments** ou des **émotions**

1) En quoi avez-vous trouvé cette œuvre touchante ?

2) Quel sentiment avez-vous éprouvé : émerveillement, tristesse, révolte contre l'injustice, admiration, bonheur, peur, surprise, etc. ?

3) De quel personnage vous sentez-vous le plus près ? Pourquoi ?

b) Vos impressions sur le plan de la **pensée**, de la **compréhension**

1) Cette œuvre a-t-elle enrichi vos connaissances ? Que vous a-t-elle apporté de nouveau ?

2) Vous a-t-elle permis de mieux comprendre le sujet abordé ?

3) A-t-elle fait naître des réflexions en vous ? Lesquelles ?

4) Y avez-vous découvert des intérêts nouveaux ? Lesquels ?

c) Vos impressions sur le plan des **valeurs** (bonnes ou mauvaises : générosité / égoïsme, courage / lâcheté, respect / violence, sincérité / mensonge, etc.)

1) Partagez-vous les valeurs véhiculées dans cette œuvre ? Lesquelles ?

2) Auriez-vous agi comme le personnage principal dans la même situation ? Pourquoi ?

3) Cette œuvre vous apporte-t-elle du réconfort ou, au contraire, vous bouleverse-t-elle ?

4) Cette œuvre a-t-elle changé quelque chose dans votre vie ?

2 **Relevez des passages**

a) Y a-t-il des passages que vous avez aimés particulièrement ?

Relevez, dans votre *Journal culturel*, les passages, les phrases qui correspondent à vos goûts, à vos intérêts, à vos opinions.

b) Qu'est-ce qui vous a plu au juste dans ces passages : les émotions qu'ils dégagent, l'humour, la façon dont ils sont écrits, la richesse du vocabulaire, la qualité d'un dialogue… ?

3 **Comparez vos réactions**

Comparez vos réactions avec celles d'autres personnes qui ont lu ou écouté la même œuvre, et vérifiez ainsi s'il y a lieu de réviser ou de maintenir votre façon de réagir.

Tous ces moyens, et d'autres que vous trouverez peut-être, vous aideront à exprimer avec justesse votre **appréciation** des œuvres lues ou entendues.

ÉCRITURE

COMMENT analyser une situation d'écriture

▷ Pour analyser votre **situation d'écriture**, posez-vous les questions suivantes.

QUI écrira le texte ? Forcément, c'est **vous**. Cependant, vous pourrez porter plusieurs chapeaux : celui d'auteur ou d'auteure, de journaliste, de chroniqueur ou de chroniqueuse, de critique…

À QUI s'adressera votre texte ? Autrement dit, qui seront les **destinataires** ?
- Une personne ou un groupe (classe, public vaste) ?
- Des destinataires de votre âge ? plus jeunes ? plus vieux ?
- Des destinataires que vous connaissez bien ou que vous ne connaissez pas du tout ?
- Des destinataires possédant les mêmes connaissances que vous ? en possédant moins ? en possédant plus ?

Il est important de tenir compte des destinataires afin de répondre à leurs besoins et à leurs attentes.

DE QUOI parlerez-vous dans votre texte ? Autrement dit, quel sera le **sujet** de votre texte ?

POURQUOI écrirez-vous ce texte ? Pour divertir, informer, convaincre…

OÙ serez-vous pour produire votre texte ? À la bibliothèque, en classe, à la maison…

QUAND écrirez-vous votre texte ? À quel moment de la journée, de la semaine… ?

Une fois que vous aurez répondu à ces questions, notez le **<u>type</u>** et le **<u>genre</u>** du texte que vous écrirez.

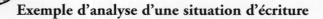

Exemple d'analyse d'une situation d'écriture

Qui ?	Moi
À qui ?	Des Terriens et des Terriennes qui veulent emménager ailleurs dans la Galaxie
De quoi ?	De l'emplacement de la planète, de ses caractéristiques, de ses sites naturels et des activités qu'on y pratique
Pourquoi ?	Informer et convaincre
Où ?	En classe et à la maison
Quand ?	Pendant les heures de classe (deux cours) et le soir (quatre heures environ)
Type et genre :	Texte descriptif — Dépliant publicitaire

COMMENT faire de la recherche d'information

▷ Quand on se prépare à écrire un texte, à faire un exposé oral ou tout simplement à participer à une discussion, il est important de bien se documenter.

▷ Une fois le **sujet** choisi, il faut recueillir de l'information. Pour cela, utilisez la démarche suivante, en cinq étapes :

1) trouvez des sources variées et fiables ;
2) faites un survol des ouvrages retenus ;
3) consignez l'information ;
4) sélectionnez l'information ;
5) évaluez l'ensemble de l'information.

① Trouvez des sources variées et fiables

Par exemple : des encyclopédies, des dictionnaires, des revues scientifiques, des lexiques spécialisés, des banques de données, Internet (sites sérieux).

• Vérifiez la date de parution de l'ouvrage. Privilégiez les ouvrages récents.

• Consultez plusieurs ouvrages : vous aurez une foule de renseignements et vous découvrirez des points de vue différents.

• Choisissez des textes que vous comprenez bien.

② Faites un survol des ouvrages retenus

Faites un choix parmi les références trouvées et éliminez celles qui ne sont pas pertinentes ou intéressantes. (Voir **Comment faire des prédictions à partir d'un survol**, p. 432.)

③ Consignez l'information

- Notez la référence dès que vous retenez un ouvrage: vous pourrez le consulter de nouveau et surtout vous serez en mesure de mentionner la source de votre information correctement. (Voir **Comment rédiger une référence bibliographique**, p. 462.)

- Prenez des notes. Ne copiez pas les propos de l'auteur ou de l'auteure, mais reformulez-les à partir des mots-clés. (Voir **Comment annoter un texte ou prendre des notes**, p. 433.)

- Quand cela est possible, faites des photocopies et annotez-les.

④ Sélectionnez l'information

- Relisez vos notes. Faites une sélection: gardez ce qui répond le mieux aux besoins de la recherche et éliminez ce qui n'est pas pertinent. (Ne jetez rien: certains renseignements pourraient s'avérer plus utiles que vous ne l'aviez pensé au départ.)

⑤ Évaluez l'ensemble de l'information

- Assurez-vous que les renseignements retenus concernent vraiment le sujet choisi.

- Mettez de l'ordre dans les renseignements: regroupez-les par aspects.

- Assurez-vous d'avoir une information suffisante. S'il vous manque des renseignements, consultez d'autres sources.

Savoir rechercher de l'information est utile autant pour la production d'un texte narratif que pour celle d'un texte descriptif.

Par exemple, dans un texte narratif, on peut faire une recherche sur les conditions climatiques qu'on trouve dans le **lieu** choisi, sur la faune et la flore, sur le caractère et les habitudes des gens, etc. Si l'histoire se passe à une **époque** lointaine, on se renseignera sur les conditions de vie d'alors, sur ce qui existait et ce qui n'existait pas. Le texte n'en sera que plus intéressant, et on évitera des erreurs qui nuiraient à sa compréhension.

COMMENT faire le plan d'un texte

▷ Un plan de texte est un **ensemble d'idées** qu'on **organise** en vue d'écrire un texte. Il faut placer ces idées dans le **bon ordre**, puisqu'un texte suit toujours un ordre: il a un début, un développement et une fin.

▷ Il y a plusieurs sortes de plans de texte. Voici les deux sortes que vous devez connaître au premier cycle du secondaire:
- le plan d'un **texte descriptif**;
- le plan d'un **texte narratif**.

❶ Plan d'un texte descriptif

Pour faire le plan d'un texte descriptif, on réunit les idées nécessaires et on les place dans l'ordre suivant :

Structure	Idées à réunir	Exemples
• Début	1° Idée de **sujet** à traiter	La planète Jupiter.
• Développement	2° Idée d'**aspect** de ce sujet Idées de **sous-aspects**, s'il y a lieu	La taille de Jupiter. Comparaison de sa taille avec celle des autres planètes du système solaire.
	3° Autre idée d'**aspect** Idées de **sous-aspects**, s'il y a lieu	La composition de cette planète. Les gaz, les liquides, les solides.
	4° Autre idée d'**aspect**, s'il y a lieu Idées de **sous-aspects**, s'il y a lieu	L'atmosphère de Jupiter. Les nuages blancs et les nuages beiges.
• Fin	5° Idée qui permet de **conclure**	Les projets d'exploration qui permettront un jour d'en connaître davantage sur Jupiter.

❷ Plan d'un texte narratif

Pour faire le plan d'un texte narratif, on se sert du <u>schéma narratif</u>.

Structure	Éléments du schéma narratif	Exemples
• Début	1° Idée de **situation initiale**	Le corbeau est content. Il tient dans son bec un fromage qu'il s'apprête à déguster.
• Développement	2° Idée d'**élément déclencheur**	Un renard survient. Il a senti le fromage et veut s'en saisir. Mais le corbeau est perché sur une branche.
	3° Idée de **déroulement** : idée de première action ; idée de deuxième action ; idée de troisième action ; etc.	Le renard vante la beauté du corbeau. Il vante aussi sa voix pour l'amener à chanter. Le corbeau se met à chanter et perd le fromage.
	4° Idée de **dénouement**	Le renard attrape le fromage et le mange en se moquant du corbeau.
• Fin	5° Idée de **situation finale** (facultative)	Le corbeau, furieux, jure qu'il ne se fera plus jamais prendre.

COMMENT construire un champ lexical

▷ Explorer un **champ lexical** est une bonne façon de trouver les mots et les expressions qui sont nécessaires pour écrire une histoire, un poème, un article documentaire, etc.

> Par exemple, dans une histoire où l'on met en scène des escrocs, on peut avoir besoin de nombreux mots appartenant au champ lexical du mensonge.

▷ Les dictionnaires sont des outils indispensables pour construire des champs lexicaux. Lorsque c'est possible, consultez des dictionnaires analogiques, des dictionnaires de langue, des dictionnaires de synonymes. Voici ce qu'ils vous offrent.

❶ Les dictionnaires analogiques

Un **dictionnaire analogique** est un dictionnaire des idées suggérées par les mots. C'est donc un dictionnaire de champs lexicaux. Il est facile de construire un champ lexical en en consultant un.

Par exemple, l'article «mensonge» ci-dessous, tiré d'un dictionnaire analogique, réunit un très grand nombre de mots et d'expressions appartenant au champ lexical du MENSONGE.

> ▷ **mensonge** (du lat. pop. *mentionica*, de *mentiri*, mentir)
> **Affirmation contraire à la vérité.** *Dire, échafauder un mensonge.* Contrevérité. Inexactitude. Menterie (vx). Invention. Fabulation. Craque (pop.). / *Mensonge plaisant.* Blague (fam.). Bobard (fam.). Histoire. Conte. Fable (vx). / *Abuser, tromper quelqu'un par un mensonge.* Mystification. Farce. Canular (fam.). Bateau (fam.). / *Mensonge d'un vantard, d'un fanfaron.* Hâblerie. Fanfaronnade. / Mensonge officieux (fait pour rendre service). Pieux mensonge (pour éviter de la peine). / *Détester le mensonge.* Fourberie. Imposture. Duplicité. Hypocrisie. Dissimulation. / *Tendance au mensonge, à la fabulation.* Mythomanie.
>
> *Mentir.* Altérer, déguiser la vérité. Inventer. Fabuler. Forger. Broder. Enjoliver. Amplifier. Exagérer. / *Mentir pour plaisanter.* Blaguer (fam.). Raconter, inventer des histoires. En faire accroire à. Mystifier. Bourrer le crâne (fam.).
> MENTEUR. Hâbleur. Vantard. Imposteur. Calomniateur. Mythomane. Fabulateur.
> MENSONGER. *Un récit mensonger.* Faux. Controuvé. Trompeur. Fallacieux. Calomnieux. / *Propos plus ou moins mensongers, pour persuader, séduire, tromper.* Boniment (fam.). Baratin (fam.). Bluff (fam.). / Bonimenter (fam.). Baratiner (fam.). Bluffer (fam.). / Bonimenteur (fam.). Baratineur (fam.). Bluffeur (fam.).
>
> ─────────
> *Dictionnaire analogique*, sous la direction de Georges Niobey, Paris, Larousse, 1992.

❷ Les dictionnaires de langue et les dictionnaires de synonymes

Les dictionnaires de langue et les dictionnaires de synonymes aussi fournissent des mots et des expressions utiles pour construire un champ lexical.

Voici l'article «cloche», tiré d'un dictionnaire de langue. Nous avons surligné les mots et les expressions appartenant au champ lexical des CLOCHES.

▷ **cloche** [klɔʃ] **n. f. •** déb. XIIe; *bas lat. clocca*, mot <u>celt. d'Irlande</u>

1 ♦ Instrument creux, évasé, en métal sonore (bronze), dont on tire des vibrations retentissantes et prolongées en en frappant les parois, de l'intérieur avec un battant ou de l'extérieur avec un marteau (⇒ **timbre**). *Grosse cloche.* ⇒ 2. **bourdon**. *Petite cloche.* ⇒ **clochette**. *Anse, battant, cerveau, gorge, pans d'une cloche. Fonte d'une cloche. Tour où sont suspendues les cloches.* ⇒ **beffroi, campanile,** 1. **clocher**. *Le sonneur de cloches. Le balancement des cloches.* ⇒ **volée**. *Ensemble de cloches accordées.* ⇒ **carillon**. *Frapper une cloche d'un seul côté.* ⇒ **piquer**. *Piquer l'heure sur une cloche. Cloche qui tinte*. Cloches qui sonnent l'angélus, le glas, le tocsin. Les cloches de Pâques.* — Loc. *Déménager à la cloche de bois,* clandestinement, pour ne pas payer (cf. Mettre la clé* sous la porte). Fam. *Sonner les cloches à qqn,* le réprimander* fortement. *Son de cloche:* opinion (sur un événement). *Entendre un autre son de cloche, deux sons de cloche.* PROV. *Qui n'entend qu'une cloche n'entend qu'un son:* on ne peut juger d'une affaire quand on n'a pas entendu toutes les parties.

2 ♦ (1538) Objet creux qui recouvre, protège. […]

_____

Le Petit Robert: Dictionnaire de la langue française, [cédérom], Le Robert, 2001.

• À partir des mots surlignés, vous pouvez enrichir encore votre champ lexical.

1) Parmi les mots surlignés ci-dessus figure le mot *carillon*. Si *carillon* fait partie du champ lexical de la cloche, alors ses **dérivés** aussi (*carillonner, carillonneur*). C'est logique. Ensuite, si vous consultez à leur tour les mots *carillon, carillonner* et *carillonneur*, le dictionnaire vous fournira encore d'autres mots et expressions: *métallophone, horloge à carillon, fête carillonnée,* etc.

2) À partir de *tinte*, qui figure parmi les mots surlignés, vous obtiendrez, en consultant le dictionnaire autour du mot *tinter*, les dérivés *tintement, tintamarre, tintinnabuler, tintouin*. De plus, en consultant le verbe *tinter* lui-même, vous trouverez *résonner*, qui n'apparaissait pas dans l'article ci-dessus.

• On procède de la même façon avec un **dictionnaire de synonymes**.

Ainsi, petit à petit, vous parvenez à construire un champ lexical aussi riche que ceux qu'on trouve dans les dictionnaires de champs lexicaux.

COMMENT diviser un texte en paragraphes

▷ La division d'un texte en paragraphes dépend de son **type**.

▷ Les indications ci-après concernent le type **descriptif** et le type **narratif**, car ce sont ces deux types de textes que vous aurez le plus souvent à écrire tout au long du premier cycle.

LE TEXTE DESCRIPTIF

Il y a deux façons principales de diviser un texte descriptif en paragraphes.

1 La division selon le temps
(lorsque le texte parle de différentes époques ou étapes)

La baguette du chef d'orchestre

Introduction { Comme celle du prestidigitateur, la baguette du chef d'orchestre est magique. C'est elle qui fait parler tous les autres instruments.

Aujourd'hui { La baguette moderne, qui date du XIXᵉ siècle, est un petit bâton de bois clair que les musiciens peuvent distinguer sur le fond obscur de la salle.

Autrefois { Il n'en a pas toujours été ainsi: le chef d'orchestre dirigeait jadis armé d'une lourde canne dont il frappait le sol pour marquer la mesure.

Par la suite { Par la suite, on dirigea le plus souvent avec un archet de violon ou, pour la musique militaire, avec une canne de sergent major.

Claudine et Roland Sabatier, *Le livre des instruments de musique*, Paris, Gallimard, 1988, p. 16.

Bien souvent, la division selon le temps suit un ordre **chronologique**. Mais les **retours en arrière** sont permis, comme le montre l'exemple ci-dessus: on commence avec l'époque actuelle (*Aujourd'hui*) pour poursuivre avec le passé ancien (*Autrefois*), puis le passé plus récent (*Par la suite*).

2 La division selon les aspects du sujet (caractéristiques, parties, etc.)

Dans le texte suivant, les aspects du sujet sont les **parties** de l'orgue.

L'orgue

Introduction { L'orgue est un instrument à vent, une sorte de grande flûte de Pan. L'air, fourni par une soufflerie, anime par l'intermédiaire de claviers tel ou tel tuyau sonore.

Les tuyaux { Les grandes orgues peuvent compter plusieurs milliers de tuyaux qu'on sépare en deux catégories selon le système de production du son: les tuyaux à biseau et les tuyaux à anche. De tout temps, les facteurs d'orgues ont tenté de multiplier à l'infini les sonorités et les timbres par l'emploi de matériaux — métal, bois — ou de formes diverses — tuyaux ouverts, bouchés, cylindriques, coniques, etc.

Les claviers { L'orgue présente au moins trois claviers: deux claviers manuels qui commandent, l'un, le grand orgue, l'autre, le récit. Un clavier, dont on joue avec les pieds, qui commande le pédalier — jeu de gros tuyaux en bois.

La soufflerie { Les orgues étaient jadis alimentés en air par des soufflets manipulés par des aides. On utilise aujourd'hui des souffleries électriques.

Claudine et Roland Sabatier, *Le livre des instruments de musique*, Paris, Gallimard, 1988, p. 24.

LE TEXTE NARRATIF

Il y a deux façons principales de diviser un texte narratif en paragraphes.

❶ La division selon les marques de temps

Dans un texte narratif, la division en paragraphes varie selon les auteurs et auteures. De manière générale, les personnes qui écrivent font une division (alinéa) chaque fois qu'elles insèrent une marque de temps. Vous pouvez donc en faire autant.

> Il pleut. De gros nuages venus de la mer déversent leur crachin sur la ville.
>
> C'est aujourd'hui qu'on enterre Hendrickje Winkel.
>
> Depuis son décès, tout le petit peuple d'Alkmaar a défilé devant sa dépouille afin de lui rendre un dernier hommage. Dans la chambre vidée de ses meubles, les tableaux et les miroirs ont été retournés contre le mur. Sur son lit, placé au centre de la pièce, l'épouse du capitaine repose sur un drap brodé, son bébé entre les bras.
>
> Dès les premiers tintements du bourdon de Saint-Laurent, le cortège funèbre s'ébranle. Vêtue d'un long manteau sombre, Saskia suit le brancard chargé du cercueil recouvert d'un drap noir. Mariken et Frans lui tiennent la main. Leurs sabots claquent tristement sur la chaussée de briques.
>
> Tout au long du parcours et même pendant la cérémonie à l'église, Saskia ne cesse de penser aux enfants. Que vont-ils devenir ?
>
> Dans sa jeunesse, Saskia a travaillé dans un orphelinat, à Leeuwarden. Elle se souvient avec horreur des dortoirs sinistres et des visages durs des surveillants. Si au moins elle pouvait adopter les deux pauvres petits. Hélas ! Saskia n'est qu'une simple domestique. Ces Messieurs de la municipalité n'accepteront jamais que les enfants lui soient confiés. Alors quoi ? S'enfuir ? Pour mendier sur les routes et être traqués par les chiens des chasseurs de pauvres ?

Marie-Andrée Boucher Mativat et Daniel Mativat, *La folie du docteur Tulp*, Saint-Laurent, Éd. Pierre Tisseyre, 2002, p. 31-32.

Comme le montre cet extrait, un paragraphe peut être formé d'une seule phrase (2ᵉ paragraphe) ou d'un assez grand nombre de phrases (dernier paragraphe, où l'on peut compter presque une dizaine de phrases). Il est préférable de ne pas dépasser 10 phrases, surtout si elles sont longues.

❷ La division selon les idées exprimées

Lorsque le texte narratif est dépourvu de marques de temps, il faut suivre une autre logique pour la division en paragraphes. On tient alors compte des idées qu'on exprime : chaque fois qu'on exprime une nouvelle idée, on change de paragraphe. C'est ce qui a été fait dans le texte qui suit.

	Pendant le jour, il avait l'habitude de se promener dans la campagne avec son chien. Grand, les cheveux en bataille, il ne parlait jamais. Dans le pays, on le croyait muet et idiot.

Paragraphe pour présenter le personnage principal {

Pendant le jour, il avait l'habitude de se promener dans la campagne avec son chien. Grand, les cheveux en bataille, il ne parlait jamais. Dans le pays, on le croyait muet et idiot.

Paragraphe pour présenter le chien {

Son chien lui ressemblait: haut sur pattes, le poil dru, la queue emmêlée de broussailles. Personne ne connaissait leur nom. Aussi, on les surnommait Yin et Yan.

Paragraphe pour dire de quoi vivent ces deux personnages {

Yin et Yan vivaient de la générosité des gens du pays. On leur donnait tantôt un morceau de saucisson, tantôt un quignon de pain. Cependant, ils refusaient toujours l'hospitalité pour la nuit.

Paragraphe pour dire ce qu'ils font dans la vie {

Dès que s'annonçait le crépuscule, Yan se mettait à chanter. Son chant était puissant, profond, harmonieux. Aux longues notes lancées par Yan répondaient les aboiements de Yin, graves et vibrants.

Paragraphe pour parler de l'effet de leur chant et pour dire comment les gens réagissent {

Le chant de Yin et Yan avait une grande vertu sur les paysans de la région. Tout le monde s'arrêtait pour l'écouter. Ceux qui, pendant le jour, avaient travaillé dur aux champs sentaient peu à peu la fatigue les abandonner. Ceux qui craignaient l'approche de la nuit oubliaient aussitôt leur angoisse et se préparaient à un sommeil plein de rêves.

Sarah Cohen-Scali, «Yin et Yan», *Tête de lune*, Paris, Rageot, 1993, p. 84-85.

Chacun de ces paragraphes exprime une idée particulière. De manière générale, il est bon de faire un nouveau paragraphe pour chaque nouvelle idée. De cette façon, on évite de construire des paragraphes trop longs.

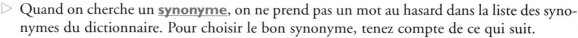

COMMENT choisir le bon synonyme

▷ Quand on cherche un **synonyme**, on ne prend pas un mot au hasard dans la liste des synonymes du dictionnaire. Pour choisir le bon synonyme, tenez compte de ce qui suit.

❶ Tenez compte du sens du mot

Le synonyme doit avoir un **sens très proche** de celui du mot à remplacer.

Quand vous choisissez un synonyme, cherchez son sens dans le dictionnaire pour vous assurer qu'il convient dans le contexte.

Par exemple, parmi les synonymes de l'adjectif *peureux*, on trouve *craintif* et *lâche*. Ces deux mots n'ont pas le même sens:

– *craintif* se dit de celui qui a peur devant un danger;

– *lâche* est un terme méprisant qui qualifie celui qui manque de courage.

Selon le sens que vous voulez mettre en évidence, vous choisirez l'un ou l'autre de ces mots.

Le synonyme doit se combiner avec les mots qui l'entourent.

- Si on veut remplacer *briller* par un synonyme, on peut utiliser *pétiller* et *exceller*, mais pas avec n'importe quels mots. Le dictionnaire indique les combinaisons possibles.

  ▷ Ses yeux brillent de joie.
  ⇓ Ses yeux pétillent de joie.

  Ses canines brillaient sous la lueur de la lune.
  ⇓ ⊘ Ses canines pétillaient sous la lueur de la lune.

Pétiller signifie «avoir de l'éclat» :
– la combinaison *yeux* et *pétiller* est possible, le dictionnaire en donne un exemple à *pétiller* ;
– la combinaison *canines* et *pétiller* n'est pas possible.

  ▷ Mathieu brille dans tous les domaines.
  ⇓ Mathieu excelle dans tous les domaines.

  Ses canines brillaient sous la lueur de la lune.
  ⇓ ⊘ Ses canines excellaient sous la lueur de la lune.

Exceller signifie «être excellent» :
– la combinaison *Mathieu* et *exceller* est possible, une personne peut être excellente, le dictionnaire le montre bien ;
– la combinaison *canines* et *exceller* n'est pas possible, une canine ne peut pas être excellente dans le sens de «brillante».

③ **Tenez compte de la variété de langue**

Le synonyme doit appartenir à la même **variété de langue** que le mot à remplacer.

Par exemple, le nom *frousse* est un mot familier. Par conséquent, *frousse* ne peut pas remplacer *crainte* dans un texte où la langue est littéraire.

Les emplois soutenus ou littéraires (littér.), familiers (fam.) et populaires (pop.), les archaïsmes (vx) et les régionalismes (région.) sont notés dans le dictionnaire.

COMMENT citer des paroles et des idées à l'écrit

LA CITATION TEXTUELLE

▷ La **citation textuelle** est l'**emprunt de paroles** dites ou écrites par quelqu'un d'autre.

▷ Elle sert à donner du poids à une opinion, à expliquer un fait ou une idée, à illustrer. Elle doit donc être choisie avec soin et être justifiée; il est inutile de s'en servir pour prouver quelque chose d'évident. Il ne faut pas non plus en abuser: habituellement, on calcule une ou deux courtes citations (trois lignes ou moins) par page.

▷ Lorsque vous citez textuellement une personne, respectez les règles suivantes.

① Rapportez fidèlement les propos

Pour ne pas trahir la pensée de la personne que vous citez, vous devez rapporter ses propos tels quels.

② Intégrez la citation au texte sans nuire à la construction de la phrase

Citation mal intégrée	Citation bien intégrée
⇨ ⊘ L'auteur encourage les jeunes qui souffrent à «aller voir l'un de ces professionnels ne signifie évidemment pas qu'on est fou».	⇨ L'auteur encourage les jeunes qui souffrent à consulter. Il ajoute: «Aller voir l'un de ces professionnels ne signifie évidemment pas qu'on est fou[1].»

1. Guy Benamozig, «Idées noires», *Dico ado: Les mots de la vie*, sous la direction de Catherine Dolto, Paris, Gallimard Jeunesse, coll. «Giboulées», 2001, p. 330.

③ Mentionnez la source

Notez, au bas de la page, la source de la citation (le nom de l'auteur ou de l'auteure, le titre, etc.). Cela montre le sérieux de votre démarche et le respect que vous accordez aux auteurs.

 Ne pas mentionner qui est l'auteur ou l'auteure des propos peut entraîner une accusation de plagiat.

Exemples de citations textuelles

1. Guy Benamozig définit la dépression comme «une rupture de l'équilibre habituel[2]».

2. Il s'adresse aux jeunes ainsi: «Vous avez donc tous le "devoir de parole", que vous soyez vous-même en difficulté ou qu'il s'agisse d'un copain ou d'une copine. C'est souvent la seule façon d'éviter le pire[3]...»

3. «Il est important, insiste le psychanalyste, que vous compreniez qu'on ne peut pas se sortir tout seul d'une dépression persistante[4].»

4. Il s'adresse aux jeunes ainsi: «Vous avez donc tous le "devoir de parole", [...]. C'est souvent la seule façon d'éviter le pire[5]...»

5. Il ajoute: «[Les parents] sont souvent surpris et démunis face à la dépression de leur enfant[6].»

2 à 6. Guy Benamozig, «Idées noires», *Dico ado: Les mots de la vie*, sous la direction de Catherine Dolto, Paris, Gallimard Jeunesse, coll. «Giboulées», 2001, p. 331, 332 et 333.

Règles de présentation

- Verbe introducteur obligatoire situé avant la citation ou dans une incise.

- Guillemets encadrant les paroles rapportées.

- Deux-points annonçant la citation, s'il y a lieu.

- Mention de l'auteur des propos cités:
  – par un appel de note (obligatoire) après le dernier mot de la citation (avant la ponctuation);
  – par une note de référence (obligatoire) en bas de page ou à la fin du texte;
  – en le nommant dans le texte (facultatif).

- Crochets pour marquer:
  – un passage coupé dans la citation (cette coupure ne doit pas nuire à la lecture);
  – un mot ajouté ou modifié (ici, on a remplacé *Ils* par *Les parents* puisque, dans le nouveau contexte, le pronom *Ils* ne renvoyait à rien).

Le deux-points s'utilise après un terme qui annonce la citation : *ainsi, entre autres, comme le signale l'auteur, comme le mentionne la chercheuse*, etc.

LA CITATION D'IDÉE

▷ La **citation d'idée** est l'**emprunt d'idées** formulées par quelqu'un d'autre.

▷ Elle sert à présenter et à résumer l'essentiel de la pensée d'une personne.

▷ Lorsque vous rapportez des idées, respectez les règles suivantes.

1 Reformulez sans trahir

Vous reformulez les idées de la personne, mais il faut le faire en respectant totalement sa pensée.

2 Mentionnez la source

Notez au bas de la page la source de l'idée (le nom de l'auteur ou de l'auteure, le titre, etc.). Cela montre le sérieux de votre démarche et le respect que vous accordez aux auteurs.

Exemple de citation d'idée

▷ Pour Guy Benamozig, une personne qui fait une dépression a besoin d'aide. C'est pour cela qu'elle doit parler, demander du secours. Si elle se confie à vous, vous devez avertir des gens compétents qui pourront intervenir auprès d'elle[1].

_____
1. Guy Benamozig, «Idées noires», *Dico ado : Les mots de la vie*, sous la direction de Catherine Dolto, Paris, Gallimard Jeunesse, coll. «Giboulées», 2001, p. 330-333.

Règle de présentation

• Mention de l'auteur de l'idée :
  – par un appel de note (obligatoire) ;
  – par une note de référence (obligatoire) en bas de page ou à la fin du texte ;
  – en le nommant dans le texte.

Voir **Comment rédiger une référence bibliographique** ci-dessous.

COMMENT rédiger une référence bibliographique

▷ La **bibliographie** est la **liste des documents consultés**. Il est essentiel, quand vous présentez un travail, d'en fournir une, même si vous n'avez pas fait de citations : c'est une question d'honnêteté intellectuelle. De plus, cette liste pourra servir à ceux et à celles qui aimeraient en savoir plus.

Notices bibliographiques

BIBLIOGRAPHIE

CÔTÉ, Denis. *La machination du Scorpion noir*, Montréal, La courte échelle, 2004, 152 p.

FUNKE, Cornelia. *Cœur d'encre*, traduit de l'allemand par Marie-Claude Auger, Paris, Hachette Jeunesse, 2004, 669 p.

MARINEAU, Michèle. *Cassiopée*, Montréal, Québec Amérique, 2002, 277 p.

▷ La **notice bibliographique** est l'ensemble des indications bibliographiques concernant un ouvrage. L'ensemble des notices bibliographiques forme la bibliographie.

▷ La **note de référence en bas de page** est la référence bibliographique donnée au bas des pages où il y a une ou des citations.

▷ Pour chacun de ces éléments, suivez les **règles de présentation** ci-dessous.

1 La notice bibliographique d'un livre se rédige ainsi:

1 NOM DE L'AUTEUR, **2** Prénom. **3** *Titre: Sous-titre*, s'il y a lieu, **4** traduit de telle langue par…, s'il y a lieu, **5** Ville, **6** Maison d'édition, **7** coll. «Nom de la collection», s'il y a lieu, **8** année d'édition, **9** nombre de pages.

> **1** CÔTÉ, **2** Denis. **3** *L'arrivée des Inactifs*, **5** Montréal, **6** La courte échelle, **7** coll. «Roman +», **8** 1993, **9** 158 p.

- S'il y a deux ou trois auteurs, les prénoms du deuxième et du troisième sont placés avant leur nom.

> **1** GAUMER, **2** Patrick et **2** Claude **1** MOLITERNI. *Dictionnaire mondial de la bande dessinée*, Paris, Larousse, 1994, 682 p.

- On emploie la mention *et collab.*, qui signifie «et collaborateurs», si l'ouvrage compte plus de trois auteurs.

> DOLTO, Catherine et collab. *Dico ado: Les mots de la vie*, Paris, Gallimard Jeunesse, coll. «Giboulées», 2001, 514 p.

Soulignez les passages que vous ne pouvez pas écrire en italique.

COUP DE POUCE

Pour trouver les renseignements bibliographiques

Mieux vaut consulter la page de titre d'un ouvrage et son verso (plutôt que la page couverture) pour trouver les renseignements bibliographiques nécessaires.

2 La notice bibliographique d'un article de revue se rédige ainsi:

1 NOM DE L'AUTEUR, **2** Prénom. **3** «Titre de l'article», **4** *Nom de la revue*, **5** volume, **6** numéro, **7** date, **8** pages de l'article.

> **1** GRAMBO, **2** Rebecca. **3** «Voyage dans le temps», **4** *Biosphère*, **5** vol. 19, **6** n° 3, **7** été 2003, **8** p. 24 à 31.

3 **La notice bibliographique d'un site Web** se rédige ainsi:

❶NOM DE L'AUTEUR (ou NOM DE L'ORGANISME), **❷**Prénom. **❸**«Titre de l'article», **❹***Titre de la page d'accueil*, s'il y a lieu, **❺**[type de support]. **❻**[Adresse du site] **❼**(date, s'il y a lieu)

▷ **❶**BRETON, **❷**Pascale. **❸**«Imagerie médicale: Sainte-Justine songe à fermer son service», **❹***La Presse*, **❺**[en ligne]. **❻**[http://www.cyberpresse.ca] **❼**(11 mars 2005)

4 **La note de référence en bas de page** se rédige comme la notice bibliographique, sauf pour ce qui suit:

- le prénom de l'auteur est placé avant son nom, et seules les initiales sont en majuscules;
- le nom est suivi d'une virgule;
- le numéro de la page de la citation remplace le nombre de pages.

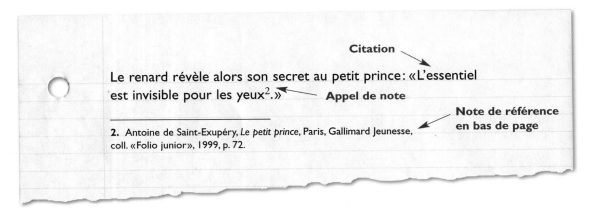

Citation

Le renard révèle alors son secret au petit prince: «L'essentiel est invisible pour les yeux².» ← Appel de note

Note de référence en bas de page

2. Antoine de Saint-Exupéry, *Le petit prince*, Paris, Gallimard Jeunesse, coll. «Folio junior», 1999, p. 72.

5 **La bibliographie**

- La bibliographie se place à la fin du travail.
- Elle est paginée en chiffres arabes.
- Elle est rédigée à simple interligne et chaque notice est séparée de la suivante par un double interligne.
- Les notices bibliographiques sont classées par ordre alphabétique de nom d'auteur.

COMMENT réviser un texte

▷ Lisez les conseils suivants pour apprendre à réviser un texte efficacement.

QUAND réviser?

- On ne révise pas un texte seulement à la fin. En effet, la meilleure façon de réviser un texte est de le faire au fur et à mesure qu'on écrit. Habituez-vous à **vous relire constamment** quand vous écrivez.

- Pratiquez ce qu'on appelle la **révision en spirale**: écrivez et relisez, écrivez et relisez…
Par exemple, relisez-vous chaque fois que vous avez écrit deux ou trois phrases, la moitié d'un paragraphe, un paragraphe, une demi-page, une page… À force de revenir sur votre texte, vous l'améliorerez à coup sûr.

QUOI réviser?

Chaque fois que vous relisez une petite partie de votre texte, examinez…

- le **contenu**: les idées, la qualité de l'information, l'intérêt de l'histoire…;
- l'**organisation**: les liens entre les idées, les organisateurs textuels, la division en paragraphes…;
- la **qualité de la langue**: l'orthographe, la construction des phrases, le vocabulaire et la ponctuation.

COMMENT réviser?

- Pour être vraiment efficace, allez-y **étape par étape**.
  - Après avoir terminé la rédaction de votre texte (que vous avez révisé tout au long de l'écriture), **cernez les points que vous voulez améliorer** dans votre production: par exemple, faire moins de fautes, éviter les répétitions inutiles, mieux diviser votre texte en paragraphes, etc.
  - Consultez la **Carte des stratégies** (p. 428 et 429) et **choisissez les stratégies pertinentes**.
  - **Révisez** votre texte **à l'aide des stratégies choisies**.
- Si le contexte s'y prête, **lisez à voix haute**. Vous entendrez les répétitions inutiles, les phrases trop longues, les passages mal construits.

AVEC QUOI réviser?

Ayez à la portée de la main vos outils de révision:

- pour le contenu: votre fiche «Analyse d'une situation d'écriture» (p. 452), les notes que vous avez prises, s'il y a lieu;
- pour l'organisation: votre plan;
- pour la langue: un dictionnaire de langue, une grammaire et un guide de conjugaison ou un logiciel de traitement de texte.

RÉVISEZ une dernière fois et… encore une fois!

Juste avant de mettre votre copie au propre, relisez-la. C'est le temps de traquer les dernières fautes de langue, de remplacer une formulation lourde par une autre plus claire, un mot par un autre qui conviendrait davantage.

À cette étape, suivez le truc des spécialistes de l'écriture: **faites relire votre texte par quelqu'un d'autre!**

Après la mise au propre, relisez encore une fois votre texte. Vous y corrigerez les coquilles: un point oublié à la fin d'un paragraphe, un mauvais accent, un «s» oublié… toutes ces petites erreurs qu'on fait lorsqu'on recopie.

COMMENT vérifier que le texte est cohérent

▷ On s'assure de la **cohérence** d'un texte tout au long de sa production. Mais vous pouvez, à chaque étape, vous attarder sur certains points en particulier. La démarche proposée ici vous guidera dans votre travail de vérification.

❶ La planification

À l'étape de la planification, prêtez surtout attention:

- aux **liens** entre les éléments que vous retiendrez (informations, idées) et le sujet du texte;
- au **ton** et au **vocabulaire** que vous utiliserez: ils dépendent du **type** et du **genre** de texte, de votre intention et des destinataires.

> En résumé, tenez compte de la **règle de la pertinence** des éléments.

Votre projet: Écrire un article d'encyclopédie sur le Sahara d'autrefois pour informer de jeunes lecteurs et de jeunes lectrices.

À cette étape, assurez-vous que…

- l'**information** est **liée au sujet**: le Sahara autrefois; tout ce qui ne concerne pas directement le sujet doit être mis de côté;
- l'**information** est **juste et vérifiable**: vérifiez les dates, les noms de lieux et de personnes…;
- le **vocabulaire** est **accessible aux destinataires**, certains mots (très peu étant donné l'âge des destinataires) pourront cependant nécessiter un peu de recherche;
- le **ton** est **scientifique** puisque vous écrivez un **article d'encyclopédie**.

❷ La rédaction

À l'étape de la rédaction, prêtez surtout attention:

- aux éventuelles **contradictions** sur le plan du contenu;
- au **système verbal** dans lequel vous rédigez.

> En résumé, tenez compte de la **règle de la non-contradiction** des éléments.

Votre projet: Écrire un article d'encyclopédie sur le Sahara d'autrefois pour informer de jeunes lecteurs et de jeunes lectrices.

À cette étape, assurez-vous que…

- le **système verbal** est celui du **présent** puisque vous écrivez un **texte descriptif**.
  - Utilisez le présent pour les évènements actuels et le passé composé ou l'imparfait pour les évènements du passé.
  - Pour vérifier la cohérence du système verbal, ajoutez mentalement des indices de présent ou de passé près des verbes.

Quand le Sahara était vert

autrefois

il y a 6 000 ans

Il y a 6 000 ans, les hommes préhistoriques ont connu un Sahara humide et verdoyant

de nos jours

que font revivre les découvertes étonnantes des géologues et des archéologues. Ainsi, au

il y a quelque temps

fond des lacs desséchés ont été trouvés des ossements de crocodiles, d'hippopotames, des

restes de poissons et de mollusques; et dans le sol, des pollens de tilleuls, hêtres, cèdres,

herbes de prairies.

pour nous

Les superbes peintures, mises à jour dans le Tassili, retracent la vie de ces civilisations

encore aujourd'hui sur ces peintures

disparues: des troupeaux de bœufs, des girafes, des éléphants évoluent dans un environ-

nement de forêts et de prairies traversées par des fleuves ou parsemées de grands lacs.

il y a 4 000 ans   au fil du temps

Il y a 4 000 ans, le climat a lentement changé, la sécheresse s'est installée et a chassé les

au fil du temps

plantes, les animaux et les hommes. Seules les montagnes, comme le Hoggar, ont conservé

aujourd'hui

un reste d'humidité et sont devenues aujourd'hui le refuge des quelques tribus qui

au fil du temps

se sont peu à peu adaptées à un nouveau mode de vie.

Geneviève Dumaine et Sylvaine Pérols, *Le livre des déserts*, Paris, Gallimard, coll. «Découverte cadet», 1988, p. 56.

3 La révision

À l'étape de la révision, prêtez particulièrement attention:

* aux **pronoms de reprise**: vérifiez leur antécédent, leur genre et leur nombre;
* aux **redites**: biffez tout ce qui est répété inutilement et n'apporte rien.

En résumé, tenez compte des **règles de la continuité et de la progression** de l'information.

COMMENT vérifier que les phrases sont bien construites

▷ Pour vérifier qu'une phrase est bien construite, il faut:
1) s'assurer qu'il y a un sujet et un prédicat dans chaque phrase;
2) vérifier la construction de la phrase dans le cas d'une phrase transformée;
3) détecter les erreurs et les corriger.

❶ Assurez-vous qu'il y a un sujet et un prédicat dans chaque phrase

Chaque phrase syntaxique doit contenir un **sujet** et un **prédicat**.

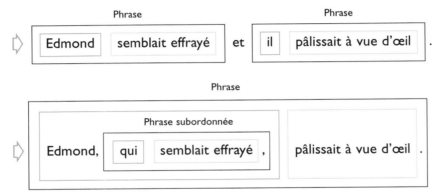

Phrase

| Edmond | semblait effrayé | et | il | pâlissait à vue d'œil |

Phrase

Phrase

Phrase subordonnée

Edmond, | qui | semblait effrayé | , | pâlissait à vue d'œil .

❷ Vérifiez la construction de la phrase dans le cas d'une phrase transformée

Pour s'assurer qu'une **phrase transformée** est bien construite, il suffit de ramener cette phrase au MODÈLE DE LA PHRASE DE BASE et d'ajouter les marques propres à chaque transformation. Consultez pour cela **Formes de phrases** (p. 335) et **Types de phrases** (p. 417).

❸ Détectez les erreurs et corrigez-les

A. Dans la phrase négative

- Assurez-vous qu'il y a bien un *ne* avec les mots de négation *pas, plus, rien, jamais, aucun, personne,* etc. :

▷ Moi, ça ne m'arrive pas souvent de quitter Tokyo.
⊘ (Et non : Moi, ça m'arrive pas…)

▷ Antoine ne parvenait plus à diriger l'appareil.
⊘ (Et non : Antoine parvenait plus à diriger…)

▷ Je n'en ai pas.
⊘ (Et non : J'en ai pas.)

 Lorsque le pronom *on* est suivi d'un verbe commençant par une voyelle, entraînant ainsi une liaison, il ne faut pas oublier d'écrire le n' de la négation :

▷ **On** n'aime pas…, **On** n'a plus le droit…, **On** n'imagine pas…, **On** n'a rien fait…

- Éliminez la double négation (présence de deux négations à l'intérieur de la même phrase) :

  ▷ Elle n'avait parlé à personne.
    ⊘ (Et non : Elle n'avait pas parlé à personne.)

B. Dans la phrase déclarative

- Éliminez les marques interrogatives *est-ce que*, *qu'est-ce qui* et *qu'est-ce que* dans la phrase déclarative :

  ▷ Quand j'ai expliqué ce qui s'était passé, on a fait quelques expériences.
    ⊘ (Et non : Quand j'ai expliqué qu'est-ce qui s'était passé…)

  ▷ Je me demande quand on pourra le revoir.
    ⊘ (Et non : Je me demande quand est-ce qu'on pourra…)

  ▷ Elle nous a demandé où vous étiez.
    ⊘ (Et non : Elle nous a demandé où est-ce que vous étiez.)

  ▷ Nous voudrions savoir comment il a réussi son exploit.
    ⊘ (Et non : Nous voudrions savoir comment est-ce qu'il a réussi…)

- Prenez garde de ne pas ajouter un *que* inutile après *quand* :

  ▷ Quand ma mère m'a demandé d'y aller, j'ai obéi.
    ⊘ (Et non : Quand que ma mère m'a demandé…)

C. Dans la phrase interrogative

- Prenez garde de ne pas ajouter un qui ou un que inutiles après des mots interrogatifs tels que comment, combien, où, quand, qui… :

  ▷ Qui a pris mon crayon ?
    ⊘ (Et non : Qui qui a pris mon crayon ?)

  ▷ Comment veux-tu que je comprenne si tu ne m'expliques pas ?
    ⊘ (Et non : Comment que tu veux que je comprenne…)

D. Dans la phrase impérative contenant un pronom personnel

- Utilisez le bon pronom complément :

  ▷ Donne-lui un pourboire.
    ⊘ (Et non : Donnes-y un pourboire.)

- Utilisez l'élision devant *en* et *y* :

  ▷ Achète-m'en deux.
    ⊘ (Et non : Achète-moi-z-en deux.)

- N'oubliez pas le pronom complément direct :

  ▷ Apporte-le-lui demain.
    ⊘ (Et non : Apporte-lui demain.)

COMMENT vérifier que les pronoms de reprise sont bien employés

▷ Le pronom de reprise est un **pronom** qui sert à faire des **reprises d'information**.

▷ Suivez la démarche proposée pour vérifier que les pronoms de reprise sont bien employés.

1 **Cherchez l'antécédent**

Pour trouver le sens d'un pronom de reprise, il faut savoir reconnaître son antécédent. On cherche donc, dans le texte, un mot, un groupe ou une phrase qui nous donne le sens du pronom.

GN (antécédent)

▷ Des tuyaux transparents **courent entre les planches du plafond.**

Pron. de reprise

Ils approvisionnent en nourriture chaque clapier.

2 **Remplacez le pronom par un groupe**

Pour vérifier qu'on a fait le bon choix, on remplace le pronom par un **groupe** qui a le **même sens** que l'antécédent.

▷ Des tuyaux transparents **courent entre les planches du plafond.** Ils approvisionnent en nourriture chaque clapier.

Les tuyaux transparents approvisionnent en nourriture chaque clapier. = bon choix de sens

⊘ **Les planches du plafond** approvisionnent en nourriture chaque clapier. = mauvais choix de sens, puisque des planches ne peuvent pas approvisionner en nourriture des clapiers.

3 **Vérifiez le genre du pronom de reprise**

Le pronom de reprise prend le genre de son antécédent.

GN (antécédent)　　　　　　　　　　　　Pron. de reprise

▷ Plusieurs personnes **ont assisté au concert.** Elles **ont applaudi chaudement leur groupe préféré.**

GN (antécédent) Pron. de reprise　　　　　　Pron. de reprise

▷ J'adore les chats. **Le mien est vieux, mais je ne le changerais pour rien au monde.**

470

COMMENT distinguer les homophones

▷ Les **homophones** (ou **homonymes**) sont des mots ou des expressions qui se prononcent de la même façon, mais qui s'écrivent différemment.

1 Les moyens pour distinguer les homophones

Voici trois moyens particulièrement efficaces pour faire la différence entre les homophones. Vous pouvez choisir celui que vous préférez, mais vous devez d'abord le vérifier avant de l'adopter.

Moyens	Exemples	
Tenez compte du sens des homophones	plutôt	Quand le sens est «de préférence»: J'irai plutôt demain.
	plus tôt	Quand le sens est «moins tard»: J'irai plus tôt.
Utilisez une **manipulation**	a	Quand on peut remplacer par avait: Elle a / avait 13 ans.
	à	Quand on ne peut pas remplacer par avait: **Que faire à / a̶v̶a̶i̶t̶ 13 ans?**
	ce	Quand on peut ajouter -là: ce chat-là.
	se	Quand on peut ajouter lui-même, elle-même... : Il se lave lui-même.
Faites un lien avec la **famille du mot**	dégoûter	Dans la famille du mot goût: C'est dégoûtant. Ça me dégoûte.
	dégoutter	Dans la famille du mot goutte: Le toit dégoutte.

2 Distinguer les homophones les plus courants

Voici une liste des homophones les plus courants et les moyens de les distinguer.

Homophones	Moyens de les distinguer	Exemples
a à	Si on peut remplacer par avait, on écrit a. Sinon, on écrit à.	Elle a / avait 13 ans. Que faire à / a̶v̶a̶i̶t̶ 13 ans?
ça sa	Si on peut remplacer par cela, on écrit ça. Sinon, on écrit sa.	Ça / cela m'étonne. Sa question m'étonne.
ce ce se	Si on peut ajouter -là ou -ci après le nom, on écrit ce. Si on peut remplacer par cela, on écrit ce. Dans les autres cas, on écrit se.	Elle arrivera ce soir / ce soir-ci. Ce / Cela sera facile. Ils se promènent dans le parc.
c'est s'est	Si on peut remplacer par cela est, on écrit c'est. Sinon, on écrit s'est.	C'est / Cela est sa fête. Elle s'est / c̶e̶l̶a̶ ̶e̶s̶t̶ trompée.
là la l'a	Si on peut remplacer par ci ou ici, on écrit là. Si on peut remplacer par les, on écrit la. Si on peut remplacer par l'avait, on écrit l'a.	Donne-moi ce livre-là / -ci. Passe par là / ici. Attrape la balle / les balles. Attrape-la / -les. Je me demande où elle l'a / l'avait mis.
m'a ma	Si on peut remplacer par m'avait, on écrit m'a. Sinon, on écrit ma.	Elle m'a / m'avait écrit une lettre. Elle n'a pas reçu ma lettre.

•••

Homophones	Moyens de les distinguer	Exemples
mes mais	Si on peut ajouter à moi, on écrit mes. Sinon, on écrit mais.	J'ai retrouvé mes livres / mes livres à moi. Je peux rester, mais pas longtemps.
m'ont mon	Si on peut remplacer par m'avaient, on écrit m'ont. Sinon, on écrit mon.	C'est ce qu'ils m'ont / m'avaient raconté. J'ai eu l'aide de mon frère.
n'y ni	Si on peut remplacer par y, on écrit n'y. Sinon, on écrit ni.	Je n'y vois rien. / J'y vois quelque chose. Je ne vois pas la maison ni la grange.
ont on	Si on peut remplacer par avaient, on écrit ont. Sinon, on écrit on.	Ils ont / avaient mangé rapidement. On / Avaient mange dans cinq minutes.
ou où	Si on peut ajouter bien, on écrit ou. Sinon, on écrit où.	Tu pars ou / ou bien tu restes ? Je ne sais pas où tu habites.
peu peut peux	Si on peut remplacer par beaucoup, on écrit peu. Sinon, on écrit peut ou peux.	Elle étudie peu / beaucoup. Il peut me donner un coup de main. Tu peux m'aider ? Je peux t'aider.
peut-être peut être	Si on peut effacer, on écrit peut-être. Sinon, on écrit peut être.	C'est peut-être une souris. / C'est une souris. Ça peut être une souris.
plus tôt plutôt	Si on peut remplacer par plus tard, on écrit plus tôt. Sinon, on écrit plutôt.	L'été arrive plus tôt / plus tard que prévu. C'est plutôt froid.
près prêt	Si on peut ajouter de…, on écrit près. Si on peut ajouter à…, on écrit prêt.	C'est tout près. / C'est tout près d'ici. Il est prêt. / Il est prêt à partir.
qu'elle qu'elle quelle	Si on peut remplacer par qu'il, on écrit qu'elle. Si on peut remplacer par que lui, on écrit qu'elle. Sinon, on écrit quelle.	Je crois qu'elle dort. / Je crois qu'il dort. Je ne vois qu'elle. / Je ne vois que lui. Quelle belle journée ! En quelle année était-ce ?
sont son	Si on peut remplacer par étaient, on écrit sont. Sinon, on écrit son.	Les pommes sont / étaient cuites. Chacun son métier.
sûr, sûre sur, sure sur	Si on peut remplacer par certain(e), on écrit sûr(e). Si on peut remplacer par aigre, on écrit sur(e). Sinon, on écrit sur.	J'en suis sûre / certaine. Il faut de la crème sure / aigre. C'est écrit sur l'affiche.
t'a ta	Si on peut remplacer par t'avait, on écrit t'a. Sinon, on écrit ta.	Elle t'a / t'avait vu jouer au parc. Prends ta guitare et viens avec nous.
t'ont ton	Si on peut remplacer par t'avaient, on écrit t'ont. Sinon, on écrit ton.	Ils t'ont / t'avaient engagé. Ton chat est rendu chez moi.

COMMENT vérifier les accords dans le GN

▷ Pour vous assurer d'avoir bien fait les **accords dans le GN**, vous pouvez utiliser la procédure suivante ou toute autre procédure efficace que vous connaissez.

L'accord du déterminant et des adjectifs dans le groupe nominal

A. Trouvez les noms

- Soulignez tous les **noms**. Ce sont des **donneurs**.
- Inscrivez le genre et le nombre au-dessus de chaque nom.

B. Repérez les déterminants et les adjectifs

- Tracez, à partir de chaque nom, une flèche allant vers le **déterminant** qui le précède (lorsqu'il y en a un). C'est un **receveur**.
  Remarque: Il n'est pas obligatoire de faire des flèches pour les déterminants *un, une, des, le, la, les*, etc.: ils s'écrivent comme ils se prononcent.
- Faites la même chose, s'il y a lieu, avec le ou les **adjectifs** qui suivent ou qui précèdent le nom. Ce sont des **receveurs**.

C. Vérifiez les accords

- Assurez-vous que le donneur et le ou les receveurs ont le même genre et le même nombre.

▷ Nous avons vécu cette <u>expérience</u> éprouvante dans la <u>sérénité</u>.

▷ Certains <u>canards</u> ont la <u>tête</u> et le <u>cou</u> verts.

▷ Alexis adore les <u>arachides</u> salées ou sucrées.

▷ Tombée hier, la <u>neige</u> a causé de nombreux <u>accidents</u> mineurs.

COMMENT vérifier les accords dans le GV

▷ Les principaux accords dans le **groupe verbal** sont les suivants :

1) l'accord du verbe ;

2) l'accord de l'adjectif attribut du sujet et du participe passé employé avec *être* ;

3) l'accord du participe passé employé avec *avoir*.

▷ Pour vous assurer d'avoir bien fait les **accords dans le GV**, vous pouvez utiliser les procédures suivantes, ou toute autre procédure efficace que vous connaissez.

1 L'accord du verbe

A. Repérez le verbe

- Soulignez chaque **verbe** conjugué et chaque auxiliaire (*avoir* ou *être*) si le verbe est à un temps composé. Ce sont des **receveurs**.

B. Trouvez le sujet

- Repérez le noyau du GN **sujet** ou le pronom sujet. Ce sont des **donneurs**.
- Inscrivez la personne et le nombre au-dessus du donneur.

C. Vérifiez l'accord

- Tracez une flèche allant du donneur au receveur.
- Assurez-vous que le donneur et le receveur ont la même personne et le même nombre.

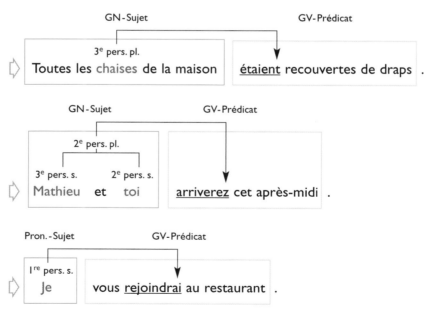

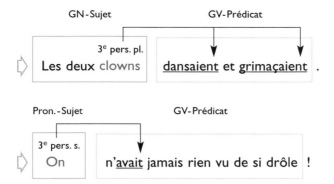

GN-Sujet GV-Prédicat

⟹ Les deux clowns | dansaient et grimaçaient .
(3ᵉ pers. pl.)

Pron.-Sujet GV-Prédicat

⟹ On | n'avait jamais rien vu de si drôle !
(3ᵉ pers. s.)

2 **L'accord de l'adjectif attribut du sujet
et du participe passé employé avec *être***

A. **Repérez l'adjectif attribut du sujet ou le participe passé employé avec *être***

- Soulignez l'adjectif **attribut du sujet** ou le participe passé employé avec l'auxiliaire *être*. Ce sont des **receveurs**.

B. **Trouvez le sujet**

- Repérez le noyau du GN **sujet** ou le pronom sujet. Ce sont des **donneurs**.
- Inscrivez le genre et le nombre au-dessus du donneur.

C. **Vérifiez l'accord**

- Tracez une flèche allant du donneur au receveur.
- Assurez-vous que le donneur et le receveur ont le même genre et le même nombre.

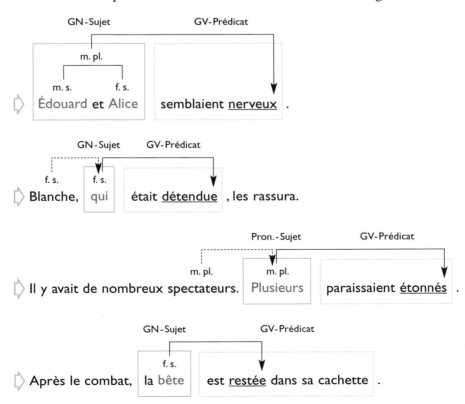

GN-Sujet GV-Prédicat

⟹ Édouard et Alice | semblaient nerveux .
(m. pl. / m. s. / f. s.)

GN-Sujet GV-Prédicat

⟹ Blanche, qui | était détendue , les rassura.
(f. s.)

Pron.-Sujet GV-Prédicat

⟹ Il y avait de nombreux spectateurs. Plusieurs | paraissaient étonnés .
(m. pl.)

GN-Sujet GV-Prédicat

⟹ Après le combat, la bête | est restée dans sa cachette .
(f. s.)

3 L'accord du participe passé employé avec *avoir*

A. Repérez le participe passé employé avec *avoir*

- Soulignez le participe passé employé avec l'auxiliaire *avoir*. C'est le **receveur**.

B. Trouvez le complément direct

- Repérez le pronom ou le GN complément direct du verbe.
- Vérifiez si le complément direct est placé **avant le verbe**. Si oui, c'est le **donneur**.
- Inscrivez le genre et le nombre au-dessus du donneur :
  - si le complément direct est le pronom *l'* ou *les*, il faut trouver son antécédent pour en connaître le genre ;
  - si le complément direct est le pronom relatif *que*, il faut trouver son antécédent pour en connaître le genre et le nombre.

C. Vérifiez l'accord

- Tracez une flèche allant du donneur au receveur.
- Assurez-vous que le donneur et le receveur ont le même genre et le même nombre.

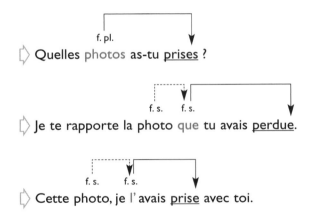

f. pl.

▷ Quelles photos as-tu prises ?

f. s.   f. s.

▷ Je te rapporte la photo que tu avais perdue.

f. s.   f. s.

▷ Cette photo, je l'avais prise avec toi.

Si le complément direct est placé **après le verbe** ou s'il n'y a pas de complément direct, le participe passé est invariable.

▷ J'ai pris plusieurs photos.

EXPRESSION ORALE

COMMENT analyser une situation de prise de parole

▷ Avant de **prendre la parole** à l'intérieur d'une activité, posez-vous les questions suivantes.

QUI parle ? C'est **vous**, bien entendu. Précisez **votre rôle**.

- Aurez-vous à prendre la parole durant un exposé ? Si oui, serez-vous membre d'une équipe ?
- Prendrez-vous la parole comme intervieweur ou intervieweuse ?
- Serez-vous un auditeur ou une auditrice réagissant à une écoute ?

À QUI vous adresserez-vous ?

- À un grand groupe (classe) ? À un groupe restreint (membres d'une équipe) ? À une personne ?
- À des destinataires de votre âge ? plus jeunes ? plus vieux ?
- À des destinataires possédant sensiblement les mêmes connaissances que vous sur le sujet (membres de votre équipe) ? en possédant moins (autres élèves de la classe, élèves plus jeunes) ou en possédant plus (spécialistes que vous interviewerez) ?
- À des destinataires que vous connaissez bien ou que vous ne connaissez pas du tout ?

Il est important de faire le portrait le plus précis possible des destinataires pour tenir compte de leurs besoins et de leurs attentes.

DE QUOI allez-vous parler ?

- Si vous faites un exposé, quel en sera le sujet ?
- Si vous interviewez quelqu'un, sur quoi l'interrogerez-vous ?
- Si vous réagissez à une écoute, sur quels points vous prononcerez-vous ?

POURQUOI vous exprimerez-vous ? Quelle est votre **intention** ? Divertir, informer, convaincre…

OÙ vous situerez-vous par rapport à vos destinataires ?

- Dans le **même lieu** (la salle de classe, une salle de spectacle…) ?
- Dans un **lieu différent** (un studio d'enregistrement, pour la production d'un audioguide par exemple) ?

QUAND vos destinataires recevront-ils votre communication ?

- Au moment où elle aura lieu ?
- À un moment différent (communication en différé) ? Votre communication devra alors être très claire puisque vos destinataires ne pourront pas vous poser de questions.

COMMENT présenterez-vous votre sujet ?

- En **direct** (exposé, table ronde…) ? Y aura-t-il d'autres **supports** que votre voix : documents écrits, visuels, sonores ?
- En **différé** (enregistrement, vidéo…) ?

Exemple pour préparer un exposé oral

Qui ?	Moi, en tant que responsable d'une communication orale
À qui ?	Mes camarades de classe
De quoi ?	Des bidonvilles du Mexique
Pourquoi ?	Informer sur un lieu et un mode de vie
Où ?	Présentation en classe
Quand ?	Communication en direct, le 24 octobre, à 14 h 15
Comment ?	Exposé oral de deux minutes

Ce que vous pouvez déduire de cette analyse

1) Il est possible que quelques destinataires en sachent autant que vous.

2) Vous devrez :
   - vous exprimer dans un français standard pour vous faire comprendre du plus grand nombre ;
   - respecter les caractéristiques d'une présentation orale de ce type ;
   - respecter la limite de temps.

Exemple pour préparer une réunion de travail en équipe

Qui ?	Moi, en tant que membre d'une équipe de travail
À qui ?	Mathilde, Zacharie, Inès
De quoi ?	Projet d'exposition sur Agatha Christie (2e réunion)
Pourquoi ?	Informer et donner mon opinion
Où ?	Au local 3-B
Quand ?	Communication en direct, le 27 novembre, à 11 h 30
Comment ?	Discussion de 30 minutes environ

Ce que vous pouvez déduire de cette analyse

1) Vous devrez fournir des informations (il faudra rendre compte de ce que vous avez fait depuis la 1re réunion) et donner votre opinion sur certains points.

2) Vous devrez :
   - prendre des notes ;
   - fournir de l'information orale ou écrite et expliquer vos idées à l'aide d'exemples ou en les redisant en d'autres mots ;
   - réagir aux propos de vos camarades tout en conservant une attitude respectueuse en tout temps (ne pas couper la parole, ni la monopoliser, savoir la demander ; ne pas rejeter une opinion ou une idée parce qu'elle ne vous plaît pas).

3) Vous pourrez :
   - demander des éclaircissements, poser des questions ;
   - inviter vos camarades à s'exprimer sur les points discutés.

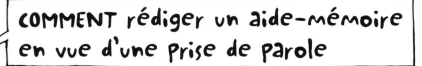

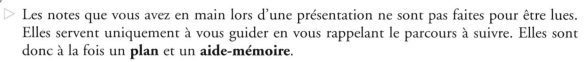

COMMENT rédiger un aide-mémoire en vue d'une prise de parole

▷ Les notes que vous avez en main lors d'une présentation ne sont pas faites pour être lues. Elles servent uniquement à vous guider en vous rappelant le parcours à suivre. Elles sont donc à la fois un **plan** et un **aide-mémoire**.

▷ Pour être vraiment utiles, vos notes devront être **claires**, **concises**, **faciles à utiliser**.

▷ Voici quelques principes qui devraient vous guider dans la préparation de vos notes.

① Le contenu

- Notez la **structure de la présentation** : introduction, développement, conclusion, après-exposé.

  Divisez le développement en grandes sections (trois ou quatre au maximum) à l'aide de TITRES.

- Notez les **grandes lignes** de l'introduction et de la conclusion. (Vous pouvez, pour vous rassurer, rédiger l'introduction et la conclusion au complet, mais prenez garde de ne pas les lire.)

  Dans chaque section du développement, notez les **idées importantes** à l'aide de courtes phrases, de mots-clés.

- Notez les **exemples**.

- Notez tout ce qui est difficile à mémoriser : noms propres, dates, chiffres…

> Ne recopiez pas votre présentation au complet : mieux vaut en mettre moins et pouvoir vous retrouver rapidement grâce à des mots évocateurs. Pensez **clarté** et **concision**.

② Le support

- Choisissez un support avec lequel vous êtes à l'aise : fiches ou feuilles.

- Numérotez chaque feuille ou fiche. N'écrivez que sur un côté.

- Calculez cinq ou six fiches pour une présentation (changez de fiche quand vous abordez une nouvelle partie de votre exposé).

COUP DE POUCE

Pour bien vous servir de vos fiches

Durant un exposé, mieux vaut déposer vos fiches à proximité plutôt que de les conserver en main. Vous éviterez ainsi de garder les yeux sur elles et vous maintiendrez le contact avec votre public. Bien entendu, si vous perdez le fil, vous pourrez y avoir recours, elles ne seront pas loin.

③ Les qualités visuelles

- Écrivez lisiblement et en caractères assez gros.

- Adoptez une présentation aérée.

- Utilisez des titres, des traits, une numérotation, des couleurs pour vous repérer rapidement.

- Utilisez des **abréviations** que vous comprendrez facilement.

- Précisez dans la marge à quel moment vous utiliserez vidéo, diapositives, photocopies, tableau…

 Ne surchargez pas vos notes de titres, de couleurs et de numéros. Si vous avez besoin d'y chercher une information, vous devez pouvoir la saisir en un coup d'œil. Pensez **clarté** et **lisibilité**.

Dans l'exemple qui suit, la structure de la présentation et le numéro des fiches sont notés en bleu. Les notes accompagnant la présentation sont en marge et surlignées.

1

Notre système musculaire

Introduction
- Nous les utilisons pour sourire, courir, faire un clin d'œil, ns gratter…
  Ils sont faits pour bouger et ns font bouger.
  Ns les oublions la plupart du temps, mais quand ns les utilisons trop ou mal, ils ns rappellent à l'ordre.
- Quoi ? Les muscles.

2

Développement

- présenter affiche corps

I LES CARACTÉRISTIQUES DE NOTRE SYST. MUSC.
[…]

3

- les montrer sur l'affiche

II LES 3 TYPES DE MUSCLES
A. Les <u>m. lisses</u> (involontaires)
[…]

- démonstration : biceps

B. Les <u>m. striés</u> (volontaires)
– Leur rôle : ns permettre d'exécuter les mouvements que ns voulons faire.
– Les principaux : […]

- faire écouter ♥ qui bat
- images 1 à 4

C. Le <u>muscle cardiaque</u> : myocarde (*myo* = muscle ; *carde* = cœur / cardiaque).
[…]

4

III COMMENT ENTRETENIR NOS MUSCLES
A. Une bonne <u>alimentation</u> [...]
B. Équilibre <u>exercice / repos</u> [...]

5

Conclusion

Notre syst. musc. répond avec précision aux ordres de notre cerveau, il ns permet...
– de fonctionner (muscles inv. et myocarde);
– de bouger (muscles vol.).
Ms pr cela, notre système a besoin d'être bien entretenu. Dc ns devons faire notre part pr qu'il ns rende service encore longtemps.

Après-exposé
– Remercier de l'attention.
– Demander s'il y a des questions ou des commentaires.

COMMENT citer des paroles et des idées à l'oral

LA CITATION TEXTUELLE

▷ La **citation textuelle** est l'**emprunt de paroles** dites ou écrites par quelqu'un d'autre.

▷ Elle sert à donner du poids à une opinion, à expliquer un fait ou une idée, à illustrer. Elle doit donc être choisie avec soin et être justifiée; il est inutile de s'en servir pour prouver quelque chose d'évident. Il ne faut pas non plus en abuser: habituellement, on calcule une ou deux courtes citations (trois lignes ou moins) pour l'équivalent d'une page de texte.

▷ Lorsque vous citez textuellement une personne, respectez les règles suivantes.

1 Rapportez fidèlement les propos

Pour ne pas trahir la pensée de la personne que vous citez, vous devez rapporter ses propos tels quels.

2 Mentionnez la source

Mentionnez la source de la citation (le nom de l'auteur ou de l'auteure et, éventuellement, le titre de l'ouvrage). Cela montre le sérieux de votre démarche et le respect que vous accordez aux auteurs.

Ne pas mentionner qui est l'auteur ou l'auteure des propos peut entraîner une accusation de plagiat.

③ Annoncez la citation

Annoncez la citation par la mention *et je cite* (cette mention remplace les guillemets qui apparaîtraient à l'écrit).

Exemple de citation textuelle

▷ Selon Caroline Eliacheff, et je cite, l'anorexie survient souvent dans des familles extérieurement unies et conformes en apparence à nos normes sociales.

Règles de présentation
- Mention de l'auteure des propos cités.
- Annonce de la citation.

④ Intégrez la citation à vos propos

Citation mal intégrée

▷ ⊘ Caroline Eliacheff parle de, *et je cite*, l'anorexie survient souvent dans des familles extérieurement unies et conformes en apparence à nos normes sociales.

Citation bien intégrée

▷ L'anorexie, *et je cite Caroline Eliacheff*, survient souvent dans des familles extérieurement unies et conformes en apparence à nos normes sociales.

LA CITATION D'IDÉE

▷ La **citation d'idée** est l'**emprunt d'idées** formulées par quelqu'un d'autre.

▷ Elle sert à présenter et à résumer l'essentiel de la pensée d'une personne.

▷ Lorsque vous rapportez des idées, respectez les règles suivantes.

① Reformulez sans trahir

Vous reformulez les idées de la personne, mais il faut le faire en respectant totalement sa pensée.

② Mentionnez la source

Mentionnez la source de la citation (le nom de l'auteur ou de l'auteure et, éventuellement, le titre de l'ouvrage). Cela montre le sérieux de votre démarche et le respect que vous accordez aux auteurs.

Exemple de citation d'idée

▷ Caroline Eliacheff est une femme médecin travaillant auprès des anorexiques. Elle signale que les filles souffrant de cette maladie sont souvent issues de familles en apparence normales.

Règle de présentation

Mention de l'auteure de l'idée.

Les propos cités sont tirés de Caroline Eliacheff, «Anorexie boulimie», *Dico ado: Les mots de la vie*, sous la direction de Catherine Dolto, Paris, Gallimard Jeunesse, coll. «Giboulées», 2001, p. 323.

> COMMENT répéter en vue d'une présentation orale

▷ Pour communiquer efficacement lors d'une présentation orale, l'idéal est de s'exercer. Les bons communicateurs et les bonnes communicatrices répètent d'ailleurs pour avoir l'air spontané.

▷ Lorsque vous commencerez à répéter, variez les façons de le faire:

– répétez en solo pour bien maîtriser le contenu;

– répétez devant un copain ou une copine, vos parents, un petit groupe; demandez-leur de ne pas intervenir durant la simulation, mais de noter ce qu'ils ont apprécié et ce qu'il faudrait améliorer;

– enregistrez-vous puis écoutez-vous ou regardez-vous; par la suite, améliorez quelques points qui vous agacent; attention cependant: conservez ce qui donne un air spontané à votre présentation;

– répétez devant un miroir.

▷ Voici les éléments dont vous aurez à tenir compte lors de vos répétitions.

1 Les lieux

• Examinez l'endroit où vous vous tiendrez, exercez-vous à y marcher, tenez compte des obstacles (bureau, estrade).

• Pensez à l'impression que vous dégagerez si vous êtes plusieurs, voyez où vous vous placerez lorsque vous n'aurez pas à intervenir.

• Examinez la place des destinataires, demandez-vous si les documents que vous présenterez seront visibles de leur place.

• Déterminez la place de l'équipement, s'il y a lieu.

2 Les supports de la communication

• Utilisez un français standard pour vous faire comprendre du plus grand nombre.

• Si vous utilisez du matériel complémentaire (transparents, photocopies, diapositives, vidéo, cédérom, disque compact…), vérifiez les points suivants:

– les documents visuels sont lisibles et ne sont pas surchargés d'information;

– les appareils sont disponibles et fonctionnent bien.

3 La relation avec les autres (membres de l'équipe, destinataires)

A. Votre voix

Votre **prononciation** doit être nette.

• Vous devez parler suffisamment fort (**volume**) pour que vos destinataires vous entendent.

• Vous devez parler à une vitesse convenable (**débit**) et varier votre **intonation** pour garder l'attention de vos destinataires.

B. Votre regard

Vous devez garder un **contact visuel** avec l'auditoire.

- Si vous avez à vous retourner (pour écrire au tableau par exemple), faites-le vite.
- Évitez de consulter vos fiches ou vos feuilles aide-mémoire à tout propos.

C. Votre corps

- En position assise ou debout, vous devez conserver un maintien droit, ce qui vous permet de garder un contact visuel avec le public.
- Vous ne devez pas tourner le dos au public; si vous avez à le faire, faites-le rapidement.

D. Le maintien de la communication

Pensez à conserver l'intérêt de vos destinataires…

- en les interpellant: *vous avez remarqué que…, saviez-vous que…*;
- en utilisant des exemples qui les concernent;
- en faisant un peu d'humour si le sujet s'y prête;
- en répondant clairement aux questions si une période de questions est prévue. (Si on vous pose une question dont vous ignorez la réponse, dites simplement que vous ne la connaissez pas. Vous pouvez même demander si quelqu'un parmi l'auditoire peut répondre.)

E. Le contact avec les membres de votre équipe

- Pensez à la façon dont vous passerez la parole à vos coéquipiers et coéquipières.
- Pensez aussi à ce que vous ferez pendant qu'un membre parlera.
- Restez à l'affût pour aider si cela est nécessaire.

F. La fin de la rencontre

- La façon de terminer une prise de parole peut varier selon les situations. Dans tous les cas, ne négligez pas l'après-exposé et pensez à **remercier** vos destinataires pour leur attention.
- **Saluez** vos destinataires.
  - Si vous vous adressez à un groupe, utilisez une formule de salutation. Par exemple: *Nous vous remercions de votre attention et nous cédons la place à l'équipe suivante.*
  - Si vous vous adressez à une personne seulement, utilisez une formule de salutation et serrez-lui la main si la rencontre est officielle. Par exemple: *Je vous remercie de votre attention et je vous souhaite une bonne journée.*

INDEX

SOURCES DES PHOTOGRAPHIES

MODULE 1

10-11 : Getty Images.
18 : © Sophie Bassouls / CORBIS Sygma.
19 : PhotoDisc.
23 : PhotoDisc.
24 : PhotoDisc.
25 : © Prose inc.
26 : PhotoDisc.
30 : PhotoDisc.
35 : © Rune Hellestad / CORBIS.
49 : Goodshoot / SuperStock.

MODULE 2

50 : Veer.
54 : akg-images.
56 : PhotoDisc.
57 : PhotoDisc.
59 à 61 : (a.p.) BSIP / James Cavallini / AlphaPresse.
60 : akg-images.
61 : akg-images.
62 : PhotoDisc.
64 : © Prose inc.
65 : (h.) Nuance Photo; (b.) PhotoDisc.
70 : PhotoDisc.
71 : Megumi Takamura / Getty Images.
74 : PhotoDisc.
75 : (h.) NHPA / Lutra; (m.) Tom Brakefield / Corbis; (b.) Carlo Dani / AlphaPresse.
76-77 : Photographe: Bruno Boulianne / Shootfilms.
80 : James Urbach / Maxx Images.
81 à 84 : (a.p.) PhotoDisc.
81 : © Chris Steele-Perkins / Magnum Photos.
83 : Jane Goodall Institute of Canada.
84 : PhotoDisc.
86 : © CORBIS.
91 : (g.) Kent Wood / AlphaPresse; (d.) PhotoDisc.
93 : PhotoDisc.

MODULE 3

94-95 : © Jeff Vanuga / CORBIS.
99 : Taivo.
100 : (h.) © Liu Liqun / CORBIS.
102 : © Liu Liqun / CORBIS.
103 : Gary Cralle / Getty Images.
104 : (a.p.) Comstock Images; (g. et b.) PhotoDisc.
108 : Angèle Delaunois.
111 : Bibliothèque nationale du Canada: nlc006077-v6.
117 : © George Steinmetz / CORBIS.
127 : Gracieuseté des Éditions Hurtubise HMH.

128 : © Sandro Vannini / CORBIS.
140 : PhotoDisc.
141 : (d.) PhotoDisc.

MODULE 4

142-143 : © Bettmann / CORBIS.
146 : Photo Mark Richey.
147 : National Geographic / Getty Images.
149 : (h.) Alamy; (g.) National Geographic / Getty Images.
152 : (d.) © Collection Roger Viollet / Topfoto / PONOPRESSE.
153 : © Bassignac - De Malglaive / Gamma / PONOPRESSE.
154 : AFP / Getty Images.
155 : © Sébastien Dufour / Gamma / PONOPRESSE.
156 : © Bruno Fert / Sarl Photo Online / CORBIS.
157 : © Reuters / CORBIS.
158 : Time & Life Pictures / Getty Images.
159 : © Jim Young / Reuters / CORBIS.
160 : Getty Images.
164 : (g.) Festival international de la Traversée du lac St-Jean; (d.) PhotoDisc.
166 : © Prose inc.
174 : Archives Suzanne Martel.
187 : PhotoDisc.

MODULE 5

188-189 : Bob Elsdale / Getty Images.
191 : (g.) © Tim Zurowski / CORBIS; (m.) © Michael & Patricia Fogden / CORBIS; (d.) HHPA / Rick Kirchner.
195 : (g.) PhotoDisc.
198 : akg-images.
202 et 203 : PhotoDisc.
204 et 205 : Eyewire (médaillon).
211 : akg-images.
212 : Mobilier national, Paris / Bridgeman Art Library, London / Superstock.
217 : Gracieuseté de Hurtubise HMH.
224 : akg-images.
235 : PhotoDisc.
236 : © Prose inc.

MODULE 6

238-239 : © Christie's Images / CORBIS.
244 : CP PHOTO.
255 : Serge HAMBOURG / OPALE.
259 : PhotoDisc.
260 : PhotoDisc.
262 : akg-images.
268 : akg-images.
270 : © Blue Lantern Studio / CORBIS.
279 : Pierre Montavon.
284 : Getty Images.
285 : © Manfred Danegger / zefa / CORBIS.